Beck-Rechtsberater

Schulrecht von A–Z

dtv

Beck-Rechtsberater

Schulrecht von A–Z

Noten und Zeugnisse
Schüler- und Elternrechte
Schulaufsicht • Rechtsschutz

Von Dr. jur. Jürgen Staupe

5., erweiterte Auflage 2001
Stand: 1. Juni 2001

Deutscher Taschenbuch Verlag

Originalausgabe
Deutscher Taschenbuch Verlag GmbH & Co. KG,
Friedrichstraße 1a, 80801 München
© 2001. Redaktionelle Verantwortung: Verlag C. H. Beck oHG
Gesamtherstellung: Druckerei C. H. Beck, Nördlingen
(Adresse der Druckerei: Wilhelmstraße 9, 80801 München)
Umschlaggestaltung: Agentur 42 (Fuhr & Partner), Mainz
ISBN 3423052325 (dtv)
ISBN 3406472540 (C. H. Beck)

Vorwort

Das Schulwesen und damit das Schulrecht betrifft fast jeden Bürger, viele sogar mehrmals in ihrem Leben in unterschiedlichen Rollen und Bezügen. In der Bundesrepublik Deutschland gab es im Schuljahr 1998 mehr als 10,1 Millionen Schüler, die 48 931 Schulen besuchten und von 613 619 hauptberuflichen voll- und teilzeitbeschäftigten Lehrern unterrichtet wurden (Grund- und Strukturdaten 1999/2000, S. 46 ff.). Fast doppelt so hoch wie die Zahl der Schüler ist die Zahl der Erwachsenen, die als Eltern mit dem Schulrecht zu tun haben.

Die Schulpflicht ist in Verbindung mit dem staatlichen Bildungs- und Erziehungsauftrag die erste wichtige Inpflichtnahme jedes Kindes durch den Staat. Dem entsprechen die Bildungsrechte der Kinder, d. h. ihre Grundrechte auf freie Entfaltung der Persönlichkeit, Chancengleichheit und Zugang zu den Bildungsgängen. Nach einem bekannten Wort ist die Schule eine Zuteilungsapparatur für Lebenschancen.

All dies ist Anlass genug, sich auch mit Rechten und Pflichten der Schüler, ihrer Eltern und der Lehrer sowie mit den für das Schulwesen nötigen rechtlichen Regelungen zu befassen, die aber leider zum Teil in kaum noch überschaubarer Weise ausgeufert sind. Zielsetzung dieses Rechtsberaters ist es, den Schulbeteiligten eine erste Orientierungshilfe im „Dickicht" des Schulrechts zu geben.

Dabei kann von einem einheitlichen Schulrecht in der Bundesrepublik nicht die Rede sein. Die im Grundgesetz vorgenommene Kompetenzverteilung überantwortet nicht nur die Verwaltung der Schulen, sondern auch die Gesetzgebung im Schulrecht an die Bundesländer. Praktisch haben wir so viele Schulrechtsordnungen wie Bundesländer, also 16, die sich nicht unerheblich voneinander unterscheiden. Die föderalistische Struktur unseres Staates prägt das Schulrecht wie kaum ein anderes Rechtsgebiet.

Vorwort

Die Tatsache, dass das Schulrecht Ländersache ist, stellt jede Darstellung „des" Schulrechts der Bundesrepublik vor große Probleme: Sie soll einerseits das Schulrecht möglichst vollständig erfassen, muss dabei aber trotz aller Unterschiede lesbar und übersichtlich bleiben. Der vorliegende Rechtsberater versucht deshalb einen Mittelweg zu gehen. Zu den einzelnen Stichworten werden vor allem die länderübergreifenden Gemeinsamkeiten dargestellt. Auf eine Erläuterung der landesspezifischen Besonderheiten musste – schon aus Platzgründen – verzichtet werden. Um gleichwohl für den Leser, der ja überwiegend an „seinem" Landesschulrecht interessiert ist, den Einstieg in das jeweilige Landesschulrecht zu erleichtern, werden in einem ausführlichen Anhang neben allgemeinen Hinweisen zu Rechtsquellen und Rechtsprechung (Anhang I) auch detaillierte Hinweise für die einzelnen Bundesländer gegeben (Anhang II).

Zur besseren Erschließung des wenig übersichtlichen Schulrechts insbesondere für Schüler, Eltern, Lehrer, Referendare, Studenten und Schulleiter, aber auch für die in der Lehrerausbildung oder in juristischen Berufen mit dem Schulrecht Befassten wird in dem vorliegenden Bändchen das Schulrecht in Stichworten mit einer großen Zahl von Verweisungen dargestellt. Zur Verbesserung des Überblickes wurde beim Stichwort „Schulaufbau" eine tabellarische Übersicht über die Grundstruktur des Bildungswesens in der Bundesrepublik Deutschland aufgenommen. Bei der Zitierung von Rechtsvorschriften der Länder konnte angesichts ihres Umfangs keine Vollständigkeit angestrebt werden; der Anhang bietet aber die Möglichkeit einer ersten Orientierung im jeweiligen Landesrecht. Relativ starke Berücksichtigung findet die Rechtsprechung, insbesondere die Entscheidungen des Bundesverfassungsgerichts und des Bundesverwaltungsgerichts, weil diese, zum Teil im Wege der Auslegung des Grundgesetzes, zum Teil durch Interpretation und Konkretisierung des Landesschulrechts, den eigentlichen länderübergreifenden Rahmen des bundesdeutschen Schulrechts abgesteckt hat. Soweit auf Entscheidungen von Ländergerichten Bezug genommen wird, ist darauf hinzuweisen, dass diese Entscheidungen, sofern ihnen überhaupt eine über die am Rechtsstreit beteiligten Parteien hinausgehende Wirkung zukommt, jeweils nur Geltungskraft für den Bereich des betreffenden Landes entfalten. Die Entscheidungen der Ländergerichte basieren weitgehend auf den Bestimmungen des jeweiligen Landesschulrechts und sind daher nicht ohne weiteres auf die anderen Bundesländer übertragbar.

Behandelt wird nur das Schulrecht im engeren Sinne. Hierzu gehören nicht allgemeine Rechtsfragen des Beamten- und des Arbeitsrechts. Fragen der beruflichen Bildung werden in diesem Band nur insoweit behandelt, als sie unmittelbar den schulischen Teil der Berufsbildung betreffen. Keine Berücksichtigung finden schließlich auch die Fragen des Hochschulzugangs und des Familien- und des Jugendrechts, soweit sie mit dem Schulrecht nicht in unmittelbarem Zusammenhang stehen.

Die rege Nachfrage nach diesem Rechtsberater hat eine 5. Auflage notwendig gemacht. Hierfür wurde der gesamte Band durchgesehen, überarbeitet und soweit erforderlich aktualisiert. Einige Stichworte bedurften auf Grund neuerer Entwicklungen in der Gesetzgebung der Länder, aber auch des Bundes (z. B. Ausbildungsförderung), sowie auf Grund neuerer Rechtsprechung erneut grundlegender Überarbeitung oder mussten zusätzlich eingefügt werden (z. B. Rechtschreibreform). Kaum eines der zugrundeliegenden (und im Anhang aufgeführten) Schulgesetze blieb während der letzten Jahre unverändert – auch ein Beleg dafür, dass die Zeit gesetzgeberischer Jahrhundertwerke vorbei ist.

Im Anhang I unter 3.2 wurden die Adressen der Kultusministerien auf den neuesten Stand gebracht.

Zu danken ist wiederum all denjenigen, die durch Zuschriften, Anrufe oder sonstige Anregungen wertvolle Hinweise für Verbesserungen gemacht haben. An alle Leser richtet sich deshalb erneut meine Bitte, sich über mögliche Mängel und Schwächen dieses Bandes nicht still zu ärgern, sondern sich wie bisher mit Kritik und Anregungen an den Verfasser zu wenden (c/o Verlag C. H. Beck, Wilhelmstr. 9, 80801 München).

Dresden, im Juni 2001   Jürgen Staupe

Stichwortübersicht

Abendgymnasium
Abendhauptschule
Abendrealschule
Abgangszeugnis → Zeugnisse
Abitur
Abkommen zwischen den Ländern → Anerkennung von Abschlüssen, → Föderalismus, → Hamburger Abkommen, → Kultusministerkonferenz
Abmeldung vom Religionsunterricht → Religionsunterricht
Abschlusszeugnis → Zeugnisse, → Anerkennung von Abschlüssen
Abwesenheit vom Unterricht → Befreiung vom Unterricht, Schulpflicht
Äußere Schulangelegenheiten
AIDS und Schule
Akteneinsicht
Alkoholgenuss durch Schüler
Allgemeinbildende Schulen → Allgemeinbildung, → Schularten, → Schulaufbau
Allgemeinbildung
Allgemeine Schulordnung → Schulordnungen
Alternativschulen → Privatschulen
Altsprachliches Gymnasium → Humanistisches Gymnasium
Amtsgeheimnis → Schweigepflicht
Amtshaftung → Haftung

Amtspflichtverletzung → Haftung
Amtsverschwiegenheit → Schweigepflicht
Androhung von Ordnungsmaßnahmen
Anerkannte Ersatzschule → Privatschulen
Anerkennung von Abschlüssen
Anfechtung schulischer Maßnahmen → Rechtsschutz
Anfechtungsklage → Rechtsschutz
Angebotsschule → Schulische Angebote
Anhörung von Eltern, Schülern → Bildungsunfähigkeit, → Einschulung, → Informationsrecht, → Mitbestimmung, → Ordnungsmaßnahmen, → Überweisungen, → Untersuchungen
Anmeldung zur Schule
Anstalt → Öffentliche Schulen
Ansteckende Krankheiten
Arrest
Aufbau des Schulwesens → Schulaufbau
Aufbauformen → Gymnasium, → Schulaufbau
Aufbaugymnasium → Gymnasium
Auflösung von Schulen → Schließung von Schulen, → Schulorganisationsmaßnahmen

Stichwortübersicht

Aufnahme in die Schule
Aufsicht des Staates → Schulaufsicht
Aufsichtsbeschwerde → Dienstaufsichtsbeschwerde
Aufsichtspflicht
Auftrag der Schule → Bildungs- und Erziehungsziele, → Schulaufsicht
Ausbildungsbeihilfen → Ausbildungsförderung, → Erziehungsbeihilfen
Ausbildungsförderung
Ausflüge → Klassenfahrten
Ausländische Eltern
Ausländische Schüler
Ausländische Schulen
Auslandsschulen
Auslese (negative und positive)
Ausschluss von der Schule
Ausschluss vom Unterricht

BAföG → Ausbildungsförderung
Befangenheit
Befreiung vom Unterricht
Begabtenförderung → Erziehungsbeihilfen
Begabtenprüfung → Externenprüfung (Nichtschülerprüfung)
Behinderte Schüler
Beihilfen → Ausbildungsförderung, → Erziehungsbeihilfen
Bekenntnisfreie Schulen
→ Weltanschauungsschulen, → Gemeinschaftsschulen
Bekenntnisschulen
Beratungslehrer → Schweigepflicht
Berechtigungen
Berufliche Schulen
Berufsakademie
Berufsaufbauschulen
Berufsausbildung
Berufsbildung → Berufsausbildung, → Berufliche Schulen, → Duales System, → Allgemeinbildung
Berufsfachschulen
Berufsgrundbildungsjahr
Berufskolleg
Berufsoberschule
Berufsschulen
Berufsschulpflicht → Schulpflicht
Berufung → Rechtsschutz
Beschwerderecht
Besonderes Gewaltverhältnis
Bestechung/Bestechlichkeit → Geschenke an Lehrer
Beteiligtenfähigkeit → Rechtsschutz
Beurlaubung vom Unterricht
Beurteilungsspielraum → Leistungsbewertung, → Prüfungen, → Rechtsschutz, → Verfahrensfehler
Bewertungsfehler → Leistungsbewertung, → Verfahrensfehler, → Rechtsschutz
Bezirkselternausschuss → Mitbestimmung
Bezirksschülerausschuss → Mitbestimmung
Bezirksschulbeirat → Mitbestimmung
Bhagwan-Anhänger als Lehrer → Glaubens- und Gewissensfreiheit, → Neutralitätsgebot
Bildungsanspruch → Recht auf Bildung

Stichwortübersicht

Bildungsauftrag → Bildungs- und Erziehungsziele, → Schulaufsicht
Bildungschancen → Chancengleichheit, → Recht auf Bildung
Bildungs- und Erziehungsziele
Bildungsgänge → Schularten, → Schulaufbau
Bildungsgesamtplan → Bildungsplanung
Bildungsplanung
Bildungsrat → Deutscher Bildungsrat
Bildungsunfähigkeit
Blauer Brief → Vorwarnung
Blockunterricht
Bremer Klausel → Religionsunterricht
Bundesausbildungsförderungsgesetz → Ausbildungsförderung
Bundeselternrat
Bundes-Seuchengesetz → AIDS und Schule, Ansteckende Krankheiten
Bundesstaat → Föderalismus
Bund-Länder-Kommission für Bildungsplanung →Bildungsplanung, → Föderalismus
Buttons → Plakettentragen

Chancengleichheit
Christliche Gemeinschaftsschulen → Gemeinschaftsschulen
Curriculum → Lehrpläne

Datenschutz
Demokratieprinzip → Gesetzesvorbehalt
Demonstrationsrecht

Deutscher Bildungsrat
Diebstahl → Strafrecht und Schule
Dienstaufsichtsbeschwerde
Differenzierung → Leistungsdifferenzierung
Diskriminierungsverbot
Disziplinarmaßnahmen (Schüler) → Ordnungsmaßnahmen
Dreigliedriges Schulsystem → Schulaufbau, → Einheitsschule
Drogenkonsum in der Schule
Duales System

EG-Bildungsrecht → EU-Bildungsrecht
Eigentum an Schülerarbeiten → Schülerarbeiten
Einheitsschule
Einigungsvertrag → Neue Bundesländer, → Ausbildungsförderung
Einschulung
Einsicht in Schülerakten → Akteneinsicht
Einstweilige Anordnung → Rechtsschutz, → vorläufiger Rechtsschutz
Eintrag ins Klassenbuch
Einzelunterricht → Behinderte Schüler
Elementarbereich
Elterliche Sorge → Erziehungsberechtigte, → Elternrecht
Elternbeirat → Mitbestimmung
Elternkammer → Mitbestimmung
Elternrat → Mitbestimmung
Elternrecht, individuelles
Elternrecht, kollektives

Stichwortübersicht

Elternsprecher → Mitbestimmung
Elternsprechstunde → Informationsrecht, → Elternrecht
Elternversammlung → Mitbestimmung
Elternvertretung → Mitbestimmung
Entlassung
Entschädigung → Haftung, → Unfallversicherung, → Schulweg
Entschuldigung → Schulversäumnis
Ergänzungsschulen → Privatschulen
Erlasse → Schulrecht, → Verrechtlichung
Ermessen → Leistungsbewertung, → Rechtsschutz
Ersatzschulen → Privatschulen
Ersatzunterricht
Erziehungsbeihilfen
Erziehungsberechtigte
Erziehungsrecht → Elternrecht, → Erziehungsberechtigte
Erziehungsziele → Bildungs- und Erziehungsziele
Ethikunterricht → Ersatzunterricht
EU-Bildungsrecht
Europäische Schulen
Externenprüfung

Fachakademie
Fachaufsicht → Schulaufsicht
Fachfremder Unterricht
Fachgebundene Hochschulreife
Fachgymnasium
Fachhochschulreife
Fachkonferenz → Konferenzen, → Mitbestimmung, → Schulverfassung
Fachoberschule
Fach(ober)schulreife
Fachschule
Fächerkatalog
Fahrkostenerstattung → Schülerbeförderung
Fahrlässigkeit → Haftung
Fahrschüler → Schülerbeförderung
Fehlen → Befreiung vom Unterricht, → Schulpflicht
Ferien
Fernunterricht
Feststellungsklage → Rechtsschutz
Finanzhilfen für Privatschulen → Privatschulfinanzierung
Finanzierung der Schulkosten → Schulfinanzierung
Föderalismus
Förderstufe → Orientierungsstufe
Fortsetzungsfeststellungsklage → Rechtsschutz
Fotokopieren
Freie Entfaltung der Persönlichkeit → Recht auf Bildung
Freie Schulen → Privatschulen
Freie Unterrichtseinrichtungen → Private Unterrichtseinrichtungen
Freiheit des Lehrers → Pädagogische Freiheit
Fremdenprüfung → Externenprüfung
Fremdsprachen → Fächerkatalog, → Orientierungsstufe, → Sprachenfolge

Fristen → Rechtsschutz
Früheinschulung → Einschulung
Fünf-Tage-Woche

Ganztagsschulen
Gastarbeiterkinder → Ausländische Schüler
Gastschüler
Geistig Behinderte → Behinderte Schüler, → Sonderschulen, → Überweisung
Gemeinden → Schulträgerschaft
Gemeinschaftsschulen
Gerichte → Rechtsschutz, → vorläufiger Rechtsschutz
Gesamtelternvertretung → Mitbestimmung
Gesamtkonferenz → Konferenzen, Mitbestimmung, Schulverfassung
Gesamtschule
Geschenke an Lehrer
Geschlechtserziehung → Sexualkundeunterricht
Gesetze → Schulrecht
Gesetzesvorbehalt
Gesundheitspflege → Schulgesundheitspflege
Glaubens- und Gewissensfreiheit
Gleichbehandlung → Bildungs- und Erziehungsziele, → Chancengleichheit, → Recht auf Bildung, → Prüfungen, → Verfahrensfehler, → Rechtsschutz
Gliederung des Bildungswesens
Grundgesetz und Schule
Grundrechte → Besonderes Gewaltverhältnis, → Demonstrationsrecht, → Glaubens- und Gewissensfreiheit, → Elternrecht, → Meinungsfreiheit, → Recht auf Bildung, → Schülergruppen, → Schülerzeitungen, → Zulassungsbeschränkungen
Grundschule
Gymnasium

Haartracht
Haftung
Hamburger Abkommen
Hauptschule
Hausaufgaben
Hausordnung
Hausrecht
Hausunterricht → Behinderte Schüler
Hausverbot → Hausrecht
Hitzefrei
Hochschulreife → Abitur
Höhere Schulen → Schularten, → Schulaufbau
Hospitationsrecht der Eltern
Humanistisches Gymnasium
Hygiene → Ansteckende Krankheiten, Schulgesundheitspflege

Indoktrination → Neutralitätsgebot, → Koranschulen
Informationsrecht
Innere Schulangelegenheiten
Integration
Islamischer Religionsunterricht → Religionsunterricht, → Glaubens- und Gewissensfreiheit, → Ausländische Schüler, → Ausländische Eltern, → Koranschulen

Stichwortübersicht

Jahrgangskonferenz → Konferenzen, → Mitbestimmung, → Schulverfassung
Jahrgangsstufenpflegschaft → Mitbestimmung

Kindergarten → Elementarbereich, Schulkindergarten
Kirche und Schule
Klagearten → Rechtsschutz
Klagebefugnis → Rechtsschutz
Klagefrist → Rechtsschutz
Klage gegen schulische Maßnahmen → Rechtsschutz
Klassenarbeiten
Klassenbuch
Klassenfahrten
Klassenfrequenz
Klassengröße
Klassenkonferenz → Konferenzen, → Mitbestimmung, → Schulverfassung
Klassenpflegschaft → Mitbestimmung
Klassensprecher → Mitbestimmung
Klassenversammlung → Mitbestimmung
Klassenzusammenlegung → Schulorganisationsmaßnahmen
Kleidung des Lehrers → Neutralitätsgebot
Kleidung der Schüler
Koeduktion
Körperbehinderte Schüler → Behinderte Schüler, → Sonderschulen, → Überweisungen
Körperliche Züchtigung

Körperverletzung → Körperliche Züchtigung, → Strafrecht und Schule
Kolleg
Kollektivstrafen
Kommunale Schulen → Öffentliche Schulen, → Schulträgerschaft
Konferenzen
Konfessionsschulen → Bekenntnisschulen
Konkordate → Kirche und Schule
Konsulatsunterricht
Kopfnoten → Mitarbeit im Unterricht
Kopftuch → Glaubens- und Gewissensfreiheit
Kopieren → Fotokopieren
Koranschulen
Kostenfreiheit → Ausbildungsförderung, → Erziehungsbeihilfen, Lernmittelfreiheit, → Schülerbeförderung, → Schulgeldfreiheit
Krankheiten → AIDS und Schule, → Ansteckende Krankheiten, → Schulgesundheitspflege
Kruzifixe → Glaubens- und Gewissensfreiheit
Kulturhoheit der Länder
Kultusministerkonferenz

Ländervereinbarungen → Föderalismus, → Hamburger Abkommen, → Kultusministerkonferenz
Landerziehungsheime → Privatschulen
Landeselternausschuss → Mitbestimmung

Landeseltern(bei)rat → Mitbestimmung
Landesschüler(bei)rat → Mitbestimmung
Landesschülervertretung → Mitbestimmung
Landesschulbeirat → Mitbestimmung
Landesverfassungen → Bildungs- und Erziehungsziele, → Schulrecht
Lebensgestaltung – Ethik – Religionskunde (LER) → Ersatzunterricht, → Religionsunterricht
Lehrbücher → Schulbücher, → Lernmittelfreiheit
Lehre → Berufsausbildung, → Duales System
Lehrer → Pädagogische Freiheit, → Schulaufsicht, → Schulleiter
Lehrerkonferenz → Konferenzen, → Mitbestimmung, → Schulverfassung
Lehrpläne
Leistungsbewertung
Leistungsdifferenzierung
Leistungsklage → Rechtsschutz
Lernbehinderung → Behinderte Schüler, → Sonderschulen
Lernmittelfreiheit
Lernziele → Bildungs- und Erziehungsziele

Meinungsfreiheit
Mengenlehre
Minderheitenschulen
Minderjährigkeit → Volljährigkeit
Mindestschülerzahl

Misshandlung von Schülern → Körperliche Züchtigung, → Strafrecht und Schule
Mitarbeit im Unterricht
Mitbestimmung
Mittelschule
Mittlere Reife → Realschule, → Mittelschule
Mitwirkung → Mitbestimmung, → Schulverfassung
Modellschulen → Schulversuche
Montessorischulen → Privatschule, → Privatschulfinanzierung
Musikalische Schulveranstaltungen → Urheberrecht
Musikschulen → Schule

Nachhilfeunterricht → Freie Unterrichtseinrichtungen
Nachsitzen
Nationale Minderheit → Minderheitenschulen
Negative Auslese → Auslese
Neue Bundesländer
Neutralitätsgebot
Nichtschülerprüfung → Externenprüfung
Normenkontrollverfahren → Rechtsschutz
Noten
Notenausgleich
Notenspiegel
Numerus Clausus → Zulassungsbeschränkungen

Oberstufe des Gymnasiums
Oberstufenschule
Oberstufenzentrum
Öffentliche Schulen

Stichwortübersicht

Ordnungsmaßnahmen
Orientierungsstufe

Pädagogische Freiheit
Parlamentsvorbehalt → Gesetzesvorbehalt
Partizipation → Mitbestimmung, → Schulaufsicht
Paukstudios → Freie Unterrichtseinrichtungen
Pausenaufsicht → Aufsichtspflicht, → Haftung
Personalkosten → Schulfinanzierung
Personalversammlung
Pflegschaft
Pflichtfächer
Pflichtfremdsprache → Sprachenfolge, → Orientierungsstufe
Pflichtschulen
Plakettentragen
Pluralismus → Neutralitätsgebot
Politische Betätigung → Meinungsfreiheit, → Neutralitätsgebot, → Plakettentragen, → politische Werbung, → Schülergruppen, → Schülerzeitungen
Politisches Mandat
Politische Werbung
Positive Auslese → Auslese
Pressefreiheit → Schülerzeitungen
Primarbereich
Private Unterrichtseinrichtungen
Privatschulen
Privatschulfinanzierung
Privatunterricht → Private Unterrichtseinrichtungen

Prozessstandschaft → Rechtsschutz
Prüfungen
Prüfungsleistungen → Leistungsbewertung, → Rechtsschutz, → Verfahrensfehler

Rahmenrichtlinien → Lehrpläne
Rauchen in der Schule
Realschule
Recht auf Bildung
Recht auf unverkürzten Unterricht → Unterrichtsausfall
Rechtsaufsicht → Schulaufsicht
Rechtschreibreform
Rechtskraft → Rechtsschutz
Rechtsmittel → Rechtsschutz
Rechtsmittelbelehrung → Rechtsschutz
Rechtsschutz
Rechtsstaatsprinzip → Gesetzesvorbehalt, Verhältnismäßigkeit
Rechtsverordnung → Schulrecht
Rechtsweg → Rechtsschutz
Regelschulen
Regress → Haftung, Aufsichtspflicht
Reifeprüfung → Abitur
Religionsausübung → Glaubens- und Gewissensfreiheit
Religionsmündigkeit → Religionsunterricht
Religionsunterricht
Revision → Rechtsschutz

Sachkosten → Schulfinanzierung
Sannyasin als Lehrer → Glaubens- und Gewissensfreiheit, → Neutralitätsgebot

Schadensersatz → Haftung,
  → Schulweg, → Unfallversicherung
Schließung von Schulen
Schülerakten → Datenschutz
Schülerarbeiten
Schülerbeförderung
Schüler(bei)rat → Mitbestimmung
Schülerförderung → Ausbildungsförderung, → Erziehungsbeihilfen
Schülergruppen
Schülerlotsen → Haftung
Schülermitverantwortung
  → Mitbestimmung
Schülerrechte → Recht auf Bildung, → Chancengleichheit,
  → Demonstrationsrecht,
  → Meinungsfreiheit, → Schülergruppen, → Schülerzeitungen, → Zulassungsbeschränkungen
Schülersprecher → Mitbestimmung
Schülerstreik
Schülertransport → Schülerbeförderung
Schülerunfall → Haftung, → Unfallversicherung, → Schulweg
Schülerversammlung → Mitbestimmung
Schülervertretung → Mitbestimmung
Schülerzeichnungen → Schülerarbeiten
Schülerzeitungen
Schulandacht → Schulgebet
Schularten
Schulaufbau

Schulaufsicht
Schul(aufsichts)behörden
  → Schulverwaltung, → Schulaufsicht
Schulaufwand → Schulfinanzierung
Schulausflug → Klassenfahrten
Schulausschluss → Ordnungsmaßnahmen
Schulausschuss → Konferenzen,
  → Mitbestimmung
Schulbaukosten → Schulfinanzierung
Schulbeirat → Mitbestimmung
Schulbesuch → Befreiung,
  → Beurlaubung, → Schulpflicht, → Schulversäumnis,
  → Teilnahme am Unterricht
Schulbezirke
Schulbücher
Schulbus → Haftung, → Schülerbeförderung, → Schulweg
Schule
Schuleinzugsbereich → Schulbezirk
Schulelternbeirat → Mitbestimmung
Schulentwicklungsplanung
Schulfähigkeit → Bildungsunfähigkeit, → Einschulung,
  → Untersuchungen
Schulfahrten → Klassenfahrten
Schulferien → Ferien
Schulfest → Aufsichtspflicht,
  Haftung, Schulveranstaltungen, Unfallversicherung
Schulfinanzierung
Schulformen → Schularten
Schulforum → Konferenzen,
  → Mitbestimmung

XVII

Stichwortübersicht

Schulgebäude → Hausrecht,
 → Schulnutzung
Schulgebet
Schulgeldfreiheit
Schulgemeinde → Mitbestimmung
Schulgesundheitspflege
Schulgrundstück → Hausrecht,
 → Schulnutzung
Schulhefte → Schülerarbeiten
Schulhoheit → Schulaufsicht
Schulische Angebote
Schuljahr
Schulkindergärten
Schulkonferenz → Konferenzen,
 → Mitbestimmung, → Schulverfassung
Schullandheimaufenthalte
 → Klassenfahrten
Schulleiter
Schulnutzung
Schulordnungen
Schulorganisationsmaßnahmen
Schulpflegschaft → Mitbestimmung, → Pflegschaft
Schulpflicht
Schulräume und -einrichtungen
 → Hausrecht, → Schulnutzung
Schulrat → Schulaufsicht,
 → Schulverwaltung
Schulrecht
Schulreife → Bildungsunfähigkeit, → Einschulung, → Untersuchungen
Schulschließung → Schließung von Schulen
Schulsprecher → Mitbestimmung
Schulsprengel → Schulbezirke
Schulstrafen → Ordnungsmaßnahmen
Schulstufen
Schulsystem → Schularten, Schulaufbau
Schulträgerschaft
Schulunfall → Aufsichtspflicht, Haftung, Unfallversicherung
Schulunterhaltung → Schulfinanzierung
Schulveranstaltungen
Schulverbände → Schulträgerschaft
Schulverfassung
Schulverhältnis
Schulversäumnis
Schulversuche
Schulverwaltung
Schulverweisung
Schulwahl → Wahl der Schulart
Schulwanderungen → Klassenfahrten
Schulwechsel
Schulweg
Schulzeitung → Schülerzeitungen
Schulzwang
Schwänzen → Schulpflicht,
 → Schulversäumnis, → Teilnahme am Unterricht
Schweigepflicht
Sechs-Tage-Woche → Fünf-Tage-Woche
Sekundarstufe I
Sekundarstufe II
Selbstverwaltung der Schule
 → Mitbestimmung, → Konferenzen, → Schulaufsicht,
 → Schulverfassung,
Sexualdelikte → Strafrecht und Schule

Stichwortübersicht

Sexualität → Sexualkundeunterricht, → Strafrecht und Schule
Sexualkundeunterricht
Simultanschule → Gemeinschaftsschule
Sitzenbleiben → Versetzung
Sitzordnung
Sonderschulen
Sorgerecht → Elternrecht, individuelles
Sozialhilfe → Ausbildungsförderung, → Behinderte Schüler
Sozialverhalten
Sportunterricht → Glaubens- und Gewissensfreiheit
Sprachenfolge
Staatshaftung → Haftung
Staatskirchenverträge → Kirche und Schule
Staatsverträge → Föderalismus
Staat und Kirche → Bekenntnisschulen, → Gemeinschaftsschulen, → Glaubens- und Gewissensfreiheit, → Kirche und Schule, → Religionsunterricht, → Schulgebet
Stadtelternbeirat → Mitbestimmung
Ständige Konferenz der Kultusminister → Kultusministerkonferenz
Störung des Unterrichts → Ordnungsmaßnahmen
Strafarbeiten → Hausaufgaben, → Ordnungsmaßnahmen
Strafrecht und Schule
Streikrecht
Studienfahrten → Klassenfahrten
Stufenschule

Stufenvertretung → Mitbestimmung
Stundentafel

Teilhaberechte → Lernmittelfreiheit, → Recht auf Bildung, → Schuldgeldfreiheit, → Zulassungsbeschränkungen
Teilkonferenz → Konferenzen, Mitbestimmung, Schulverfassung
Teilnahme am Unterricht
Teilzeitschulpflicht → Schulpflicht
Tests → Hausaufgaben, Klassenarbeiten, Prüfungen, Untersuchungen
Toleranz → Neutralitätsgebot

Übergänge
Übergangsfristen → Rechtsschutz
Überspringen einer Klasse
Überweisungen
Umwandlung von Schulen
Umwelterziehung
Unfallversicherung
Unterhaltsbeihilfen → Erziehungsbeihilfen
Unterhaltspflicht → Erziehungsberechtigte, → Zweitausbildung
Unterhaltung des Schulwesens → Schulfinanzierung
Unterrichtsausfall
Unterrichtsbefreiung → Befreiung, Beurlaubung vom Unterricht
Unterrichtsbeihilfen → Ausbildungsförderung, Erziehungsbeihilfen

Stichwortübersicht

Unterrichtsboykott → Demonstrationsrecht, Schülerstreik, Schulpflicht
Unterrichtsfächer → Fächerkatalog
Unterrichtsfreier Sonnabend → Fünf-Tage-Woche
Unterrichtsinhalte → Bildungs- und Erziehungsziele, → Fächerkatalog, → Lehrpläne, → Sprachenfolge
Unterrichtsversäumnis → Schulversäumnis
Unterrichtszeit → Ferien, → Fünf-Tage-Woche, → Ganztagsschule,
Untersuchungen
Unzucht mit Abhängigen → Strafrecht und Schule
Urheberrecht

Vereinigungsfreiheit → Schülergruppen
Verfahrensfehler
Verfassungsbeschwerde → Rechtsschutz
Vergabe von Schulräumen → Schulnutzung
Verhältnismäßigkeit
Verkehrssicherungspflicht → Haftung
Verordnung → Schulrecht
Verpflichtungsklage → Rechtsschutz
Verrechtlichung der Schule
Verschulden → Haftung, → Ordnungsmaßnahmen, → Strafrecht und Schule
Versetzung

Versicherung → Unfallversicherung
Versuchsschulen → Schulversuche
Vertrauenslehrer
Vervielfältigung → Fotokopieren, → Urheberrecht
Verwaltungsakt → Rechtsschutz
Verwaltungsrechtsweg → Rechtsschutz
Verwaltungsverfahren und Schule
Verwaltungsvorschrift → Schulrecht, → Verrechtlichung
Verweis/Verweisung → Ausschluss von der Schule, → Ordnungsmaßnahmen
Volksschule
Volljährigkeit
Vollzeitschulpflicht → Schulpflicht
Vorbehalt des Gesetzes → Gesetzesvorbehalt
Vorklassen
Vorläufiger Rechtsschutz
Vorrücken → Versetzung
Vorsatz → Haftung
Vorschule
Vorteilsannahme/Vorteilsgewährung → Geschenke an Lehrer
Vorwarnung
Vorzeitige Einschulung → Einschulung

Wahl der Schulart
Wahlfächer/Wahlpflichtfächer → Pflichtfächer
Wahlschulen
Waldorfschulen → Privatschulen, Privatschulfinanzierung

Stichwortübersicht

Wanderung → Klassenfahrten
Weltanschauungsschulen
Werbung in der Schule → Plakettentragen, → politische Werbung
Widerspruch → Rechtsschutz, → vorläufiger Rechtsschutz
Wiederholung der Klasse (freiwillig)
Wiederholung von Prüfungen

Zensuren → Noten, → Prüfungen, → Prüfungsleistungen
Zeugnisse
Züchtigung → körperliche Züchtigung

Zulassungsbeschränkungen
Zurückstellung vom Schulbesuch → Bildungsunfähigkeit, → Einschulung, → Untersuchungen
Zusammenlegung von Klassen und Schulen → Schulorganisationsmaßnahmen
Zuständige Schule → Schulbezirk
Zuständigkeit der Länder → Kulturhoheit der Länder
Zuweisung zu einer Schule → Schulbezirk, → Überweisungen, → Wahl der Schulart
Zweitausbildung
Zweiter Bildungsweg

Abkürzungsverzeichnis

a. A.	anderer Ansicht
ABl.	Amtsblatt
ÄndG	Änderungsgesetz
AK-GG	Wassermann (Hrsg.), Alternativkommentar zum Grundgesetz, 2. Aufl. 1989
AöR	Archiv des öffentlichen Rechts (Zeitschrift)
ArbG	Arbeitsgericht
Art.	Artikel
ASchO	Allgemeine Schulordnung
Az.	Aktenzeichen
BAföG	Bundesausbildungsförderungsgesetz
BAG	Bundesarbeitsgericht
BAT	Bundesangestelltentarif
Bay., bay.	Bayern, bayerisch(e), (er), (es)
BayBS	Bereinigte Sammlung des bay. Landesrechts
BayObLG	Bayerisches Oberstes Landesgericht
BayRS	Bayerische Rechtssammlung
BayVBl	Bayerische Verwaltungsblätter
BayVerfGH	Bayerischer Verfassungsgerichtshof
BayVGH	Bayerischer Verwaltungsgerichtshof
BBG	Bundesbeamtengesetz
Bek.	Bekanntmachung
Berl., berl.	Berlin, berliner
BGB	Bürgerliches Gesetzbuch
BGBl.	Bundesgesetzblatt
BGH	Bundesgerichtshof
BGHZ	Entscheidungen des BGH in Zivilsachen
BGH LM	Nachschlagewerk des Bundesgerichtshofs, hrsg. von Lindemaier, Möhring u. a. (Loseblattsammlung)
BGJ	Berufsgrundbildungsjahr
Brand., brand	Brandenburg, brandenburgisch
Brem., brem.	Bremen, bremer
BRRG	Beamtenrechtsrahmengesetz

Abkürzungsverzeichnis

BrSBl.	Bremer Schulblatt
BSG	Bundessozialgericht
BT	Bundestag
BtMG	Betäubungsmittelgesetz
Buchholz	Sammel- und Nachschlagewerk der Rechtsprechung des Bundesverwaltungsgerichts, begr. v. Buchholz, hrsg. v. Fürst/Dodenhoff, (Loseblatt)
BVerfG	Bundesverfassungsgericht
BVerfGE	Amtliche Sammlung der Entscheidungen des Bundesverfassungsgerichts
BVerwG	Bundesverwaltungsgericht
BVerwGE	Amtliche Sammlung der Entscheidungen des Bundesverwaltungsgerichts
B.-W., b.-w.	Baden-Württemberg, baden-württembergisch(e), (er), (es)
BWStGH	Baden-Württembergischer Staatsgerichtshof
BWVBl.	Baden-Württembergische Verwaltungsblätter
BWVGH	Baden-Württembergischer Verwaltungsgerichtshof
DJT	Deutscher Juristentag
DJT-SchulGE	Entwurf für ein Landesschulgesetz der Kommission Schulrecht des Deutschen Juristentages
DÖV	Die Öffentliche Verwaltung
Drs.	Drucksache
DRiZ	Deutsche Richterzeitung
DVBl.	Deutsches Verwaltungsblatt
EFG	Ersatzschulfinanzierungsgesetz (NRW)
EG	Europäische Gemeinschaften
EGMR	Entscheidungen des Europäischen Gerichtshofs für Menschenrechte
EMRK	Europäische Menschenrechtskonvention
ESchFG	Ersatzschulfinanzierungsgesetz
EUG	Gesetz über das Erziehungs- und Unterrichtswesen (Bayern)
EuGH	Europäischer Gerichtshof
EuGRZ	Europäische Grundrechte Zeitschrift
EuGMR	Europäischer Gerichtshof für Menschenrechte

Abkürzungsverzeichnis

fak.	fakultativ
FamRZ	Ehe und Familie im privaten und öffentlichen Recht. Zeitschrift für das gesamte Familienrecht
FS	Festschrift
G	Gesetz
GA	Goltdammer's Archiv für Strafrecht
GABl.	Gemeinsames Amtsblatt
GBl.	Gesetzblatt
GesBl.	Gesetzblatt
GG	Grundgesetz
GMBl.	Gemeinsames Ministerialblatt, hrsg. v. Bundesminister des Innern
GVBl.	Gesetz- und Verordnungsblatt
Hamb., hamb.	Hamburg, hamburger, hamburgisch
Hess., hess.	Hessen, hessisch
HessStGH	Hessischer Staatsgerichtshof
HessVGH	Hessischer Verwaltungsgerichtshof
h. M.	herrschende Meinung
HRG	Hochschulrahmengesetz
i. d. F. v.	in der Fassung vom
JA	Juristische Arbeitsblätter
JGG	Jugendgerichtsgesetz
JÖSchG	Gesetz zum Schutze der Jugend in der Öffentlichkeit
JZ	Juristenzeitung
KMBl.	Kultusministerialblatt
KMK	Kultusministerkonferenz
KMK-BeschlS.	Sammlung der Beschlüsse der Ständigen Konferenz der Kultusminister der Länder in der Bundesrepublik Deutschland (Hrsg.) (Loseblatt-Sammlung)
KMK-HSchR	Informationen zum Hochschulrecht. Veröffentlichungen der KMK
K. u. U.	Kultus und Unterricht (Amtsblatt d. b.-w. Kultusministers)

Abkürzungsverzeichnis

LandesArbG	Landesarbeitsgericht
LFG	Lernmittelfreiheitsgesetz
LKV	Landes- und Kommunalverwaltung. Verwaltungsrechts-Zeitschrift für die Länder Berlin, Brandenburg, Mecklenburg-Vorpommern, Sachsen, Sachsen-Anhalt und Thüringen
LT	Landtag
LV	Landesverfassung(en)
Maunz-Dürig u. a.	Grundgesetz-Kommentar (Loseblattsammlung)
MBl.	Ministerialblatt
MDR	Monatsschrift für Deutsches Recht
Meckl. meckl.	Mecklenburg-Vorpommern, m.v.isch
m. w. N.	mit weiteren Nachweisen
NBl.	Nachrichtenblatt
Nds., nds.	Niedersachsen, niedersächsisch
NJW	Neue Juristische Wochenschrift
NRW, nrw., NW	Nordrhein-Westfalen, nordrhein-westfälisch
NSchG	Niedersächsisches Schulgesetz
NStZ	Neue Zeitschrift für Strafrecht
NVwZ	Neue Zeitschrift für Verwaltungsrecht
NVwZ-RR	Neue Zeitschrift für Verwaltungsrecht, Rechtsprechungs-Report
NWVBl	Nordrhein-westfälische Verwaltungsblätter
OLG	Oberlandesgericht
OWiG	Ordnungswidrigkeitengesetz
OVG	Oberverwaltungsgericht
PrivSchG	Privatschulgesetz
PrivSchFinG	Privatschulfinanzierungsgesetz
RdJ/RdJB	Recht der Jugend/ und des Bildungswesens
Rdn.	Randnummer
RG	Reichsgericht
RKEG	Gesetz über die religiöse Kindererziehung
Rh.-Pf., rh.-pf.	Rheinland-Pfalz, rheinland-pfälzisch(e), (er), (es)
Rspr.	Rechtsprechung
RVO	Reichsversicherungsordnung

Abkürzungsverzeichnis

Saarl., saarl.	Saarland, saarländisch(e), (er), (es)
Sachs., sächs.	Sachsen, sächsisch
Sachs.-Anh., sachs.-anh.	Sachsen-Anhalt, sachsen-anhaltinisch
SächsVBl.	Sächsische Verwaltungsblätter
SchFG	Schulfinanzierungsgesetz
SchG	Schulgesetz
SchMG	Schulmitwirkungsgesetz
SchoG, SchOG	Schulordnungsgesetz
SchPG, SchpflG	Schulpflichtgesetz
SchulG	Schulgesetz
SchulGE	DJT-SchulGE
SchulVerfG	Schulverfassungsgesetz
SchVw	SchulVerwaltung. Zeitschrift für Schulleitung und Schulaufsicht
SchulVwG	Schulverwaltungsgesetz
SchumG	Schulmitbestimmungsgesetz
SchVG	Schulverfassungsgesetz
SG	Sozialgericht
S.-H., s.-h.	Schleswig-Holstein, schleswig-holsteinisch(e), (er), (es)
sm	Schulmanagement (Zeitschrift)
SPE	Ergänzbare Sammlung schul- und prüfungsrechtlicher Entscheidungen, hrsg. von Knudsen/Seipp
StGB	Strafgesetzbuch
StGH	Staatsgerichtshof
st. Rspr.	ständige Rechtsprechung
str.	strittig
Thür., thür.	Thüringen, thüringisch
VerfGH	Verfassungsgerichtshof
VersR	Versicherungsrecht
VerwArch	Verwaltungsarchiv
VerwRspr.	Verwaltungsrechtsprechung
VG	Verwaltungsgericht
VGH	Verwaltungsgerichtshof
VO	Verordnung
VVDStRL	Veröffentlichungen der Vereinigung der Deutschen Staatsrechtslehrer

Abkürzungsverzeichnis

VwGO	Verwaltungsgerichtsordnung
VwVfG	Verwaltungsverfahrensgesetz des Bundes (wird anstelle der im Schulwesen maßgebenden entsprechenden Landes-VwVfGe zitiert)
WPB	Westermanns Pädagogische Beiträge
WRV	Weimarer Reichsverfassung
ZevKR	Zeitschrift für evangelisches Kirchenrecht
zul. g. d. G. v.	zuletzt geändert durch Gesetz vom

A

▶ Abendgymnasium

A. sind Einrichtungen des → Zweiten Bildungswegs und führen nach § 7 Abs. 2 und 3 des → Hamburger Abkommens befähigte Berufstätige in Abendkursen zur allgemeinen oder fachgebundenen → Hochschulreife. Das Nähere über Aufbau und Bildungsgang dieser Einrichtungen ist in der „Vereinbarung über die Neugestaltung der Abendgymnasien" vom 21. 6. 1979 i.d.F. v. 16. 6. 2000 (KMK-BeschlS. 240.2/1) geregelt. Die regelmäßige Dauer des Besuchs von A. beträgt drei, höchstens aber 4 Jahre. Aufnahmevoraussetzung für den Eintritt in den Hauptkurs sind: Abschluss einer Berufsausbildung oder eine mindestens dreijährige geregelte Berufstätigkeit; Mindestalter von 19 Jahren. Die Länder haben z.T. weitergehende Voraussetzungen festgelegt. Mit Ausnahme der Letzten drei Halbjahre müssen die Studierenden berufstätig sein. Das am A. durch Ablegung einer Prüfung erworbene Reifezeugnis (→ Abitur) ist den sonstigen Reifeprüfungszeugnissen gleichwertig und wird von allen Ländern anerkannt (→ Anerkennung von Abschlüssen). Die Länder haben für die A. entsprechende und zum Teil ergänzende Bestimmungen in den Schulgesetzen sowie in ergänzenden Verordnungen und Richtlinien erlassen (vgl. auch DJT-SchulGE § 31 und Begründung S. 194f., 217f.).

▶ Abendhauptschule

A. sind Einrichtungen des → Zweiten Bildungswegs und geben Gelegenheit, außerhalb des üblichen Weges der Schulbildung die Ziele der Hauptschule zu erreichen. Die A. umfasst ein Schuljahr. In einigen Bundesländern werden die Aufgaben der A. weitgehend von den Volkshochschulen wahrgenommen (vgl. auch DJT-SchulGE § 29 und Begründung S. 194f., 215f.).

▶ **Abendrealschule**

A. sind Einrichtungen des → Zweiten Bildungswegs und führen Berufstätige in Abendkursen (in der Regel sechs Semester) zum Realschulabschluss (vgl. auch DJT-SchulGE § 30 und Begründung S. 194f., 216f.).

▶ **Abgangszeugnis** → Zeugnisse

▶ **Abitur**

Das A. ist der nach erfolgreichem Besuch der gymnasialen → Oberstufe oder einer gleichgestellten Schule der → Sekundarstufe II oder entsprechender Schulen des → Zweiten Bildungswegs durch Ablegung einer Prüfung zu erreichende Schulabschluss, der die allgemeine Hochschulreife verleiht (vgl. auch KMK-Vereinbarung über die Abiturprüfung der gymnasialen Oberstufe in der Sekundarstufe II i.d.F. vom 16. 6. 2000, KMK-BeschlS. 192). Diese berechtigt zum Besuch der wissenschaftlichen Hochschulen (vgl. § 27 HRG). Von der allgemeinen sind die → fachgebundene Hochschulreife („Fachabitur") sowie die → Fachhochschulreife zu unterscheiden. Letztere verleiht eine auf den Besuch von Fachhochschulen beschränkte Zugangsberechtigung. Während die allgemeine sowie die fachgebundene Hochschulreife in fast allen Ländern anerkannt wird, ist dies für die Fachhochschulreife nicht in gleichem Maße gewährleistet (→ Anerkennung von Abschlüssen). Ein landeseinheitliches Zentral-A. gibt es in einigen Ländern; andere lehnen dies wegen zu starker Einschränkung der Eigenständigkeit der Schulen und der → pädagogischen Freiheit ab. Unterschiedlich sind die Schulzeiten, die bis zum A. absolviert werden müssen. In den meisten Bundesländern sind 13 Schuljahre erforderlich. Dagegen können Schüler in einigen Ländern (zur Zeit in Sachsen und Thüringen) das A. bereits nach 12 Schuljahren erreichen. In andere Ländern kann das A. nach 12 Schuljahren im Rahmen von → Schulversuchen erreicht werden.

Äußere Schulangelegenheiten

▶ **Abkommen zwischen den Ländern** → Anerkennung von Abschlüssen, → Föderalismus, → Hamburger Abkommen, → Kultusministerkonferenz

▶ **Abmeldung vom Religionsunterricht** → Religionsunterricht

▶ **Abschlusszeugnis** → Zeugnisse, → Anerkennung von Abschlüssen

▶ **Abwesenheit vom Unterricht** → Befreiung vom Unterricht, → Schulpflicht

▶ **Äußere Schulangelegenheiten**

Das Begriffspaar der äußeren und → inneren Schulangelegenheiten entstammt der Stein'schen Städteordnung von 1808 (§ 179b) und lag schon dem Art. 143 der WRV von 1919 zugrunde. Zur plakativen Abgrenzung zwischen äußeren und inneren Schulangelegenheiten wurde in der Weimarer Zeit die Formulierung geprägt: Die Gemeinde baut als Trägerin der Schule das Haus, Herr im Haus aber ist der Staat (Anschütz, Die Verfassung des Deutschen Reiches vom 11. August 1919, 14. Aufl. 1933, Art. 143 Anm. 2). Das GG hat diese Unterscheidung aufgegeben und unterstellt das „gesamte Schulwesen" der Aufsicht des Staates (Art. 7 Abs. 1 GG). Gleichwohl kann man auch heute noch zwischen äußeren und inneren Schulangelegenheiten differenzieren. Unter ä. S. sind diejenigen schulischen Aufgaben zu verstehen, welche die Errichtung und Unterhaltung der Schulgebäude sowie der Beschaffung und Bereitstellung der Lehrmittel betreffen (Heckel/Avenarius, Schulrechtskunde, 1986, S. 7f.). Zu den ä. S. zählen demnach diejenigen Einrichtungen und Tätigkeiten, welche die Vorbedingungen und Mittel für die innere Schularbeit schaffen. Hierzu gehören vor allem die Aufgaben der → Schulträgerschaft und → Schulfinanzierung, der Schulbau sowie der Anstellung des Schulpersonals (vgl. dazu im einzelnen Staupe, Strukturen der Schulträgerschaft und Schulfinanzierung, Bildung in der BRD 1980, S. 869ff.). Zum Schulpersonal in diesem Sinne zählen z. B. Hausmeister und Verwaltungspersonal, nicht aber das eigentliche Lehrpersonal. Die ä. S. fallen im Wesentlichen in die Kompetenz der Schulträger; das sind je nach landesrechtlicher Regelung entweder die Gemeinden, die Kreise bzw. kreisfreien Städte oder ausnahmsweise das Land.

▶ **AIDS und Schule**

(1) Das Akronym AIDS steht für die erworbene Immunschwäche-Krankheit AIDS (Acquired Immuno Deficiency Syndrom) und ist für die Schule in doppelter Hinsicht von Bedeutung: ganz vorrangig als Ort der Aufklärung über AIDS und den persönlichen und gesellschaftlichen Umgang mit dieser Krankheit, zum zweiten als Ort, an dem – wie in allen anderen Bereichen menschlichen Kontakts – eine Übertragung des HIV (Human Immunodeficiency Virus) nicht völlig ausgeschlossen werden kann.

(2) AIDS ist eine durch das HI-Virus übertragende Immunschwächekrankheit, die bis heute unheilbar ist. Für die HIV-Infektion typisch ist eine – unterschiedlich lange – Latenzzeit zwischen der Infektion und dem Auftreten erster Krankheitserscheinungen; sie kann mehr als 10 Jahre betragen, aber auch wesentlich kürzer sein. Unklar ist, wieviel Prozent der Infizierten erkranken. Das Vollbild AIDS ist gekennzeichnet durch dramatisch und qualvoll verlaufende Krankheiten, die bei allen Erkrankten zum Tode führen. Die epidemiologische Situation ist ungeklärt. Bisher haben sich weltweit mehr als 30 Mio. Menschen infiziert. In Deutschland sind (Stand: 2000) etwa 37 000 Menschen mit HIV infiziert, bei 5000 von ihnen ist die AIDS-Krankheit ausgebrochen. Die Zahl der jährlichen HIV-Neuinfektionen liegt z. Z. relativ konstant bei 2100. Seit dem Ausbruch der Epidemie sind weltweit bis 2000 21,8 Millionen Menschen an AIDS gestorben, im Jahr 1999 allein ca. 2,6 Millionen, unter ihnen fast eine halbe Million Kinder. Weltweit sind über 36 Millionen Menschen infiziert; allein im Jahr 2000 steckten sich ca. 5,3 Millionen Menschen neu an.

(3) Die Übertragung der Krankheit ist auch durch infizierte, aber noch nicht erkrankte Personen möglich. Die Übertragung

erfolgt vor allem durch erregerhaltige Körperflüssigkeiten wie Blut und Samenflüssigkeit, in denen die Konzentration des Virus besonders hoch ist. Außerhalb des Körpers soll das Virus nur kurz überlebensfähig sein. Aerogene Übertragungen, Tröpfchen- und Schmierinfektionen kommen nicht in Betracht (vgl. zu alledem Gürtler/Eberle/Deinhardt, Münchner Medizin. Wochenschrift, 128. Jahrgg., S. 6). Eine Übertragung durch Tränen, Schweiß und Speichel gilt als so gut wie ausgeschlossen. Als Hauptübertragungswege kommen daher in Betracht: Blut-zu-Blut-Kontakte (z.B. Bluttransfusionen, durch Vorsichtsmaßnahmen aber inzwischen in der Bundesrepublik praktisch ausgeschlossen; gemeinsames Benutzen von Spritzbestecken bei intravenöser Einnahme von Drogen) sowie Geschlechtsverkehr mit Körperaustausch von Samenflüssigkeit, insbesondere bei schleimhautverletzenden Praktiken. Keine Übertragung findet statt durch alltägliche soziale Kontakte; die Schule unterscheidet sich insoweit nicht wesentlich von sonstigen Sozialkontakten in Verkehrsmitteln, Geschäften, am Arbeitsplatz oder in der Familie. Letztlich entscheidend ist das Verhalten des Infizierten und seiner Umwelt.

Die Pressemitteilung zur 225. Plenarsitzung der KMK vom 17./18. 10. 1985 sagt dazu u.a.: „Das Risiko einer Ansteckung von Schülern besteht nach derzeitigem medizinischem Wissensstand bei in Schulen üblichen sozialen Kontakten nicht. Darauf bezogene Ängste sind daher unbegründet...".

(4) Die Aufgabe der Schule besteht zunächst darin, über die Fakten bezüglich AIDS sachlich aufzuklären und auf die Gefahren der Übertragung hinzuweisen mit dem Ziel, die Ausbreitung der Krankheit zu verhindern. Darüber hinaus hat die Schule aber auch den gesellschaftlichen Umgang mit der „Angst vor AIDS" zu thematisieren. Es besteht die Gefahr, dass die berechtigte Angst vor AIDS zu einer Verstärkung der zum Teil bereits vorhandenen „kollektiven Hypochondrie" (vgl. G. Schmidt, Das Große Der Die Das – Über das Sexuelle, 1986, 149) führt und dadurch persönliche wie gesellschaftliche Schäden angerichtet werden, die das Ausmaß der durch die Krankheit selbst verursachten Schäden noch erheblich vergrößern. Schließlich kommt der Schule die Aufgabe zu, sich mit der Situation eventueller Infizierter an der

Schule ohne unnötige Ausgrenzung der Betroffenen auseinanderzusetzen.

(5) Hinsichtlich konkreter Maßnahmen zur Vorbeugung und zur Gefahrenabwehr findet das Bundes-Seuchengesetz (BSeuchG i.d.F. der Bek. v. 18.12.1979, BGBl. I S. 2262, zul. g. d. G. v. 20.7.2000 (BGBl. I S. 1045) Anwendung (vgl. dazu Brandes, RdJB 1988, 10ff.). Dieses bezieht sich auf alle Krankheiten, die durch Krankheitserreger verursacht werden und bei denen unmittelbar oder mittelbar eine Übertragung auf den Menschen stattfindet (§ 1 BSeuchG). Dies trifft auf die HIV-Infektion zu. Der persönliche Geltungsbereich umfasst infizierte wie infektionsverdächtige Personen (§ 2 BSeuchG); es ist in der Latenzzeit auch auf den gesunden Träger der HIV-Infektion anwendbar, da er „Ausscheider" i.S. der seuchenrechtlichen Bestimmungen ist (§ 2 Nr. 4 BSeuchG). Aufgrund des BSeuchG können von den zuständigen Behörden (Gesundheitsämter) bestimmte Maßnahmen ergriffen werden: Ermittlungsmaßnahmen durch das Gesundheitsamt nach § 31 Abs. 1 (z.B. Durchführung von HIV-Tests), Schutzmaßnahmen nach §§ 34ff. (z.B. Aufstellung von Verhaltensregeln; unklar ist, ob auf dieser Grundlage ein Schulbesuchsverbot ausgesprochen werden könnte, vgl. Bender NJW 1987, 2906), „Absonderung" in einem Krankenhaus oder in sonstiger Weise gem. § 37 Abs. 1, teilweise oder gänzliche Untersagung der Ausübung bestimmter beruflicher Tätigkeiten (§ 38). All diese Maßnahmen dürfen nur im Rahmen der Erforderlichkeit nach dem verfassungsrechtlich verankerten Grundsatz der → Verhältnismäßigkeit ergriffen werden. In der Praxis dürften sich die zulässigen Maßnahmen daher auf Ermittlungs- und Schutzmaßnahmen beschränken.

(6) Neben diesen allgemeinen Regelungen des BSeuchG enthält dieses „zusätzliche Vorschriften für Schulen und sonstige Gemeinschaftseinrichtungen" (§§ 44–48a). → Schulen i.S.d. §§ 45–47 sind alle öffentlichen und privaten, dem allgemeinbildenden und dem berufsbildenden Unterricht dienenden Schulen (§ 44). Die Möglichkeit eines Schulverbots für Lehrer, Referendare, Schüler oder sonstige Schulbedienstete gem. § 45 Abs. 1 scheidet aus, weil die HIV-Infektion in dem dortigen abschließenden Ka-

talog von Krankheiten nicht aufgeführt ist. Die theoretische Möglichkeit der Schließung von Schulen oder einzelner Schulklassen (§ 46) dürfte im Zusammenhang mit AIDS ausscheiden.

(7) Das Gesetz zur Bekämpfung von Geschlechtskrankheiten vom 23. 7. 1953 (BGBl. I S. 700) ist auf AIDS nicht anwendbar, da sein Geltungsbereich auf 4 dort namentlich genannte Geschlechtskrankheiten beschränkt ist.

(8) Zu der Frage, ob ein HIV-infizierter Schüler vom Schulbesuch ausgeschlossen werden kann (→ Ausschluß von der Schule), enthalten die Schulgesetze nur zum Teil und nur in allgemeiner Form Regelungen der Gefahrenabwehr. Danach kann ein Schüler vom Schulbesuch ausgeschlossen werden, wenn sein Verbleib in der Schule eine ernste Gefahr für die Gesundheit der anderen Schüler bedeutet. Ein Schulausschluss als → Ordnungsmaßnahme kommt von vornherein nicht in Betracht, da es sich nicht um eine Disziplinarmaßnahme, sondern um eine solche der Gefahrenabwehr handeln würde. Unabhängig vom Vorhandensein einer spezialgesetzlichen Grundlage für einen Schulausschluss stellt sich stets im Einzelfall die Frage, ob eine solch weitgehende Maßnahme verfassungsrechtlichen Bedenken unterläge. Gegenüber stehen sich die Grundrechte des infizierten Schülers und die Grundrechte seiner nicht infizierten Mitschüler und anderer Schulbeteiligter (insbesondere Schutz der Menschenwürde gem. Art. 1 Abs. 1 GG, das Recht auf freie Entfaltung der Persönlichkeit gem. Art. 2 Abs. 1 GG, das Recht der Berufswahlfreiheit und damit eng verbunden das Recht auf freie Wahl der Ausbildungsstätte nach Art. 12 Abs. 1 GG sowie das Recht auf körperliche Unversehrtheit gem. Art. 2 Abs. 2 GG). Es handelt sich um ein mehrdimensionales Grundrechtsproblem, das eine Abwägung unter Berücksichtigung der Erforderlichkeit (→ Verhältnismäßigkeit) verlangt. Dabei sind der hohe drohende Schaden einerseits und dessen geringe Wahrscheinlichkeit andererseits gegeneinander abzuwägen. Bei einem „spekulativen Risiko" (s. o.), das zudem bei allen anderen üblichen Sozialkontakten in gleichem Maße besteht bzw. nicht besteht, dürfte zweifelhaft sein, ob ein Ausschluss von der Schule verhältnismäßig wäre. Er wird in aller Regel nicht in Betracht kommen und nur bei Vorliegen besonderer Umstände (z. B. Schü-

ler beißt) zulässig sein. Sollte ein Ausschluss unter deratigen Umständen unvermeidlich sein, so hat der ausgeschlossene Schüler Anspruch auf Haus- oder Krankenhausunterricht (→ Behinderte Schüler). Dem entspricht auch die oben zitierte Pressemitteilung der KMK: „Da somit von Schülern, die AIDS-Erreger im Blut haben, in Schulen keine besondere Ansteckungsgefahr ausgeht, sehen die Kultusminister und -senatoren der Länder keine Veranlassung, solche Schüler vom Unterricht auszuschließen. Diese Schüler haben im Gegenteil Anspruch auf besondere Zuwendung und Einbindung in ihre bisherigen sozialen Strukturen. Die Kultusverwaltungen werden im Rahmen der landesrechtlichen Bestimmungen sicherstellen, dass Schüler, die wegen AIDS-Erkrankungen nicht am Schulunterricht teilnehmen können, durch Haus- oder Krankenhausunterricht weiter gefördert werden." (Vgl. zu alledem Bender, NJW 1987, 2903 n.w.N.; allg. zu Rechtsfragen der Bekämpfung von AIDS: Schenke, DVBl. 1988, 165; die Beiträge von Gallwas, Brandes u. Engler in RdJB 1988, 2, 10, 23; Schünemann/Pfeiffer, Die Rechtsprobleme von AIDS, 1988).

(9) Beachtet werden sollten in jedem Fall die allgemeinen hygienischen Vorsichtsmaßregeln, um die Möglichkeit einer akzidentellen Infektion z.B. bei Unfällen auszuschließen, insbesondere durch Kontakte mit dem Blut von Verletzten (Vorsichtsmaßnahmen: Tragen von Gummihandschuhen, Pflaster oder Verband anlegen usw.).

▶ Akteneinsicht

Nicht nur im verwaltungsgerichtlichen Verfahren (vgl. §§ 99, 100 VwGO), sondern bereits im → Verwaltungsverfahren besteht nach den VwVfGen der Länder ein Recht auf A. (§ 29 VwVfG – zitiert wird immer das entspr. VwVfG des Bundes). Berechtigt sind die Beteiligten (§ 13 VwVfG) bzw. ihre Bevollmächtigten, d.h. insbesondere der, an den ein Verwaltungsakt gerichtet wird bzw. werden soll oder der, der einen Verwaltungsakt beantragt hat. Volljährige Schüler können die Akten selbst einsehen, beschränkt geschäftsfähige Minderjährige (7- bis 17-jährige → Volljährigkeit) vertreten durch ihre Eltern oder selbst, wenn sie durch

Rechtsvorschriften als handlungsfähig anerkannt sind (§ 12 VwVfG). Das bedeutet im Schulrecht, dass ältere Schüler i. d. R. das Recht auf A. selbst wahrnehmen können. Die A. gilt auch für Prüfungen und Leistungskontrollen (§ 2 Abs. 3 Nr. 2 VwVfG, VG Berlin, NVwZ 1982, 576. Zur Geltung der VwVfGe der Länder im Schulbereich → Verwaltungsverfahren).

Voraussetzungen der A.: rechtliches Interesse muss Aktenkenntnis erfordern (§ 29 Abs. 1 VwVfG). Die Behörde kann Einsicht versagen, insbesondere soweit dadurch die ordnungsgemäße Erfüllung ihrer Aufgaben beeinträchtigt wird oder soweit die Vorgänge ihrem Wesen nach geheim gehalten werden müssen (§ 29 Abs. 2 VwVfG). Diese Gründe werden im Schulrecht nur selten vorliegen (z. B. Einsichtnahme in Prüfungsakten i. d. R. erst nach Abschluss des Prüfungsverfahrens). Die Verweigerung der A. muss substantiell begründet werden; an das Vorliegen der Verweigerungsgründe sind strenge Anforderungen zu stellen. Das Einsichtsrecht bezieht sich vor Abschluss des Verwaltungsverfahrens nicht auf Entscheidungsentwürfe und Arbeiten zur unmittelbaren Entscheidungsvorbereitung (§ 29 Abs. 1 S. 2 VwVfG). Neben dem Recht auf A. bestehen besondere → Informationsrechte der Eltern und Schüler. Das Einsichtsrecht der Lehrer in ihre Personalakten ergibt sich aus den Beamtengesetzen bzw. dem Tarifrecht (§ 56 BRRG, § 13 BAT). Eltern und Schüler haben kein Einsichtsrecht in Lehrerpersonalakten.

▶ Alkoholgenuss durch Schüler

Außerhalb des Schulbereichs haben die → Erziehungsberechtigten im Rahmen des Familienrechts und der Jugendschutzbestimmungen (Gesetz zum Schutz der Jugend in der Öffentlichkeit – JÖSchG – i. d. F. v. 25. 2. 1985, BGBl. I S. 425, zul. g. d. G. v. 28. 10. 1994, BGBl. I S. 3186) zu entscheiden, ob ihre minderjährigen Kinder Alkohol zu sich nehmen und dazu Gaststätten aufsuchen dürfen. Das schulische Erziehungsrecht erstreckt sich grundsätzlich nicht auf den außerschulischen Bereich, sondern wird durch das → Elternrecht (individuelles, Art. 6 Abs. 2 GG) bzw. die Entfaltungsrechte des Schülers (Art. 2 Abs. 1 GG) begrenzt.

Schule und Schulbehörde haben daher grundsätzlich kein Recht, A. außerhalb der Schule oder den Besuch von Lokalen zu verbieten und Nichtbefolgungen mit schulischen → Ordnungsmaßnahmen zu sanktionieren (entsprechendes gilt für das → Rauchen). Die ältere Auffassung einer insoweit über den Schulbereich hinausgehenden Ordnungsgewalt und „Schulzucht" ist überholt (Niehues, Schul- und Prüfungsrecht, Bd. 1, 3. Aufl. 2000, Rdn. 447 ff.; DJT-SchulGE, 295). Anderes kann bei → Privatschulen gelten; dort beruht das Schulverhältnis auf einem Vertrag, der außerschulische Verhaltenspflichten enthalten und bei Vertragsverletzung von der Privatschule ggf. gekündigt werden kann.

Der Grundsatz bedarf freilich der Differenzierung im Überschneidungsbereich zwischen schulischem und außerschulischem Bereich. Die unterrichtliche Behandlung der Gefahren des A. wie des Genusses anderer Suchtstoffe sowie auch des Rauchens gehört zum Bildungs- und Erziehungsauftrag der Schule. Die Schule ist auch zur Information und zu individuellen Gesprächen in Problemfällen mit Eltern und Schülern berechtigt (→ Drogenkonsum, Schweigepflicht).

Im Schulbereich kann bzw. muss (Gesundheitsschutz) dem in allen Ländern bestehenden Alkoholverbot erforderlichenfalls, d. h. soweit andere pädagogische Mittel wie Aufarbeiten im Unterricht, Ermahnungen, Gespräche mit den Betroffenen, ihren Eltern usw. nicht ausreichen, unter Beachtung des Grundsatzes der → Verhältnismäßigkeit durch Ordnungsmaßnahmen Geltung verschafft werden. Dies gilt auch dann, wenn die Erfüllung des Bildungs- und Erziehungsauftrags der Schule durch außerschulischen A. von Schülern unmittelbar gefährdet bzw. beeinträchtigt wird (insbesondere bei A. in Zeiten, die mit dem Schul- und Unterrichtsbetrieb in engem Zusammenhang stehen, wie z. B. auf dem → Schulweg, bei der → Schülerbeförderung, in Freistunden). Striktes Alkoholverbot gilt für die Unterrichtszeit einschließlich der Pausen sowie i. d. R. auch für sonstige → Schulveranstaltungen. Allerdings können für Schulfeste, bei Klassenfahrten und ähnlichen Gelegenheiten altersangemessene Ausnahmen unter Beachtung der Jugendschutzbestimmungen gemacht werden. Über solche Ausnahmen entscheiden i. d. R. Lehrerkonferenzen zusammen mit den Mitwirkungsgremien der Eltern und Schüler.

Für Lehrer ist von Bedeutung, dass gem. § 12 Abs. 2 JÖSchG ordnungswidrig handelt, wer als Person über 18 Jahre ein Verhalten eines Kindes oder Jugendlichen herbeiführt oder fördert, das durch die Bestimmungen des JÖSchG gerade verhindert werden soll (→ Amtspflichtverletzung, Strafrecht und Schule). Ist A. im Schulbereich ausnahmsweise erlaubt, wird dem einzelnen Schüler dies von seinen Eltern aber verboten, haben die Eltern keinen Anspruch gegenüber der Schule auf Durchsetzung ihres Verbots. Dies müssen die Eltern im Innenverhältnis zu ihrem Kind selbst durchzusetzen versuchen.

▶ **Allgemeinbildende Schulen** → Allgemeinbildung, → Schularten, → Schulaufbau

▶ **Allgemeinbildung**

Die herkömmliche Unterscheidung von A. und → Berufsausbildung dient auch heute noch zur Kennzeichnung der unterschiedlichen Schwerpunkte von allgemeinbildenden Schulen (→ Grund-, Haupt-, Realschulen, Gymnasien, Gesamtschulen, Sonderschulen) und berufsbildenden (beruflichen) Schulen, wie z. B. → Berufsschulen, Berufsaufbauschulen, Fachschulen, obwohl zunehmend auch die berufsbildenden Schulen A. und die allgemeinbildenden Schulen die Arbeitswelt miteinbeziehen und umfangreiche berufliche Kenntnisse und Fähigkeiten, jedenfalls aber eine Berufsorientierung vermitteln. Der von sehr unterschiedlichem bildungspolitisch-pädagogischen und nicht selten ideologischem Vorverständnis geprägte Begriff der A. ist stark umstritten. Zu einem Recht auf A. i. S. der hess. LV: HessStGH, NJW 1982, 1381; krit.: Dietze, Elternrecht als Bestimmungsrecht und Anspruchsgrundlage der schulischen „umfassenden Allgemeinbildung" ihrer Kinder?, NJW 1982, 1353 sowie verschiedene Beiträge in: RdJB H. 2/1982.

▶ **Allgemeine Schulordnung** → Schulordnungen

▶ **Alternativschulen** → Privatschulen

▶ **Altsprachliches Gymnasium** → Humanistisches Gymnasium

▶ **Amtsgeheimnis** → Schweigepflicht

▶ **Amtshaftung** → Haftung

▶ **Amtspflichtverletzung** → Haftung

▶ **Amtsverschwiegenheit** → Schweigepflicht

▶ **Androhung von Ordnungsmaßnahmen**

Sie kann gesetzlich als eigenständige → Ordnungsmaßnahme vorgesehen sein. Im Hinblick auf den Grundsatz der → Verhältnismäßigkeit wird man davon ausgehen müssen, dass jedenfalls bei schwerwiegenden Ordnungsmaßnahmen auch ohne gesonderte gesetzliche Regelung eine A. erfolgen muss (vgl. dazu OLG Hamm, NJW 1997, 1512), wenn erwartet werden kann, dass der Betroffene sich darauf korrekt verhalten wird (Niehues, Schul- und Prüfungsrecht, Bd. 1, 3. Aufl. 2000, Rdn. 473). Die förmliche A. einer Ordnungsmaßnahme ist ein Verwaltungsakt, gegen den mit Widerspruch und Anfechtungsklage vorgegangen werden kann (→ Rechtsschutz, vorläufiger Rechtsschutz). Keine A. in diesem Sinne sind bloße Hinweise oder Ermahnungen durch Lehrer.

▶ **Anerkannte Ersatzschule** → Privatschulen

▶ **Anerkennung von Abschlüssen**

(1) Schulische Abschlüsse und die damit verbundenen Berechtigungen zum Zugang zu anderen, weiterführenden Bildungswegen bzw. Ausbildungsabschnitten im staatlichen Bildungswesen sind auf Grund der jeweiligen Landesschulgesetze erteilte Verwaltungsakte, die grundsätzlich nur im räumlichen Bereich (Hoheitsgebiet) des erteilenden Bundeslandes gelten. So gilt z.B. das in Hamburg erworbene Abiturzeugnis nicht automatisch in

Bayern; dies bedarf vielmehr generell oder im Einzelfall einer A. des anderen Landes. Dies ist eine Folge des föderalistischen Staatsaufbaus der Bundesrepublik (→ Föderalismus) und der damit verbundenen Aufteilung der Gesetzgebungs- und Verwaltungskompetenzen. Infolgedessen bestehen im → Schulrecht der Länder keine einheitlichen Regelungen. Insbesondere die schulischen Bildungsgänge sind z.T. anders organisiert, z.B. hinsichtlich von Dauer, formalen und qualitativen Anforderungen an den Erwerb von Berechtigungen, hinsichtlich des → Fächerkatalogs und der → Pflicht- und Wahlfächer sowie der Zugangsvoraussetzungen für die Bildungsgänge.

Um die Unterschiede in ihren Schulsystemen auszugleichen, haben sich die Länder in Verwaltungsvereinbarungen über die gegenseitige A. der meisten Schulabschlüsse verständigt. Die wichtigsten Vereinbarungen sind das → Hamburger Abkommen der Ministerpräsidenten von 1964/71 (§ 17: A. aller Reife- und sonstigen Abschlusszeugnisse der Schulen, die Abkommensgegenstand sind, d.h. → Grund-, Haupt-, Realschulen, Gymnasien und entsprechende → Abendschulen, wenn die Zeugnisse den von der → KMK festgelegten Bedingungen entsprechen) und eine Reihe ergänzender Vereinbarungen für einzelne Schularten (z.B.: Rahmenvereinbarung über die Ausbildung und Prüfung an → Berufsaufbauschulen vom 25. 6. 1982, KMK-BeschlS. 415; gegenseitige A. der → Berufsoberschul-Zeugnisse, Beschl. vom 25. 11. 1976, KMK-BeschlS. 470).

Die Kultusminister haben ferner die A. einer kaum überschaubaren Zahl schulischer Abschlüsse und Berechtigungen einzelner Schulen vereinbart, z.B. solcher mit besonderer pädagogischer Prägung, von Versuchsschulen (→ Schulversuche) oder der deutschen → Auslandsschulen. Neben Vereinbarungen zwischen allen Ländern gibt es zwei- und mehrseitige Vereinbarungen, insbesondere auch über die A. von Abschlüssen beruflicher Bildungsgänge. Trotz aller Vereinbarungen verbleibt ein erheblicher Rest von Abschlüssen, die in keinem anderen oder nur in einigen anderen Ländern anerkannt werden. Wer eine Schule mit nicht generell anerkanntem Abschluss besuchen will, sollte sich bei dem Kultusminister des jeweiligen Landes oder der KMK genau über

Anerkennung von Abschlüssen

den Geltungsbereich des angestrebten Abschlusses vergewissern.

(2) Aus Art. 12 Abs. 1 S. 1 i.V.m. Art. 3 Abs. 1 GG folgt ein individueller Anspruch auf A. eines schulischen Abschlusses und damit – soweit keine sonstigen Zugangshindernisse bestehen wie z.B. fehlende Aufnahmekapazität – auf Zugang zu dem gewählten Bildungsgang, wenn der in einem anderen Bundesland erworbene Abschluss dem im aufnehmenden Land vorgeschriebenen Abschluss gleichwertig ist. Aus dem Bundesstaatsprinzip des GG, d.h. aus dem Umstand, dass jedes Land sein Bildungswesen in eigener Zuständigkeit gestaltet, folgt weiter, dass das aufnehmende Land seine Maßstäbe an den Erwerb des Schulabschlusses nicht absolut setzen und keine Identität des im anderen Land erworbenen mit dem eigenen Abschluss verlangen darf. Vielmehr ist ein großzügiger Maßstab anzulegen, will man nicht das „allen Deutschen" zustehende Recht aus Art. 12 Abs. 1 S. 1 GG letztlich auf ein Bundesland einschränken (vgl. BVerfGE 33, 303, 352f. – Numerus Clausus/Verbot der Landeskinderklausel). Als Anerkennungskriterium in jedem Fall unzulässig ist der Ort bzw. das Bundesland, in dem der Abschluss erworben wurde (Art. 3 Abs. 1 u. 3 GG und Art. 33 Abs. 1 GG, wonach jeder Deutsche in jedem Land die gleichen staatsbürgerlichen Rechte und Pflichten hat; vgl. auch § 35 HRG). Die Einzelheiten sind verfassungsrechtlich noch ungeklärt (dazu Niehues, Schul- und Prüfungsrecht, Bd. 1, 3. Aufl. 2000, Rdn. 277ff.; DJT-SchulGE, 281ff.; Kisker, Grundrechtsschutz gegen bundesstaatliche Vielfalt? in: FS Bachof, 1984, 47ff.).

Für → ausländische Schüler außer Angehörigen von EG-Mitgliedsstaaten, für die Art. 7, 48ff. EG-Vertrag Gleichbehandlung mit den Inländern vorschreiben, gelten die genannten Gewährleistungen aus Art. 12 Abs. 1 und 33 Abs. 1 GG nicht, da es sich um „Deutschen"-Grundrechte handelt. Vergleichbare Gewährleistungen für diese Gruppen können sich aus Art. 2 Abs. 1, 3 Abs. 1 GG, landesverfassungsrechtlichen Bestimmungen sowie aus internationalem Recht ergeben (→ EG-Bildungsrecht, Europäische Schulen).

(3) Aus einer Verwaltungsvereinbarung zwischen Kultusministern kann der Einzelne grundsätzlich zwar keinen Anspruch auf

A. seines in einem anderen Land erworbenen Abschlusses ableiten. Solche Vereinbarungen können aber insofern indirekte Rechtswirkungen haben, als sie das aufnehmende Land zur Gleichbehandlung aller Schüler aus anderen Ländern mit vergleichbarem Abschluss verpflichten. Im Übrigen genügt eine bloße Verwaltungsvereinbarung zwischen den Ländern nicht als Rechtsgrundlage für die Ablehnung der A. eines Abschlusses. Hierfür ist wegen der Bedeutung der A. für die Grundrechte des Schülers eine gesetzliche Grundlage (ggf. ein Staatsvertrag) erforderlich (vgl. § 61 DJT-SchulGE u. S. 282f.).

Zwar haben die meisten Bundesländer für den Hochschulzugang in ihren Hochschulgesetzen festgelegt, dass Hochschulzugangsberechtigungen (allgemeine Hochschulreife) anderer Bundesländer anerkannt werden, wenn sie den eigenen Abschlüssen gleichwertig sind. Da die geforderte „Gleichwertigkeit" ein unbestimmter Gesetzesbegriff ist, bestehen für die Länder aber erhebliche Entscheidungsspielräume, die gerichtlich aber voll überprüfbar sind (BVerwG, NVwZ 1983, 470; BayVGH, NJW 1981, 1983; a.A. BW VGH, Beschl. v. 27. 11. 1980, KMK-HSchR, 2/1982, 146ff. – st. Rspr. sowie OVG Bremen, Urt. v. 27. 1. 1981, KMK-HSchR, 3/1981, 334). Überprüfungsmaßstab für die Gleichwertigkeit sind – soweit vorhanden – Vereinbarungen der Kultusminister über den jeweiligen Bildungsgang als materielles Kriterium hinsichtlich der Anforderungen sowie allgemein die Grundrechte des Schülers und ihre Wirkungen im Bundesstaat. Läßt sich die Gleichwertigkeit auch unter Einbeziehung der verfassungsrechtlichen Vorgaben nicht hinreichend feststellen, geht dies zu Lasten des Anspruchsstellers. Unzulässig dürfte sein, das Vorhandensein einer Vereinbarung zwischen den Kultusministern zur Voraussetzung der A. zu machen.

Zur allerdings nur teilweise mit den Schulabschlüssen vergleichbaren A. von Lehramts- und sonstigen Staatsprüfungen vgl. folgende BVerwG-Urteile: BVerwGE 64, 142 u. 153; NVwZ 1983, 470; DÖV 1983, 466; BVerwGE 68, 109 = NJW 1984, 1248; ferner BAG, NVwZ 1984, 134.

▶ **Anfechtung schulischer Maßnahmen** → Rechtsschutz

▶ **Anfechtungsklage** → Rechtsschutz

▶ **Angebotsschule** → Schulische Angebote

▶ **Anhörung von Eltern, Schülern** → Bildungsunfähigkeit, → Einschulung, → Informationsrecht, → Mitbestimmung, → Ordnungsmaßnahmen, → Überweisungen, → Untersuchungen

▶ **Anmeldung zur Schule**

Eltern sind mit Beginn der → Schulpflicht gesetzlich verpflichtet, ihre Kinder zur Schule anzumelden. Nichtbeachtung der Pflicht kann als Ordnungswidrigkeit geahndet werden. → Strafrecht und Schule

▶ **Anstalt** → Öffentliche Schulen

▶ **Ansteckende Krankheiten**

A. K. erfordern im Schulbereich besondere Schutz- und Vorbeugungsmaßnahmen, die in §§ 3, 44ff. des Bundesgesetzes zur Verhütung und Bekämpfung übertragbarer Krankheiten beim Menschen (Bundes-Seuchengesetz i. d. F. der Bek. v. 18. 12. 1979, BGBl. I, S. 2262, zul. g. d. G. v. 20. 7. 2000 (BGBl. I S. 1045) und in speziellen Regelungen der Länder festgelegt sind. Schüler, Lehrer, Schulbedienstete und in Schulgebäuden wohnende Personen, die an bestimmten übertragbaren Krankheiten leiden (z. B. Scharlach, Diphterie, Keuchhusten, Kinderlähmung, epidemische Gehirnhautentzündung, Masern, Mumps, Röteln, Virushepatitis, Windpocken, übertragbare Hautkrankheiten) oder bei denen entsprechender Verdacht besteht, dürfen die dem Schulbetrieb dienenden Räume nicht betreten, Schuleinrichtungen nicht benutzen und an → Schulveranstaltungen nicht teilnehmen, bis nach dem Urteil der behandelnden Ärzte oder des Gesundheitsamtes eine Weiterverbreitung der Krankheit nicht mehr zu befürchten ist; entsprechendes gilt für Verlausung. Eltern sind verpflichtet, bei ihren Kindern auf Einhaltung zu achten. → AIDS und Schule, Schulgesundheitspflege

▶ **Arrest**

Einschließen eines Schülers in einen Schulraum zwecks Bestrafung ist eine überholte obrigkeitsstaatliche Maßnahme („Karzer"), die es heute im Schulrecht keines Bundeslandes mehr gibt. Als → Ordnungsmaßnahme zulässig ist → Nachsitzen (vgl Niehues, Schul- und Prüfungsrecht, Bd. 1, 3. Aufl. 2000, Rdn. 449).

▶ **Aufbau des Schulwesens** → Schulaufbau

▶ **Aufbauformen** → Gymnasium, → Schulaufbau

▶ **Aufbaugymnasium** → Gymnasium

▶ **Auflösung von Schulen** → Schließung von Schulen, → Schulorganisationsmaßnahmen

▶ **Aufnahme in die Schule**

Mit Beginn der → Schulpflicht hat jedes Kind Anspruch auf A. in eine öffentliche (Grund-)Schule sowie später auf Zugang zu weiterführenden Schulen. Dieses Zugangsrecht ist ein Teilaspekt des → Rechts auf Bildung und folgt zunächst aus Art. 2 Abs. 1 GG i. V. m. dem → Elternrecht, jedenfalls im Bereich der → Sekundarstufe II (im Bereich der → Sekundarstufe I verfassungsrechtl. noch ungeklärt, näher → Recht auf Bildung, Wahl der Schulart) speziell aus dem Grundrecht auf freie Wahl der Ausbildungsstätte (Art. 12 Abs. 1 S. 1 GG), soweit nicht bereits die Landesschulgesetze einen A.anspruch normieren. Diese Rechte gelten gleichermaßen bei → behinderten Schülern für die A. in eine der jeweiligen Behinderung entsprechende Schule. Der A.anspruch besteht grundsätzlich im Bereich des → Schulträgers, in dessen Gebiet der Schüler wohnt, für die → Berufsschule auch dort, wo er seine Ausbildungs- und Arbeitsstätte hat, es sei denn, ein bestimmter Schultyp ist in dem Gebiet nicht vorhanden. Dann kann je nach Landesregelung grundsätzlich ein A.anspruch im Gebiet eines anderen Schulträgers des Landes bestehen (→ Gastschüler). Gibt es mehrere Schulen gleichen Typs im Gebiet eines Schulträgers, können → Schulbezirke festgelegt werden (örtlich zuständige Schule). Es gibt kein (Grund-)Recht auf Zugang zu einer bestimmten Schule des gleichen Typs (→ Wahl der Schulart). Die Wahl der Schule kann aber schulgesetzlich auch insoweit freigestellt werden. Die A. in die Schule erfolgt nach Maßgabe der Eignungsvoraussetzungen (Aufnahmeprüfungen sind zulässig) und – soweit es sich nicht um den Schulpflichtbereich handelt – nach Maßgabe der A.kapazität. Quantitative → Zulassungsbeschränkungen sind nur außerhalb des Schulpflichtbereichs zulässig, da der Staat jedenfalls verpflichtet ist, für die von ihm vorgeschriebene Mindestbildung ständig auch Einrichtungen in ausreichendem Umfang vorzuhalten. → Einschulung

▶ **Aufsicht des Staates** → Schulaufsicht

▶ **Aufsichtsbeschwerde** → Dienstaufsichtsbeschwerde

▶ **Aufsichtspflicht**

Im Bereich der Schule tragen die Schulbehörden, der → Schulleiter sowie das Lehrpersonal die Verantwortung für die Beaufsichtigung der Schüler. Den → Erziehungsberechtigten, denen ansonsten auf Grund der elterlichen Sorge die A. obliegt, ist im schulischen Bereich die unmittelbare Einwirkungsmöglichkeit entzogen. Zu den Pflichten der Lehrer gehört es, die ihnen anvertrauten Schüler zu beaufsichtigen, um drohenden Schaden von diesen abzuwenden. Welche Maßnahmen dies konkret erfordert, lässt sich nur allgemein umschreiben und hängt letztlich von den Umständen des Einzelfalles ab. Allgemein gilt folgendes: Die notwendigen Maßnahmen bestimmen sich nach Alter, Entwicklungs- und Reifegrad sowie Verantwortungsbewusstsein der Schüler, wobei die allgemeine und pädagogische Situation in der Klasse oder Gruppe ebenso eine Rolle spielen kann wie die Art und Gefährlichkeit der Veranstaltung sowie die (z. B. baulichen) Gegebenheiten in der Schule. Bei älteren Schülern kann eine Aufsicht entbehrlich sein, wie überhaupt das Lernziel „Selbständigkeit" mit zunehmendem Alter größere Bedeutung gegenüber dem Aspekt einer möglichst vollständi-

Aufsichtspflicht

gen Beaufsichtigung gewinnt. Mit Eintritt der → Volljährigkeit entfällt zwar die allgemeine A., die ja auf der besonderen Schutzbedürftigkeit minderjähriger Schüler beruht. Andererseits verlangt die schulische Fürsorgepflicht, dass die Schule auch von volljährigen Schülern schulspezifische besondere Gefahren fernhält.

Welcher Lehrer konkret für die Aufsicht zuständig ist, richtet sich nach den schulinternen Regelungen (z. B. Aufsichtsplan oder Aufsichtsordnung). Die A. kann unter bestimmten Voraussetzungen delegiert werden. Fehlt es an einer solchen Regelung, so kann u. U. den Schulleiter ein Organisationsverschulden treffen. Der Schulleiter ist an die von der Gesamtkonferenz gefassten Grundsatzbeschlüsse über die Aufsichtsführung gebunden (→ Konferenzen, Schulverfassung, Mitbestimmung).

Die A. erstreckt sich auf den gesamten Unterricht, auch → Schulveranstaltungen (vgl. LG Hamburg, NJW 1992, 377), die außerhalb des Schulgebäudes oder -grundstücks durchgeführt werden (z. B. Sportplatz, Schwimmbad) einschl. Wanderungen, Besichtigungen, → Klassenfahrten u. ä. Sie bezieht sich dagegen grundsätzlich nicht auf den → Schulweg. Die A. erstreckt sich auch auf eine angemessene Zeit vor Beginn und nach Ende des Unterrichts sowie auf die Pausen (Pausenaufsicht; vgl. dazu LG Aachen, NJW 1992, 1051).

Verletzungen der A. können Amtshaftungs- bzw. Schadensersatzansprüche geschädigter Schüler oder Eltern gegen den oder die Aufsichtsführenden begründen. Dabei sind jedoch die Haftungsprivilegien der Lehrer zu berücksichtigen (→ Haftung). Daneben kommt ggf. eine strafrechtliche Verantwortlichkeit wegen fahrlässiger Körperverletzung (§ 230 StGB) oder wegen fahrlässiger Tötung (§ 222 StGB) in Betracht (→ Strafrecht und Schule). Voraussetzung ist aber stets ein Verschulden des Aufsichtspflichtigen, d. h. ein vorwerfbares Fehlverhalten. Ist dies gegeben, so kann zugleich ein Dienstvergehen vorliegen, welches Disziplinarmaßnahmen nach sich ziehen kann. Vor einer Überstrapazierung der A. ist jedoch zu warnen. Eine 100%ige Sicherheit kann auch bei gewissenhafter Erfüllung der A. nie gewährleistet sein. Zu den Grenzen der A. vgl. OLG Karlsruhe, RdJB 1975, 253; OLG Stuttgart, Urt. vom 8. 12. 1971, SPE VI F I, S. 201.

▶ **Auftrag der Schule** → Bildungs- und Erziehungsziele, → Schulaufsicht

▶ **Ausbildungsbeihilfen** → Ausbildungsförderung, → Erziehungsbeihilfen

▶ **Ausbildungsförderung**

Gesetzliche Grundlage der A. für Schüler ist – wie für Studenten – das Bundesausbildungsförderungsgesetz (BAföG) in der Fassung der Bekanntmachung vom 6. Juni 1983 (BGBl. I S. 645, 1680); dieses Gesetz wurde zuletzt geändert durch das Gesetz zur Reform und Verbesserung der Ausbildungsförderung – Ausbildungsförderungsreformgesetz (AföRG) vom 19. März 2001 (BGBl. I S. 390), durch das die „BAföG-Reform 2001" eingeführt wurde. Diese Reform trat am 1. April 2001 in Kraft.

Ziel des BAföG ist es, jedem jungen Menschen die Möglichkeit zu geben, unabhängig von seiner sozialen und wirtschaftlichen Situation eine Ausbildung zu absolvieren, die seinen Fähigkeiten und Interessen entspricht. Eine qualifizierte Ausbildung soll nicht an fehlenden finanziellen Mitteln des Auszubildenden, seiner Eltern oder seines Ehegatten scheitern. A. wird gemäß § 2 BAföG im Schulbereich geleistet für den Besuch von

(1) weiterführenden allgemeinbildenden → Schulen (z. B. → Hauptschule, → Realschule und → Gesamtschulen, → Gymnasien ab Klasse 10,

(2) → Berufsfachschulen, einschließlich der Klassen aller Formen der beruflichen Grundbildung (z. B. Berufsvorbereitungsjahr) ab Klasse 10,

(3) unter bestimmten Voraussetzungen (§ 2 Abs. 1a) → Fach- und → Fachoberschulklassen, deren Besuch eine abgeschlossene Berufsausbildung nicht voraussetzt,

(4) → Berufsfachschulklassen und Fachschulklassen, deren Besuch eine abgeschlossene Berufsausbildung nicht voraussetzt, sofern sie in einem zumindest zweijährigen Bildungsgang einen berufsqualifizierenden Abschluss vermitteln,

(5) → Fach- und → Fachoberschulklassen, deren Besuch eine abgeschlossene Berufsausbildung voraussetzt,

(6) → Abendhauptschulen, → Berufsaufbauschulen, → Abendrealschulen, → Abendgymnasien und → Kollegs,
(7) Höheren Fachschulen und Akademien

Persönliche Voraussetzungen für den Anspruch auf A. sind grundsätzlich die deutsche Staatsangehörigkeit (§ 8 BAföG), Eignung (§§ 9, 48 BAföG) und das nicht Überschreiten eines bestimmten Höchstalters (§ 10 BAföG). Die Leistungen nach dem BAföG sollen schriftlich nach den dafür vorgesehenen Formblättern beantragt werden. Der Antrag kann von Auszubildenden, wenn sie das 15. Lebensjahr vollendet haben, außer von den Erziehungsberechtigten auch von ihnen selbst gestellt werden. Beantragt werden können die Leistungen nach dem BAföG

- von Auszubildenden an Abendgymnasien, Kollegs, Höheren Fachschulen und Akademien bei dem Amt für Ausbildungsförderung, in dessen Bezirk sich die Ausbildungsstätte befindet,
- von allen anderen Schülern beim Amt für Ausbildungsförderung der Stadt-/Kreisverwaltung am Wohnort der Eltern.

Durch das am 1. April 2001 in Kraft getretene neue BAföG wurden die Bedarfssätze angehoben, so dass der Förderungshöchstbetrag auf 1105 DM steigt. Das Freibetragssystem wurde vereinfacht und die Freibeträge angehoben. Die Förderleistungen in den alten und neuen Bundesländern wurden vollständig vereinheitlicht, so dass nunmehr eine vollständige Gleichstellung von Ost und West im BAföG besteht.

Nähere Auskünfte über Einzelheiten zur Schülerförderung nach dem BAföG sind beim zuständigen Bundesministerium für Bildung und Forschung und bei den Ämtern für Ausbildungsförderung erhältlich.

▶ **Ausflüge** → Klassenfahrten

▶ **Ausländische Eltern**

Diese haben im Schulwesen grundsätzlich die gleichen Rechte wie Deutsche, da das → Elternrecht des Art. 6 Abs. 2 GG (und der entsprechenden Artikel der LV, die Grundrechte enthalten) für Ausländer wie Deutsche gilt, ebenso die Rechte der Eltern aus

Art. 7 Abs. 2 GG (Bestimmung über die Teilnahme des Kindes am → Religionsunterricht) und Art. 7 Abs. 4 u. Abs. 5 GG (Errichtung von → Privatschulen). Die Möglichkeit, nach Art. 12 Abs. 4, Abs. 6 nrw. LV die Einrichtung von bekenntnisgebundenen → Grund- und → Hauptschulen mit einem jeweils vorgeschriebenen Elternvotum zu erreichen, gilt auch für a. E., die z. B. dem Islamischen Glauben angehören, so dass in einigen Gebieten mit hohem Anteil z. B. türkischer Bewohner in diesen Ländern die Errichtung islamischer → Bekenntnisschulen denkbar wäre. Das → Recht auf Bildung auch der → ausländischen Schüler und das Elternrecht lassen erforderlichenfalls Informationen der Schulen und Schulbehörden an die Eltern in deren jeweiliger Muttersprache (→ Informationsrecht) geboten erscheinen. → Glaubens- und Gewissensfreiheit

▶ **Ausländische Schüler**

Sie haben im Wesentlichen die gleichen Rechte und Pflichten im Schulwesen wie deutsche Schüler. Insbesondere gilt für sie auch die → Schulpflicht. Ausnahmen gelten für Kinder von Personen mit diplomatischem oder konsularischem Status sowie für Kinder von hier stationierten ausländischen NATO-Truppenangehörigen.

Die Grundrechte des GG und der LV gelten überwiegend für jedermann, also auch für Ausländer. Für das Schulwesen besonders wichtig sind Art. 2 Abs. 1 (freie Entfaltung der Persönlichkeit), Art. 3 (Chancengleichheit) und Art. 4 GG (Religionsfreiheit). Dagegen garantieren Art. 12 Abs. 1 S. 1 GG die freie Wahl der Ausbildungsstätte und z. B. Art. 33 Abs. 1 GG die staatsbürgerliche Gleichheit in jedem Bundesland nur für Deutsche. Allerdings sind diese Unterschiede auch im Schulwesen durch andere Verfassungsnormen und internationales Recht überlagert. Insbesondere das Recht auf freie Entfaltung der Persönlichkeit verschafft i. V. m. den rechtsstaatlichen Prinzipien des Vertrauensschutzes und der → Verhältnismäßigkeit sowie dem Sozialstaatsprinzip des GG den a. S. eine gesicherte Rechtstellung im Schulwesen, die sich mit der Dauer des Aufenthaltes weiter verfestigt.

Ausländische Schüler

Das in einigen LV ausdrücklich garantierte → Recht auf Bildung gilt gleichermaßen für Deutsche wie Ausländer (Art. 11 Abs. 1 b.-w. LV, Art. 128 bay. LV, Art. 29 brand. LV, Art. 27 brem. LV, Art. 4 Abs. 1 nds. LV, Art. 8 Abs. 1 nrw. LV, Art. 31 rh.-pf. LV, Art. 102 Abs. 1 S. 1 sächs. LV, Art. 25 Abs. 1 sachs.-anh. LV, Art. 20 thür. LV).

Während die Angehörigen von Mitgliedstaaten der EU als Folge der Freizügigkeitsregelung für Arbeitnehmer und des Verbots der Diskriminierung aus Gründen der Staatsangehörigkeit gemäß Art. 7 und 48 ff. des EWG-Vertrages auch im Bildungsbereich Inländerbehandlung genießen, den Deutschen also insoweit rechtlich gleichgestellt sind (→ EU-Bildungsrecht), gelten für Angehörige von Nicht-EU-Staaten zwar Einschränkungen, die sich aber im Schulwesen praktisch nur wenig auswirken. Das EG-Recht bestimmt, dass Kinder von EG-Angehörigen unter den gleichen Bedingungen wie die Staatsangehörigen des anderen Mitgliedstaates am allgemeinen Unterricht sowie an der Lehrlings- und Berufsausbildung teilnehmen können und verpflichtet die Mitgliedstaaten, die schulische Bildung der Kinder zu fördern. So hat der EuGH 1974 auf Grund EG-Rechts einem in der Bundesrepublik lebenden italienischen Jugendlichen das Recht auf Leistungen der → Ausbildungsförderung zugesprochen (DVBl. 1974, 719).

In einer Reihe internationaler Abkommen wurden für das Schulwesen ferner gewisse inhaltliche Mindeststandards, Diskriminierungsverbote und Zielformulierungen zum Recht auf Bildung festgelegt, die von den Ländern bei der Umsetzung ihrer Bildungspolitik zu beachten sind (zu alledem s. DJT-SchulGE S. 126 f.). Keine der genannten nationalen und internationalen Normen gebietet die Schaffung eines bestimmten Modells der Schulbildung für Ausländer, sondern sie geben nur den Rahmen, innerhalb dessen bildungspolitischer Gestaltungsspielraum besteht. So lässt sich z. B. die Frage, inwieweit in Deutsch oder in der Muttersprache unterrichtet wird und in welcher Reihenfolge der Spracherwerb erfolgen soll, rechtlich nur insoweit beantworten, als ein rein deutschsprachiges, auf Verlust der Muttersprache angelegtes Unterrichtskonzept unzulässig wäre. Die Erteilung muttersprachlichen Unterrichts ausschließlich auf freiwilliger Basis außerhalb und zusätzlich zur Schule erscheint schon deshalb bedenklich, weil der Staat auf seine Pflichten zur Sicherung schulischer Mindestbildung, wozu bei a. S. der muttersprachliche Unterricht gehört, nicht einfach verzichten darf. Auch für → ausländische Eltern gilt, dass aus dem → Elternrecht kein Anspruch auf Einrichtung bestimmter, an ihren Wünschen orientierter Schulen, z.B. einer nationalen öffentlichen Schule, folgt (→ Wahl der Schulart). In Ländern mit öffentlichen christlichen → Bekenntnisschulen steht es im Ermessen der Schule, ob ein Schüler mit anderem Bekenntnis aufgenommen wird. In NRW besteht ein Aufnahmeanspruch in diesem Fall dann, wenn keine andere öffentliche Schule in zumutbarer Entfernung erreichbar ist (Art. 13 nrw. LV; VG Gelsenkirchen, NJW 1982, 120 – Aufnahme von türkischen Schülern in katholische Grundschule.

Die Bestimmung in Art. 7 Abs. 3, 141 GG, dass → Religionsunterricht ordentliches Lehrfach ist mit Ausnahme in Bremen und Berlin (die sog. „Bremer Klausel" des Art. 141 GG gilt in ganz Berlin, BVerwG NVwZ 2000, 922), gilt nicht nur für christliche, sondern für alle Religionen, also z.B. auch für die moslemische. Bei Anerkennung von islamischen Religionsgesellschaften im verfassungsrechtlichen Sinn hätte der Islam im Schulwesen dieselben Rechte und Pflichten (z.B. hinsichtlich des Toleranzgebotes) wie die christlichen Kirchen. Das Angebot adäquaten islamischen Religionsunterrichts in den Schulen könnte problematischen Entwicklungen im Bereich von → Koranschulen entgegenwirken (vgl. Eiselt, Islamischer Religionsunterricht an öffentlichen Schulen, DÖV 1981, 205, Füssel, RdJB 1985, 74 ff. m. w. N.). Das Recht gemäß Art. 7 Abs. 4 u. 5 GG, → Privatschulen zu gründen und zu gleichen Bedingungen wie Deutsche zu besuchen, gilt auch für Ausländer. Nationale Ersatz- und Ergänzungsschulen unterstehen gemäß Art. 7 Abs. 1 GG der deutschen → Schulaufsicht (→ Konsulatsunterricht). Das Recht ausländischer Minderheiten zur Gründung und zum Besuch von Privatschulen garantieren ausdrücklich Art. 2c, 5c des UNESCO-Übereinkommens gegen Diskriminierung im Unterrichtswesen und Art. 13 Abs. 3 des internationalen Paktes über wirtschaftliche, soziale und kulturelle Rechte (Fundstellen s. DJT-SchulGE S. 127). → Glaubens- und Gewissensfreiheit

▶ Ausländische Schulen

A. S. werden innerhalb des Staatsgebiets der Bundesrepublik Deutschland betrieben. Zu unterscheiden ist zwischen echten (= exterritorialen) a. S. und deutschen → Privatschulen ausländischen Charakters.

Letztere unterliegen als Privatschulen uneingeschränkt dem deutschen → Schulrecht, insbesondere dem Privatschulrecht (vgl. Heckel/Avenarius, Schulrechtskunde, S. 160 ff. Die → Schulpflicht kann an diesen Schulen nur soweit erfüllt werden, wie sie in der Bundesrepublik Deutschland an Privatschulen erfüllbar ist. Der Besuch einer ausländischen Privatschule kann ausnahmsweise – z. B. wenn die Eltern in absehbarer Zeit in ein fremdes Sprachgebiet übersiedeln und ihre Kinder deshalb zweisprachig erziehen wollen – ein hinreichender Grund für die Befreiung von der Schulpflicht sein (vgl. OVG Lüneburg, NJW 1982, 1246).

Echte ausländische öffentliche Schulen sind solche, die von nicht-deutschen Einrichtungen getragen werden (z. B. Schulen der Stationierungsstreitkräfte, die in der Trägerschaft eines ausländischen Verteidigungsministeriums und unter der Aufsicht des ausländischen Erziehungsministeriums stehen), ganz oder teilweise nach ausländischen Lehrplänen und Lehrmethoden arbeiten und in erster Linie für Kinder nichtdeutscher Staatsangehöriger bestimmt sind. Sie unterliegen nicht dem deutschen Schulrecht und damit auch nicht der deutschen Schulaufsicht (vgl. OVG Lüneburg a. a. O.). Die deutschen Schulbehörden können jedoch ausnahmsweise solchen Schülern den Besuch dieser – zur Aufnahme bereiten – Schulen gestatten und dies als Erfüllung der Schulpflicht anerkennen (OVG Lüneburg, a. a. O. jedenfalls für § 46 nds. SchG), obwohl diese Schulen im Sinne des deutschen Schulrechts als quasi-Ergänzungsschulen anzusehen sind, denen keine generelle Genehmigung zur Aufnahme schulpflichtiger Kinder erteilt worden ist (Fernis/Schneider, Landesgesetz über die Schulen in Rh.-Pf., Kommentar, § 44 Anm. 3, 4; OVG Lüneburg, a. a. O.).

Auslandsschulen

Deutsche A. sind Schulen, die außerhalb der Bundesrepublik Deutschland meist in einem fremden Sprachgebiet unterhalten werden. I.d.R. unterrichten an ihnen deutsche Lehrer. An den meisten A. wird Deutsch mit Zustimmung der Landesbehörden ganz oder überwiegend als Unterrichtssprache benutzt. Die Prüfungen dieser A. können je nach dem geltenden Landesrecht die gleichen Berechtigungen verleihen wie die entsprechenden Schulen des Inlandes. A. unterstehen nicht dem deutschen Schulrecht. Sie sind i.d.R. → Privatschulen im Sinne des jeweiligen Landesrechts und unterstehen der dortigen → Schulaufsicht. Sie unterhalten unter bestimmten Voraussetzungen finanzielle Hilfen vom Bund (Kulturabteilung des Auswärtigen Amtes). An manchen Auslandsschulen können auf Grund besonderer Prüfungsordnungen die deutsche Reifeprüfung (→ Abitur) sowie nach der 10. Klasse „Schlussprüfungen" unter der Leitung eines Beauftragten der → Kultusministerkonferenz abgelegt werden. Vgl. auch → Europäische Schulen, Anerkennung von Abschlüssen.

Auslese (negative und positive)

Zur Befugnis des Staates bei der Gestaltung des Schulwesens gehört die Festlegung von Zugangsvoraussetzungen zu schulischen Bildungsgängen. Ein Anspruch auf Zugang zu einer Schule besteht daher grundsätzlich nur nach Maßgabe bestimmter von den Ländern festgelegter Kriterien hinsichtlich Eignung und Alter. Den in diesem Zusammenhang erfolgenden Ausschluss ungeeigneter Schüler von bestimmten, insbesondere weiterführenden Schulen bezeichnet man als „negative A."; sie ist verfassungsrechtlich im Rahmen des → Rechts auf Bildung und des → Elternrechts zulässig. Dagegen kann kein Schüler gegen seinen bzw. den Willen seiner Eltern gezwungen werden, dort wo mehrere Bildungsgänge gewählt werden können, einen bestimmten Bildungsgang, z.B. eine → Realschule anstelle einer → Hauptschule (oder umgekehrt), zu besuchen (sog. „positive A.", dazu BVerfGE 34, 165, 183). Die Unterscheidung von unzulässiger positiver und zulässiger negativer A. ist mißverständlich und wird kritisiert.

Gemeint ist, dass weder im einen noch im anderen Fall das → Recht auf Bildung zu einem Privileg für eine kleine Minderheit werden darf.

▶ Ausschluss von der Schule

Das A. ist als schwerwiegendste → Ordnungsmaßnahme nur zur Sicherung der → Bildungs- und Erziehungsziele der Schule oder zum Schutz von Personen und Sachen unter strikter Beachtung des Grundsatzes der → Verhältnismäßigkeit im Hinblick auf die Grundrechte des betroffenen Schülers zulässig. Voraussetzung ist das Vorliegen einer besonders schweren Störung des Schul- oder Unterrichtsbetriebes oder einer schweren Verletzung der Sicherheit beteiligter Personen und dadurch bedingter anhaltender Gefährdung von Unterricht und Erziehung der Mitschüler (so die Definition in § 65 Abs. 3 DJT-SchulGE, ähnlich, teils mit weniger strengen Voraussetzungen die Vorschriften einzelner Länder. Der A. ist ein Verwaltungsakt, gegen den durch Widerspruch und im Wege der Anfechtungsklage vorgegangen werden kann (vgl. VGH B.-W., Beschl. v. 13. 6. 1985, NVwZ 1985, 593; a. A. VGH München, Beschl. v. 20. 12. 1985, NVwZ 1986, 398 für die → Entlassung wegen mehrmaliger Nichtversetzung; → Rechtsschutz, Vorläufiger Rechtsschutz). Aus dem → Recht auf Bildung wird man folgern müssen, dass jedenfalls bei noch schulpflichtigen Schülern der Besuch einer anderen Schule mit gleichem Bildungsgang ermöglicht werden muss. Dieser Grundsatz gilt auch, wenn entsprechende Regelungen in den Schulgesetzen nicht ausdrücklich vorgesehen sind. Der A. ist regelmäßig vorher anzudrohen; zumeist ist die → Androhung als gesonderte Ordnungsmaßnahme ausgestaltet. Manche Länder kennen darüber hinaus einen A. von allen Schulen des Landes (auch Verweisung genannt) und den A. von einer oder mehreren Schularten des Landes. Die Zulässigkeit einer derartigen Maßnahme wird bezweifelt (DJT-SchulGE, 294). Zur Zulässigkeit des Ausschlusses HIV-infizierter Schüler → AIDS und Schule.

▶ Ausschluss vom Unterricht

Er kann für eine oder mehrere Stunden oder auch Tage bis zu einigen Wochen als → Ordnungsmaßnahme zulässig sein, wenn das SchulG dies vorsieht.

Die Maßnahme muss dem Grundsatz der → Verhältnismäßigkeit entsprechen, dem Fehlverhalten angemessen sein und darf nur getroffen werden, soweit weniger schwere pädagogische Maßnahmen nicht ausreichen. Gegen gewalttätige Schüler darf die Schule disziplinarisch besonders hart vorgehen und sie vorübergehend vom Unterricht ausschließen (VG Freiburg, AZ: 2 K 1004/99: A. v. U. für 2 Wochen).

B

▶ **BAföG** → Ausbildungsförderung

▶ **Befangenheit**

B. führt gemäß § 20 Abs. 1 VwVfG (zitiert wird das entsprechende Bundes-VwVfG) zum Ausschluss des betreffenden Amtsträgers, z. B. eines Lehrers oder Prüfers, von einem → Verwaltungsverfahren (also z. B. von einer Prüfung, von der Entscheidung über eine → Ordnungsmaßnahme). Zwingend ausgeschlossen sind vor allem Familienangehörige (§ 20 Abs. 1 Nr. 2, Abs. 5 VwVfG). Die Einzelnen ausgeschlossenen Personengruppen sind in § 20 Abs. 1 VwVfG aufgelistet. Neben dem zwingenden Ausschluss besteht Besorgnis der B. gemäß § 21 VwVfG dann, wenn ein Grund vorliegt, der geeignet ist, Misstrauen gegen eine unparteiische, unsachliche oder unvoreingenommene Amtsausübung eines Amtsträgers zu rechtfertigen. Beide Bestimmungen schützen das Recht des Schülers oder Prüflings auf → Chancengleichheit und ein faires Verfahren, zugleich aber auch die Chancengleichheit der anderen Schüler z. B. bei ungerechtfertigter Bevorzugung eines Mitschülers.

Voraussetzung der Befangenheitsbesorgnis ist, dass auf Grund objektiv feststellbarer Tatsachen aus dem Gesichtswinkel eines „vernünftigen" Prüflings die mögliche Besorgnis nicht auszuschließen ist, dass ein bestimmter Amtsträger (Lehrer) in der Sache nicht unparteiisch, unvoreingenommen oder unbefangen entscheiden werde (z. B.: verletzende Äußerungen, Feindschaft oder Freundschaft zu einem Beteiligten, wobei es jeweils ganz entscheidend auf die Umstände des Einzelfalles ankommt). Harte Randbemerkungen bei Korrektur schriftlicher Arbeiten lassen nicht ohne weiteres auf eine B. des Prüfers schließen (VGH B.-W., Beschl. v. 31. 1. 1986, 4 S 1112/83). Wichtig ist, dass eine tatsächliche B. oder Voreingenommenheit nicht vorliegen muss; es genügt, dass ein konkreter Grund vorliegt, der das Misstrauen rechtfertigt. Gründe für möglichen B. müssen sich individuell aus der Person bzw. dem Verhalten des einzelnen Lehrers herleiten; allgemeine Gesichtspunkte wie z. b. anderes Geschlecht, andere Konfession, Parteizugehörigkeit, sachliche Kritik am Verhalten oder den Leistungen eines Schülers genügen für sich allein nicht. Auch lediglich ungeschicktes, vielleicht sogar pädagogisch verfehltes Verhalten oder beiläufige Bemerkungen eines Lehrers können i. d. R. noch keine Besorgnis der B. begründen. Ein Prüfer, der den Schüler bereits im ersten Versuch geprüft hat, ist von Mitwirkung an der Wiederholungsprüfung nicht grundsätzlich ausgeschlossen (OVG NRW, DÖV 1981, 587). Begründete Besorgnis der B. führt gem. § 21 VwVfG nicht zum automatischen Ausschluss des Amtsträgers. Dieser muss vielmehr bei Vorliegen eines Grundes oder Behauptung eines solchen Grundes durch einen Schüler oder seine Eltern den Behördenleiter unterrichten und muss sich erst auf dessen Anordnung der Mitwirkung enthalten. Ist der Behördenleiter, etwa der Schulleiter selbst betroffen, wird diese Anordnung von der Schulaufsichtsbehörde getroffen, falls der Behördenleiter nicht von selbst auf die Mitwirkung verzichtet. Anordnung und Ablehnung der Anordnung, sich der Mitwirkung zu enthalten, kann für sich allein vor dem Verwaltungsgericht nicht angefochten werden, sondern nur zusammen mit der Hauptsache, also z. B. mit der Prüfungsentscheidung (§ 44a VwGO → Rechtsschutz). Ist ein Prüfer ausgeschlossen oder befangen, ist das mit seiner Beteiligung durchgeführte Prüfungsverfahren fehlerhaft, weil die → Chancengleichheit verletzt ist (Niehues, Schul- und Prüfungsrecht, Bd. 1, 3. Aufl. 2000, Rdn. 602 ff. m. w. N.).

▶ Befreiung vom Unterricht

Aus gesundheitlichen Gründen ist auf der Grundlage ärztlicher Begutachtung eine B. vom Sportunterricht auf Antrag des volljährigen Schülers und bei Minderjährigen auf Antrag seiner Eltern möglich. Auf eine B. aus religiösen Gründen kann ein Anspruch bestehen, wenn z. B. das Tragen von Schwimm- oder Sportkleidung für eine Schülerin mit unzumutbaren Glaubens- und Gewissenskonflikten verbunden ist (VGH München, NVwZ 1987, 706; → Glaubens- und Gewissensfreiheit). Eine B. vom Unterricht in anderen Fächern oder von sonstigen verbindlichen → Schulveranstaltungen ist i. d. R. ausgeschlossen. Ein Anspruch auf Freistellung von dem auf ausreichender gesetzlicher Grundlage beruhenden → Sexualkundeunterricht besteht nicht (BVerwG, B. v. 12. 2. 1982 – 7 B 152.81, HessStGH, DVBl. 1985, 682), soweit der Sexualkundeunterricht nicht als freiwillige Veranstaltung im Schulgesetz vorgesehen ist. Besonderheiten gelten für die Teilnahme am → Religionsunterricht, über die die Eltern gemäß Art. 7 Abs. 2 GG zu bestimmen haben. Schüler können zwischen dem 12. und dem 14. Lebensjahr mit Zustimmung, ab Vollendung des 14. Lebensjahres (Religionsmündigkeit) ohne Zustimmung ihrer Eltern die Befreiung vom Religionsunterricht durch schriftliche Erklärung erreichen. In Bay., Rh.-Pf. und Saarl. ist Alleinentscheidung des Schülers erst ab dem 18. Lebensjahr möglich. Bei Abmeldung vom Religionsunterricht kann die Teilnahme an einem → Ersatzunterricht (z. B. Ethikunterricht) vorgeschrieben werden (BVerwG, NJW 1973, 1815); Einzelheiten und Rechtsgrundlagen → Religionsunterricht. Eine B. kann u. U. auch zur Teilnahme an einer Demonstration beansprucht werden, wenn dabei nur verhältnismäßig wenig Unterricht ausfällt (VG Hannover, NVwZ 1991, 504). Zum – nicht anerkannten – Anspruch auf Befreiung vom Chemieunterricht vgl. VG Berlin, U. v. 14. 2. 1997, NVwZ 1999, 907.

▶ **Begabtenförderung** → Erziehungsbeihilfen

▶ **Begabtenprüfung** → Externenprüfung (Nichtschülerprüfung)

▶ **Behinderte Schüler**

Für b. S. gelten eine Reihe von Sonderregelungen. So sind je nach Bundesland in unterschiedlichem Umfang → Sonderschulen, differenziert nach Behinderungsart, eingerichtet. B. S. sind grundsätzlich wie andere Schüler schulpflichtig und besitzen einen Bildungsanspruch (vgl. OVG NRW, Urt. vom 9. 7. 1976, SPE II A IX,

S. 81), der sich auf Aufnahme in die vorhandenen geeigneten Schuleinrichtungen richtet (OVG Lüneburg, Urt. vom 16. 6. 1970, SPE II A VIII, S. 11). Voraussetzung ist, dass bei diesen Kindern keine → Bildungsunfähigkeit vorliegt, d. h. dass eine Förderung in entsprechenden Sonderschuleinrichtungen nicht von vornherein ausscheidet. Maßgebend ist insoweit das Bildungs- und Erziehungsprogramm der vorhandenen Sonderschule, nicht dagegen die Kapazität der Sonderschule (VG Schleswig, RdJB 1972, 156). Ein Anspruch lernbehinderter Kinder auf Errichtung von Sonderschulen ist vom BVerwG abgelehnt worden (DVBl. 1958, 512; ebenso OVG Lüneburg, RdJB 1972, 278). In der Literatur und in der neueren Rspr. scheint sich jedoch die Auffassung zu verstärken, dass – soweit der Haushalt des Schulträgers dies nicht völlig ausschließt – geeignete Hilfen für lernbehinderte bildungsfähige Kinder zu schaffen sind (vgl. OVG Lüneburg, Beschl. vom 5. 2. 1982 – 13 OVG B 54/81 zum Rechtsanspruch auf Besuch einer Sonderschule für geistig Behinderte). Die Voraussetzungen für den Ausschluss von einer „normalen" Schulart und Überweisung an eine Sonderschule, die Zuständigkeit für eine solche Maßnahme sowie die Grundsätze des dabei einzuhaltenden Verfahrens sind gesetzlich zu regeln (vgl. BVerfGE 58, 257, 268; HessVGH, DÖV 1983, 858 – Einweisung in Schule für Praktisch-Bildbare; → Gesetzesvorbehalt). Zur Aufnahme von Behinderten in die allgemeine Grundschule vgl. OVG Magdeburg, B. v. 26. 8. 1997, NVwZ 1999, 898.

Hinsichtlich der erhöhten finanziellen Belastungen der Eltern von b. S. sehen die Schulgesetze der Länder zum Teil Vergünstigungen vor. Nach einer Entscheidung des BVerwG gebietet das Sozialstaatsprinzip (Art. 20 Abs. 1 GG) jedoch nicht, dass die Schulausbildung keinerlei Kosten verursachen darf oder die Kosten ersetzt werden. Das Schulgeld, das für ein behindertes Kind an einem privaten Gymnasium zu zahlen ist, ist daher nicht von Verfassungs wegen erstattungsfähig (BVerwG, Beschl. vom 19. 10. 1977, 7 B 31.76, Buchholz, 421 Nr. 54). Hinzuweisen ist auf die nach § 40 Abs. 1 Nr. 3 BundessozialhilfeG zu gewährende Hilfe zu einer angemessenen Schulbildung im Rahmen der Eingliederungshilfe für Behinderte (vgl. auch: Der Bundesminister für Arbeit und Sozialordnung (Hrsg.), Leitfaden für Behinderte; s. auch Rüdell, RdJB 1985, 198). Soweit eine Unterrichtung in einer Schule nicht möglich ist, kann u. U. ein Anspruch auf Einzelunterricht bestehen (→ Hausunterricht, Bettunterricht, und zwar ein Drittel der Stundenzahl, die im Klassenverband anfielen, vgl. VG Freiburg, Urt. vom 14. 2. 1973, SPE II A II, S. 101; VG Schleswig, RdJB 1972, 156; VG Hannover, Zeitschrift für das Fürsorgewesen, 1970, 265. Zur Rechtsproblematik insgesamt vgl. auch DJT-SchulGE, S. 210ff., zum Thema Sonderschulen insges. RdJB Heft 3/1985 sowie Füssel, Elternrecht und Sonderschule, 1987; zum Anspruch eines länger und schwer erkrankten Schülers auf Erteilung von H. vgl. OVG Lüneburg, NVwZ-RR 1997, 291 u. Theuersbacher, NVwZ 1999, 840) → Integration.

▶ **Beihilfen** → Ausbildungsförderung, → Erziehungsbeihilfen

▶ **Bekenntnisfreie Schulen** → Weltanschauungsschulen, → Gemeinschaftsschulen

▶ **Bekenntnisschulen**

B. sind öffentliche oder private Schulen, in denen nach den Grundsätzen der jeweiligen Konfession i.d.R. dieser Konfession angehörende Schüler unterrichtet und erzogen werden (evangelische oder katholische Schulen).

Die Unterrichtsinhalte sind bei B. nicht nur im → Religionsunterricht, sondern grundsätzlich von dem jeweiligen Bekenntnis geprägt. Auch nicht dem Bekenntnis angehörende Schüler von B. sind grundsätzlich zur Teilnahme an dem Religionsunterricht der besuchten B. verpflichtet. Zur Aufnahme in eine katholische Schule für evangelischen Schüler in NRW vgl. BVerwG, NJW 1983, 2583, für türkischen Schüler VG Gelsenkirchen, NJW 1982, 120.

Die Möglichkeit von B. wird von Art. 7 Abs. 3 S. 1 und Art. 7 Abs. 5 GG vorausgesetzt. Weder aus dem → Elternrecht (individuelles) noch aus anderen Vorschriften des GG folgt aber ein Anspruch von Eltern auf Einrichtung von Schulen bestimmter religiöser oder weltanschaulicher Prägung (BVerfGE 41, 29ff., 46; 41,

88ff., 107), wie auch ansonsten aus dem GG kein Anspruch auf Einrichtung einer ihren Wünschen entsprechenden Schulart folgt (→ Wahl der Schulart). Die Einräumung von Wahl- und Bestimmungsrechten der Eltern hinsichtlich der religiösen Prägung öffentlicher Grund- und Hauptschulen in NRW und öffentlicher Grundschulen in Nds. steht im Ermessen der Landesgesetzgeber (Einzelheiten zu NRW bei Niehues, Schul- und Prüfungsrecht, Bd. 1, 3. Aufl. 2000, Rdn. 179ff.). Im Übrigen sind Eltern auf bekenntnisgebundene → Privatschulen verwiesen. Private Bekenntnisvolksschulen (Grund- und Hauptschulen) sind auf Antrag von Eltern nur zulässig, wenn keine entsprechende öffentliche Schule in der Gemeinde besteht (Art. 7 Abs. 5 GG, vgl. auch Art. 134 Abs. 3 bay. LV sowie Art. 15 Abs. 2 b.-w. LV). → Gemeinschaftsschulen, Glaubens- und Gewissensfreiheit, Kirche und Schule, Schulgebet, Weltanschauungsschulen

▶ **Beratungslehrer** → Schweigepflicht

▶ **Berechtigungen**

Die Möglichkeiten, die der erfolgreiche Besuch bzw. Abschluss einer → Schulart eröffnet, werden als B. bezeichnet. Die jeweilige B. eröffnet den Zugang zum Besuch weiterführender schulischer Bildungsgänge bzw. Schularten und der Hochschulen sowie den Eintritt in bestimmte berufliche Laufbahnen (z.B. im öffentlichen Dienst) oder ist Voraussetzung für bestimmte Berufe. Das relativ starre Berechtigungswesen wird teilweise gelockert durch Möglichkeiten des Erwerbs von Abschlüssen auch durch Nichtschüler (→ Externenprüfung), durch Einrichtungen des sog. → Zweiten Bildungswegs (→ Abendschulen) und z.B. durch die Gleichstellung bestimmter beruflicher Abschlüsse mit schulischen B. Das schulische Berechtigungswesen ist sehr unübersichtlich, da die einzelnen Länder im Rahmen ihrer Kulturhoheit die Bedingungen (z.B. Dauer, Fächer, Leistungsanforderungen, Erfordernis einer Abschlussprüfung, Altersgrenzen) für den Berechtigungserwerb unterschiedlich festlegen können (→ Föderalismus). Zu den regelmäßig zu erwerbenden B. s. die Stichworte zu den einzelnen

Berufliche Schulen

Schularten. Zur Frage der Geltung einer B. in anderen Bundesländern → Anerkennung von Abschlüssen.

▶ **Berufliche Schulen**

Unter b. S. (auch berufsbildende S. genannt) versteht man Schulen mit schwerpunktmäßig berufsbezogenem Bildungsauftrag bei gleichzeitiger Förderung der → Allgemeinbildung. Ein Grundbestand von b. S. besteht in allen Ländern. Dazu gehören die → Berufsschulen, → Berufsfachschulen, → Berufsaufbauschulen, → Fachoberschulen und → Fachschulen. Einzelne Länder weichen hiervon ab bzw. modifizieren diese Schularten, was zu zahlreichen Länderbesonderheiten führt, die nicht im Einzelnen aufgeführt werden können. So kennen manche Länder zusätzliche Arten von b. S. wie z.B. die → Berufsoberschule, → Fachgymnasien, berufliche Gymnasien (Wirtschaftsgymnasium, technisches Gymnasium) oder das → Berufskolleg. Der Überblick wird dadurch zusätzlich erschwert, dass z.B. verschiedene Bildungsgänge unter gemeinsamen Schulartbezeichnungen zusammengefasst werden und dass die Bildungsgänge z.T. selbst innerhalb der Länder unterschiedlich organisiert sind. Zu den b. S. gehören auch die beruflichen → Sonderschulen. Über die gesetzlichen Bestimmungen hinaus gibt es jeweils gesonderte → Schulordnungen für die b. S., aus denen sich die Einzelheiten ergeben. → Blockunterricht, Schulaufbau.

▶ **Berufsakademie**

Neben der Berufsausbildung im herkömmlichen → dualen System besteht in einigen Ländern die Möglichkeit, eine betriebliche fachpraktische Ausbildung auf höherem Niveau mit einem fachtheoretischen Studium an einer B. zu kombinieren. Die B. gehört eigentlich nicht zum Schulwesen, sondern zum tertiären Bereich und ist eher eine Alternative zum Hoch- oder Fachhochschulstudium. Praktische und theoretische Ausbildung dauern i.d.R. drei Jahre und erfolgen in zwei Stufen zumeist in Blockform. Zugangsvoraussetzung ist die allgemeine oder der jeweiligen Ausbildungsrichtung entsprechende fachgebundene → Hochschulreife sowie der Abschluss eines Ausbildungsvertrages mit einem geeigneten

Ausbildungsbetrieb. Die B. besteht zur Zeit in 7 Ländern. Sie verbindet eine fachwissenschaftliche Ausbildung an einer Studienakademie mit einer praktischen Berufsausbildung in einem Betrieb im Sinne eines → dualen Systems. → Schulaufbau.

▶ Berufsaufbauschulen

B. können von Jugendlichen neben einer Berufstätigkeit als Teilzeitschule oder als Vollzeitschule nach einer → Berufsausbildung besucht werden. Die B. sind zumeist in Fachrichtungen gegliedert (z.B. Technik, Wirtschaft, Hauswirtschaft, Agrarwirtschaft oder Musik). Die Unterrichtsdauer beträgt in Vollzeitform ein bis eineinhalb, in Teilzeitform drei bis dreieinhalb Jahre. Zugangsvoraussetzung ist der (qualifizierte) Hauptschulabschluss oder daneben auch z.B. in Bay. eine überdurchschnittliche berufliche Qualifikation. Erworben wird an B. die dem Realschulabschluss gleichwertige → Fach(ober)schulreife → Schulaufbau.

▶ Berufsausbildung

Eine B. kann in Schulen mit Schwerpunkt in der Vermittlung beruflicher Kenntnisse und Fähigkeiten (vollzeitschulische Berufsbildung, → berufliche Schulen) oder nach den Bestimmungen des Berufsbildungsgesetzes (BBiG) i.V.m. den Landesschulgesetzen im sogenannten → dualen System erfolgen (betriebliches Ausbildungsverhältnis + begleitende Berufsschule in Teilzeitform und bei → Blockunterricht sowie beim teilzeitlichen → Berufsgrundbildungsjahr auch teilweise in Vollzeitform; oder in der Kombination von vollzeitschulischem Berufsgrundbildungsjahr und anschließendem Ausbildungsverhältnis). § 40 Abs. 3 BBiG ermöglicht eine berufliche Abschlussprüfung auch dem, der ausschließlich eine vom Bundesmin. f. Wirtschaft anerkannte berufliche Schule oder sonstige Einrichtung besucht hat, wenn dies der B. in einem anerkannten Ausbildungsberuf entspricht. Die B. gliedert sich in die berufliche Grundbildung und die berufliche Fachbildung. Maßgebend ist die für den jeweiligen Beruf bestehende Ausbildungsordnung oder der Ausbildungsrahmenplan als Grundlage einer geordneten und einheitlichen B. Die Ordnung der B. ist

Sache des Bundes, der von seiner diesbezüglichen Gesetzgebungskompetenz (Art. 74 Nr. 11 GG – Recht der Wirtschaft) vor allem durch das BBiG vom 14. 8. 1969 (BGBl. I, S. 1112, zul. g. d. G. v. 25. 3. 1998, BGBl. I S. 596, 606, entsprechende Regelungen z. T. in der Handwerksordnung) und den Erlass einer Vielzahl von Ausbildungsordnungen Gebrauch gemacht hat. Dagegen ist das → Schulrecht Ländersache, so dass es bei der Koordination der Ausbildungsordnungen bzw. der Ausbildungsrahmenpläne mit den schulischen Rahmenlehrplänen der Länder im Bereich der beruflichen Schulen zu Problemen kommt, die aber durch Koordinationsgremien möglichst aufgefangen werden sollen.

▶ **Berufsbildung** → Berufsausbildung, → Berufliche Schulen, → Duales System, → Allgemeinbildung

▶ **Berufsfachschulen**

B. sind nach Fachrichtungen gegliederte Vollzeitschulen mit mindestens einjähriger Schulbesuchsdauer, die zur Berufsvorbereitung oder zur vollen Berufsausbildung auch ohne vorherige praktische Berufsausbildung besucht werden können. Zugangsvoraussetzung ist der (qualifizierte) Hauptschulabschluss. Bei zweijährigem Schulbesuch kann die → Fach(ober)schulreife, u. U. auch eine schulische Berufsqualifikation erworben werden. B. gibt es z. B. mit hauswirtschaftlicher, gewerblicher, landwirtschaftlicher oder kaufmännischer Fachrichtung.

Der erfolgreiche Besuch einer einjährigen öffentlichen oder privaten B. mit einem dem Realschulabschluss gleichwertigen Abschluss wird gem. § 3 der BGJ-Anrechnungs-Verordnungen (→ Berufsgrundbildungsjahr) als 1. Jahr der Berufsausbildung in einem anerkannten Ausbildungsberuf der gewerblichen Wirtschaft, Landwirtschaft, Hauswirtschaft und des öffentlichen Dienstes angerechnet, wenn der Lehrplan mindestens 26 Wochenstunden fachbezogenen Unterricht bezogen auf ein 40wöchiges Schuljahr vorsieht. Der erfolgreiche Besuch einer 2- oder mehrjährigen B. wird in Ausbildungsberufen der gewerblichen Wirtschaft und der wirtschafts- u. steuerberatenden Berufe als

1. Ausbildungsjahr angerechnet, wenn der Lehrplan mindestens 20 Wochenstunden fachbezogenen Unterricht (bei einem Schuljahr von 40 Wochen) vorsieht. Anrechnung mit einem halben Jahr auf das 2. Ausbildungsjahr erfolgt, wenn der Lehrplan eine weitere berufliche Fachbildung von mindestens $^2/_3$ der vorgenannten Stundenzahl vorsieht. Für sog. Stufenausbildungen gilt entsprechend modifizierte Anrechnung.

▶ **Berufsgrundbildungsjahr**

Das BGJ ist die erste Stufe der → Berufsausbildung. Fachpraktische und fachtheoretische Ausbildung beziehen sich noch nicht auf einen bestimmten Beruf, sondern auf ein Berufsfeld (Zusammenfassung von Grundkenntnissen und -fertigkeiten verwandter Berufe, z.B. die Berufsfelder Metalltechnik, Wirtschaft und Verwaltung, Gesundheit oder Elektrotechnik). Über die Häfte der ca. 450 Ausbildungsberufe sind 13 Berufsfeldern zugeordnet, in denen ein BGJ angeboten wird. Das vollzeitschulische BGJ wird in Berufsschulen durchgeführt. Die Teilnehmer sind Schüler, haben (noch) keinen Ausbildungsvertrag und erhalten auch keine Ausbildungsvergütung, sondern sind ggf. auf → Ausbildungsförderung angewiesen. Das kooperative BGJ wird entweder in Betrieben mit entsprechenden Ausbildungseinrichtungen oder in überbetrieblichen Ausbildungsstätten (Gemeinschaftseinrichtungen mehrerer Betriebe) und parallel dazu in den → Berufsschulen (in Teilzeitform) durchgeführt. Die Teilnehmer sind Auszubildende mit Ausbildungsvertrag und zugleich Schüler der Berufsschule. Gem. § 2 BGJ-Anrechnungs-VO wird der erfolgreiche Besuch eines den Bedingungen der AnrechnungsVO entsprechenden BGJ als 1. Jahr der Berufsausbildung in einem anerkannten Ausbildungsberuf der gewerblichen Wirtschaft angerechnet. Bei Berufen mit zweijähriger Ausbildungszeit (z.B. Verkäuferin, Kfz-Mechaniker, Bürogehilfen) werden nur sechs Monate angerechnet. Entsprechende Anrechnungs-VO gelten z.B. für Ausbildungsberufe in Landwirtschaft, öffentl. Dienst und Hauswirtschaft. Die Anrechnung ist zwingend, auf sie kann weder der Jugendliche noch der Betrieb, mit dem ein Vertrag für die anschließende betriebliche Ausbildung abgeschlossen wird, verzichten (BVerwGE 69, 162). Mit dieser Entscheidung wurde 1984 ein langjähriger Streit über die BGJ-Anrechnung beendet. Von zahlreichen Betrieben wurde die Anrechnung verweigert; Jugendliche hatten – wenn überhaupt ein Ausbildungsplatz zu bekommen war – häufig auf die Anrechnung verzichtet.

▶ **Berufskolleg**

B. heißt in B.-W. eine der → Fachoberschule ähnliche berufliche Vollzeitschule, die nach mindestens zweijährigem Besuch, bei Vorliegen einer abgeschlossenen → Berufsausbildung oder entsprechender beruflicher Qualifikation bereits nach einem Jahr zur → Fachhochschulreife führt. Zugangsvoraussetzung ist die → Fach(ober)schulreife, der Realschulabschluss oder ein gleichwertiger Bildungsstand. Das B. darf nicht mit den → Kollegs zur Erlangung der allgemeinen Hochschulreife verwechselt werden.

▶ **Berufsoberschule**

B. heißt eine nur in einigen Ländern bestehende und der → Fachoberschule ähnliche berufliche Vollzeitschule mit verschiedenen Ausbildungsrichtungen von mindestens zweijähriger Dauer, die zur → Fachhochschulreife, ggf. nach Ergänzungsprüfung oder Nachweis einer zweiten Fremdsprache auch zur allgemeinen → Hochschulreife führt. Die B. bietet Absolventen mit Realschulabschluss und abgeschlossener Berufsausbildung bzw. fünfjähriger Berufstätigkeit bei Möglichkeit zum Erwerb der Fachhochschulreife. Die B. wird auch als Erweiterte Fachoberschule bezeichnet.

▶ **Berufsschulen**

B. haben die Aufgabe, die → Allgemeinbildung zu vertiefen, eine fachtheoretische, berufsfeldbezogene Grundbildung (Grundstufe) und in der anschließenden Fachstufe eine berufliche Fachbildung zu vermitteln. Die B. in Teilzeitform werden nach Erfüllung der Vollzeit → Schulpflicht, d. h. nach neun- oder zehnjährigem Schulbesuch, von den Schülern besucht, die in einem Berufsausbildungsverhältnis mit Ausbildungsvertrag (→ duales System) oder in einem Arbeitsverhältnis stehen oder arbeitslos sind und das 18. Lebensjahr noch nicht vollendet haben (Erfüllung der Berufsschulpflicht). Der Unterricht kann auch in Form des → Blockunterrichts erfolgen.

▶ **Berufsschulpflicht** → Schulpflicht

▶ **Berufung** → Rechtsschutz

▶ **Beschwerderecht**

Die B. ist im Gegensatz zum Widerspruch und zur gerichtlichen Klage ein nicht-förmlicher Rechtsbehelf (→ Rechtsschutz, vorläufiger Rechtsschutz). Sie kann gegenüber schulischen Maßnahmen an den → Schulleiter, die vorgesetzte Schulbehörde oder an den Kultusminister gerichtet werden. Allerdings sollten vorher die Möglichkeiten zur Bereinigung des Konflikts mit der für die umstrittene Maßnahme verantwortlichen Person (z. B. dem Lehrer) ausgeschöpft werden. Die B. ist weder an Fristen noch an eine bestimmte Form gebunden, sie kann jederzeit und in jeder Form (mündlich, schriftlich, telefonisch) eingelegt werden. Aus dem → Elternrecht lässt sich ein Anspruch zumindest auf Bescheidung über die B. ableiten. Neben oder anstelle des B. besteht uneingeschränkt die Möglichkeit, förmliche Rechtsbehelfe zu ergreifen, soweit die entsprechenden Fristen eingehalten werden (vgl. BVerwG, DVBl. 1980, 482). Bei Bewertungsfehlern in → Prüfungen kann allerdings u. U. eine verspätete Rüge wegen der → Chancengleichheit der Prüflinge ausgeschlossen sein, wenn es dem geprüften Schüler möglich und zumutbar war, die Einwände ohne Gefahr anderweitiger Nachteile schon während der Prüfung zu erheben. → Dienstaufsichtsbeschwerde

▶ **Besonderes Gewaltverhältnis**

Als b. G. bezeichnete man früher das Sonderrechtsverhältnis des Schülers zur Schule. Dieses unterlag zusätzlichen weitergehenden

Einschränkungen als das allgemeine Gewaltverhältnis, in dem jeder Bürger zum Staat steht. Neben dem Schulverhältnis wurden u. a. auch das Beamtenverhältnis, das Soldatenverhältnis und das Strafgefangenenverhältnis als b. G. angesehen. Für diejenigen, die als in einem b. G. stehend angesehen wurden (z. B. die Schüler), hatte dies eine Reihe unmittelbarer rechtlicher Konsequenzen. Erstens war die Geltung der Grundrechte für die in einem b. G. stehenden Personen schwächer, weil die Grundrechte auch ohne ausdrückliche gesetzliche Grundlage lediglich mit Hinweis auf die Erfordernisse der Anstaltsordnung (z. B. geordneter Schulbetrieb) eingeschränkt werden durften. Das fehlende Erfordernis einer gesetzlichen Grundlage bedeutete zweitens eine Außerkraftsetzung des → Gesetzesvorbehalts, der im allgemeinen Gewaltverhältnis nach herkömmlichem Verständnis Eingriffe in Freiheit und Eigentum (d. h. in die Grundrechte) nur unmittelbar durch oder auf Grund eines Gesetzes durch Rechtsverordnung zuließ. Daraus ergab sich drittens, dass der Exekutive (Kultusminister, → Schulverwaltung) die Befugnis zuerkannt wurde, verordnungsrechtliche Regelungen mit unmittelbarer Außenwirkung für die im b. G. stehenden Personen auch ohne gesetzliche Grundlage zu treffen. Schließlich wurde auch der → Rechtsschutz gegenüber Maßnahmen im b. G. erheblich verkürzt, weil man zahlreichen heute eindeutig als Rechtsakte begriffenen Maßnahmen (z. B. → Versetzung) keinen Rechtscharakter zuerkannte. Insgesamt wurde das Schulverhältnis daher weitgehend als ein rechtsfreier Raum angesehen. Dieser Zustand war weder mit dem Demokratieprinzip des GG noch mit rechtsstaatlichen Erfordernissen vereinbar. Daher bröckelte die Rechtsfigur des b. G. zunehmend ab, zunächst in Form einer Ausdehnung des Rechtsschutzes bereits in den 50er Jahren. Erst mit der Entscheidung des BVerfG vom 14. 3. 1972 aber (BVerfGE 33, 1, Strafgefangenen fall) wurde höchstrichterlich anerkannt, dass auch im sog. b. G. Grundrechte nur durch oder auf Grund eines Gesetzes eingeschränkt werden dürfen. Damit war die volle Geltung der Grundrechte anerkannt. Logische Folge war die Geltung des Gesetzesvorbehalts auch für das Schulrecht, insbesondere das Schulverhältnis (vgl. Löhning, Der Vorbehalt des Gesetzes im Schulverhältnis, 1974). Den gesetzesfreien

Exekutivregelungen (Sonderverordnungen) war damit ebenfalls der verfassungsrechtliche Boden entzogen. Dem uneingeschränkten Rechtsschutz gegenüber Maßnahmen im Schulverhältnis stand damit nichts mehr im Wege, zumal die den Rechtsschutz verkürzende Unterscheidung zwischen Grund- und Betriebsverhältnis nicht mehr haltbar ist. Infolge der damit vollzogenen Angleichung des b. G. an das allgemeine Gewaltverhältnis kann man heute nicht mehr von der Existenz eines b. G. sprechen (vgl. Staupe, Parlamentsvorbehalt und Delegationsbefugnis, 1986, 74 ff.).

▶ **Bestechung/Bestechlichkeit** → Geschenke an Lehrer

▶ **Beteiligtenfähigkeit** → Rechtsschutz

▶ **Beurlaubung vom Unterricht**

Die Bestimmungen der Länder über die Pflicht zur Teilnahme am Unterricht (→ Schulpflicht) ermöglichen kurzfristige B. der Schüler vom Unterricht und sonstigen Schulveranstaltungen aus verschiedenen Gründen. Zu unterscheiden sind Fälle, in denen beurlaubt werden muss und solche, in denen die B. im Ermessen der Schule steht. Die Länderregelungen listen zumeist einige Beurlaubungsgründe auf und lassen B. ansonsten „aus wichtigem Grund" zu. Von kurzzeitiger B. zu unterscheiden ist die vollständige → Befreiung vom Unterricht in bestimmten Fächern sowie die Befreiung von der → Schulpflicht.

Anspruch auf B. besteht zum Zwecke der Teilnahme an Gottesdiensten und sonstigen religiösen Veranstaltungen der Kirchen und Religions- bzw. Weltanschauungsgemeinschaften. Dieser aus der Religionsausübungsfreiheit (Art. 4 Abs. 2 GG) folgende Anspruch ist nicht auf bestimmte Religionen beschränkt (vgl. BVerwGE 42, 128 – Sabbatheiligung durch Sieben-Tages-Adventisten). Die Länder haben dazu in Verwaltungsvorschriften die jeweiligen religiösen Feiern und Feiertage der verschiedenen Religionsgemeinschaften aufgelistet. Der genannte Anspruch bedeutet nicht etwa, dass ein Schüler jederzeit den Unterricht mit der Begründung, in die Kirche gehen zu wollen verlassen darf, sondern er beschränkt sich auf die Teilnahme an religiösen Feiern. Verfassungsrechtlich folgt dies aus der verhältnismäßigen Zuordnung von Religionsausübungsfreiheit (Art. 4 Abs. 2 GG) und der von Art. 7 Abs. 1 GG vorausgesetzten Pflicht zur Teilnahme am Unterricht. Für Lehrer gelten in der Sache ähnliche, aber rechtlich anders geartete Befreiungsregelungen.

Anspruch auf B. besteht im Krankheitsfall, wobei die Länder durchweg eine Entschuldigung und bei längerer Krankheitsdauer auch einen ärztlichen Nachweis verlangen. Soweit keine speziellen Regelungen bestehen, gilt dies entsprechend auch für Schülerinnen während und nach einer Schwangerschaft.

Zur Frage, ob und inwieweit Anspruch auf B. aus wichtigem Grund zwecks Teilnahme von Schülern an Demonstrationen besteht → Demonstrationsrecht. Zu den B.-Gründen, die im Ermessen der Schulbehörde stehen, gehören z. B. anderweitige Lernaktivitäten wie Sport, Musik, Schüleraustausch und besondere persönliche (familiäre) Gründe. Bei der Berufsausbildung im → dualen System kommen weitere B.-Gründe in Betracht, z. B. bei → Prüfungen, betrieblichen Notlagen, Teilnahme an Veranstaltungen für Betriebsräte/Jugendvertreter. Generelle B. aller Schüler aus wichtigem Grund, z. B. weil die äußeren Umstände keinen sinnvollen Unterricht zulassen (→ Hitzefrei), stehen im Ermessen der Schule bzw. Schulbehörden. Hierzu gibt es spezielle Erlasse in den Ländern. In all diesen Fällen besteht ein Rechtsanspruch nur auf fehlerfreie Ermessensausübung, insbesondere Gleichbehandlung durch die zuständige Behörde. Für individuelle B. bis zu zwei Tagen ist i. d. R. der Klassenlehrer, darüber hinaus der Schulleiter und bei längerfristigen Beurlaubungen die Schulaufsichtsbehörde zuständig. I. d. R. wird ein schriftlicher und begründeter Antrag des volljährigen Schülers oder bei Minderjährigen seiner Eltern verlangt.

Eine B. von Klassen- und Schülersprechern vom Unterricht für ihre Tätigkeit, z. B. Teilnahme an überschulischen Mitwirkungsgremien, ist möglich; ein Anspruch besteht aber nur bei Vorhandensein entsprechender Vorschriften (dazu HessVGH, B. v. 20. 7. 1977, SPE II A VII, S. 21).

▶ **Beurteilungsspielraum** → Leistungsbewertung, → Prüfungen, → Rechtsschutz, → Verfahrensfehler

▶ **Bewertungsfehler** → Leistungsbewertung, → Verfahrensfehler, → Rechtsschutz

▶ **Bezirkselternausschuss** → Mitbestimmung

▶ **Bezirksschülerausschuss** → Mitbestimmung

▶ **Bezirksschulbeirat** → Mitbestimmung

▶ **Bhagwan-Anhänger als Lehrer** → Glaubens- und Gewissensfreiheit, → Neutralitätsgebot

▶ **Bildungsanspruch** → Recht auf Bildung

▶ **Bildungsauftrag** → Bildungs- und Erziehungsziele, → Schulaufsicht

▶ **Bildungschancen** → Chancengleichheit, → Recht auf Bildung

▶ **Bildungs- und Erziehungsziele**

Art. 7 Abs. 1 GG enthält einen umfassenden schulischen Bildungs- und Erziehungsauftrag; dieser gibt dem Staat u.a. die Befugnis, neue und zusätzliche Unterrichtsfächer (neue z.B. das Fach Ethik) einzuführen (BVerwG NVwZ 1999, 769. Urt. v. 17. 6. 1998). Das GG formuliert jedoch keine ausdrücklichen B. u. E. für die Schule (vgl. Pieroth, DVBl. 1994, 949ff.). Versuche, aus einzelnen Bestimmungen des GG (z.B. Schutz von Ehe und Familie, Institution der Bundeswehr) Bildungsziele in der Weise abzuleiten, die Schule müsse z.B. ausschließlich im Sinne einer Förderung von Ehe und Familie – unter besonderer Ausgrenzung anderer Formen des Zusammenlebens – erziehen, sind abzulehnen. Sie verkennen die gleichrangige Stellung anderer Verfassungsnormen,

z. B. der Grundrechte auf freie Entfaltung der Persönlichkeit (Art. 2 Abs. 1 GG) und auf Kriegsdienstverweigerung (Art. 4 Abs. 3 GG). Gleichwohl sind Grundprinzipien des GG wie Demokratie und Rechtsstaatlichkeit sowie die Akzeptanz der Grundrechte selbstverständliche B. u. E.

Einige Verfassungen der Bundesländer enthalten wie das GG keine Festlegungen über B. u. E. Andere LV nennen in unterschiedlichem Umfang und Detaillierungsgrad einzelne B. u. E., ohne dass in einer dieser Verfassungen ein geschlossenes pädagogisches Konzept aufeinander abgestimmter B. u. E. erkennbar wäre (vgl. Art. 12 b.-w. LV; Art. 131 bay. LV; Art. 28 brand. LV; Art. 26 brem. LV; Art. 55 hess. LV; Art. 7 f. nrw. LV; Art. 33 rh.-pf. LV; Art. 26 saarl. LV; Art. 101 sächs. LV; Art. 27 sachs.-anh. LV; Art. 22 thür. LV). Neben der Vermittlung von Wissen, Kenntnissen und Fähigkeiten fordern die LV vor allem die Erziehung zu sittlicher und politischer Verantwortlichkeit, zu eigenem Denken und zur Bereitschaft zu sozialem Handeln (vgl. dazu im einzelnen DJT-SchulGE S. 136 ff. mit tabellarischer Übersicht über die Erziehungsziele der LV). Darüber hinaus werden z. T. sehr spezielle Bildungs- und Erziehungsziele formuliert, wie z. B. zu den Zielen des Geschichtsunterrichts (zu Art. 56 Abs. 5 hess. LV vgl. HessStGH, NJW 1982, 1381; zur Kritik an dieser umstrittenen Entscheidung vgl. Nevermann, RdJB 1982, 184 und Evers, JZ 1982, 459), zur Erhaltung des klassisch-humanistischen Bildungsideals (Art. 38 rh.-pf. LV, → humanistisches Gymnasium) bis hin zur besonderen Unterweisung von Mädchen und Buben in Säuglingspflege, Kindererziehung und Hauswirtschaft (Art. 131 Abs. 4 bay. LV. Ein Pflichtunterricht im Fach Handarbeiten nur für Mädchen ist vom VGH München als Verstoß gegen den Gleichberechtigungssatz (Art. 3 Abs. 2 GG) erklärt worden (Urt. v. 29. 4. 1987, NJW 1988, 1405). Durch einige LV wird das Verantwortungsbewusstsein für Natur und Umwelt sowie der sorgsame Umgang mit den natürlichen Lebensgrundlagen zum Bildungsziel erklärt (vgl. Art. 131 bay. LV; Art. 26 Nr. 5 BremV; Art. 30 saarl. LV; Art. 101 Abs. 1 sächs. LV; Art. 7 Abs. 2 nrw. LV).

Die Schulgesetze der Länder enthalten detailliertere Kataloge von B. u. E. auf gleichwohl hohem Abstraktionsniveau (vgl. dazu

Evers, Die Befugnis des Staates zur Festlegung von Erziehungszielen in der pluralistischen Gesellschaft, 1979; Reeb, Bildungsauftrag der Schule, 1981; Thiel, Der Erziehungsauftrag des Staates in der Schule, 2000). Dabei haben die Länder weitgehend die in dem Beschluss der → KMK vom 25. 5. 1973 zur Stellung des Schülers in der Schule (KMK-BeschlS. 824) formulierten Aufgaben der Schule berücksichtigt, zum Teil aber auch erweitert und ergänzt (z. B. hinsichtlich des Umgangs mit neuen Medien). Die meisten Länder haben infolge der Entscheidung des BVerfG zum → Sexualkundeunterricht (BVerfGE 47, 46) spezielle Bestimmungen zur Sexualkundeerziehung in der Schule getroffen.

Umstritten ist die Frage, inwieweit schulartspezifische (vgl. SchulGE S. 140 ff., 189 ff.) oder fachspezifische Lernziele (vgl. dazu Nevermann, Lehrplanrevision und Vergesetzlichung, VerwArch 71, 1980, 241 ff.) gesetzlich zu formulieren sind. Hier wird man einen Mittelweg zwischen notwendiger Kontinuität und hinreichender Steuerungskraft der B. u. E. einerseits und pädagogischer Offenheit andererseits gehen müssen (vgl. Staupe, Parlamentsvorbehalt und Delegationsbefugnis, 1986, 353 ff.; vgl. auch Grumbach, RdJB 1981, 333 für das rh.-pf. Schulrecht; zu den Erziehungszielen im Schulrecht der → Neuen Bundesländer Kühne, RdJB 1994, 39).

▶ **Bildungsgänge** → Schularten, → Schulaufbau

▶ **Bildungsgesamtplan** → Bildungsplanung

▶ **Bildungsplanung**

Die in einer allgemeinen Phase der Planungseuphorie 1969 in das GG eingefügte sog. Gemeinschaftsaufgabe der B. auf Grund von Planungsvereinbarungen zwischen Bund und Ländern (Art. 91 b GG) führte 1970 zur Vereinbarung über die Bund-Länder-Kommission für B. (später: und Forschungsförderung) – BLK –, in der Bund und Länder gleichberechtigt zusammenwirken. B. wurde jedenfalls zunächst ganz überwiegend als für die

Zukunft der Bundesrepublik notwendig gesamtstaatlich zu erfüllende Aufgabe angesehen. Im Gegensatz zum Einstimmigkeitsprinzip in der → Kultusministerkonferenz entscheidet die BLK mit Dreiviertelmehrheit. BLK-Beschlüsse sind politische Empfehlungen an die Regierungen ohne unmittelbare rechtliche Bindungswirkung. B. umfasst alle Bildungsbereiche vom Kindergarten über Schule, Berufsbildung und Hochschule bis zur Erwachsenenbildung. Rahmen- und Zielplanung, nicht Planverwirklichung ist Gegenstand von Art. 91b GG. In der Praxis ist die B. mangels Einigung über konkrete Grundfragen wie z.B. die Dauer von Bildungsgängen und ihre Inhalte und i.V. damit über die Frage der gegenseitigen → Anerkennung von Abschlüssen und z.B. über die Art und Weise der → Berufsausbildung (→ Duales System) gescheitert. Bereits der 1973 von den Regierungschefs verabschiedete Bildungsgesamtplan der BLK, der Festlegungen über die langfristigen Ziele, den Aufbau, die sachliche und personelle Ausstattung und die Finanzierung des Bildungswesens enthält, dokumentiert mit einer Vielzahl von Minderheitsvoten in wesentlichen Fragen mehr die bildungspolitischen Meinungsverschiedenheiten als eine gemeinsame und realisierbare Zielplanung. Konkretisierung und Fortschreibung des Bildungsgesamtplans sind aus den genannten Gründen vollends gescheitert; 1982 konnte nur noch der Entwurf einer Fortschreibung veröffentlicht werden (BT-Drs. 9/2012).

▶ **Bildungsrat** → Deutscher Bildungsrat

▶ **Bildungsunfähigkeit**

Kinder und Jugendliche, die körperlich oder geistig so stark behindert oder in ihrem Sozialverhalten so stark gestört sind, dass sie in keiner Schule, also auch in keiner Schule für → Behinderte gefördert werden können, unterliegen nicht der → Schulpflicht. Die B. (auch als Schulunfähigkeit bezeichnet) ist kein feststehender Begriff, sondern hängt von dem Stand der medizinischen, psychologischen und pädagogischen Erkenntnisse und dementsprechendem Ausbau und Differenzierungsgrad des Behindertenschulwesens ab. Bei ausgebautem Behindertenschulwesen und Berücksichtigung von Möglichkeiten z. B. des → Haus- und Krankenhausunterrichts werden nur relativ wenige Fälle völliger B. verbleiben. Grundsätzlich muss der Staat für behinderte, aber bildungsfähige Kinder und Jugendliche aus Gründen des → Rechts auf Bildung und der → Chancengleichheit ausreichende Bildungseinrichtungen vorhalten. Zur Frage eines Anspruchs auf Errichtung von Sonderschuleinrichtungen siehe → behinderte Schüler, Recht auf Bildung. Unter dem Blickwinkel des Rechts auf Bildung scheiden als Maßstäbe für die Entscheidung über die B. grundsätzlich das Nichtvorhandensein einschlägiger Bildungseinrichtungen und die Erschöpfung der Kapazität vorhandener Schulen für Behinderte aus. Die Maßstäbe für die Feststellung der B. sind in den Ländern im Einzelnen unterschiedlich geregelt (s. u.). Die Feststellung der B. erfolgt durch die Schulbehörden auf Grund ärztlicher und/oder psychologisch-pädagogischer Gutachten (→ Untersuchungen). Das Recht auf Bildung des Kindes bzw. Jugendlichen und das → Elternrecht verlangen, dass die Entscheidung über die B. in bestimmten Zeitabständen überprüft werden kann; die Schulpflichtregelungen der Länder sehen dies aber nicht durchweg vor. Die Feststellung der B. bzw. die mit B. begründete Nichtaufnahme in eine Schule ist ein belastender Verwaltungsakt, gegen den → Rechtsschutz im Wege des Widerspruchs und der Anfechtungsklage möglich ist. Die Entscheidung über die B. setzt eine → Anhörung der Eltern voraus. Folge der B. ist in den meisten Ländern eine völlige Befreiung von der Schulpflicht. In den anderen Ländern ruht die Schulpflicht lediglich, kann also bis zu dem Zeitpunkt, in dem die Schulpflicht regulär ablaufen würde, wieder aufleben. Die Eltern können in beiden Fällen, auch wenn dies nicht ausdrücklich vorgesehen ist, eine Überprüfung der Entscheidung nach einem gewissen Zeitablauf beantragen. Manche Länder sehen eine solche Überprüfung bereits von Amts wegen vor. Die Betreuung schulunfähiger Kinder und Jugendlicher erfolgt in allen Ländern in staatlichen, kirchlichen oder privaten sozialen Einrichtungen außerhalb des Schulwesens.

▶ **Blauer Brief** → Vorwarnung

▶ **Blockunterricht**

Wird an → beruflichen Schulen der Unterricht in Teilzeitform, also z. B. an zwei Werktagen in der Woche, begleitend neben einer betrieblichen Ausbildung (Lehre) erteilt (→ Berufsschule, duales System), kann der Unterricht auch auf einige Wochen/Monate im Jahr konzentriert werden. Während der B.-Zeiten erfolgt dann keine betriebliche Ausbildung. Die Einführung von B. bedarf ausreichender gesetzlicher Grundlagen (BVerwG, B. v. 27. 6. 1977, Buchholz 421 Nr. 53, S. 32 ff.). Zur Erstattung von Mehrkosten bei notwendiger auswärtiger Unterbringung während der Zeit eines B. vgl. VGH München, Entsch. v. 15. 4. 1987, Vf. 1-VII-85.

▶ **Bremer Klausel** → Religionsunterricht

▶ **Bundesausbildungsförderungsgesetz** → Ausbildungsförderung

▶ **Bundeselternrat**

B. heißt eine seit 1952 bestehende Arbeitsgemeinschaft der Elternvertretungen in den Ländern (→ Mitbestimmung). Der B. ist eine bundesweit tätige, bildungspolitisch engagierte Interessenvertretung von Eltern. Während die Landeselternvertretungen in den Schulgesetzen vorgesehen sind, handelt es sich bei dem B. um einen freiwilligen Zusammenschluss (privater Verein).

▶ **Bundes-Seuchengesetz** → AIDS und Schule → Ansteckende Krankheiten

▶ **Bundesstaat** → Föderalismus

▶ **Bund-Länder-Kommission für Bildungsplanung** → Bildungsplanung, → Föderalismus

▶ **Buttons** → Plakettentragen

C

▶ Chancengleichheit

Der Grundsatz der C. ist unter bildungspolitischen sowie unter individualrechtlichen Aspekten zu betrachten. Bildungs- und schulpolitisch gesehen gibt es eine Fülle von rechtlichen Regelungen, die die strukturellen Voraussetzungen für eine C. im Bildungswesen schaffen bzw. verbessern sollen (z.B. → Orientierungsstufe, → Gesamtschule, → Ausbildungsförderung, → Schülerbeförderung, → Lernmittelfreiheit). Die Institution Schule als solche, verbunden mit der allgemeinen → Schulpflicht, begründet bereits eine wesentliche Voraussetzung von C. Derartige schulpolitische Maßnahmen zur Verwirklichung der C. im Schul- und Bildungswesen liegen in der politischen Verantwortung von Parlament(en) und Regierung(en) und stehen in der Gestaltungsfreiheit des Staates (grundlegend BVerfGE 34, 165 ff.). Ein einklagbarer Rechtsanspruch auf entsprechende Maßnahmen besteht grundsätzlich nicht. Andererseits ist der Staat in der strukturellen und inhaltlichen Gestaltung des Schulwesens nicht völlig frei, sondern insbesondere an die Grundrechte von Schülern und Eltern gebunden. Insoweit kann auch der individualrechtliche Aspekt der C. im Bildungswesen relevant werden. Im Wesentlichen richtet sich dieser aus Art. 3 GG (Gleichheitssatz) herzuleitende Aspekt jedoch auf die Einhaltung der C. bei schulischen Einzelmaßnahmen, insbesondere im Bereich von → Leistungsbewertungen und → Prüfungen (vgl. dazu im einzelnen Niehues, Schul- und Prüfungsrecht, Bd. 1, 3. Aufl. 2000, Rdn. 595; OVG Münster, B. v. 17. 2. 2000, NVwZ-RR 2000, 432). Den Schülern müssen danach gleiche Chancen und Bedingungen eingeräumt werden, so dass ihre Leistungen nach möglichst einheitlichen Kriterien und gleichen Maßstäben gemessen werden können (BVerwG, Urt. vom 9. 1. 1978, Buchholz, 421.0, Prüfungswesen Nr. 88 und BVerwGE 41, 34). Die C. bezieht sich gem. Art. 3 Abs. 2 GG

(„Männer und Frauen sind gleichberechtigt") auf gleiche Bildungschancen für Jungen und Mädchen. Die frühere Bestimmung des Art. 131 Abs. 4 bay. LV, wonach (nur) Mädchen „in der Säuglingspflege, Kindererziehung und Hauswirtschaft besonders zu unterweisen" waren, enthält eine einseitige Festlegung von Jungen und Mädchen auf ein gesellschaftlich überholtes Rollenklischee, verstieß daher gegen Art. 3 Abs. 2 GG (a. A. BayVerfG, Entsch. v. 27. 2. 1985, NJW 1987, 1543) und wurde inzwischen geändert („Mädchen und Buben"). Ebenso stellt ein Pflichtunterricht im Fach Handarbeiten nur für Mädchen einen Verstoß gegen das Gleichberechtigungsgebot des GG dar (VGH München, Urt. v. 29. 4. 1987, NJW 1988, 1405). Vgl. auch → Ganztagsschule, Verfahrensfehler.

▶ **Christliche Gemeinschaftsschulen** → Gemeinschaftsschulen

▶ **Curriculum** → Lehrpläne

D

▶ **Datenschutz**

Aufgabe des D. ist es, durch den Schutz personenbezogener Daten vor Missbrauch bei ihrer Verarbeitung in Dateien der Beeinträchtigung schutzwürdiger Belange der Betroffenen entgegenzuwirken (so § 1 Abs. 1 BundesdatenschutzG – BDSG –; entsprechend die Landesdatenschutzgesetze). Datenverarbeitung umfasst die Erhebung, Speicherung, Übermittlung, Veränderung und Löschung personenbezogener Informationen. Für die öffentlichen Schulen sind, soweit keine schulgesetzlichen Bestimmungen spezielle Regelungen treffen, die Landesdatenschutzgesetze maßgebend, bei → Privatschulen die allgemeinen Vorschriften sowie der Abschnitt des BDSG über die Datenverarbeitung nicht-öffentlicher Stellen.

Bei der Umsetzung der komplizierten, schwer les- und verstehbaren und oft nur generalklauselartig gefassten Datenschutzgesetze tun sich die Schulen durchweg schwer (vgl. DJT-SchulGE § 49 Nr. 4 u. S. 254). Bremen hat als erstes Land ein eigenständiges Gesetz zum D. im Schulwesen (v. 22. 9. 1987, GBl. S. 247) erlassen. Es hat damit u. a. dem Urteil des BVerfG (E 65, 1 v. 15. 12. 1983) zum Volkszählungsgesetz 1983 Rechnung getragen. Dieses hatte mit seinem Urteil klargestellt, dass unter den Bedingungen der modernen Datenverarbeitung der Schutz des einzelnen gegen unbegrenzte Erhebung, Speicherung, Verwendung und Weitergabe seiner persönlichen Daten von dem allgemeinen Persönlichkeitsrecht (Art. 2 Abs. 1 i. V. m. Art. 1 Abs. 1 GG) umfasst wird (sog. Recht auf informationelle Selbstbestimmung). Danach hat grundsätzlich jeder Einzelne das Recht, selbst über die Preisgabe und Verwendung seiner persönlichen Daten zu bestimmen. Einschränkungen sind nur im überwiegenden Allgemeininteresse und nur auf gesetzlicher Grundlage zulässig (→ Gesetzesvorbehalt). Für die Datenerhebung und -verarbeitung sind nach Ansicht des

Datenschutz

BVerfG bereichsspezifische, d.h. schulrechtliche Regelungen erforderlich (vgl. Wedler, RdJB 1985, 387, Elser, RdJB 1987, 495).

Personenbezogene Daten sind alle Informationen, die eine Person und ihre Lebenssituation betreffen. Dies reicht z.B. von Namen, Adresse, Geburtstag u. -ort, Alter, Beruf, familiärer Situation bis zu Einkommen, Vermögen, Schulden, Kfz-Kennzeichen, körperlichen und verhaltensmäßigen Eigenschaften/Merkmalen, Bildungsstand, Intelligenzquotient, Noten, Zeugnissen und Prüfungen. Nicht darunter fallen die Bewertungen von Leistungskontrollen, persönliche Notizen von Lehrern, Vermerke im Klassenbuch oder in ähnlichen Unterlagen. Geschützt sind aber nur Daten, die in Dateien verarbeitet werden. Datei ist vereinfacht jede Informationssammlung, die sich umordnen lässt, gleich ob dies manuell oder automatisch geschieht, also z.B. Karteien, sog. Schülerbögen oder Schülerstammblätter in Form einer Loseblattsammlung, in automatischen Datenverarbeitungsanlagen gespeicherte personenbezogene Daten. Keine Datei sind Klassenbücher, die Schulakten über den einzelnen Schüler, Konferenzprotokolle, Zeugnishefte oder Schulhefte. Die Geltung des D. hängt daher oft von der Form ab, in der die Schule Daten sammelt bzw. verarbeitet. Grundsätzlich darf die Schule Daten nur sammeln, wenn dies durch eine Rechtsvorschrift (Gesetz- oder Rechtsverordnung) ausdrücklich erlaubt oder der Betroffene, d.h. der Schüler bzw. bei Minderjährigen die Eltern, einverstanden ist. Soweit nicht besondere gesetzliche Regelungen bestehen (z.B. für schulärztliche → Untersuchungen), ist nur die Erhebung solcher Daten zulässig, die für die Erfüllung des Auftrags der jeweiligen Schule erforderlich sind, wobei der Schutz des Intimbereichs (der engeren Persönlichkeitssphäre) von Eltern und Schülern eine Grenze bildet. Jede nicht der Erfüllung des Unterrichts- und Erziehungsauftrags dienende Datenverarbeitung ist unzulässig. Freilich ist oft nicht eindeutig zu bestimmen, ob und welche Daten bzw. welche von der Schule an Eltern/Schüler gestellte Fragen pädagogisch sinnvoll und erforderlich sind oder nicht. Auf solche Daten sollte die Schule entweder verzichten oder jedenfalls die Eltern und Schüler ausführlich über den Zweck der Befragung informieren. Gänzlich unzulässig ist z.B. die Erhebung von Daten über die Wohnverhältnisse der Schüler, ihre oder ihrer Eltern politische Einstellung oder eine karteimäßige Erstellung von Persönlichkeitsprofilen der Schüler mit Angaben wie z. B. „verlogen", „rotzfrech", „Vorliegen pathologischer Störungen" oder „gluckenhafte Überbehütung durch die Mutter". Eine Vielzahl von den Schulen regelmäßig erhobener Daten dürfte für die Aufgaben der Schule tatsächlich nicht nötig sein; die Betroffenen sollten die jeweils verlangten Angaben kritisch unter die Lupe nehmen. An außerschulische Stellen dürfen die Schulen Daten nur herausgeben, soweit dies zur Erfüllung der gesetzlichen Aufgaben dieser Stellen erforderlich ist oder, wenn ein Rechtsanspruch auf Herausgabe nachgewiesen wird. Die Weitergabe an andere Behörden ist ohne Einverständnis der Schüler bzw. Eltern nur zulässig, wenn anderenfalls die Schule und/oder die andere Behörde ihre gesetzlich festgelegten Aufgaben nicht erfüllen können (vgl. § 10 Abs. 1 S. 1 BDSG). Auch diese recht dehnbare Klausel sollte für Schulen und Schulverwaltungen präzisiert werden. Gesundheitsdaten unterliegen ohnehin der Schweigepflicht des Schularztes. Die Information des Schülers und seiner Eltern liegt in seinem Ermessen. An die Schule darf er Daten nur herausgeben, soweit ihre Kenntnis für die Unterrichtsaufgaben der Schule erforderlich ist. Die Weitergabe von Namens-, Telefon- und Anschriftenlisten über Schüler und Eltern durch die Schule an Dritte und andere Eltern/Schüler ist unzulässig, sofern nicht die Beteiligten einverstanden sind. Anderes gilt für die Weitergabe von Daten bestimmter Funktionsträger an Schüler- oder Elternvertretungen, da diese Daten für ihre Funktion i. d. R. als erforderlich anzusehen sind.

Informationen über Schüler und Eltern dürfen nicht mehr genutzt oder weitergegeben werden, wenn dies zur Erfüllung der Aufgaben der Schule nicht mehr erforderlich ist. Dies ist für die meisten Daten mit dem Ende der Schulzeit der Fall. Die Aufbewahrungsfristen sind in den Ländern aber sehr unterschiedlich; sachgerecht ist ein je nach Art der Daten differenzierter Zeitraum, z. B. lange Frist bei Zeugnissen u. ä. Urkunden, kurzfristige Löschung bei Ergebnissen schulpsychologischer → Untersuchungen oder z. B. Informationen über schulische → Ordnungsmaßnahmen gegen einen Schüler. Wer Daten verarbeitet, muss sie vor unbefugtem Zugriff technisch und organisatorisch schützen; das gilt für manuelle wie automatische Dateien. Befragungen und Tests zu wissenschaftlichen Zwecken in der Schule, sei es durch Forscher von Universitäten, sei es durch die Schulbehörden selbst, sind grundsätzlich nur zulässig, wenn die Freiwilligkeit der Teilnahme der Schüler gesichert ist. Dies setzt ausreichende vorherige Information der Schüler und Eltern voraus. Zum Anspruch auf Mitteilung von Name und Anschrift eines Mitschülers wegen beabsichtigten Schadensersatzprozesses vgl. VG Gelsenkirchen, NJW 1991, 3298. Zum Problem der Forschung in den Schulen: DJT-SchulGE § 46 u. S. 251 ff.; Garstka, RdJB 1984, 24 ff. Zum schulischen D. allgemein Leuze und Amberg, in: RdJB 1984, 2 ff., 38 ff.; Wedler, RdJB 1985, 387; Niehues, Schul- und Prüfungsrecht, Bd. 1, 3. Aufl. 2000, Rdn. 398–404; zur Rspr. des BVerfG bezügl. D. Heußner, in: Arbeit und Recht 1985, 309; zum D. im Beratungszusammenhang Garstka, RdJB 1987, 465.

Bei Fragen und Problemen zum schulischen D. können sich Schüler und Eltern an den Datenschutzbeauftragten (die Datenschutzkommission) ihres Landes wenden. Solche Hinweise und Fragen von Betroffenen dienen zugleich der effektiven Wahrnehmung der Kontrollaufgabe dieser Datenschutzinstitution; diese Möglichkeit sollte deshalb ohne Scheu genutzt werden.

Die Betroffenen haben Ansprüche auf Einsicht in bzw. Auskunft über die zu ihrer Person gespeicherten Daten (vgl. § 13 BDSG) und auf Berichtigung bzw. Sperrung unrichtiger Daten (vgl. § 14 BDSG). Verstöße können als Ordnungswidrigkeit geahndet werden.

▶ **Demokratieprinzip** → Gesetzesvorbehalt

▶ **Demonstrationsrecht**

Zu unterscheiden ist zwischen dem D. während und außerhalb der Unterrichtszeit. Die Teilnahme eines Schülers an einer Demonstration außerhalb der Schule und Schulzeit ist durch das Grundrecht auf Demonstrationsfreiheit (Art. 8 Abs. 1 i. V. m. Art. 5 Abs. 1 GG) verfassungsrechtlich geschützt. Er darf von der Schule

Demonstrationsrecht

deswegen nicht nachträglich belangt, mit einer → Ordnungsmaßnahme belegt oder sonst benachteiligt werden. Kommt es bei einer Demonstration zu Gewalttätigkeiten oder strafbaren Handlungen des Schülers, so ist dies – wie bei anderen Teilnehmern einer Demonstration – eine Angelegenheit der allgemeinen Gesetze, z. B. der zivilrechtlichen → Haftung oder des → Strafrechts, grundsätzlich aber kein schulordnungsrechtlich relevanter Tatbestand (so auch Niehues, Schul- und Prüfungsrecht Bd. 1, 3. Aufl. 2000, Rdn. 424; allgemein zu dieser Frage Perschel, Demonstrationsrecht und Schulbesuchspflicht, RdJB 1968, 289; DJT-SchulGE S. 262 mit Anm. 429). Einer Teilnahme an einer Demonstration während der Unterrichtszeit steht grundsätzlich die → Schulpflicht bzw. Pflicht zur → Teilnahme am Unterricht entgegen, die das D. zulässigerweise einschränkt. Diese Einschränkung kann konsequenterweise nur für noch schulpflichtige Schüler gelten (a. A. Niehues, Bd. 1, Rdn. 425), deren Grundrecht insoweit partiell eingeschränkt ist. Nicht mehr schulpflichtige Schüler besitzen für die gelegentliche Teilnahme an einer Demonstration einen Rechtsanspruch auf → Beurlaubung vom Unterricht, da die Aufrechterhaltung eines ordnungsgemäßen Schulbetriebs dadurch in aller Regel nicht ernsthaft gefährdet wird. Auch für noch schulpflichtige Schüler kann ein Recht auf Teilnahme an einer Demonstration auch während der Unterrichtszeit bestehen. Dabei ist zwischen dem auch für schulpflichtige Schüler geltenden Recht auf Demonstrationsfreiheit (s.o.) und dem staatlichen Interesse an der Aufrechterhaltung eines geordneten Schul- und Unterrichtsbetriebs (Art. 7 Abs. 1 GG) abzuwägen (vgl. Heckel/Avenarius, Schulrechtskunde, S. 376 f.; Hage, sm 1/1982, 4 ff.). Die allgemeine Schulpflicht wird, wenn es um die Teilnahme an einer Demonstration unter Ausübung grundrechtlich gewährleisteter Freiheiten geht, von den Grundrechten der Art. 8 Abs. 1 i.V.m. Art. 5 Abs. 1 GG überlagert (vgl. BVerfGE 52, 223 zur entsprechenden Problematik des Schulgebets). Für einen Anspruch auf Beurlaubung vom Unterricht kann ein Bezug der Demonstration zu schulischen Fragen sprechen, bei allgemeinpolitischen Fragen die Bedeutung und Wichtigkeit des Demonstrationsthemas in der politischen Öffentlichkeit. Dies gilt insbesondere dann, wenn die Teilnahme an der Demonstration außerhalb der Schulzeit nicht möglich wäre, z. B. weil die Demonstration morgens stattfindet oder es sich um eine sog. Spontandemonstration handelt. Als weitere Kriterien sind heranzuziehen die Häufigkeit von Unterrichtsausfall wegen Demonstrationen, die Dauer des Schulausfalls im Einzelfall, das Alter und die (politische) Einsichtsfähigkeit der Schüler.

Die Teilnahme an einer Demonstration rechtfertigt allerdings nicht das eigenmächtige Fernbleiben vom Unterricht. Vielmehr muss eine Beurlaubung vom Unterricht beantragt werden, auf die ein Rechtsanspruch besteht, wenn die Abwägung einen Vorrang des D. gegenüber der Schulordnung ergibt. Kurzzeitige Beurlaubungen vom Unterricht sind „aus wichtigem Grund" möglich, wobei die o. g. Abwägung maßgebend ist. Kein Ablehnungsgrund darf das konkrete Demonstrationsthema sein (außer bei verfassungswidrigen Demonstrationen), ebenso wenig die Frage, ob der Schule die Demonstration genehm oder unwillkommen ist. Die Entscheidung über die Unterrichtsbeurlaubung zu Demonstrationszwecken darf nicht zu einer (politischen) Zensurmaßnahme der Schulbehörde werden. Vom D. zu unterscheiden ist der sog. → Schülerstreik. Für Lehrer gelten weitergehende Beschränkungen auf Grund des Beamtenrechts (vgl. § 35 BRRG). Sie haben keinen Anspruch auf Sonderurlaub zwecks Demonstrationsteilnahme in der Dienstzeit (BVerwGE 42, 79 (83), z. T. a. A. Hoffmann-Riem, AK-GG, Art. 8 Rdnr. 38).

▶ **Deutscher Bildungsrat**

Dieses 1965 durch ein Verwaltungsabkommen zwischen Bund und Ländern gegründete und 1975 wegen bildungspolitischer Differenzen wieder aufgegebene Beratungsgremium bestand aus Sachverständigen, Vertretern der Bundesländer und der Bundesregierung und hat eine Vielzahl von bildungspolitischen, pädagogischen, rechtlichen und verwaltungsmäßigen Empfehlungen zur zukünftigen Struktur des Bildungswesens veröffentlicht, die sich im Schulwesen aller Bundesländer, je nach parteipolitischer Orientierung, unterschiedlich prägend ausgewirkt haben.

▶ **Diebstahl** → Strafrecht und Schule

▶ Dienstaufsichtsbeschwerde

Mit einer D. können sich Schüler und Eltern an die vorgesetzte Behörde des Lehrers (→ Schulleiter) oder des Schulleiters (Schulaufsichtsbehörde) wenden und die Überprüfung eines konkreten dienstlichen Verhaltens beantragen. Die D. ist ein nichtförmlicher Rechtsbehelf; Formen oder Fristen sind daher nicht zu beachten. Sie ist als gegen das persönlich-dienstliche Verhalten gerichtete → Beschwerde von der Aufsichtsbeschwerde zu unterscheiden, welche die Überprüfung einer Entscheidung allein in sachlich-inhaltlicher Hinsicht zum Gegenstand hat. Beide Beschwerdearten können miteinander verbunden werden; daneben können selbstverständlich auch förmliche Rechtsbehelfe ergriffen werden (→ Rechtsschutz, vorläufiger Rechtsschutz), wobei dann insbes. die Fristen zu beachten sind. Es besteht ein Anspruch auf Entscheidung über die D. Weigert sich der Dienstvorgesetzte des Lehrers, gegen den sich die D. richtet, die D. zu bearbeiten oder zu bescheiden, so kann die D. direkt an die nächsthöhere Aufsichtsbehörde gerichtet werden.

▶ Differenzierung → Leistungsdifferenzierung

▶ Diskriminierungsverbot

Sowohl die Organisation des Schulwesens als auch die im Schulunterricht vermittelten Inhalte und insbesondere das Verhalten der Lehrer gegenüber Schülern und Eltern müssen dem Grundsatz entsprechen, dass niemand wegen seines Geschlechts, seiner Abstammung, seiner Rasse, seiner Sprache, seiner Heimat und Herkunft, seines Glaubens, seiner religiösen oder politischen Anschauungen benachteiligt oder bevorzugt werden darf (Art. 3 Abs. 2 und 3 GG und entsprechende Bestimmungen in einigen LV). Zugleich ist dieser Grundsatz ein → Bildungs- und Erziehungsziel der Schule. Die genannten speziellen D. bedeuten das Verbot einer Ungleichbehandlung, die allein an diesen Merkmalen anknüpft, sind aber kein Gebot rechtlicher Gleichsetzung in allen Bereichen (Beispiel: Männer werden durch den Mutterschutz für Frauen nicht rechtlich relevant „benachteiligt"). Das D. verlangt so z. B. weder zwingend eine → Koedukation von Schülern und Schülerinnen noch ein bestimmtes Modell für den Unterricht → ausländischer Schüler. Das D. schließt im Rahmen des Gleichheitssatzes zulässige Maßnahmen wie etwa zum Ausgleich sprachbedingter oder von einer Behinderung ausgehender Nachteile von Schülern, die stärkere Förderung besonders begabter Schüler oder in gewissem Umfang auch Quoten für den Zugang von Minderheiten (z. B. Ausländern) zu Bildungseinrichtungen sowie im jeweiligen Zusammenhang eine stärkere finanzielle Förderung nicht aus. Grenze solcher Bevorzugungen – die faktisch zu einer gewissen Benachteiligung der anderen Schüler führen können – ist das Verbot willkürlicher Ungleichbehandlung. Einige LV formulieren Elemente des D. für das Schulwesen besonders aus, wenn sie z. B. festlegen, dass für die Aufnahme in eine Schule Anlage und Neigung des Kindes, nicht aber wirtschaftliche Lage und gesellschaftliche Stellung der Eltern maßgebend sind (Art. 10 nrw. LV, Art. 11 Abs. 1 b.-w. LV). Die frühere Bestimmung des Art. 131 Abs. 4 bay. LV, dass (nur) Mädchen in der Säuglingspflege, Kindererziehung und Hauswirtschaft besonders zu unterweisen seien, stimmte mit o. a. Grundsätzen nicht überein; wird solcher Unterricht angeboten, muss das für Schüler wie Schülerinnen gleichermaßen geschehen (so jetzt die Neufassung „Mädchen und Buben"; a. A. BayVerfGH, Entsch. v. 27. 2. 1985 – Vf. 9-VII-82, BayGVBl. S. 75: Art. 131 Abs. 4 bay. LV a. F. verfassungsgemäß). Ein Pflichtunterricht im Fach Handarbeiten nur für Mädchen ist vom VGH München als Verstoß gegen den Gleichberechtigungssatz (Art. 3 Abs. 2 GG) erklärt worden (Urt. v. 29. 4. 1987, NJW 1988, 1405).

▶ **Disziplinarmaßnahmen** (Schüler) → Ordnungsmaßnahmen

▶ **Dreigliedriges Schulsystem** → Schulaufbau, → Einheitsschule

▶ **Drogenkonsum in der Schule**

Der D. ist nicht nur in der Schule in den letzten Jahren zunehmend zu einem ernst zu nehmenden Problem geworden. In (straf-)

rechtlicher Sicht, erst recht aber für die Schule, besitzt die Möglichkeit der Therapie Vorrang vor der Bestrafung (vgl. dazu Kappel/Scheerer, Richter als Therapeuten? Das Betäubungsmittelgesetz – BtMG – im neuen System sozialer Kontrolle, in: Der Strafverteidiger 1982, 182 ff.). Nach dem Gesetz über den Verkehr mit Betäubungsmitteln (kurz: BtMG; i. d. F. d. Bek. v. 1. 3. 1994 (BGBl. I S. 358), zul. g. d. VO v. 24. 9. 1999 (BGBl. I S. 1935); vgl. dazu Körner, Neuordnung des Betäubungsmittelrechts, NJW 1982, 673; Schoreit, Vergehen gegen das BtMG, NStZ 1983, 15) ist u. a. strafbar der Anbau, die Herstellung, das Dealen, Einfuhr, Ausfuhr, Veräußerung, Abgabe, in Verkehr bringen, Erwerb und sonstige Verschaffung von Betäubungsmitteln (§ 29 Abs. 1 Nr. 1 BtMG). Darüber hinaus ist bereits der illegale Besitz zum Eigenverbrauch strafbar (§ 29 Abs. 1 Nr. 3 BtMG), während der Eigenverbrauch als solcher straflos ist. Diese auf den ersten Blick unverständlich scheinende Differenzierung – wer konsumieren will, muss notwendigerweise die Droge besitzen – erklärt sich daraus, dass der Besitzer, anders als der konsumierende Verbraucher, die Droge weitergeben kann, statt sie zu konsumieren (vgl. Slotty, Das BtMG 1982, NStZ 1981, 322). Darüber hinaus kann das Gericht beim bloßen Besitz und anderen Tathandlungen zum Eigenverbrauch in geringer Menge von einer Bestrafung absehen (§ 29 Abs. 5 BtMG). In besonders schweren Fällen (z. B. gewerbsmäßiges Handeln, Gesundheitsgefährdung) ist eine Mindestfreiheitsstrafe von einem Jahr (§ 29 Abs. 3 BtMG), in bestimmten Fällen, wie z. B. Verursachung des Todes eines anderen, eine Freiheitsstrafe nicht unter zwei Jahren vorgesehen (§ 30 BtMG). Häufig führt Drogenkonsum zu einer Folgekriminalität (z. B. Apothekeneinbrüche, Diebstähle). Problematisch erscheint bei Kleinstkonsumenten, dass sie als Drogenabhängige vom geltenden Recht sehr schnell in die Nähe des Kriminellen gerückt werden.

Abgesehen von der strafrechtlichen Seite des Drogenbesitzes und -konsums – die ganz unabhängig vom schulischen Kontext besteht – stellt sich im rein schulischen Bereich das Problem der Schutzbedürftigkeit der Mitschüler. Daher ist zwischen den Rechten des Drogenkonsumenten und denen seiner gefährdeten Mitschüler abzuwägen, wobei die eingetretenen und/oder potentiellen Folgen sowohl für die Mitschüler als auch für den betroffenen Schüler zu berücksichtigen sind (OVG Rh.-Pf., NJW 1973, 1663). Das Abwägungsgebot gilt sowohl für Art und Umfang therapeutischer Maßnahmen als auch für die Verhängung von → Ordnungsmaßnahmen, die wegen Verstoßes gegen die Schulordnung in Betracht kommen können. Mit welchen pädagogischen Maßnahmen und ob mit Ordnungsmaßnahmen zu reagieren ist, hängt weitgehend vom Einzelfall ab. Ein Schulausschluss als strengste Ordnungsmaßnahme wird nur dann in Betracht kommen können, wenn eine konkrete Gefährdung der Mitschüler (z. B. wegen Dealens) eine derartige Maßnahme unabweisbar erfordert (zur Entlassung aus dem Gymnasium wegen Weitergabe von Marihuana an Mitschüler vgl. VGH München, NVwZ-RR 1998, 239). Der abstrakte Gedanke einer Generalprävention (allgemeines Vorbeugen vor Drogenkonsum, „ein Exempel statuieren") darf wegen der pädagogischen Gesamtsituation der Schule keine entscheidende Bedeutung erlangen. Sog. → Kollektivstrafen, die den einzelnen Schüler für das Verhalten anderer (mit-)verantwortlich machen, verstoßen sowohl gegen das Schuldprinzip als auch gegen den Grundsatz der → Verhältnismäßigkeit und sind daher verfassungswidrig (vgl. DJT-SchulGE, S. 295). Zu den → Lernzielen der Schule muss vernünftigerweise auch der Umgang mit dem allgemein-gesellschaftlichen Problem der Drogenabhängigkeit und des Drogenmissbrauchs gehören.

▶ Duales System

Ganz vorherrschende Form der → Berufsausbildung ist in der Bundesrepublik die traditionelle Kombination von betrieblicher Lehre mit begleitendem Berufsschulunterricht. Die Ausbildung erfolgt an zwei Lernorten, nämlich in Betrieben der Wirtschaft oder vergleichbaren Einrichtungen außerhalb der Wirtschaft (z. B. im öffentlichen Dienst, bei Angehörigen freier Berufe, in Haushalten) und in der → Berufsschule. Schwerpunkt der schulischen Ausbildung sind Fachtheorie und Allgemeinbildung, während die Betriebe schwerpunktmäßig die praktische Ausbildung übernehmen. Beides kann sich auch überschneiden, z. B. wenn die betriebliche Ausbildung in quasi-schulischer Form in Lehrwerkstätten oder überbetrieblichen Ausbildungseinrichtungen einzelner oder mehrerer Betriebe erfolgt. Der Berufsschulunterricht steht in der Verantwortung der Länder, für die betriebliche Berufsbildung ist der Bund zuständig. Grundlage der betrieblichen Berufsbildung ist das Berufsbildungsgesetz und insbesondere die auf Grund dieses Gesetzes erlassenen Ausbildungsordnungen. Für den Berufsschulunterricht gelten die Schulgesetze und die jeweiligen Rahmenlehrpläne der Länder. Ausbildungsordnungen und Rahmenlehrpläne sind in gewissem Umfang aufeinander abgestimmt. Der Besuch der Berufsschule ist als Teil der → Schulpflicht verbindlich. Neben dem d. S. gibt es eine Vielzahl von Berufsausbildungsgängen in öffentlichen oder privaten → beruflichen Schulen in den Ländern; s. auch → Berufsgrundbildungsjahr. Wer daran teilnimmt, ist (nur) Schüler, während der Lehrling (Auszubildender) einerseits Schüler ist, zugleich aber in einem speziellen, befristeten Arbeitsverhältnis steht (Ausbildungsverhältnis), Ausbildungsvergütung erhält und insoweit sozial besser abgesichert ist, z. B. im Falle der Arbeitslosigkeit im Anschluss an die Ausbildung. Der Schüler einer beruflichen Vollzeitschule ist dagegen ggf. auf finanzielle Unterstützung aus der → Ausbildungsförderung angewiesen. Die Kombination betrieblicher und schulischer Ausbildung führt zu Koordinationsproblemen, da sich in der Praxis ein Gleichlauf der Ausbildung an beiden Lernorten nur schwer verwirklichen lässt. Bildungspolitische Kritik aus diesem und anderen Gründen am d. S. (Stichworte: Lehrlinge als billige Arbeitskräfte, mangelnde Qualität mancher betrieblicher Ausbildung) hat zu einigen Reformen geführt, konnte aber insgesamt das allgemein als bewährt und effektiv angesehene Ausbildungssystem nicht verändern. Voraussetzung für die Ausbildung im d. S. ist der Abschluss eines Ausbildungsvertrages und damit das Vorhandensein einer ausreichenden Zahl von Lehrstellen. Die Lehrstellenzahl kann im Gegensatz zum Angebot an vollzeitschulischen Ausbildungsgängen von staatlicher Seite nicht unmittelbar gesteuert werden, sondern hängt vom jeweiligen Angebot der Ausbildungsbetriebe, der Verwaltungen usw. ab. Die frühere Möglichkeit, im Falle erheblichen Lehrstellenmangels zur Sicherung der Finanzierung der Berufsausbildung eine Berufsausbildungsabgabe zu erheben (Ausbildungsplatzförderungsgesetz 1976), ist 1980 durch BVerfGE 55, 274 aus Kompetenzgründen als verfassungswidrig aufgehoben worden. Wer keine Lehrstelle findet, sollte versuchen, auf die Angebote der → beruflichen Schulen auszuweichen.

E

▶ **EG-Bildungsrecht** → EU-Bildungsrecht

▶ **Eigentum an Schülerarbeiten** → Schülerarbeiten

▶ **Einheitsschule**

Unter E. versteht man die in einem nicht horizontal nach → Schularten gegliederten Schulsystem bestehende Schule, die grundsätzlich von allen Schülern eines Schuljahrgangs besucht wird (abgesehen von fachlich motivierten Differenzierungen). Im Gegensatz dazu ist das Schulsystem der Bundesrepublik Deutschland im → Sekundarbereich I und II nach Schularten differenziert. Elemente eines E.-Systems bestehen aber in Form der von allen Schülern gemeinsam zu besuchenden → Grundschule, der → Orientierungsstufe (Förderstufe) und der → Gesamtschule. Zur Idee und historischen Entwicklung des Gedankens der E. vgl.: Das Bildungswesen in der Bundesrepublik Deutschland, 1984, S. 19f., 186 (s. Anhang I); BVerfGE 34, 165, 186f.

▶ **Einigungsvertrag** → Neue Bundesländer, → Ausbildungsförderung

▶ **Einschulung**

In allen Ländern erfolgt die E. der Kinder, die spätestens am 30. Juni eines Jahres sechs Jahre alt werden, zu Beginn des nächsten → Schuljahres; die → Schulpflicht beginnt jeweils am 1. August (vgl. § 2 Abs. 1 → Hamburger Abkommen). Manche Länder und das Hamburger Abkommen sprechen sehr kompliziert von Vollendung des sechsten Lebensjahres bis zum Beginn des 30. Juni; dies bedeutet nichts anderes als oben angegeben: ein am 1. Juli geborenes Kind vollendet das sechste Lebensjahr am

30. Juni und nicht bis zum Beginn des 30. (das ist spätestens der 29. Juni) und würde somit nicht unter die Stichtagsregelung fallen. Voraussetzung für die E. ist die Schulreife des Kindes, die – sofern dafür ausreichende gesetzliche Grundlagen bestehen, was nicht in allen Ländern der Fall ist – mittels pädagogisch-psychologischer Tests (Schulreifetest) und/oder schulärztlicher Untersuchungen festgestellt werden kann (→ Untersuchungen). Einige Schulgesetze sehen solche Tests generell vor der Ersteinschulung vor, andere nur bei einer vorzeitigen E. oder im Falle einer zeitweisen Zurückstellung vom Schulbesuch. Kinder, die im zweiten Halbjahr, d. h. von einschließlich 1. Juli bis einschließlich 31. Dezember eines Jahres sechs Jahre alt werden, können auf Antrag der Eltern bereits in demselben Jahr eingeschult werden, wenn sie für den Schulbesuch körperlich, geistig und in ihrem sozialen Verhalten hinreichend entwickelt sind. Darüber entscheiden → Schulleiter bzw. Schulaufsichtsbehörden auf Grund von Schulreifetests und schulärztlichen Untersuchungen. Die gesetzliche Festsetzung des E.-Alters ist ebenso wie Regelungen über eine vorzeitige E. oder die zeitweise Zurückstellung vom Schulbesuch rechtlich unbedenklich und Sache bildungspolitisch-pädagogischer Entscheidung des jeweiligen Landes (z. B. BVerwGE 35, 111; BayVerfGH, BayVBl. 1970, 147; BVerwG, DVBl. 1994, 169; BayVerfGH, NvwZ 1999, 402). Abweichend hält der BW StGH (Entsch. v. 2. 8. 1969, SPE II A II, S. 1) die Beschränkung der Früheinschulungsmöglichkeit auf im zweiten Halbjahr eines Jahres Geborene für unvereinbar mit dem → Recht auf Bildung in Art. 11 Abs. 1 b.-w. LV, eine Mindestaltersgrenze in Form einer Ganzjahresfrist aber für zulässig. Bei noch fehlender Schulreife können Kinder für ein, z. T. für zwei Jahre vom Schulbesuch zurückgestellt werden. Das gilt nicht, wenn auf Grund der erforderlichen → Untersuchungen von vornherein feststeht, dass das Kind eine → Sonderschule besuchen muss. Nach Ablauf der Zurückstellungszeit muss die Schulbehörde erneut über die Schulreife, die zu besuchende Schulart (→ Grundschule, ggf. → Sonderschule) und im Falle völliger → Bildungsunfähigkeit über die Befreiung von bzw. das Ruhen der Schulpflicht entscheiden. Bei diesen Entscheidungen müssen die Eltern angehört und über die Untersuchungsergebnis-

Einsicht in Schülerakten

se informiert werden (zu allem DJT-SchulGE, S. 239 ff.). Die genannten Entscheidungen sind verwaltungsgerichtlich, zumeist mit Hilfe von Sachverständigengutachten, voll überprüfbar. → Rechtsschutz, Schulkindergarten, Vorklasse, Vorschule

▶ **Einsicht in Schülerakten** → Akteneinsicht

▶ **Einstweilige Anordnung** → Rechtsschutz, → vorläufiger Rechtsschutz

▶ **Eintrag ins Klassenbuch**

Das ist eine – rechtlich unbedenkliche – schriftliche Ermahnung des Schülers, die im Rahmen des gesetzlichen Bildungs- und Erziehungsauftrags der Schule und des Grundsatzes der → Verhältnismäßigkeit zulässig ist. Es bedarf dafür keiner besonderen gesetzlichen Regelung. → Ordnungsmaßnahmen

▶ **Einzelunterricht** → Behinderte Schüler

▶ **Elementarbereich**

Zum E. werden Bildungseinrichtungen im Bereich vorschulischer Erziehung für Kinder nach Vollendung des dritten Lebensjahres bis zum Beginn der Schule, d. h. bis zum vollendeten sechsten Lebensjahr (laut Bildungsgesamtplan alle Einrichtungen familienergänzender Bildung) gezählt. Eine genaue altersmäßige Grenzziehung des E. ist weder nach unten noch nach oben möglich. Durch die Einführung von → Vorklassen/→ Vorschulen für Fünfjährige endet der E. für viele Kinder bereits mit dem vollendeten fünften Lebensjahr, da die Vorschule i. d. R. der → Grundschule angegliedert ist und daher zum Primarbereich gehört. Umgekehrt ist nicht ausgeschlossen, dass ein Kind ausnahmsweise über das sechste Lebensjahr hinaus in einer Bildungseinrichtung des E. verbleibt. Der E. lässt sich daher gegenüber dem → Primarbereich nur institutionell abgrenzen: Ein Kind befindet sich so lange im E., bis es eine dem Primarbereich zugeordnete Einrichtung besucht, also entweder eine Schule (erste Klasse) oder eine einer Schule zugeordnete vorschulische Einrichtung (Vorklasse, → Schulkindergarten). Die nicht einer Schule angegliederten Kindergärten gehören regelmäßig zum E. (→ Gliederung des Bildungswesens).

▶ **Elterliche Sorge** → Erziehungsberechtigte, Elternrecht

▶ **Elternbeirat** → Mitbestimmung

▶ **Elternkammern** → Mitbestimmung

▶ **Elternrat** → Mitbestimmung

▶ **Elternrecht, individuelles**

Das E. als Individualrecht gründet sich verfassungsrechtlich auf Art. 6 Abs. 2 S. 1 GG. Neben dem privatrechtlichen Recht der Personensorge (§§ 1626 ff. BGB) umfasst das E. das Recht auf freie → Wahl zwischen den vom Staat zur Verfügung gestellten → Schularten (zur Aufnahmeprüfung für das Gymnasium vgl. VG Gera, B. v. 5. 8. 1996, LKV 1997, 293) sowie das Recht zur Wahl einer → Privatschule, nicht aber einen Anspruch darauf, dass der Staat eine bestimmte, den Wünschen der Eltern entsprechende Schulart zur Verfügung stellen muss (BVerfGE 34, 165, 185; 45, 400, 415 f.). Nach § 10 Abs. 4 nrw. SchVG ist der Elternwille bei der Feststellung des Bedürfnisses für die Errichtung und Fortführung bestimmter Schularten zu berücksichtigen; die Befragung der Eltern hat in einem förmlichen Verfahren zu erfolgen (VerfGH NW NVwZ 1984, 781, 783). Dieses Verfahren dient der Sicherung des E. (OVG NW, NVwZ 1984, 804). Das Wahlrecht der Eltern kann durch Bildung von → Schulbezirken (→ Grundschule) eingeschränkt werden. (Zur Anbringung von Kruzifixen in Klassenräumen s. ausführlich → Glaubens- und Gewissensfreiheit). Das E. umfasst darüber hinaus ein → Informationsrecht über Vorgänge im Bereich der Schule, welches sich auf alle Fakten bezieht, die für die Ausübung des elterlichen Erziehungsrechts von wesentlicher Bedeutung sind (BVerfGE 59, 360; BVerwG, Urt. v. 16. 7.

1964, SPE III G I, S. 151; OVG Rh.-Pf., Urt. v. 10. 4. 1963, SPE III G X, S. 91). Dazu zählen insbesondere Informationen über religiöse, weltanschauliche, ethische und politische Aspekte der Erziehung, wie z. B. rechtzeitige Information über den Inhalt und den methodisch-didaktischen Weg der → Sexualerziehung in der Schule (BVerfGE 47, 46, 76), auf Mitteilung der schulischen Leistung und des leistungsbezogenen Verhaltens ihres Kindes in der Schule (BVerfGE 59, 360). Art. 6 Abs. 2 GG gebietet jedoch nicht, den Eltern (und Schülern) generell nach jeder Klassenarbeit eine Übersicht über die in der gesamten Klasse erreichten Noten (→ Notenspiegel) zugänglich zu machen (BVerwG, DÖV 1978, 845; BVerwG, NJW 1982, 250).

Das E. steht, wie das Recht der elterlichen Sorge (§§ 1626 ff. BGB) beiden Elternteilen gemeinsam zu (vgl. OVG NRW, DVBl. 1975, S. 434 mit krit. Anm. Maetzel, DVBl. 1975, S. 734). Gegenseitige Vertretung ist möglich, wobei i. d. R. eine Vermutung dafür spricht, dass ein allein handelnder Elternteil in Übereinstimmung mit dem anderen Elternteil tätig wird, sofern keine entgegenstehenden Anhaltspunkte vorliegen (Niehues, Schul- und Prüfungsrecht, Bd. 1, 3. Aufl. 2000, Rdn. 39). Das E. steht nicht einem mit einem Elternteil in eheähnlicher Gemeinschaft zusammenlebenden und das Kind erziehenden Dritten zu (vgl. OVG Saarlouis, NJW 1981, 479; vgl. dazu Staupe, WPB 1981, 452; Hage, RdJB 1982, 160; → Erziehungsberechtigte).

Das E. kann mit dem staatlichen Bildungsauftrag (Art. 7 Abs. 1 GG) kollidieren. Inzwischen hat sich die Auffassung durchgesetzt, dass beide Rechtspositionen prinzipiell gleichrangig sind. Weder dem E. noch dem Erziehungsauftrag des Staates kommt ein absoluter Vorrang zu (BVerfGE 47, 46, 72 → Sexualkundeunterricht). E. und staatlicher Erziehungsauftrag können jedoch, je nachdem zu welchem Erziehungsbereich eine Maßnahme schwerpunktmäßig gehört, unterschiedlich stark zum Zuge kommen. So verleiht das E. im rein schulischen Bereich im Wesentlichen lediglich die oben erwähnten Rechte. Der Staat muss jedoch bei der Ausübung seiner Befugnisse die Rechte der anderen Erziehungsträger (hier: der Eltern) berücksichtigen, da die Entwicklung der einheitlichen Persönlichkeit des Kindes nicht in einen staatlichen und einen elterlichen Bereich aufspaltbar ist. Vielmehr ist die gemeinsame Erziehungsaufgabe von Eltern und Schule, welche die Bildung der einen Persönlichkeit des Kindes zum Ziel hat, in einem sinnvoll aufeinander bezogenen Zusammenwirken zu erfüllen (st. Rspr., BVerfGE 34, 165, 183; 59, 360; vgl. auch Schmitt-Kammler, Elterliches und schulisches Erziehungsrecht nach dem GG, 1983). Das E. aus Art. 55 S. 1 hess. LV geht nach der Rspr. des HessStGH (NJW 1982, 1381, gymn. → Oberstufe) über Art. 6 Abs. 2 S. 1 GG hinaus und soll sich auch auf die Unterrichtsinhalte erstrecken.

Mit dem Eintritt der → Volljährigkeit des Schülers können – je nach Landesrecht – einzelne aus dem E. folgende Befugnisse auf die Schüler übergehen (z. B. → Mitbestimmung). Das E. endet jedoch nicht generell mit Eintritt der Volljährigkeit des Schülers, ebenso wenig wie die elterlichen Pflichten enden (z. B. → Zweitausbildung). Weiterführende Literatur zum E.: Schlie, Elterliches Erziehungsrecht und staatliche Schulaufsicht im GG, 1986; Jach, Schulvielfalt als Verfassungsgebot, 1991.

▶ Elternrecht, kollektives

Von einem kollektiven E. spricht man, soweit das elterliche Erziehungsrecht (Art. 6 Abs. 2 GG) nicht individuell von einzelnen Eltern, sondern im Rahmen kollektiver Entscheidungsprozesse ausgeübt wird, z. B. in schulischen Gremien (→ Konferenzen, Mitbestimmung). Eine verfassungsrechtlich geschützte Position kommt einer kollektiven Gruppenmitwirkung nur insoweit zu, als die LV entsprechende Bestimmungen enthalten (vgl. Art. 17 Abs. 4 b.-w. LV; Art. 56 Abs. 6 hess. LV; Art. 10 Abs. 2 nrw. LV; Art. 104 sächs. LV, Art. 29 Abs. 2 sachs.-anh. LV; Art. 23 Abs. 3 thür. LV). Das kollektive E. ist insbesondere nicht geeignet, das → individuelle E. zu ersetzen oder zu verdrängen, da die Individualgrundrechte nicht zur Disposition der Mehrheit der jeweiligen Gruppe gestellt werden können (vgl. Niehues, Schul- und Prüfungsrecht, Bd. 1, 3. Aufl. 2000, Rdn. 76 ff.). Dies gilt auch für das in Art. 56 Abs. 6 hess. LV normierte Recht der Erziehungsberechtigten, die Gestaltung des Unterrichtswesens mitzubestimmen; Träger dieses (Individual-)Grundrechts sind nach der Rspr. des

HessStGH allein die Eltern bzw. die kraft Privatrechts zur Erziehung Befugten (HessStGH, DVBl. 1980, 920). Eltern, die in einer Abstimmung in einem schulischen Gremium unterlegen sind, sind daher nicht gehindert, in Ausübung ihres individuellen E. gegen die entsprechende schulische Maßnahme vorzugehen (→ Rechtsschutz). Umgekehrt besitzt ein kollektives Gremium, wie z. B. die Elternvertretung keine Klagebefugnis zur Geltendmachung von Verletzungen des individuellen E. (vgl. HessStGH, a. a. O.; Staupe, Klagebefugnis von Schulgremien im Schulverfassungsstreit, RdJB 1978, 188).

▶ **Elternsprecher** → Mitbestimmung

▶ **Elternsprechstunde** → Informationsrecht, → Elternrecht

▶ **Elternversammlung** → Mitbestimmung

▶ **Elternvertretung** → Mitbestimmung

▶ **Entlassung**

Der Schüler wird aus der Schule entlassen, wenn er das Ziel eines Bildungsganges erreicht oder die für die jeweilige Schulart zulässige Höchstdauer des Schulbesuchs oder ein festgelegtes Höchstalter überschritten hat, ohne den Abschluss zu erreichen, sowie wenn er die Schulart oder die Schule wechselt, sich nach Erfüllung der → Schulpflicht abmeldet oder im Wege einer → Ordnungsmaßnahme von der Schule ausgeschlossen wird (→ Ausschluss von der Schule). Die zulässige Höchstdauer des Schulbesuchs schließt die jeweiligen Möglichkeiten der Klassenwiederholung oder der Wiederholung einer nicht bestandenen Abschlussprüfung nach erneutem Schulbesuch oder die Verlängerung des Schulbesuchs aus Gründen wie z. B. längerer Krankheit oder bei → behinderten Schülern ein. Die jeweiligen Bedingungen sind für alle Schularten und in den Ländern unterschiedlich festgelegt. Eine zwangsweise leistungsbedingte E. bedarf einer präzisen gesetzlichen Regelung (→ Gesetzesvorbehalt), da es sich um eine für den weiteren Berufs- und Lebensweg des Schülers sehr einschneidende Maßnahme handelt, die den Berufszugang erheblich erschwert wenn nicht ausschließt und damit die Freiheit der Berufswahl (Art. 12 Abs. 1 GG) einschränkt (dazu BVerfGE 58, 257, 275; DJT-SchulGE, § 45 u. S. 247 f.; vgl. auch Staupe, Parlamentsvorbehalt und Delegationsbefugnis, 1986, 367 ff.; Theuersbacher, NVwZ 1999, 838). Dies gilt für die zwangsweise disziplinare E. als schulische Ordnungsmaßnahme entsprechend.

▶ **Entschädigung** → Haftung, → Unfallversicherung, → Schulweg

▶ **Entschuldigung** → Schulversäumnis

▶ **Ergänzungsschulen** → Privatschulen

▶ **Erlasse** → Schulrecht, → Verrechtlichung

▶ **Ermessen** → Leistungsbewertung, → Rechtsschutz

▶ **Ersatzschulen** → Privatschulen

▶ **Ersatzunterricht**

Für den Fall, dass Schüler bzw. vor der Religionsmündigkeit (→ Religionsunterricht) deren Eltern eine Befreiung von der Teilnahme am Religionsunterricht beantragen (siehe Art. 7 Abs. 2 GG und § 5 RKEG), sehen die LV und die Schulgesetze der Länder Ersatz- oder Ethikunterricht vor. Ein solcher E. wurde vom BVerwG für zulässig, (bundes-)verfassungsrechtlich aber nicht zwingend geboten angesehen; er verstößt nicht gegen Art. 7 Abs. 2 GG (BVerwG, NJW 1973, 1815). In jüngster Zeit wurde die Verpflichtung zum ersatzweisen Besuch des Ethik-Unterrichts in Zweifel gezogen (vgl. Vorlagebeschluss VG Hannover, NVwZ 1998, 316 = DVBl. 1998, 405 m. abl. Anm. Wimmer; Bader NVwZ 1998, 256). Das BVerwG (NVwZ 1999, 769) hat nunmehr bekräftigt, dass die Einrichtung eines Ethik-Unterrichts als eigenes Unterrichtsfach zulässig ist. Das BVerfG hat die Vorlage des VG Hannover für unzulässig erklärt (B. v. 17. 2. 1999, NVwZ 1999,

756) und gleichzeitig zwei anhängige Verfassungsbeschwerden nicht zur Entscheidung angenommen (1 BvR 2488/95 und 1 BvR 1840/98). Ein obligatorischer Ersatz- oder Ethikunterricht ist ebenso verpflichtend wie die Teilnahme am Religionsunterricht oder an anderem Unterricht; entsprechendes gilt für Benotung und Versetzungserheblichkeit. Das BVerwG hat die Gleichwertigkeit und Gleichbewertung von Religionsunterricht und E. betont. Wenn nur wenige Schüler am E. teilnehmen, können einzelne Stunden des E. ohne Verletzung der Schüler- und Elternrechte auch auf den Nachmittag gelegt werden (VGH München, BayVBl. 1990, 244; zum Thema „E. als Zwangs-Ersatz- oder Auffangfach vgl. Czermak, in: Otto (Hrsg.), Schulischer Religionsunterricht 1994, 231 ff. Zu Verfassungsproblemen des Ethikunterrichts: Renck, in: Vorgänge 1992, 26 sowie in BayVBl. 1992, 519; dazu Erwiderung von Schockenhoff, BayVBl. 1993, 737; Werner, NVwZ 1998, 816). In einigen Ländern (mit Brandenburg und Bremen an der Spitze) gibt es das besondere Unterrichtsfach „Lebensgestaltung-Ethik-Religionskunde" (LER), das die Schüler über Religionen und Weltanschauungen informieren soll, ohne an eine Kirche oder Religion gebunden zu sein. Gegen das Fach LER sind eine Normenkontrollklage der Unionsfraktion des Bundestages und Verfassungsbeschwerden der Kirchen und von Eltern vor dem BVerfG anhängig (zu LER vgl. Uhle, DÖV 1997, 409 und Theuersbacher, NVwZ 1999, 841, die einen Verstoß des brand. Schulgesetzes gegen die Garantie des Religionsunterrichts gem. Art. 7 Abs. 3 Satz 1 GG annehmen und die sog. Bremer Klausel des Art. 141 GG für nicht anwendbar halten; vgl. auch de Wall, NVwZ 1997, 465).

▶ Erziehungsbeihilfen

Die Gewährung von E. basiert auf landesrechtlichen Regelungen, welche die Gewährung von Erziehungs- oder Ausbildungsbeihilfen generell und/oder für besonders begabte oder bedürftige Schüler vorsehen. Allerdings besteht kein Anspruch auf Gewährung von E., da diese i. d. R. nur nach Maßgabe des Landeshaushaltsplans gewährt werden. Neben der bundesgesetzlich geregelten → Ausbildungsförderung ist auf die im Anhang II aufgeführten Landesgesetze über Ausbildungsförderung, Ausbildungsbeihilfen, Unterrichtsbeihilfen, Begabtenförderung und Schülerförderung hinzuweisen.

▶ **Erziehungsberechtigte**

Nach den landesrechtlichen Bestimmungen sind E. im schulrechtlichen Sinne allein die nach bürgerlichem Recht Personensorgeberechtigten. Wer E. ist, richtet sich somit nach den zivilrechtlichen Bestimmungen über das elterliche Sorgerecht (§§ 1626 ff. BGB; vgl. auch § 113 u. S. 401 f. DJT-SchulGE). Das elterliche Sorgerecht umfasst auch das Erziehungsrecht. Das elterliche Erziehungsrecht wird grundsätzlich gemeinsam in gegenseitigem Einvernehmen zum Wohl des Kindes ausgeübt (§ 1627 BGB). E. können je nach landesrechtlicher Regelung auch Personen sein, denen anstelle der Eltern die Erziehung eines minderjährigen Kindes ganz oder teilweise obliegt, in deren Haushalt Schüler nicht nur vorübergehend erzogen werden oder die bei Heimunterbringung mit der Erziehung des Kindes betraut sind, sog. Betreuungspersonen. Eine mit einem personensorgeberechtigten Elternteil verheiratete oder mit ihm in eheähnlicher Gemeinschaft zusammenlebende Person ist daher grundsätzlich nicht E. Ein nicht Erziehungsberechtigter kann daher z. B. nicht zum Elternvertreter gewählt werden, soweit die gesetzlichen Bestimmungen die Wahlmöglichkeit auf E. beschränken (vgl. dazu OVG Saarlouis, NJW 1981, 479; Staupe, WPB 1981, 452; Hage, RdJB 1982, 160). Zum Teil erweitern die einschlägigen Bestimmungen und die Wahlordnungen den Kreis der E. oder lassen zu, dass die Rechte der E. von Dritten wahrgenommen werden dürfen. Ist bei geschiedenen Eltern eines Schülers der Mutter das Personensorgerecht übertragen, so hat der Vater kein Anwesenheitsrecht in einer Klassenelternversammlung (VG Berlin, RdJB 1978, 316; zu den Rechten eines nichtehelichen Vaters in schulverfassungsrechtlichen Gremien vgl. auch VG Berlin, NJW 1989, 2413). Sind die Eltern bei der Geburt des Kindes nicht miteinander verheiratet, so steht ihnen die elterliche Sorge nur zu bei Heirat oder entsprechender Sorgerechtserklärung (§ 1626 a BGB). Eine beharrliche

Weigerung der Eltern schulpflichtiger Kinder, diese in die Schule zu schicken, stellt einen Missbrauch des Sorgerechts dar, durch welchen das Kindeswohl gefährdet wird. Ein derartiges Verhalten rechtfertigt den Entzug des Aufenthaltsbestimmungsrechts für das Kind (Trennung von der elterlichen Familie nach § 1666a BGB), wenn mildere Maßnahmen nicht ausreichen (BayObLG, Beschl. vom 15. 9. 1983, SPE II A III/21).

▶ **Erziehungsrecht** → Elternrecht, → Erziehungsberechtigte

▶ **Erziehungsziele** → Bildungs- und Erziehungsziele

▶ **Ethikunterricht** → Ersatzunterricht

▶ **EU-Bildungsrecht**

Das Bildungswesen als solches gehörte ursprünglich nicht zu den Regelungsgegenständen der EG-Verträge (vgl. Forcheri-Urteil v. 13. 7. 1983, Rechtssache 152/82, EuGHE 1983, 2323). Das Gemeinschaftsrecht ließ daher die → Kulturhoheit der Mitgliedstaaten und innerstaatlich der Bundesländer (→ Föderalismus) grundsätzlich unangetastet. Vom EWG-Vertrag erfasst wurden aber die Voraussetzungen für den Zugang zu den Berufsbildungseinrichtungen (→ Berufliche Schulen) der Mitgliedstaaten (vgl. Art. 128 EWGV). Auf diese Weise soll eines der grundlegenden Ziele der EG, die Freizügigkeit von Arbeitnehmern (vgl. dazu EuGH, NVwZ 1991, 155 – LS – und EuGH, NJW 1990, 3069) sowie von selbständig Erwerbstätigen, gefördert werden. Dementsprechend dürfen EU-Ausländer bei der Zulassung zu berufsbildenden Schulen nicht diskriminiert werden. Mit dem Vertrag von Maastricht, der zum 1. 11. 1993 in Kraft trat, ergaben sich erste Anstöße in der bildungspolitischen Zusammenarbeit. Mit dem Vertrag von Amsterdam (politische Einigung am 17. 6. 1997 – COMF/4000/97 –, unterzeichnet am 2. 10. 1997 und in Kraft getreten am 1. 5. 1999) hat die EU die Bildung ausdrücklich in den Vordergrund gestellt (vgl. Art. 149 und 150 EGV). Nach der Wirtschaftsunion soll nun auch die Wissenunion entstehen (vgl. dazu

Fechner, RdJB 1996, 35ff.; Berggreen-Merkel, RdJB 1998, 18ff.; Schwarze, EU-Kommentar, 1. Aufl. 2000; Geiger, EUV/EGV, 3. Aufl. 2000). Kinder von EU-Ausländern sind nicht nur hinsichtlich der beruflichen Bildung, sondern auch bei der Teilnahme am allgemeinen Unterricht ihren deutschen Altersgenossen gleichgestellt. Voraussetzung hierfür ist allein der rechtmäßige Aufenthalt des EU-Bürgers im Gastland (vgl. Forcheri-Urteil, aaO.). Dem Gravier-Urteil v. 13. 2. 1985 (EuGHE 1985, 606 = NJW 1985, 2085) folgend (betr. Studiengebühr für EU-Ausländer an Kunsthochschule), dürften auch Schulgebühren u.ä., die beim Berufsbildungszugang allein Schüler aus EG-Mitgliedstaaten, nicht aber inländische Schüler belasten, gegen das Diskriminierungsverbot des Art. 7 EWGV verstoßen (umstr., vgl. näher Avenarius, NVwZ 1988, 385ff., 387 m. Fußn. 11). Dagegen lässt sich aus Art. 7 EWGV kein genereller Gleichbehandlungsanspruch im Hinblick auf die Gewährung von → Ausbildungsförderung ableiten (vgl. aber EuGH, NVwZ 1991, 155 – DiLeo), da diese nicht allein die Ausbildung als solche, sondern darüber hinaus den gesamten Lebensunterhalt des Auszubildenden finanzieren soll (vgl. §§ 1, 11 BAföG). Art. 7 EWGV verbietet lediglich die Diskriminierung von EU-Ausländern durch zugangsverhindernde oder -erschwerende („negative") Maßnahmen, gebietet jedoch nicht ihre Gleichbehandlung bei zugangserleichternden und -fördernden („positiven") staatlichen Leistungen (vgl. Steindorff, NJW 1983, 1233; Magiera, DÖV 1987, 228; Oppermann, Europäisches Gemeinschaftsrecht und deutsche Bildungsordnung – „Gravier" und die Folgen, 1987, 74f., 84; Avenarius, NVwZ 1988, 385ff., 389). Soweit die Aufnahme oder Fortsetzung des schulischen Bildungsgangs oder Studiums den Nachweis einer bestimmten Vorbildung voraussetzt, kann die Anerkennung ausländischer → Zeugnisse, → Abschlüsse, Studienzeiten usw. von ihrer Gleichwertigkeit mit entsprechenden deutschen → Berechtigungen abhängig gemacht werden, da es sich nicht um unmittelbar staatsangehörigkeitsabhängige Zugangsvoraussetzungen handelt. Die Beweislast für die Gleichwertigkeit trägt im Streitfall der Bewerber (Schüler/Student).

Die fortschreitende Integration innerhalb der EU (zu den Auswirkungen des Binnenmarktes vgl. Berggreen, in: Die berufsbildende Schule, 1989, 753) lässt das Europäische Gemeinschaftsrecht zunehmend Bedeutung auch für das Bildungsrecht in der Bundesrepublik Deutschland gewinnen. Zu erwähnen ist hier z. B. die Entschließung des Europäischen Parlaments zur Schaffung eines Gemeinschaftsstatus für Lehrer. Trotz weitgehender innerstaatlicher Beteiligungsrechte der Bundesländer hinsichtlich der Haltung der – an der Rechtsetzung der EU allein beteiligten – Bundesregierung ist die Kulturhoheit der Länder zunehmend bedroht, soweit die Bundesregierung in Brüssel überstimmt werden kann; hinzu kommt eine sehr integrationsfreudige Rechtsprechung des Europäischen Gerichtshofs in Luxemburg. Auf die Gefahren für die → Kulturhoheit der Länder durch die Beschlüsse von Maastricht weist bereits die hierzu ergangene Stellungnahme der KMK vom 31. 1. 1992 hin (KMK-BeschlS Nr. 49; vgl. dazu auch das Themenheft RdJB 4/1992, S. 427 ff.). Die Neufassung der Bestimmungen zur EG-Bildungspolitik im Vertrag von Maastricht schreibt jedoch letztlich nur den Bestand an Kompetenzen fest, den der EuGH bereits in seiner Rspr. entwickelt hat (Beckedorf/ Henze, NVwZ 1993, 125 ff.).

▶ **Europäische Schulen**

Die E. S. sind eine zwischenstaatliche Institution (→ öffentliche Schulen) mit einer auf ihren Aufgabenbereich beschränkten, partiellen Rechtspersönlichkeit, an der jede einzelne E. S. als deren Untergliederung teilnimmt (vgl. BVerwGE 91, 126, 128; VGH Mannheim, NVwZ-RR 2000, 657, Beschl. v. 2. 3. 2000). Die E. S. wurden von den Regierungen Belgiens, der Bundesrepublik Deutschland, Frankreichs, Italiens, des Großherzogtums Luxemburg und der Niederlande gegründet; sie haben die Rechtsform einer öffentlichen Anstalt in jedem dieser Länder. Die E. S. haben die Aufgabe, für die schulische Ausbildung der Kinder von Bediensteten der Europäischen Union und anderer Kinder zu sorgen. Rechtsgrundlage dieser Schulen ist die Vereinbarung über die Satzung der E. S. vom 21. 6. 1994 (ABl. Nr. L 212 v. 17. 8. 1994; Gesetz v. 31. 10. 1996, BGBl. II, 2558). Alle Schulen haben gemeinsame Organe, und zwar den Obersten Rat, den Generalsekretär, die Inspektionsausschüsse und die Beschwerdekammer. Jede E. S. wird vom Verwaltungsrat verwaltet und vom Direktor geleitet; der Generalsekretär vertritt die E. S. gerichtlich. Die Unterrichtsdauer an den E. S. beträgt grundsätzlich 12 Jahre (fünf Grundschuljahre und sieben Jahre Oberschule). Schüler, die die Oberschule nicht besuchen wollen oder können, erhalten verlängerten Grundschulunterricht. Um für jeden Schüler den Vorrang der eigenen Muttersprache zu sichern, erfolgt der Grundschulunterricht in den Amtssprachen der EU. Ein gemeinsamer Unterricht in bestimmten Fächern soll das gegenseitige Verständnis sowie den kulturellen Austausch fördern. Abgangsziel der Schulen ist das Europäische Reifezeugnis (→ Abitur); es wird in den EU-Ländern, die derzeit dem Abkommen über die „Satzung der Europäischen Schule" angehören, anerkannt. Die Prüfungsordnung ist Teil der Satzung.

Die → Stundentafel des 6. und 7. Sekundarschuljahrs (11. und 12. Schuljahr) enthält → Pflichtfächer (21 bis 23 Wochenstunden), Wahlpflichtfächer und Ergänzungsfächer. Der Stundenplan des Schülers muss mindestens 31 und darf höchstens 35 Wochenstunden umfassen. Mindestens zwei Wahlpflichtfächer müssen belegt werden. Wenn mit zwei Wahlpflichtfächern mindestens 31 Wochenstunden erreicht werden, ist die Belegung von Ergänzungsfächern freigestellt. Die Ordnung der Europäischen Abiturprüfung ist im Unterschied zur alten Ordnung eine Rahmenordnung. Durch diese Rahmenordnung sollen künftige Änderungen, die durch Erfahrungen mit der reformierten Oberstufe der E. S. erforderlich werden könnten, rascher vorgenommen werden können. Die Rahmenordnung überträgt daher dem Obersten Rat weitere Befugnisse und mehr Handlungsspielraum, die Europäische Reifeprüfung der Entwicklung im Bildungsbereich anzupassen. Dabei braucht kein Mitgliedstaat ihm nicht zusagende Entwicklungen hinzunehmen, da der Oberste Rat über pädagogische Fragen einstimmig beschließen muss.

Es gibt z.B. folgende E. S.: Brüssel I, Brüssel II, Bergen, Culham, Kirchberg-Luxemburg, Karlsruhe, Mol, München, Varese. (S. auch Heckel/Avenarius, Schulrechtskunde, 1986, 163). Zum Rechtsweg bei dienstrechtlichen Streitigkeiten zwischen Lehrpersonal und E. S. vgl BVerwG NJW 1993, 1409. Zur E. S. für die

Bediensteten der Europäischen Patentorganisation in München vgl. BayVGH, Beschl. v. 23. 8. 1989, DVBl. 1989, 1276). → Auslandsschulen, → ausländische Schulen.

▶ **Externenprüfung**

Die meisten schulischen Abschlüsse können auch von Nicht-Schülern in den meisten Ländern durch eine besondere Prüfung erworben werden, die auch Nichtschüler- oder Fremden-Prüfung genannt wird. Die Einzelheiten sind in ergänzenden Rechtsverordnungen der Länder geregelt. Diese Möglichkeit gilt für Bewerber, die keiner Schule angehören, an ihrer Schule den gewünschten Abschluss nicht erreichen können, nicht anerkannte → Privatschulen besuchen oder die nötigen Kenntnisse anderweitig z. B. durch Fernunterricht erworben haben. I. d. R. werden alle Fächer geprüft; die Anrechnung vorher erbrachter Leistungen – wie beim regulären Besuch eines Bildungsganges – scheidet regelmäßig aus.

F

▶ **Fachakademie**

Die F. bereitet in Vollzeit- oder in Teilzeitform auf eine gehobene Berufslaufbahn vor. Sie ist in Fachrichtungen gegliedert wie z.B. Wirtschaft, Technik, Publizistik oder Sport. Zugangsvoraussetzungen sind ein mittlerer Schulabschluss, eine Meisterprüfung und i.d.R. eine einschlägige berufliche Ausbildung oder Praxis.
→ Berufliche Schulen

▶ **Fachaufsicht** → Schulaufsicht

▶ **Fachfremder Unterricht**

Zur Erfüllung seines von Art. 7 Abs. 1 GG vorausgesetzten Bildungs- und Erziehungsauftrages, wie er in den LV und SchulGen ausformuliert ist, muss der Staat neben den erforderlichen Schulen, sonstigen Einrichtungen und organisatorischen Voraussetzungen pädagogisch und fachlich qualifiziertes Lehrpersonal in ausreichender Zahl zur Verfügung stellen. Diese staatliche Verpflichtung ist in einem weiten Rahmen möglicher bildungspolitisch-pädagogischer Ausgestaltung zugleich von dem → Recht auf Bildung der Schüler und dem → Elternrecht mitgewährleistet. Über kurzfristige Vertretungen hinausgehender längerfristiger oder gar dauernder Einsatz von Lehrern außerhalb ihrer fachlichen Qualifikation, also in einem ganz anderen Fach als der Vorbildung entsprechend, ist jedenfalls dann unzulässig, wenn dies zu fachlich unzureichender Unterrichtung der Schüler und damit mangelhafter Erfüllung des Auftrags der Schule führt. Längerfristiger fachfremder Unterricht verletzt das → Recht auf Bildung der Schüler und das → Elternrecht. Einen praktikablen Vorschlag hierzu enthält § 66 Abs. 3 DJT-SchulGE. Soweit ersichtlich, ist dieses Problem von der Rspr. noch nicht behandelt worden; eine Klage kann hier aber durchaus Erfolg haben. Aus beamtenrechtlicher Sicht ist der fachfremde Einsatz eines Lehrers nicht grundsätzlich unzulässig. Zum Schutz der → pädagogischen Freiheit des Lehrers sowie zum Schutz der genannten Schüler- und Elternrechte sollte fachfremder Einsatz aber nur ausnahmsweise und mit Einwilligung des Lehrers erfolgen, wobei zu berücksichtigen ist, dass diesbezügliches Engagement von Lehrern allein qualifizierte Ausbildung nicht ersetzen kann. Der Ausdruck fachfremd bezieht sich nur auf die Fachunterrichts-Qualifikation, nicht auf den Einsatz in anderen Schularten oder Schulstufen. Auch dazu s. DJT-SchulGE a. a. O. und S. 308. → Unterrichtsausfall

▶ **Fachgebundene Hochschulreife**

In einigen Ländern kann an → Fachgymnasien eine auf eine bestimmte Fachrichtung beschränkte Befähigung (Fachabitur) zum Studium an Hochschulen erworben werden.

▶ **Fachgymnasien**

F. sind berufsbezogene → Gymnasien, die in einem dreijährigen Bildungsgang zur → Fachhochschul- oder (teils → fachgebundenen) Hochschulreife führen und den Realschulabschluss voraussetzen. Ähnliche Bildungsgänge bieten die beruflichen Gymnasien oder fakultativ das → Oberstufenzentrum an.

▶ **Fachhochschulreife**

Die F. kann an verschiedenen → beruflichen Schulen, vor allem den → Fachoberschulen, der → Berufsoberschule oder an dem → Berufskolleg sowie in einigen Ländern auch an → Gesamtschulen und → Gymnasien erworben werden. Sie berechtigt zum Studium an Fachhochschulen. Die F. ist zwischen den Ländern aber nur teilweise gegenseitig anerkannt.

▶ **Fachkonferenz** → Konferenzen, → Mitbestimmung, → Schulverfassung

▶ Fachoberschule

Die F. ist eine → berufliche Schule, die allgemeine, fachtheoretische und fachpraktische Bildung in verschiedenen Fachbereichen vermittelt. Der Bildungsgang setzt einen Realschulabschluss oder eine gleichwertige Vorbildung voraus, dauert bei Vollzeitunterricht i.d.R. zwei Jahre, bei Teilzeitunterricht entsprechend länger und führt zur → Fachhochschulreife. Das erste Schuljahr kann durch eine einschlägige Berufsausbildung ersetzt werden. Das bedeutet, dass für Absolventen mit Realschulabschluss und einer beruflichen Erstausbildung der unmittelbare Eintritt in Jahrgangsstufe 12 der F. möglich ist. → Schulaufbau.

▶ Fach(ober)schulreife

Die Fachschulreife ist eine im Schulrecht einiger Länder noch gebräuchliche, aber sachlich überholte und missverständliche Bezeichnung. Sie ist nicht die Voraussetzung zum → Fachschulbesuch, sondern zum Besuch der → Fachoberschule und meint i.d.R. einen dem Realschulabschluss gleichwertigen Schulabschluss. Deshalb sollte besser nur noch von Fachoberschulreife gesprochen werden (dazu DJT-SchulGE, S. 208). → Berufsaufbauschulen

▶ Fachschule

Die F. dient der beruflichen Weiterbildung und vermittelt eine vertiefte berufliche Fachbildung (auch Umschulung) und erweitert die allgemeine Bildung (z.B. Meister- oder Technikerschulen, Schulen des Gesundheitswesens, Handelsschulen). Zugangsvoraussetzungen sind abgeschlossene Berufsausbildung in einem anerkannten Ausbildungsberuf oder entsprechende praktische Berufstätigkeit sowie i.d.R. eine zusätzliche mehrjährige Berufstätigkeit. Der Bildungsgang dauert in Vollzeitform zwischen ein und drei Jahren, bei Teilzeitunterricht (z.B. Abend- oder Wochenendunterricht) entsprechend länger. Die F. können zu einem gesonderten Abschluss führen. Unter bestimmten Voraussetzungen ist der Erwerb der → Fachhochschulreife möglich. Zu DDR-Zeiten erworbene Fachschulabschlüsse sind u.U. als gleichwertig anzuerkennen (BVerwG, U. v. 10. 12. 1997, Az. 6 C 6.97). → Schulaufbau.

▶ **Fächerkatalog**

Ob der F., d. h. die Festlegung der in der Schule (→ Schulart) zu unterrichtenden Fächer, einer gesetzlichen Regelung bedarf (→ Gesetzesvorbehalt), ist nach wie vor durch höchstrichterliche Rechtsprechung nicht abschließend geklärt (vgl. aber VG Berlin NVwZ 1999, 907, Urt. v. 14. 2. 1997, wonach Pflichtunterrichtsfächer nicht von Verfassungs wegen durch formelles Parlamentargesetz geregelt werden müssen). Das BVerfG sah im hess. VorschaltG zur gymnasialen → Oberstufe allenfalls hinsichtlich der Festlegung des F. ein mögliches rechtsstaatliches Defizit, ohne diese Frage allerdings abschließend zu entscheiden (BVerfGE 45, 400, 420). Hinsichtlich der endgültigen gesetzlichen Regelung der hess. Oberstufe sah das BVerfG keinen Anlass zu Zweifeln, dass der Gesetzgeber auch hinsichtlich des F. durch die Beschreibung von Aufgabenfeldern des Unterrichts und durch Zuordnung bestimmter Unterrichtsfächer zu diesen Aufgabenfeldern ein vorher etwa vorhandenes Regelungsdefizit beseitigt habe (BVerfGE 53, 185, 204). In der Sexualkundeentscheidung forderte das Gericht, die Entscheidung über die Einführung eines → Sexualkundeunterrichts in der Schule müsse der Gesetzgeber selbst treffen (BVerfGE 47, 46). Dazu gehöre jedenfalls auch die Entscheidung, ob Sexualkunde als fächerübergreifendes Unterrichtsprinzip oder als besonderes Unterrichtsfach durchgeführt werden soll (BVerfGE 47, 46, 83). In der Lateinentscheidung forderte das BVerwG für die Festlegung der ersten Pflichtfremdsprache in der → Orientierungsstufe (→ Sprachenfolge) lediglich eine normative Regelung durch Gesetz oder auf Grund eines Gesetzes durch Rechtsverordnung (BVerwGE 64, 308). In den LV werden z. T. einzelne Fächer angesprochen (vgl. z. B. Art. 21 Abs. 2 b.-w. LV – Gemeinschaftskunde –; Art. 56 Abs. 5 hess. LV – Geschichtsunterricht –; Art. 22 Abs. 2 thür. LV – Geschichtsunterricht –). Der HessStGH (NJW 1982, 1381) vertrat in seiner umstrittenen Entscheidung zum Geschichtsunterricht unter Bezugnahme auf

Art. 56 Abs. 5 der hess. LV die Auffassung, Geschichtsunterricht, wie ihn die hess. LV verlange, werde durch Gemeinschaftskundeunterricht mit ausgewählten historischen Aspekten nicht gewährleistet. Dem ist zu entnehmen, dass der HessStGH in Art. 56 Abs. 5 hess. LV die Grundlage für einen Anspruch auf Geschichtsunterricht in einem Fach Geschichte erblickt (zum Thema „Klagen gegen bzw. auf bestimmte Unterrichtsinhalte" vgl. Hennecke, RdJB 1986, 172). In den derzeit geltenden Schulgesetzen wird durchweg auf die Festlegung eines F. verzichtet (vgl. dazu Kaschner, RdJB 1981, 156 für Bremen; Lang, RdJB 1983, 162 für das Saarland).

▶ **Fahrkostenerstattung** → Schülerbeförderung

▶ **Fahrlässigkeit** → Haftung

▶ **Fahrschüler** → Schülerbeförderung

▶ **Fehlen** → Befreiung vom Unterricht, → Schulpflicht

▶ **Ferien**

Die Schulferien betragen entsprechend § 3 Abs. 2 des → Hamburger Abkommens und gemäß den KMK-Beschlüssen zur langfristigen Sommerferienregelung (BeschlS. 106.4 für 1995 bis 2002) 75 Werktage pro Schuljahr. Über die Verteilung der F. werden von den Ländern im Rahmen der KMK langfristige Vereinbarungen getroffen, um die Verteilung der F. aus verkehrspolitischen Gründen zu entzerren. Die für das jeweilige Bundesland verbindliche Festlegung der Ferientermine erfolgt durch die Kultusministerien bzw. Schulbehörden. Zumindest die Festlegung des Umfangs der F. bedarf bei Zugrundelegung der von der Rspr. entwickelten Grundsätze zum → Gesetzesvorbehalt (vgl. BVerfGE 58, 257; BVerwGE 64, 308 jeweils m. w. N.) wegen seiner Grundrechtsrelevanz (Art. 2 Abs. 1 GG) einer gesetzlichen Regelung, die in den meisten Schulgesetzen bisher fehlt. Die Koordination der Ferientermine durch die KMK wird dadurch nicht beeinträchtigt (DJT-SchulGE § 51 und S. 265).

▶ **Fernunterricht**

Beim F. handelt es sich um → private Unterrichtseinrichtungen, nicht um → Schulen. Das Fernunterrichtsschutzgesetz (FernUSG v. 24. 8. 1976, BGBl. I S. 2525, zul. g. d. G. v. 17. 12. 1990, BGBl. I S. 2840) definiert F. als die auf vertraglicher Grundlage erfolgende Vermittlung von Kenntnissen und Fähigkeiten, bei der Lehrende und Lernende ausschließlich oder überwiegend räumlich getrennt sind und der Lehrende oder sein Beauftragter den Lernerfolg überwachen (vgl. § 1 FernUSG). Gegenstände des F. sind vor allem die Vorbereitung auf mittlere und gehobene technische und kaufmännische Berufe, auf das → Abitur und den Abschluss der → Realschule. Der F. erfüllt insoweit Funktionen des → Zweiten Bildungswegs.

Die Rechtslage des F. ist grundsätzlich die gleiche wie die der übrigen privaten Unterrichtseinrichtungen. Das FernUSG sieht jedoch zusätzlich Maßnahmen zum Schutz der Teilnehmer am F. vor, um Ausbeutung und unsozialer Vertragsgestaltung entgegenzuwirken. Das FernUSG regelt im Einzelnen die Rechte und Pflichten der Vertragschließenden („Veranstalter" und „Teilnehmer"), die Form und den Inhalt des Vertrages, die Voraussetzungen und die Folgen von Widerruf (innerhalb von 2 Wochen nach Eingang der ersten Lieferung des Fernlehrmaterials) und Kündigung des Vertrages sowie Fragen der Werbung für den F. Lehrgänge des F. bedürfen der Zulassung durch die Staatliche Zentralstelle für F. (ZFU) in Köln, die auf Grund des von den Ministerpräsidenten der Länder geschlossenen Staatsvertrags (→ Föderalismus) über das Fernunterrichtswesen v. 16. 2. 1978 (geändert durch Staatsvertrag v. 4. 12. 1991, KMK-BeschlS. Nr. 94 und 94.1) errichtet worden ist. Bei berufsbildenden Fernlehrgängen (→ Berufliche Schulen) ist das Benehmen mit dem Bundesinstitut für Berufsbildung in Bonn (BIBB) herzustellen (vgl. § 19 Abs. 2 FernUSG). Zu Fragen des F. vgl. weiter: Faber/Schade, FernUSG, Kommentar, München, 1980; Heckel/Avenarius, Schulrechtskunde, 1986, 158 f.; Ehmann, RdJB 1987, 166 zum F. durch audiovisuelle Medien.

Föderalismus

▶ **Feststellungsklage** → Rechtsschutz

▶ **Finanzhilfen für Privatschulen** → Privatschulfinanzierung

▶ **Finanzierung der Schulkosten** → Schulfinanzierung

▶ **Föderalismus**

(1) Der föderalistische Staatsaufbau der Bundesrepublik ist eine wesentliche verfassungsrechtliche Rahmenbedingung für das Schulwesen. Nach der im GG vorgenommenen Kompetenzverteilung zwischen Bund und Ländern (→ Kulturhoheit der Länder) sind ausschließlich die Länder für Gesetzgebung und Verwaltung im Schulwesen zuständig, einmal abgesehen von dem Bund-Länder-Zusammenwirken bei der → Bildungsplanung (Art. 91 b GG). Als eine der wenigen verbliebenen ausschließlichen Länderkompetenzen ist das Schulwesen bzw. das Schulrecht zugleich ein materieller Eckpfeiler der Bundesstaatlichkeit. Die Kompetenz der Länder zur Gestaltung des Schulwesens bedeutet, dass jedes Land sein Schulsystem eigenständig organisieren, z. B. die schulischen Bildungsgänge unterschiedlich nach seinen bildungspolitisch-pädagogischen Vorstellungen ausgestalten, von anderen Ländern abweichende inhaltliche Anforderungen stellen oder die Zugangsvoraussetzungen für einen Bildungsgang anders festlegen kann. Diese Gestaltungsfreiheit ist nur eingeschränkt, soweit übergeordnete Normen des GG ihr Grenzen setzen (BVerfGE 6, 309, 354; 59, 360, 377 st. Rspr.). Dazu gehört vor allem die Bindung der Länder an die Grundrechte (→ Recht auf Bildung), die durch die vereinheitlichende Wirkung der Verfassungsrechtsprechung vor allem des BVerfG verstärkt werden. Gewisse Grenzen können sich ferner aus dem Grundsatz der Bundestreue auch der Länder untereinander ergeben. Insbesondere der Gleichheitssatz (Art. 3 GG) verpflichtet die Länder aber nicht zu einer gegenseitigen Anpassung ihrer Schulsysteme (vgl. BVerfGE 10, 354, 371, st. Rspr.), so dass z. B. gegen eine schulorganisatorische Maßnahme nicht mit dem Argument erfolgreich vorgegangen werden kann, andere

Länder würden dies anders und ggf. besser machen. Eine verfassungsrechtlich nicht wenig zweifelhafte Verpflichtung der Länder zur Anpassung ihrer Schulsysteme besteht aber dort, wo der Bundesgesetzgeber dies den Ländern durch Rahmenrecht vorgeschrieben hat (vgl. § 32 Abs. 3 Nr. 1 S. 4 HRG, wonach die Länder dafür Sorge tragen, dass die Hochschulzugangsberechtigungen im Verhältnis der Länder untereinander hinsichtlich der jeweiligen Anforderungen und Bewertungen vergleichbar sind). Auch für das Schulwesen besonders wichtig ist das aus Art. 3 Abs. 1 und 3 GG i. V. m. Art. 33 Abs. 1 GG und dem „allen Deutschen" gewährleisteten Recht auf freie Wahl der Ausbildungsstätte (Art. 12 Abs. 1 S. 1 GG) abzuleitende Verbot der Bevorzugung von Landeskindern (dazu BVerfGE 33, 303, 352f. – Numerus Clausus).

(2) Die Unterschiede im Länderschulwesen können zu Problemen beim Schulwechsel von einem in ein anderes Land führen, z. B. wenn die → Sprachenfolge, die vorgeschriebenen Wahl- und → Pflichtfächer oder die → Lehrpläne stark voneinander abweichen. Dabei darf man nicht übersehen, dass jeder Schulwechsel – auch der innerhalb eines Landes – Probleme für Kinder und Jugendliche mit sich bringen kann. Oftmals weichen die Schulangebote innerhalb der Länder erheblich voneinander ab, so dass auch dort ein Bildungsgang bei einem Umzug in einen anderen Ort möglicherweise nur mit Schwierigkeiten fortgesetzt werden kann, wenn z. B. der besuchte Schultyp nicht am Ort ist oder ein bisher gewählter Kurs dort nicht angeboten wird. Diese Probleme und die Schwerfälligkeit der auf einstimmiges Ländervotum angewiesenen Kooperation der Länder in der → Kultusministerkonferenz haben immer wieder zu der Forderung nach stärkerer Vereinheitlichung des Schulwesens und Verlagerung bildungspolitischer Kompetenzen auf den Bund geführt, besonders nachdrücklich 1978 im Bericht der Bundesregierung über die strukturellen Probleme des föderativen Bildungssystems (BT-Drs. 8/1551). Dieser sog. Mängelbericht geht von einer angeblich grundgesetzlich geforderten und mangels Einigung der Länder vom Bund zu erfüllenden Pflicht zur Wahrung der Einheitlichkeit der Lebensverhältnisse auch in puncto Schulwesen und einer Pflicht zur Sicherung der Freizügigkeit der Bürger aus. Diese einseitige Sicht zu

Lasten des föderativen Staatsaufbaus und insbes. der grundgesetzlichen Kompetenzaufteilung zwischen Bund und Ländern wurde u.a. von der KMK heftig kritisiert (KMK Beschl. v. 20./21. 4. 1978, BeschlS. 20.1). Es trifft zwar zu, dass die Vereinheitlichungsbemühungen der KMK wegen des für ihre Beschlüsse geltenden Einstimmigkeitsprinzips in manchen Punkten nur sehr schwer vorankommen und nur zu Ergebnissen auf dem jeweils kleinsten gemeinsamen Nenner führen. Gegen eine Zentralisierung von Bildungskompetenzen beim Bund spricht aber vor allem, dass dies keinerlei Gewähr für eine effektivere und flexibler auf gesellschaftliche Erfordernisse reagierende Gestaltung des Schulwesens böte. Zudem würden die Wirkungen der Bundesstaatlichkeit (vor allem: politische Vielfalt, Alternativität und Möglichkeit zum Experiment auf kleinem Raum, ständige Konkurrenz der Länder untereinander und gegenüber dem Bund um die bestmögliche Erfüllung der Staatsaufgaben) in einem wesentlichen Punkt, nämlich dem Schulwesen entfallen. Im Übrigen haben die Ministerpräsidenten der Länder mit dem grundlegenden → Hamburger Abkommen und die Kultusminister mit zahllosen Beschlüssen und Vereinbarungen eine jedenfalls aus bundesstaatlicher Sicht eher schon zu weitgehende Vereinheitlichung des Schulwesens bewirkt.

(3) Die nicht selten übertrieben dargestellten tatsächlichen praktischen Probleme wie z.B. solche beim Schulwechsel zwischen Ländern ließen sich durch eine Intensivierung der bereits in § 15 des Hamburger Abkommens vorgesehenen Übergangshilfen, d.h. eine stärkere individuelle Förderung der betroffenen Schüler lösen, um auf diesem Weg eine möglichst reibungslose Fortsetzung ihres Bildungsgangs sicherzustellen. Auch könnte z.B. der Streit um die Gleichwertigkeit von Schulabschlüssen der Länder untereinander bei stärkerer Beachtung der hierzu bestehenden verfassungsrechtlichen Vorgaben minimiert werden (→ Anerkennung von Abschlüssen). Zugleich könnte dadurch die Kooperationsdichte der Kultusverwaltungen ohne Verlust erheblich verringert und so zum Abbau negativer Folgen des sog. kooperativen F. beigetragen werden. Vgl. zu alledem Hufen, Gegenwartsfragen des Kulturföderalismus, BayVBl. 1985, 1–7, 37–43.

Förderstufe

▶ **Förderstufe** → Orientierungsstufe

▶ **Fortsetzungsfeststellungsklage** → Rechtsschutz

▶ **Fotokopieren**

Nach § 53 Abs. 3 des Urheberrechtsgesetzes (UrhRG) v. 9. 9. 1965 (BGBl. I S. 1273, zul. g. d. G. v. 1. 9. 2000, BGBl. I S. 1374) ist es zulässig, im Schulunterricht, in nichtgewerblichen Einrichtungen der Aus- und Weiterbildung sowie in Einrichtungen der Berufsbildung in der für eine Schulklasse erforderlichen Anzahl Vervielfältigungsstücke von kleinen Teilen eines Druckwerkes oder von einzelnen Beiträgen, die in Zeitungen oder Zeitschriften erschienen sind, ohne Einwilligung des Urhebers bzw. der Verwertungsgesellschaft WORT (VG WORT) zum eigenen Gebrauch herzustellen oder herstellen zu lassen (→ Urheberrecht). Entsprechendes gilt für → Prüfungen. Nicht gestattet ist es, ganze Bücher oder Zeitschriften zu vervielfältigen. Das Kopieren von Musiknoten ist stets nur mit Einwilligung des Berechtigten zulässig (§ 53 Abs. 4 UrhRG). Solange eine generelle Erlaubnis durch die GEMA nicht vorliegt, dürfen Musiknoten in den Schulen nicht kopiert werden. Vom Betreiber des Kopiergeräts, in der Regel dem Schulträger (→ Schulträgerschaft), ist eine Vergütung an den Urheber zu zahlen (§ 54a Abs. 2 UrhRG). Der Vergütungsanspruch kann nur durch eine Verwertungsgesellschaft (VG WORT) geltend gemacht werden und ist an diese zu zahlen (§ 54h UrhRG).

▶ **Freie Entfaltung der Persönlichkeit** → Recht auf Bildung

▶ **Freie Schulen** → Privatschulen

▶ **Freie Unterrichtseinrichtungen** → Private Unterrichtseinrichtungen

▶ **Freiheit des Lehrers** → Pädagogische Freiheit

▶ **Fremdenprüfung** → Externenprüfung

▶ **Fremdsprachen** → Fächerkatalog, → Orientierungsstufe, → Sprachenfolge

▶ **Fristen** → Rechtsschutz

▶ **Früheinschulung** → Einschulung

▶ **Fünf-Tage-Woche**

Die wöchentliche Anzahl von Schultagen ist nicht einheitlich geregelt. Nach BVerwGE 47, 201 bedarf die Einführung der F.-T.-W. keiner gesetzlichen Regelung (→ Gesetzesvorbehalt), sondern kann als → Schulorganisationsmaßnahme von der Schulbehörde bzw. vom Kultusminister durch Verwaltungsvorschrift geregelt werden (a. A. Staupe, Parlamentsvorbehalt und Delegationsbefugnis, 1986, 350). Nur zum Teil haben daher die Länder gesetzliche Regelungen darüber getroffen, ob grundsätzlich die Fünf- oder die Sechs-Tage-Woche gilt und wer über Abweichungen von der grundsätzlichen Regelung zu entscheiden hat. Soweit gesetzliche Regelungen vorhanden sind, sehen sie zum Teil grundsätzlich die Sechs-Tage-Woche vor mit gleichzeitiger Ermächtigung an die Einzelschule zur Einführung der F.-T.-W., sofern der Schulträger nicht aus Gründen → äußerer Schulangelegenheiten widerspricht und die Schulaufsichtsbehörde die Einführung genehmigt. Manche Länder lassen gleichrangig die Möglichkeit der Fünf- oder der Sechs-Tage-Woche sowie Abweichungen von der jeweils zurzeit geltenden Regelung nach einem bestimmten Verfahren zu (z. B. auf Antrag der Schule mit Einverständnis der Schulaufsichtsbehörde).

G

▶ **Ganztagsschulen**

G. erstrecken die Unterrichtszeit, die i.d.R. auf den Vormittag beschränkt ist, auch auf den Nachmittag, i.d.R. gekoppelt mit der Einführung der → Fünf-Tage-Woche und einem reduzierten Umfang an → Hausaufgaben. Die → Gesamtschulen werden oft als G. geführt. Da die Einführung von Ganztagsunterricht das → Elternrecht (Art. 6 Abs. 2 GG) berührt und es sich um eine schulpolitisch wesentliche Frage handelt, insbesondere im Hinblick auf die damit intendierte Verbesserung der → Chancengleichheit, bedarf die Entscheidung, ob Halbtags- oder Ganztagsunterricht erteilt wird, der Entscheidung des Gesetzgebers (→ Gesetzesvorbehalt; vgl. Staupe, Parlamentsvorbehalt und Delegationsbefugnis, 1986, 349; a.A. VG Berlin, Urt. vom 30. 9. 1976, SPE I A IV, S. 15). Die Einführung von Ganztagsunterricht verletzt keine Grundrechte der Eltern und Schüler (VG Berlin, a.a.O.; str.). G. als private → schulische Angebote (→ Privatschulen) sind verfassungsrechtlich unbedenklich (VGH B.-W., Urt. v. 17. 3. 1987, 9 S 99/85). § 5a saarl. SchoG a.F., nach dem alle → Schulstufen und → Schularten als G. geführt werden können, ermangelt der notwendigen Regelungsdichte und genügt deshalb den Anforderungen des Parlamentsvorbehalts nicht (VerfGH Saarl, Urt. v. 14. 7. 1987, DÖV 1988, 124 = RdJB 1988, 349 m. Anm. Hennecke). G. sind z.T. aus dem Versuchsstadium (→ Schulversuche) in den Normalbetrieb überführt worden.

▶ **Gastarbeiterkinder** → Ausländische Schüler

▶ **Gastschüler**

G. sind Personen, die am Unterricht teilnehmen, ohne einen berechtigenden Abschluss anzustreben. Die Teilnahme bedarf der Zulassung durch die Schule/Schulbehörde.

Das GG gibt einer anerkannten Ersatzschule (→ Privatschulen) keine Befugnis, Schüler, die das öffentliche → Gymnasium nach zweimaliger Nichtversetzung (→ Versetzung) verlassen müssen, als „außerordentliche" G. aufzunehmen und gemeinsam mit den übrigen (ordentlichen) Schülern zu unterrichten mit dem Ziel, dass diese Schüler später wieder als ordentliche Schüler in die höhere Klasse des öffentlichen Gymnasiums aufgenommen werden sollen (BVerwGE 68, 185).

▶ **Geistig Behinderte** → Behinderte Schüler, → Sonderschulen, → Überweisungen

▶ **Gemeinden** → Schulträgerschaft

▶ **Gemeinschaftsschulen**

Der in den 60er Jahren geführte Streit um die konfessionelle Gliederung des öffentlichen Schulwesens ist heute kein Thema mehr (s. aber Renck's kritische Bilanz zur Situation in Bayern, NVwZ 1991, 116), insbesondere nach den abschließenden Entscheidungen des BVerfG zu den christlichen G. in B.-W., Bay. und NRW (BVerfGE 41, 29 ff., 46; 65 ff.; 88 ff., 107; dazu Niehues, Schul- und Prüfungsrecht, Bd. 1, 3. Aufl. 2000, Rdn. 178 ff.). Danach ergibt sich weder aus dem → Elternrecht des Art. 6 Abs. 2 S. 1 GG noch aus anderen Vorschriften des GG ein Anspruch auf Errichtung von Schulen bestimmter religiöser oder weltanschaulicher Prägung. Die Einräumung eines diesbezüglichen Wahlrechts für die Eltern liegt im bildungspolitischen Ermessen des jeweiligen Landes. Die Zulässigkeit christl. G. wird in Art. 7 Abs. 5 GG – jedenfalls für die → Volksschulen – vorausgesetzt. In den meisten Ländern gehören jedenfalls die Volksschulen (→ Grund-, → Haupt- und → Sonderschulen) mit gewissen Abweichungen zu dem Typ der christl. G. (früher auch: Simultanschule), in der alle Religionsbekenntnisse auf einer allgemeinchristlichen Grundlage gemeinsam unterrichtet werden (vgl. Art. 7 Abs. 3 GG, Art. 16 b.-w. LV, Art. 135 bay. LV, Art. 32 brem. LV, Art. 56 Abs. 2 hess. LV, Art. 12 Abs. 6 nrw. LV, Art. 29 rh.-pf. LV,

Art. 26 Abs. 2 sachs.-anh. LV, Art. 27 Abs. 4 saarl. LV, Art. 8 Abs. 3 s.-h. LV). Die christl. G. darf keinen missionarischen Charakter besitzen und muss für andere weltanschauliche und religiöse Inhalte und Werte offen sein (→ Neutralitätsgebot). Soweit öffentliche christl. G. von Schülern mit nicht-christlichem Bekenntnis, z. B. → ausländischen Schülern mit islamischer Religion besucht werden (→ Religionsunterricht), darf die allgemeinchristliche Grundlage dieser Schulen nicht zu einer Beeinträchtigung der Glaubens- und Religionsfreiheit dieser Schüler führen und muss ggf. im Sinne des Toleranzprinzips zurücktreten. Zu aktuellen Problemen der christlichen G., dargestellt am Beispiel des bayerischen Schulrechts, vgl. Renck, Kritische Justiz 1994, 488 ff. → Bekenntnisschulen, → Glaubens- und Gewissensfreiheit, → Kirche und Schule, → Schulgebet, → Weltanschauungsschulen

▶ **Gerichte** → Rechtsschutz, → vorläufiger Rechtsschutz

▶ **Gesamtelternkonferenz** → Konferenzen, → Mitbestimmung, → Schulverfassung

▶ **Gesamtkonferenz** → Konferenzen, → Mitbestimmung, → Schulverfassung

▶ **Gesamtschule**

Die G. umfasst als weiterführende Schule der → Sekundarstufe I die Schuljahrgänge 5 (bei 4-jähriger → Grundschule und schulartabhängiger → Orientierungsstufe) bzw. 7 (bei 6-jähriger Grundschule oder schulartunabhängiger Orientierungsstufe) bis 10. Die G. fassen die verschiedenen → Schularten des herkömmlichen dreigliedrigen Schulsystems in organisatorischer und inhaltlicher Hinsicht zusammen. Die G. besteht in verschiedenen Varianten als integrierte oder als additive (kooperative) G. Während bei der additiven bzw. kooperativen G. die verschiedenen Schularten in einer gemeinsamen Schulanlage zusammengefasst werden, aber eine gewisse organisatorische Eigenständigkeit behalten (z. B. eigene Schulleitung, Gremien), sind integrierte G. echte organisatorische Einheiten. Der Abschluss der G. ist dem Abschluss der → Realschule gleichwertig und berechtigt (zum Teil unter der Voraussetzung eines bestimmten Notendurchschnitts oder einer Abschlussprüfung) zum Übergang in die → gymnasiale Oberstufe. Der G. kann eine gymnasiale Oberstufe angegliedert sein.

Die G. ist, je nach Landesrecht → Regelschule, → Schulisches Angebot oder Versuchsschule (→ Schulversuche).

Die grundsätzliche Verfassungsmäßigkeit sowohl der additiven oder kooperativen als auch der integrierten G. – allerdings gemessen am jeweiligen Landesverfassungsrecht – ist inzwischen anerkannt und höchstrichterlich bestätigt worden (vgl. VerfGH NW, NVwZ 1984, 781 = RdJB 1984, 245 m. Anm. Ladeur, S. 466; vgl. auch Dietze, NVwZ 1984, 773; HessStGH, NVwZ 1984, 90; VerfGH Saarl, Urt. v. 14. 7. 1987, DÖV 1988, 124 = RdJB 1988, 349 m. Anm. Hennecke). Es besteht grundsätzlich kein Abwehranspruch von Eltern und Schülern gegen die → Umwandlung von Schulen des herkömmlichen dreigliedrigen Schulsystems in G. Eine verfassungsrechtliche Garantie des → Gymnasiums als Schulart gibt es nicht (BVerfGE 53, 185; anders VGH Kassel NVwZ 1991, 189, das von einem „Recht auf die Wahl eines gymnasialen Bildungswegs" spricht; ablehnend dazu Richter, NVwZ 1991, 138; s. auch → Wahl der Schulart). Die Ersetzung einzelner Schularten oder des gesamten gegliederten Schulsystems durch die G. ist grundgesetzlich nicht ausgeschlossen (vgl. DJT-SchulGE, S. 71, Anm. 9 zu § 15; Niehues, Schul- und Prüfungsrecht, Bd. 1, 3. Aufl. 2000, Rdn. 158, 529), sofern nur innerhalb dieser Organisationsform ausreichende substantielle Wahlmöglichkeiten gegeben sind (→ Wahl der Schulart, Elternrecht). Nach Auffassung des VGH Kassel (NVwZ 1991, 189 m. krit. Anm. von Ingo Richter, NVwZ 1991, 138) folgt – jedenfalls für Hessen aus Art. 55 S. 1 der hess. Verf. und § 5 Abs. 2 HessSchVG – aus dem elterlichen Wahlrecht ein „Recht auf die Wahl eines gymnasialen Bildungsweges", das an einem traditionellen Gymnasium oder am gymnasialen Zweig einer integrierten G. mit gymnasialer Oberstufe wahrgenommen werden kann. Dies stellt die Zulässigkeit der Einführung der flächendeckenden integrierten G. in Frage.
→ Schulaufbau

▶ Geschenke an Lehrer

G. a. L. bzw. die Annahme von Geschenken durch Lehrer sind unter beamtenrechtlichen wie unter strafrechtlichen Gesichtspunkten problematisch. Um die Unbestechlichkeit und größtmögliche Objektivität zu sichern, ist die Annahme von Geschenken durch Lehrer grundsätzlich verboten. Dies gilt in jedem Fall für höherwertige G. (wie z. B. Aktentasche, wertvoller Füller usw.); eine Grenze wird man hier bei ca. DM 50,– ansetzen können. Bewegt sich der Wert eines G. unterhalb dieser Grenze, so ist – beamtenrechtlich – die Annahme nur mit Zustimmung der dienstvorgesetzten Behörde zulässig. Eine Ausnahme wird man aber für geringwertige G. einer ganzen Klasse aus besonderem Anlass (z. B. Blumenstrauß zum Geburtstag), für selbstgefertigte Schülerarbeiten, kleine Andenken und dergleichen machen müssen. Derartige G. darf der Lehrer ohne weiteres annehmen (vgl. Heckel/Avenarius, Schulrechtskunde, 1986, S. 256f.).

Strafrechtlich kann ein Lehrer durch verbotene Annahme von G. den Tatbestand der Vorteilsannahme (§ 331 StGB) erfüllen. Dies setzt voraus, dass der Lehrer den Vorteil (z. B. ein Geschenk) als Gegenleistung für eine Diensthandlung fordert, sich versprechen lässt oder annimmt. Strafverschärfend ist der Tatbestand der Bestechlichkeit (§ 332 StGB) erfüllt, wenn unter gleichen Voraussetzungen im Übrigen durch die vorgenommene oder noch vorzunehmende Diensthandlung eine Dienstpflicht verletzt wird (z. B. die Pflicht zur Objektivität). Schon wenn ein Lehrer sich nur bereit zeigt, für einen gewährten Vorteil als Gegenleistung eine Pflichtverletzung zu begehen oder sich bei einer Ermessensentscheidung beeinflussen zu lassen, macht er sich strafbar. Entsprechendes gilt für denjenigen, der einem Amtsträger (z. B. Lehrer, Schulleiter usw.) einen solchen Vorteil für eine erwartete Gegenleistung (z. B. Bevorzugung seines Kindes) anbietet, verspricht oder gewährt. Hier kommt eine Strafbarkeit wegen Vorteilsgewährung (§ 333 StGB) oder Bestechung (§ 334 StGB) in Betracht. Der Vornahme einer Diensthandlung steht das Unterlassen einer solchen gleich (§ 335 StGB). Steht ein G. dagegen nicht in einem Verhältnis von Leistung und Gegenleistung, so scheidet eine Strafbarkeit aus.

▶ **Geschlechtserziehung** → Sexualkundeunterricht

▶ **Gesetze** → Schulrecht

▶ **Gesetzesvorbehalt**

Der G., auch als Vorbehalt des Gesetzes bezeichnet, verlangte in seiner traditionellen Ausprägung eine gesetzliche Grundlage für Eingriffe in Freiheit und Eigentum. Heute ist der G. von der Eingriffsvoraussetzung gelöst und verlangt, dass der Gesetzgeber im Hinblick auf das Rechtsstaats- und das Demokratieprinzip des GG (Art. 20 GG) die „wesentlichen" Entscheidungen im Schulwesen selbst zu treffen hat und nicht der Schulverwaltung überlassen darf. Wesentlich bedeutet dabei „wesentlich für die Verwirklichung der Grundrechte" (vgl. BVerfGE 58, 268 ff., s. u.). Damit hat sich für das → Schulverhältnis ein grundlegender Verfassungswandel vollzogen. Für das als → besonderes Gewaltverhältnis begriffene Schulverhältnis wurde die Geltung der Grundrechte bis Anfang der 70er Jahre überwiegend abgelehnt, obwohl schon früh auf die insoweit bestehenden rechtsstaatlichen Defizite des → Schulrechts hingewiesen wurde (vgl. Evers und Fuß, VVDStRL 23, 1966, 147 f. und 199 ff.; Wimmer, Sind die deutschen Unterrichtsverwaltungen rechtsstaatlich? DVBl. 1966, 846). Nach der Entscheidung des BVerfG zum Strafgefangenenverhältnis (BVerfGE 33, 1) setzte sich die Geltung des G. auch für das Schulwesen in der höchstrichterlichen Rechtsprechung durch (vgl. BVerfGE 34, 165 – Förderstufe; BVerfGE 41, 251 – Ordnungsmaßnahmen; 45, 400 – gymnasiale Oberstufe; 47, 46 – Sexualkunde; 58, 257 – Versetzung/Schulentlassung; BVerwGE 47, 194 – Sexualkunde; 47, 201 – Fünf-Tage-Woche; 56, 155 – Versetzung; 57, 360 – Sexualkunde; 64, 308, – Fremdsprache in der Orientierungsstufe). Nach der Rspr. insbesondere des BVerfG (vgl. BVerfGE 58, 257) ist zwischen einem Rechtssatzvorbehalt und einem Parlamentsvorbehalt zu unterscheiden. Danach bedürfen grundrechtsrelevante Regelungen zumindest einer auf gesetzlicher Grundlage ergangenen Rechtsverordnung (Rechtssatzvorbehalt), während „intensiv" grundrechtsrelevante Regelungen nur vom

Gesetzgeber selbst im förmlichen Parlamentsgesetz getroffen werden dürfen (Parlamentsvorbehalt; vgl. dazu Richter, AK-GG 1984, Art. 7 Rdn. 44). Eine einheitliche „Wesentlichkeitstheorie" von BVerfG und BVerwG gibt es entgegen einer weitverbreiteten Auffassung nicht, da das BVerwG die Differenzierung zwischen Rechtssatzvorbehalt und Parlamentsvorbehalt nicht nachvollzogen hat (vgl. BVerwGE 64, 308), beide Gerichte zum Teil unterschiedlich strenge Anforderungen stellen und darüber hinaus noch nicht einheitlich beantwortet wird, ob wesentliche Regelungen dem Rechtssatzvorbehalt oder dem Parlamentsvorbehalt unterfallen sollen (vgl. dazu Staupe, Parlamentsvorbehalt und Delegationsbefugnis, 1986; Heckel/Avenarius, Schulrechtskunde, 1986, S. 166 ff.). Je intensiver die Grundrechtsbetroffenheit zu bewerten ist, umso strengere Anforderungen sind zugleich an die inhaltliche Bestimmtheit der gesetzlichen Aussage bzw. Ermächtigung zu stellen. Bei parlamentsrelevanten Regelungen sind die Anforderungen des Art. 80 Abs. 1 Satz 2 GG hinsichtlich der Bestimmtheit einer gesetzlichen Verordnungsermächtigung daher strenger als bei sonstigen Verordnungsermächtigungen. Nach der Rspr. zum G. reichen Verwaltungsvorschriften (→ Schulrecht) heute überall dort nicht mehr aus, wo Regelungen wegen ihrer Grundrechtsrelevanz (insbesondere im Hinblick auf die Grundrechte der Schüler und Eltern) sowie wegen ihrer politischen Bedeutung als „wesentlich" anzusehen sind (vgl. zuletzt BVerfGE 58, 257 ff.; BVerwGE 64, 308 ff. jeweils m. w. N.; zu nach wie vor bestehenden Regelungsdefiziten im Berliner Schulrecht vgl. Erbslöh/Rueß, NVwZ-Beilage II/2001 – LKV-Beilage zu Heft 3/2001, S. 50). Werden schulische Maßnahmen auf nicht ausreichender rechtlicher Grundlage ergriffen, so besteht die Möglichkeit, diesen Mangel im Wege der verwaltungsgerichtlichen Klage zu rügen. Allerdings gewähren die Gerichte den (Schul-)Gesetzgebern zum Teil Übergangsfristen zur Anpassung des Schulrechts an die gestiegenen Anforderungen des G. (→ Rechtsschutz). Angesichts der inzwischen weitgehend gefestigten Rechtsprechung sind Übergangsfristen m. E. nicht mehr verfassungskonform, weil sie den Rechtsschutz des einzelnen unzulässig verkürzen.

▶ **Gesundheitspflege** → Schulgesundheitspflege

▶ **Glaubens- und Gewissensfreiheit**

Die Freiheit des Glaubens, des Gewissens und die Freiheit des religiösen und weltanschaulichen Bekenntnisses (Art. 4 Abs. 1 GG) sowie die ungestörte Religionsausübung (Art. 4 Abs. 2 GG) sind als grundrechtliche Gewährleistungen auch im Schulbereich zu respektieren. Zur G.- und G. hat sich das BVerfG in seinem – außerordentlich kontrovers aufgenommenen – Beschl. v. 16. 5. 1995 zur Zulässigkeit der Anbringung von Kreuzen oder Kruzifixen in staatlichen Pflichtschulen (Bayern) geäußert. Dazu führt das BVerfG im Einzelnen aus: „Art. 4 I GG schützt die Glaubensfreiheit. Die Entscheidung für oder gegen einen Glauben ist danach Sache des einzelnen, nicht des Staates. Der Staat darf ihm einen Glauben oder eine Religion weder vorschreiben noch verbieten. Zur Glaubensfreiheit gehört aber nicht nur die Freiheit, einen Glauben zu haben, sondern auch die Freiheit, nach den eigenen Glaubensüberzeugungen zu leben und zu handeln (vgl. *BVerfGE* 32, 98 [106] = NJW 1972, 327). Insbesondere gewährleistet die Glaubensfreiheit die Teilnahme an den kultischen Handlungen, die ein Glaube vorschreibt oder in denen er Ausdruck findet. Dem entspricht umgekehrt die Freiheit, kultischen Handlungen eines nicht geteilten Glaubens fernzubleiben. Diese Freiheit bezieht sich ebenfalls auf die Symbole, in denen ein Glaube oder eine Religion sich darstellt. Art. 4 I GG überlässt es dem einzelnen zu entscheiden, welche religiösen Symbole er anerkennt und verehrt und welche er ablehnt. Zwar hat er in einer Gesellschaft, die unterschiedlichen Glaubensüberzeugungen Raum gibt, kein Recht darauf, von fremden Glaubensbekundungen, kultischen Handlungen und religiösen Symbolen verschont zu bleiben. Davon zu unterscheiden ist aber eine vom Staat geschaffene Lage, in der der Einzelne ohne Ausweichmöglichkeiten dem Einfluss eines bestimmten Glaubens, den Handlungen, in denen dieser sich manifestiert, und den Symbolen, in denen er sich darstellt, ausgesetzt ist. Insofern entfaltet Art. 4 I GG seine freiheitssichernde Wirkung gerade in Lebensbereichen, die nicht

Glaubens- und Gewissensfreiheit

der gesellschaftlichen Selbstorganisation überlassen, sondern vom Staat in Vorsorge genommen worden sind (vgl. *BVerfGE*, 41, 20 [49] = NJW 1976, 947). Dem trägt auch Art. 140 GG i.V. mit Art. 136 IV WRV dadurch Rechnung, dass er ausdrücklich verbietet, jemanden zur Teilnahme an religiösen Übungen zu zwingen.

Art. 4 I GG beschränkt sich allerdings nicht darauf, dem Staat eine Einmischung in die Glaubensüberzeugungen, -handlungen und -darstellungen einzelner oder religiöser Gemeinschaften zu verwehren. Er erlegt ihm vielmehr auch die Pflicht auf, ihnen einen Betätigungsraum zu sichern, in dem sich die Persönlichkeit auf weltanschaulich-religiösem Gebiet entfalten kann (vgl. *BVerfGE* 41, 29 [49] = NJW 1976, 947), und sie vor Angriffen oder Behinderungen von Anhängern anderer Glaubensrichtungen oder konkurrierender Religionsgruppen zu schützen. Art. 4 I GG verleiht dem einzelnen und den religiösen Gemeinschaften aber grundsätzlich keinen Anspruch darauf, ihrer Glaubensüberzeugung mit staatlicher Unterstützung Ausdruck zu verleihen. Aus der Glaubensfreiheit des Art. 4 I GG folgt im Gegenteil der Grundsatz staatlicher Neutralität gegenüber den unterschiedlichen Religionen und Bekenntnissen. Der Staat, in dem Anhänger unterschiedlicher oder gar gegensätzlicher religiöser und weltanschaulicher Überzeugungen zusammenleben, kann die friedliche Koexistenz nur gewährleisten, wenn er selber in Glaubensfragen Neutralität bewahrt. Er darf daher den religiösen Frieden in einer Gesellschaft nicht von sich aus gefährden. Dieses Gebot findet seine Grundlage nicht nur in Art. 4 I GG, sondern auch in Art. 3 III, Art. 33 I sowie Art. 140 GG i.V. mit Art. 136 I und IV und Art. 137 I WRV. Sie verwehren die Einführung staatskirchlicher Rechtsformen und untersagen die Privilegierung bestimmter Bekenntnisse ebenso wie die Ausgrenzung Andersgläubiger (vgl. *BVerfGE* 19, 206 [216] = NJW 1966, 147; *BVerfGE* 24, 236 [246] = NJW 1969, 31; *BVerfGE* 33; 23 [28] = NJW 1972, 1183; st. Rspr.). Auf die zahlenmäßige Stärke oder die soziale Relevanz kommt es dabei nicht an (vgl. *BVerfGE* 32, 98 [106] = NJW 1972, 327). Der Staat hat vielmehr auf eine am Gleichheitssatz orientierte Behandlung der verschiedenen Religions- und Weltanschauungsgemeinschaften zu achten (vgl. *BVerfGE* 19, 1 [8] =

NJW 1965, 1427; *BVerfGE* 19, 206 [216] = NJW 1966, 147; *BVerfGE* 24, 236 [246] = NJW 1969, 31). Auch dort, wo er mit ihnen zusammenarbeitet oder sie fördert, darf dies nicht zu einer Identifikation mit bestimmten Religionsgemeinschaften führen (vgl. *BVerfGE* 30, 415 [422] = NJW 1971, 931).

Im Verein mit Art. 6 II 1 GG, der den Eltern die Pflege und Erziehung ihrer Kinder als natürliches Recht garantiert, umfasst Art. 4 I GG auch das Recht zur Kindererziehung in religiöser und weltanschaulicher Hinsicht. Es ist Sache der Eltern, ihren Kindern diejenigen Überzeugungen in Glaubens- und Weltanschauungsfragen zu vermitteln, die sie für richtig halten (vgl. *BVerfGE* 41, 29 [44, 47 f.] = NJW 1976, 947). Dem entspricht das Recht, die Kinder von Glaubensüberzeugungen fernzuhalten, die den Eltern falsch oder schädlich erscheinen." (BVerfG, NJW 1995, 2477 ff.).

In dieses Grundrecht greift nach Auffassung des BVerfG eine Regelung ein, die die Anbringung von Kruzifixen in staatlichen Pflichtschulen vorschreibt (anders noch OVG NW DVBl. 1994, 172; VGH München NVwZ 1991, 1099; vgl. auch BayVerfGHE 50, 156 = NJW 1997, 3175; BVerfG NJW 1999, 1020; VGH München NJW 1999, 1045; BVerwG, U. v. 21. 4. 1999 – 6 C 18/98; BVerfG NVwZ 1992, 52; zu den Verfassungsproblemen der G.- u. G. vgl auch Rupp, NVwZ 1991, 1033 sowie zur Kruzifix-Entscheidung des BayVerfGH Renck NJW 1999, 994; zum Verhältnis von Religionsfreiheit und schulischem Bildungsziel in Bayern vgl. Pawlowski, NJW 1989, 2240). Die G.- u. G. findet im Schulwesen konkrete Ausprägungen. So besitzen die → Erziehungsberechtigten, ab Religionsmündigkeit die Schüler selbst das Recht zur Abmeldung vom → Religionsunterricht. Zur Teilnahme am → Schulgebet ist kein Schüler verpflichtet (BVerfGE 52, 223; BVerwGE 44, 196). Auch kann ein Anspruch auf Befreiung vom Sportunterricht bestehen, wenn die Pflicht zum Tragen von Schwimm- und Sportkleidung für eine Schülerin mit unzumutbaren Glaubens- und Gewissenskonflikten verbunden ist (VGH München, NVwZ 1987, 706; OVG Münster, NVwZ 1992, 77; OVG Lüneburg, NVwZ 1992, 79) oder die Teilnahme eines Mädchens (Angehörige der Ahmadiyya-Muslim-Bewegung) am koedukativen Sportunterricht durch die religiöse Einstellung der

Gleichbehandlung

Schülerin oder ihrer Eltern untersagt ist (VGH Kassel, NVwZ 1988, 951); eine Unterrichtsbefreiung im Einzelfall stelle den staatlichen Bildungsauftrag nicht grundsätzlich in Frage. Das BVerwG hat jedoch die staatliche Schulverwaltung verpflichtet, zunächst alle ihr zu Gebote stehenden zumutbaren organisatorischen Möglichkeiten auszuschöpfen, um jedenfalls Mädchen ab dem 7. Schuljahr einen nach Geschlechtern getrennten Sportunterricht anzubieten. Erst wenn die Schulverwaltung dieser Verpflichtung nicht nachkommt oder nicht nachkommen kann, besteht ein Anspruch auf Befreiung vom koedukativen Sportunterricht (BVerwG DVBl. 1994, 163 und BVerwG Az. 6 C 30.92; dazu Albers, DVBl. 1994, 984 ff.). Aus Anlass religiöser Feiern besteht für die der jeweiligen Religion angehörenden Schüler Anspruch auf → Beurlaubung vom Unterricht (näheres dort). Für die großen Gruppen von Schülern islamischen Glaubens (nach offiziellen Schätzungen leben z. Z. etwa 2,8 bei 3,2 Millionen Menschen muslimischen Glaubens in Deutschland) besteht ein Anspruch auf islamischen Religionsunterricht (Eiselt, DÖV 1981, 205; Richter, AK-GG, Art. 7 Rdn. 55, Füssel, RdJB 1985, 74). Auch im Übrigen steht der Unterricht unter dem Gebot der Toleranz und gebietet die Respektierung der Überzeugung Andersdenkender. In den Schutzbereich des Art. 4 Abs. 1 u. 2 GG fällt u. a. das Tragen religiöser Symbole, Abzeichen oder entsprechender Kleidung. Ob einem Lehrer das Tragen solcher Gegenstände in der Schule untersagt werden kann, ist umstritten; s. dazu VG Lüneburg, U. v. 16. 10. 2000, NJW 2001, 767 – Tragen eines Kopftuchs im Unterricht durch Lehrerin; s. auch Berufungsverfahren vor dem OVG Lüneburg, Az. 2 L 4401/00; VG Stuttgart, NVwZ 2000, 959; VGH Mannheim, B. v. 5. 7. 2000 – 4 S 1110/00; Böckenförde, NJW 2001, 723; BVerfG, B. v. 27. 10. 1997, NJW 1999, 1020; Zuck, NJW 1999, 2948 → Neutralitätsgebot. Zum Thema Kulturkonflikte im Schulrecht vgl. Füssel, in: Bryde (Hrsg.), Das Recht und die Fremden, 1994, 67 ff.

▶ **Gleichbehandlung** → Bildungs- und Erziehungsziele, → Chancengleichheit, → Recht auf Bildung, → Prüfungen, → Verfahrensfehler, → Rechtsschutz

▶ Gliederung des Bildungswesens

Das Bildungswesen der Bundesrepublik Deutschland umfasst, im Schulwesen nach → Schulstufen und → Schularten gegliedert,
- die Kindergärten und vorschulische Einrichtungen (→ Elementarbereich),
- die allgemeinbildenden Schulen im → Primarbereich (→ Grundschulen),
- die allgemeinbildenden Schulen in der → Sekundarstufe I (Mittelstufe); dazu zählen → Hauptschule, → Realschule, → Gymnasium, → Gesamtschule, i.d.R. einschließlich der → Orientierungsstufe;
- die allgemeinbildenden Schulen in der → Sekundarstufe II (Oberstufe der Gymnasien und Gesamtschulen, selbständige → Oberstufenschulen),
- die → beruflichen Schulen sowie die Einrichtungen der beruflichen Ausbildung in Betrieben und überbetrieblichen Ausbildungsstätten in der Sekundarstufe II,
- die Hochschulen (Universitäten, Fachhochschulen, Gesamthochschulen) des sog. Tertiärbereichs,
- die Einrichtungen der Weiterbildung (sog. Quartärbereich).

Die Einrichtungen des → Zweiten Bildungswegs und die → Sonderschulen werden jeweils zu dem Bereich gerechnet, zu dem die ihnen entsprechende Schule des üblichen Bildungswegs gehört (d.h. → Abendhauptschulen und → Abendrealschulen zum Sekundarbereich I, → Abendgymnasien und → Kollegs zum Sekundarbereich II; vgl. DJT-SchulGE § 15 Abs. 4 Satz 2 und 3, S. 72 und 181 ff.). → Schulaufbau

▶ Grundgesetz und Schule

Das GG enthält nur wenige explizit schulrechtliche Bestimmungen. Ausdrückliche Regelungen zum Schulwesen trifft Art. 7 GG (→ Schulaufsicht, → Religionsunterricht (dazu auch Art. 141 GG), → Bekenntnisschulen, → Gemeinschaftsschulen, → Privatschulen, → Vorklassen, → Weltanschauungsschulen). Das elterliche Erziehungsrecht (→ Elternrecht), das in den Schulbereich hineinwirkt, ergibt sich aus Art. 6 Abs. 2 GG. Abgesehen davon,

Grundrechte

dass für die Schulbeteiligten uneingeschränkt die allgemeinen Grundrechte gelten, wird zum Teil von einem grundrechtlich geschützten oder von Elementen eines → Rechts auf Bildung gesprochen (BVerwGE 47, 201, 204; 56, 155, 158; vgl. SchulGE S. 126 ff., 129). Mittelbar das Schulrecht betreffen: die Garantie der kommunalen Selbstverwaltung (Art. 28 Abs. 2 GG, → Schulträgerschaft) u. Art. 91b GG (→ Bildungsplanung). Im Übrigen wirkt sich das GG durch seine objektiven Normen auf Inhalt und Struktur schulischer Erziehung aus (z. B. durch Anerkennung des Toleranzprinzips). Auch der Grundsatz der → Chancengleichheit findet seine Grundlage unmittelbar im GG (Art. 3). Der Grundsatz der → Verhältnismäßigkeit, der für sämtliche schulischen Maßnahmen gilt, ist im Rechtsstaatsprinzip des GG (Art. 20 Abs. 3) enthalten. In Verbindung mit dem Demokratieprinzip wird aus dem Rechtsstaatsprinzip der Grundsatz des → Gesetzesvorbehalts abgeleitet. Das Sozialstaatsprinzip bildet die verfassungsrechtliche Grundlage für soziale Maßnahmen im Schulbereich (→ Ausbildungsförderung, → Erziehungsbeihilfen, → Lehrmittelfreiheit, → Schülerbeförderung). Schließlich ergibt sich auch der → Föderalismus der Bundesrepublik Deutschland (von großer Bedeutung für das Schulwesen) vor allem aus der im GG vorgenommenen Verteilung der Gesetzgebungs- und Verwaltungskompetenzen.

▶ **Grundrechte** → Besonderes Gewaltverhältnis, → Demonstrationsrecht, → Glaubens- und Gewissensfreiheit, → Elternrecht, → Meinungsfreiheit, → Recht auf Bildung, → Schülergruppen, → Schülerzeitungen, → Zulassungsbeschränkungen

▶ **Grundschule**

Die G. ist die von allen Schülern der Schuljahrgänge 1 bis 4 (in Berlin 1 bis 6) in der → Primarstufe gemeinsam besuchte → Schulart (→ Einheitsschule). Die G. bereitet durch die Vermittlung von Grundkenntnissen auf den Besuch der weiterführenden Schulen vor. → Schulaufbau

▶ Gymnasium

Das G. umfasst als weiterführende → Schulart der → Sekundarstufe I und II die Klassen 5 (bei 4-jähriger Grundschule und schulartabhängiger → Orientierungsstufe) oder 7 (bei 6-jähriger Grundschule oder schulartunabhängiger Orientierungsstufe) bis 13. Das G. in Aufbauform setzt den Abschluss der → Realschule (in Hamburg: den erfolgreichen Besuch der Klasse 8 der Realschule, § 11a Abs. 3 SchulG) voraus. Das → Abitur als Abschluss des G. berechtigt zum Studium an den wissenschaftlichen Hochschulen. Besonderheiten gelten für die → Oberstufe des G. (gymnasiale Oberstufe). Eine verfassungsrechtliche Garantie des G. als Schulart gibt es nicht (BVerfGE 53, 185; BVerwG, Beschl. vom 22. 8. 1980, SPE I C I, S. 31; DJT-SchulGE S. 182). Der staatliche Gesetzgeber ist verfassungsrechtlich nicht gehindert, das herkömmliche dreigliedrige Schulsystem durch ein → Gesamtschulsystem zu ersetzen, sofern darin eine hinreichende Differenzierung gewährleistet ist (vgl. DJT-SchulGE, S. 71, Anm. 9 zu § 15; Niehues, Schul- und Prüfungsrecht, Rdn. 147c). Etwas anderes kann sich aus landesverfassungsrechtlichen Bestimmungen ergeben (zur verfassungsrechtlichen Garantie der → Hauptschule vgl. NRW VerfGH, NVwZ 1984, 781). Nach der st. Rspr. des BVerfG gibt das GG keinen Maßstab für die pädagogische Beurteilung von Schulsystemen her (BVerfGE 34, 165, 185; 45, 400, 415). Eine besondere Form ist das → humanistische G. Das in Art. 8 Abs. 3 Satz 1 Nr. 6 bay. EUG vorgesehene „Sozialwissenschaftliche G. für Mädchen" ist mit Art. 118 Abs. 1 Satz 1 und Art. 128 Abs. 1 bay. LV insoweit unvereinbar, als danach diese Ausbildungsrichtung ausschließlich für Mädchen eingerichtet werden kann (BayVerfGH, Entsch. v. 27. 2. 1985, Vf. 9–VII–82, s. Bekanntm. in BayGVBl. S. 75). → Schulaufbau

H

▶ **Haartracht**

Die H. ist grundsätzlich ebenso wie die → Kleidung Sache des persönlichen Geschmacks des Schülers bzw. seiner Eltern. Die Schule ist nicht befugt, insoweit irgendwelche Vorschriften zu machen. Das bloße Abweichen vom Mehrheitsgeschmack, z. B. bei Punker-Frisuren oder Skin-Heads, kann in keinem Fall eine Störung des Schul- und Unterrichtsbetriebs sein – Mitschüler wie Lehrer und Eltern anderer Schüler müssen dies grundsätzlich hinnehmen. Das Recht auf freie Entfaltung der Persönlichkeit (Art. 2 Abs. 1 GG) gibt aber einem Schüler wegen seiner besonderen „Tolle" kein Recht, etwa die Teilnahme am Sport- oder Schwimmunterricht zu verweigern (vgl. dazu → Glaubens- und Gewissensfreiheit). In solchen Fällen werden die Schülerrechte zulässig von der → Schulpflicht bzw. der Pflicht zur Teilnahme am Unterricht begrenzt. Die Schule kann ferner bei der Arbeit an Maschinen z. B. in beruflichen Schulen oder allgemein im Werkunterricht aus Sicherheitsgründen die nötigen Schutzvorkehrungen verlangen (z. B. Haarnetz). In → Privatschulen sind weitergehende Einschränkungen rechtlich möglich.

▶ **Haftung**

Haftungstatbestände können von Lehrern, Schülern und Eltern sowie durch die Schule erfüllt werden.

(1) Für Schüler gelten die allgemeinen zivilrechtlichen Haftungsgrundsätze. Vor Vollendung des 7. Lebensjahrs ist niemand deliktsfähig und für einen Schaden, den er einem anderen zufügt, nicht verantwortlich (§ 828 Abs. 1 BGB). Ab dem 7. Lebensjahr bis zur Vollendung des 18. Lebensjahres ist jemand für einen Schaden nicht verantwortlich, wenn er bei der Begehung der schädigenden Handlung nicht die zur Erkenntnis der Verantwortlichkeit erforderliche Einsicht hat (§ 828 Abs. 2 BGB). Die damit

erforderliche Zurechnungsfähigkeit ist zu bejahen, wenn der Minderjährige die intellektuelle Einsichtsfähigkeit besitzt, das Gefährliche seines Tuns zu erkennen und sich der Verantwortung für die Folgen seines Tuns bewusst zu sein. Es kommt – anders als im Strafrecht – nicht darauf an, dass der Minderjährige auch individuell die Fähigkeit besitzt, sich dieser Einsicht gemäß zu verhalten (BGH, NJW 1984, 1958; Palandt, BGB-Kommentar, 54. Aufl. 1995, § 828, Anm. 2). In jedem Fall kommt es auf die Umstände des Einzelfalls, insbesondere Alter und geistige Entwicklung des Jugendlichen an. Neben der Zurechnungsfähigkeit ist schuldhaftes Handeln erforderlich (§ 276 BGB), d.h. Vorsatz oder Fahrlässigkeit. Dabei ist allgemein die Verstandesreife von Kindern der entsprechenden Altersgruppe (sog. Gruppenfahrlässigkeit) zugrunde zu legen, nicht die individuelle Verstandesreife (BGH NJW 1984, 1958). Vorsatz ist Wissen und Wollen des rechtswidrigen Erfolges (Palandt, § 276, Anm. 3a), Fahrlässigkeit ist Außerachtlassung der im Verkehr erforderlichen Sorgfalt (§ 276 Abs. 1 Satz 2 BGB). Bei der Abwägung eines Mitverschuldens nach § 254 BGB ist § 828 Abs. 2 BGB entsprechend anzuwenden (OLG Düsseldorf, VersR 1969, 380). Eine verminderte Zurechnungsfähigkeit kennt das Zivilrecht nicht; weist der Minderjährige nach, dass die erforderliche Einsichtsfähigkeit in das Unerlaubte seines Tuns gefehlt hat, so braucht er zivilrechtlich für die Folgen seines Tuns nicht einzustehen. Verletzt ein Schüler einen Mitschüler, so tritt die H.sbeschränkung nach §§ 637 Abs. 4, 636, 539 Abs. 1 Nr. 14b RVO ein, sofern die Verletzung nicht vorsätzlich erfolgte (LG Düsseldorf, NJW 1976, 1945). Wird ein beamteter Lehrer im Dienst von einem Schüler geschädigt, so greift die Haftungsfreistellung des Schülers aus §§ 636, 637 RVO nicht ein (anders bei angestelltem Lehrer; BGH NJW 1986, 1937).

(2) Eltern haften als Personensorgeberechtigte (→ Erziehungsberechtigte) gemäß § 832 Abs. 1 BGB für einen Schaden, den das wegen Minderjährigkeit oder wegen seines geistigen oder körperlichen Zustandes aufsichtsbedürftige Kind einem Dritten widerrechtlich zufügt. Die Ersatzpflicht tritt nicht ein, wenn die Eltern ihrer Aufsichtspflicht genügt haben oder wenn der Schaden auch bei gehöriger Aufsichtsführung entstanden wäre. Der häufig be-

hauptete Grundsatz „Eltern haften für ihre Kinder" gilt demnach nur unter dem Vorbehalt einer Aufsichtspflichtverletzung. § 832 BGB stellt zwei widerlegbare Vermutungen auf, nämlich für das Verschulden bei der Erfüllung der Aufsichtspflicht und für den ursächlichen Zusammenhang zwischen der Verletzung der Aufsichtspflicht und dem Schaden. Ein eigenes Verschulden der Eltern hins. der Schadensverursachung durch das Kind ist nicht erforderlich (BGH, VersR 1954, 558). Das Maß der gebotenen Aufsicht bestimmt sich nach Alter, Eigenart und Charakter des Kindes. Entscheidend ist, was verständige Eltern nach vernünftigen Anforderungen im konkreten Fall unternehmen müssen, um die Schädigung Dritter durch ihr Kind zu verhindern (BGH, NJW 1969, 2138). Ist das Kind in der Schule, so besteht zwar eine → Aufsichtspflicht der Schule (Lehrer; § 839 BGB anwendbar); die Aufsichtspflicht der Eltern entfällt während dieser Zeit aber in aller Regel nicht (OLG Köln, MDR 1957, 227). Da den Eltern während der Unterrichtszeit aber keine Aufsichtsmöglichkeit eingeräumt ist, können sie praktisch in dieser Zeit nicht für Schäden auf Grund Verletzung der Aufsichtspflicht haftbar gemacht werden. Ebenso sind die Eltern grundsätzlich für den → Schulweg aufsichtspflichtig; dort besteht auch eine reale Einwirkungsmöglichkeit. Keine Verletzung der Aufsichtspflicht jedoch, wenn ein normal veranlagtes 6jähriges Kind auf dem Schulweg nach häufiger Belehrung und Begleitung nicht ständig beaufsichtigt wird (OLG Oldenburg, VersR 72, 54).

(3) Lehrer haften insbesondere für Verletzungen ihrer → Aufsichtspflicht nach den Grundsätzen der Amtshaftung. Für Schäden, die infolge von Aufsichtspflichtverletzungen bei den beaufsichtigten Schülern selbst eintreten oder von diesen gegenüber Dritten verursacht werden (BGHZ 28, 297; Palandt, § 832, Anm. 5; § 839, Anm. 109 – Lehrer), haftet grundsätzlich nicht der Lehrer selbst, sondern das Land (§ 839 BGB i.V.m. Art. 34 GG). Der Lehrer kann demnach zivilrechtlich für Schäden infolge einer Verletzung der Aufsichtspflicht nicht unmittelbar in Anspruch genommen werden. Für Personenschäden wird die Haftung des Lehrers bereits durch die gesetzliche → Unfallversicherung der Schüler eingeschränkt (§§ 637 Abs. 4, 636, 640 RVO). Neben oder

anstelle des Landes haftet die Schülerunfallversicherung für Schäden, die ein Schüler auf einer → Schulveranstaltung erleidet (§ 539 Abs. 1 Nr. 14 b und c RVO). Gegen den Lehrer kommt ein Rückgriffsrecht des Landes bzw. des Trägers der Unfallversicherung in Betracht. Dies ist jedoch nur dann der Fall, wenn dem Lehrer eine vorsätzliche oder grob fahrlässige Verletzung der Aufsichtspflicht zur Last gelegt wird. Eine „grobe Fahrlässigkeit" liegt nur dann vor, wenn die erforderliche Sorgfaltspflicht nach den gesamten Umständen in besonders schwerem Maße verletzt worden ist. Bei leichter Fahrlässigkeit ist der Rückgriff gegen den Lehrer ausgeschlossen. Bei leicht oder grob fahrlässiger Amtspflichtverletzung entfällt ein Anspruch gegen den Beamten sowie gegen den Staat, wenn der Verletzte eine anderweitige Ersatzmöglichkeit besitzt (§ 839 Abs. 1 Satz 2 BGB). Diese zunächst für Beamte geltenden Grundsätze sind auf angestellte Lehrer entsprechend anzuwenden (Palandt, § 839 Anm. 23). (Zur strafrechtlichen H. → Strafrecht und Schule).

(4) Eine Haftung der Schule kann aus § 823 BGB gegeben sein, wenn Verkehrssicherungspflichten verletzt werden (zur BGH-Rspr. über Schulunfälle vgl. Palandt, § 839 Anm. 152 – Schulen). In Betracht kommt insbesondere eine Haftung wegen: nicht ordnungsgemäßer Beschaffenheit von Geräten und Einrichtungen (BGH LM, § 839 (Fd) Nr. 9), des Schulhofs (RGZ 102, 6), des Schulgebäudes (BGH LM, § 839 (Fd) Nr. 9 und BGH MDR 1967, 656 – Glastür; BGH LM, § 839 (Fd) Nr. 12a – Glaswände auf Schulhof; tiefreichende Glasfenster in der Turnhalle, OLG Stuttgart, MDR 1998, 967); von Turngeräten (BGH VersR 1957, 201), von Spielgeräten (BGH LM, § 839 (Fd) Nr. 11 – Drehwippe), fehlender Sicherung des Treppengeländers gegen Hinunterrutschen (BGH NJW 1980, 1745), zweistündigen Fehlens einer Aufsicht über eine Klasse mit 14–15jährigen Schülern (BGH VersR 1972, 979), Verletzung der Pflicht, berechtigterweise mitgebrachtes Eigentum der Schüler in angemessenem Umfang vor Verlust und Beschädigung zu schützen (BGH NJW 1973, 2102). Bei Schulbusunfällen haftet der Busunternehmer, da der Schulbus nicht in den Schulbetrieb eingegliedert ist, daher erfolgt kein Haftungsausschluss des Busunternehmers durch §§ 636, 637 RVO (BGH NJW

1982, 1042; vgl. auch Hage, sm 6/1981, 10 ff.; zur Haftungsbeschränkung bei Wegeunfällen BGH DVBl. 2001, 77). Zur H. für Schülerlotsen vgl. OLG Köln, NJW 1968, 655.

▶ **Hamburger Abkommen**

Mit dem Ziel einer Vereinheitlichung des Schulwesens der Länder haben die Ministerpräsidenten zuerst 1955 eine Vereinbarung über einige Grundstrukturen des Schulwesens getroffen, wie den Schuljahres- und den Schulpflichtbeginn, die → Ferien, → Schularten, ihre Bezeichnungen, ihre Organisationsformen einschl. der → Sprachenfolge, → Schulversuche, → Anerkennung von Abschlüssen (aber nur für die Schulen, die Gegenstand der Vereinbarung sind), Bezeichnung der Notenstufen. Einzelheiten bleiben offen oder ausdrücklich den Ländern überlassen wie z. B. die Dauer der → Schulpflicht (neun oder zehn Jahre). Diese Vereinbarung gilt heute als sogenanntes H. A. vom 28. 10. 1964 i. d. F. v. 14. 10. 1971 (KMK-BeschlS. 101), ergänzt durch KMK-Beschl. v. 16. 4. 1999 – Vereinbarung über die vorgezogene 2. und 3. Fremdsprache ab Jahrgangsstufe 6 bzw. 8, KMK-BeschlS. 101.1). Die Wirkungen des H. A. sind beschränkt, da es den Ländern unbenommen bleibt, andere als die im Abkommen genannten Schulformen zu entwickeln. Das H. A. als Verwaltungsvereinbarung zwischen den Ländern bindet insoweit die Landesparlamente nicht. Die einzelnen Schüler und Eltern können aus dem H. A. keine Rechte herleiten, da es lediglich die Länder untereinander verpflichtet. Das H. A. ist mit einjähriger Frist von den Ländern kündbar. Dieser Fall hätte erhebliche Auswirkungen u. a. auf die Frage der → Anerkennung von Schulabschlüssen. Das H. A. wurde und wird laufend durch eine Vielzahl von Vereinbarungen der → Kultusministerkonferenz ergänzt. → Föderalismus

▶ **Hauptschule**

Die H. beginnt als weiterführende Schule mit dem 5., bei 6-jähriger → Grundschule mit dem 7. Schuljahrgang. Letzteres gilt auch bei 2-jähriger schulformunabhängiger → Orientierungsstufe. Die H. endet, je nach Dauer der → Schulpflicht, mit dem 9. oder mit dem 10. Schuljahrgang. Grund- und Hauptschule sind häufig zu einer Schuleinheit zusammengefasst und entsprechen in dieser Form der herkömmlichen → Volksschule.

Nach einer Entscheidung des NRW VerfGH (NVwZ 1984, 781) folgt aus Art. 8 Abs. 2 und Art. 12 nrw. LV für das Land NRW eine institutionelle Garantie der H. nicht nur in ihren Bildungszielen, sondern als eigenständiger Bildungsgang. Diese Garantie verlange ein Mindestmaß an organisatorischer Selbständigkeit, nicht aber die H. als selbständige Organisationseinheit i. S. des Schulbegriffs des nrw. SchVG. Dies sah der NRW VerfGH in § 10 Abs. 2 nrw. SchVG vom 21. 7. 1981 (GV. NW. S. 402) nicht gewährleistet, welcher vorsah, dass die Verpflichtung der Gemeinden, H. zu errichten und fortzuführen, auch durch Errichtung und Fortführung einer → Gesamtschule erfüllt werden kann, die den Bildungsgang der H. enthält.

Die in Bayern verlangte Zulassung zur Prüfung für den qualifizierenden Hauptschulabschluss verstößt nach einer Entscheidung des BayVerfGH (v. 7. 5. 1981, Vf 10-VII-79) nicht gegen die bay.LV. Dabei seien leistungsmäßige Mindestvoraussetzungen, wie sie in der 9. Jahrgangsstufe von den Schülern als Voraussetzung zur Zulassung zur Prüfung für den qualifizierenden Abschluss verlangt werden, nicht unzumutbar. → Schulaufbau

▶ Hausaufgaben

Zulässigkeit und Umfang von H. sind in den Ländern unterschiedlich geregelt. Überwiegend werden nach → Schulstufen oder Schuljahrgängen differenzierende Regelungen getroffen. In den Empfehlungen der → KMK zur Arbeit in der → Grundschule i. d. F. v. 6. 5. 1994 (KMK-Beschl. S. 130.2) werden H. einerseits als unter bestimmten Bedingungen sinnvoll bezeichnet, andererseits aber auf die Tatsache hingewiesen, dass ein Nachweis über den Nutzen von H. bisher nicht geführt worden sei. Mit ähnlicher Zurückhaltung bezeichnen die entsprechenden Bestimmungen der Länder H. als Teil der Unterrrichts- und Erziehungsarbeit und als notwendige organisatorische Ergänzung des Unterrichts. Grundsätzlich werden H. damit zu einem integralen Teil des Un-

Hausaufgaben

terrichts gemacht, wobei allerdings stets die Besonderheiten der → Schulart und → Schulstufe, aber auch die persönlichen und sozialen Voraussetzungen der Schüler bzw. Lerngruppen zu berücksichtigen sind. Nicht einheitlich ist dafür festgelegt, an welchem Schüler sich der Umfang der Hausaufgaben orientieren soll (am „Schüler mit durchschnittlichem Leistungsvermögen" oder am „durchschnittlichen Arbeitstempo der Klasse"). Empfehlungen wie die, eine Differenzierung nach Leistungsfähigkeit, Belastbarkeit sowie nach Neigung der einzelnen Schüler vorzunehmen, setzen eine individuelle Differenzierung des Hausaufgabenumfangs voraus und formulieren wohl angesichts der derzeitigen → Klassengrößen eher ein pädagogisches Ideal als eine praktikable Richtlinie für den Lehrer. Ein genereller Verzicht auf H. ist nach den bestehenden Regelungen nicht zulässig, während einem differenzierten und pädagogisch begründeten gelegentlichen Verzicht auf H. rechtliche Bedenken nicht entgegenstehen (vgl. dazu Staupe, WPB 1983, 504 f.). Um das Einüben von Fehlern zu vermeiden, ist der Lehrer verpflichtet, H. nach Möglichkeit zumindest stichprobenartig zu kontrollieren und zu korrigieren.

Der zulässige Umfang von H. ist zwar nicht in allen Ländern einheitlich, in Anlehnung an die bereits erwähnte KMK-Richtlinie aber doch weitgehend angeglichen. Die entsprechenden Bestimmungen enthalten Höchstgrenzen (nicht: Richtwerte) für den Hausaufgabenumfang. Im Schuljahrgang 1 sind H. z.T. gänzlich untersagt. Andere Länder sprechen von einem behutsamen Eingewöhnen anhand von Aufgaben geringen Umfangs oder von einer Anleitung der Kinder, H. anzufertigen. In der 2. Klasse sollen 30 Minuten tägliche Hausaufgabenzeit nicht überschritten werden. Für die 3. und 4. Klasse werden zum Teil 45, zum Teil 60 Minuten als Höchstwert genannt. Im 5. und 6. Schuljahrgang schwanken die Zahlen um eineinhalb Stunden. Für die Schuljahrgänge 7 bis 10 werden relativ übereinstimmend höchstens zwei Stunden festgelegt. Zum Teil wird allgemein verlangt, dass die H. in „angemessener Zeit" erledigt werden können. Für die → Sekundarstufe I der allgemeinbildenden Schulen wird, soweit Festlegungen getroffen worden sind, ein ungefährer Richtwert von ein bis zwei oder zwei bis drei Stunden genannt. Diese Höchstwerte stellen auf den Arbeitsumfang für den einzelnen Schüler ab und gelten demgemäß für alle Fächer zusammen, so dass eine Koordination und Absprache durch die Lehrer vorausgesetzt wird. Über das Wochenende, über gesetzliche Feiertage und über die Schulferien, zum Teil auch bei vorausgehendem Nachmittagsunterricht sind Hausaufgaben durchweg untersagt. Ausnahmen werden jedoch zugelassen, zum Beispiel bei Aufgabenstellung vor Samstag oder bei Schulen mit → Fünf-Tage-Woche. Eine Kontrolle der H. ist teilweise vorgeschrieben, wobei eine Benotung nicht obligatorisch ist. Einige Länder sehen vor, dass mit zunehmendem Alter der Schüler die Kontrolle der H. durch den Lehrer durch gegenseitige Hausaufgabenkontrolle der Schüler und durch Selbstkontrollen ersetzt wird. Strafarbeiten wie z.B. stumpfsinniges Abschreiben sind nach modernem pädagogischem Verständnis nicht mehr vertretbar und deshalb unzulässig. Zum Teil werden H. als Strafe oder als Mittel zur Wahrung der Disziplin ausdrücklich untersagt. Umgehungen dieses Verbots (z.B. durch Deklarierung als pädagogisch sinnvolle Zusatzaufgabe) sind nicht statthaft.

Für → Ganztagsschulen gelten – bei im Übrigen gleichen Grundsätzen – Besonderheiten hinsichtlich des Umfangs von H. In den Ganztagsschulen der Grundstufe sollen H. nach Möglichkeit vermieden werden. Besondere Regelungen gelten für → berufliche Schulen und → Oberstufenzentren. Soweit keine speziellen Bestimmungen erlassen worden sind, können die Vorschriften zum Nachmittagsunterricht (keine H. bis zum nächsten Tag) entsprechend angewendet werden.

Die schulgesetzlichen Bestimmungen sehen nicht selten vor, dass von der Schulkonferenz Grundsätze über Art und Umfang der H. beschlossen werden können.

▶ Hausordnung

H. werden von der Schule als Benutzungsordnungen erlassen. In ihnen werden Fragen der allgemeinen Ordnung der Schule geregelt (z.B. Öffnungszeiten der Schule für Fahrschüler, z.T. → Rauchen in der Schule, Grundsätze für die → Schulnutzung usw.). Mit der H. nicht zu verwechseln sind die in einigen Ländern erlassenen Allgemeinen Schulordnungen (Bayern, Nordrhein-Westfalen, Saarland) sowie die in allen Ländern vorhandenen → Schulordnungen für bestimmte → Schularten, Bildungsgänge oder Bereiche, in denen zu den Schulgesetzen ergänzende Regelungen des → Schulverhältnisses durch Rechtsverordnung vorgenommen werden.

▶ **Hausrecht**

Wie bei Privatgebäuden besteht auch ein durch die Strafnorm des Hausfriedensbruchs (§ 123 StGB) geschütztes H. an öffentlichen Grundstücken und Gebäuden, also auch an Schulen. Das H. ist charakterisiert durch seine Außenrichtung. Es dient zur Abwehr von außen kommender Störungen durch Personen, die nicht berechtigt sind, in den räumlichen Bereich der Schule einzudringen; so kann z.B. Sammlern, Vertretern oder Händlern der Zugang zum Schulgrundstück untersagt werden (vgl. Heckel/Avenarius, Schulrechtskunde, 1986, S. 130f.). Das H. bietet daher keine rechtliche Handhabe, gegen Personen, die sich als Schulbenutzer (z.B. als Schüler, Lehrer, ggf. Eltern) im räumlichen Schulbereich berechtigterweise aufhalten, durch ein Hausverbot oder Disziplinarmaßnahmen vorzugehen. Gegen Schüler, die in der Schule → Plaketten tragen, kann nicht auf der Grundlage des Hausrechts vorgegangen werden; das H. stellt kein generelles räumliches Ordnungsrecht dar (vgl. dazu Staupe, sm 1/1981, 24ff.). Vielmehr sind hier die gesetzlichen Bestimmungen über → Ordnungsmaßnahmen sowie die Regelungen der → Schulordnungen anwendbar. Das H. steht dem → Schulleiter zu. Das gesetzlich geregelte H. des Schulleiters bildet die (erforderliche) gesetzliche Grundlage für den Erlass eines schulischen Hausverbots (vgl. BayVGH, NJW 1980, 2722). Ein Hausverbot darf nur dann ausgesprochen werden, wenn es zur Sicherung eines ungestörten Schulbetriebs erforderlich ist. Der Schulleiter ist bei der Ausübung des H. grundsätzlich an Weisungen des → Schulträgers nicht gebunden und kann das H. daher auch gegenüber Beauftragten des Schulträgers ausüben). Der Schulleiter kann das ihm zustehende

H. auch an einzelne Lehrer oder auf den Schulhausmeister zeitweise delegieren, wenn er selbst verhindert ist. Das H. ist auf den räumlichen Bereich der Schule beschränkt; Störungen von außen ohne Betreten des Schulgrundstücks (z.B. Lärm von der Straße) können nicht auf Grund des H. untersagt werden. Umstritten ist die Rechtsnatur des H., eine Frage, die für die Wahl des richtigen Rechtswegs entscheidend ist. Die h.M. stellt auf die Motivation ab, mit der der Störer das öffentliche Gebäude aufsucht (vgl. Knemeyer, Öffentlich-rechtliches H. und Ordnungsgewalt, DÖV 1970, 596ff.). Steht das Betreten des Gebäudes im Zusammenhang mit dessen öffentlich-rechtlicher Zweckbestimmung (z.B. Elternbesuch zu Informationszwecken), so soll das gegenüber einer solchen Person ausgeübte H. öffentlich-rechtlicher Natur sein (vgl. BayVGH, a.a.O.; Ehlers, Gesetzesvorbehalt und H. der Verwaltungsbehörden, DÖV 1977, 737f.). Wird das Gebäude dagegen aus anderen, mit dem Schulzweck nicht zusammenhängenden Gründen aufgesucht (z.B. Fotograf am ersten Schultag), so soll das H. privatrechtlich ausgeübt werden. Nach zutreffender Auffassung ist demgegenüber auf den mit der Ausübung des H. verfolgten Zweck abzustellen: Dient es der Aufrechterhaltung eines ungestörten Schulbetriebs, so geht es unabhängig von der kaum verifizierbaren Motivation des Störers um den Schutz der öffentlich-rechtlichen Zweckbestimmung der Schule. Das H. wird in diesen Fällen stets öffentlich-rechtlich ausgeübt, so dass im Streitfall der Verwaltungsrechtsweg der Regelfall sein wird (vgl. Knemeyer, DÖV 1970, 596, 599; Staupe, sm 1/1981, 24ff.; Heckel/Avenarius, Schulrechtskunde, 1986, S. 130; zum Zivilrechtsweg bei Betrieb eines Schülercafés vgl. OVG Greifswald, NVwZ 2001, 446).

▶ **Hausunterricht** → Behinderte Schüler

▶ **Hausverbot** → Hausrecht

▶ **Hitzefrei**

Die allgemeine → Schulpflicht schließt es nicht aus, Schülern H. zu geben, wenn die äußeren Bedingungen keinen sinnvollen Unterricht zulassen (vgl. Niehues, Schul- und Prüfungsrecht,

Bd. 1, 3. Aufl. 2000, Rdn. 354). Dieser Grundsatz ist verallgemeinerbar und gilt nicht nur für entsprechend hohe Temperaturen. Ein gesetzlicher Anspruch auf kurzzeitige → Beurlaubung vom Unterricht wegen H. oder aus ähnlichen Gründen besteht jedoch nicht; vielmehr steht die Beurlaubung im Ermessen der Schulbehörde. Die Länder haben aber zum Teil in Verwaltungsvorschriften die Voraussetzungen für H. (z. B. durch Festlegung einer bestimmten Mindesttemperatur) allgemein festgelegt, so dass auf Grund der Selbstbindung der Schulbehörden ein Anspruch auf ermessensfehlerfreie und gleichmäßige Entscheidung (Art. 3 Abs. 1 GG) in Betracht kommen kann.

▶ **Hochschulreife** → Abitur

▶ **Höhere Schulen** → Schularten, → Schulaufbau

▶ **Hospitationsrecht der Eltern**

Die Möglichkeit für die Eltern, den Unterricht ihrer Kinder zu besuchen, ist kein rechtlich zwingendes Erfordernis der elterlichen → Informationsrechte, ist aber verfassungsrechtlich zulässig (vgl. BVerfGE 59, 360, 390) und erscheint als Ergänzung der elterlichen Informationsrechte sinnvoll (vgl. den Vorschlag in DJT-SchulGE § 53 Abs. 2 und S. 267). Es steht im Ermessen des Landesgesetzgebers sowie – im Rahmen der Gesetze – der Schulverwaltung und der Schule, generell oder im Einzelfall solchen Unterrichtsbesuch, ggf. auch für Mitglieder des jeweiligen Klassen- oder Schulelternbeirats, zu ermöglichen (vgl. BVerfGE a. a. O. zu § 42 brem. SchulG sowie § 22 Abs. 2 Nr. 1 brem. SchulVwG, wonach die Schulkonferenz die Einzelheiten des Hospitationsrechts regelt; beides sind verfassungskonforme Bestimmungen). Unterrichtsbesuche der Eltern dienen der Information, nicht der Kontrolle der Lehrer. Der Unterricht darf durch die Anwesenheit von Eltern nicht unverhältnismäßig beeinträchtigt werden und kann aus diesem Grund vom Lehrer im Einzelfall auch verweigert werden. Die vorherige Anmeldung des Unterrichtsbesuchs durch die Eltern kann größere Beeinträchtigungen des Unterrichts vermeiden helfen.

▶ **Humanistisches Gymnasium**

Das h.G. ist eine Sonderform des → Gymnasiums, in welchem das klassisch-humanistische Bildungsideal gepflegt wird und ein Schwerpunkt auf der Vermittlung der alten Sprachen Latein und Griechisch liegt, die i.d.R. bereits in der 5. bzw. 7. Klasse beginnen. Dieses Bildungsideal ist nach Art. 38 rh.-pf. LV neben den anderen Bildungszielen gleichberechtigt zu berücksichtigen. Mit seinem Urteil vom 13.1.1982 zur → Sprachenfolge hat das BVerwG entschieden, dass es im Ermessen des Landesgesetzgebers stehe, über die Wahl der ersten Fremdsprache in der → Orientierungsstufe zu entscheiden; ein verfassungsrechtlich gesicherter Anspruch von Schülern oder Eltern auf ein Angebot von Lateinunterricht bereits ab Klasse 5 besteht danach nicht (BVerwGE 64, 308). Allerdings hat das BVerwG Bedenken anklingen lassen für den Fall, dass die Möglichkeit einer humanistischen Bildung herkömmlicher Prägung überhaupt ausgeschlossen würde (a.a.O. 314). Ausgehend von dieser Entscheidung besteht – abgesehen von der verfassungsrechtlichen Sondersituation in Rh.-Pf. – kein einklagbarer Anspruch auf die Erhaltung des h.G. (vgl. dazu Hennecke, DÖV 1982, 362). Die altsprachlich-humanistische Form des Gymnasiums ist damit verfassungsrechtlich nicht garantiert (BVerwG, NJW 1981, 1056).

▶ **Hygiene** → Ansteckende Krankheiten, → Schulgesundheitspflege

I/J

▶ **Indoktrination** → Neutralitätsgebot, → Koranschulen

▶ **Informationsrecht**

Die gemeinsame Erziehungsaufgabe von Eltern und Schule, die die Bildung der einen Persönlichkeit des Kindes zum Ziel hat, lässt sich nicht in verschiedene Komponenten zerlegen, sondern muss in sinnvollem Zusammenwirken erfüllt werden (so BVerfGE 34, 165, 183 – hess. Förderstufe; BVerfGE 47, 46, 74 – Sexualkunde; BVerfGE 59, 360, 381 – Schweigepflicht von Beratungslehrern). Voraussetzung sinnvollen Zusammenwirkens ist ausreichende gegenseitige Information: BVerfGE 59, 360 (381) betont, dass die Eltern über das Geschehen in der Schule unterrichtet sein müssen und dass sie auch die Möglichkeit brauchen, Anregungen und Kritik einzubringen (→ Mitbestimmung). Aus dem → Elternrecht (Art. 6 Abs. 2 S. 1 GG) folgt daher ein I. der Eltern gegenüber der Schule. Zugleich verpflichtet der staatliche Bildungs- und Erziehungsauftrag die Schule zu ausreichender Information der Eltern. Dies gilt für die Schüler entsprechend, nur dass sich ihr I. aus ihren eigenen Rechten ergibt (→ Recht auf Bildung). Soweit nicht spezielle schulrechtliche Rechtsgrundlagen bestehen, folgt der Auskunftsanspruch der Eltern unmittelbar aus Art. 6 Abs. 2 S. 1 GG bzw. bei den Schülern aus Art. 2 Abs. 1 GG. Für die praktische Ausgestaltung des I. haben die Länder (Landesgesetzgeber) und die Schulen einen weiten Gestaltungsspielraum (vgl. BVerfGE 59, 360, 382). So können Informationen, die alle Eltern/Schüler einer Klasse oder eines Kurses oder der gesamten Schule angehen z.B. in Elternversammlungen oder bei Elternsprechtagen oder durch Rundschreiben, Broschüren, den Einsatz von Beratungslehrern und speziellen Schullaufbahnberatern und für die Schüler im Unterricht erfolgen, zumal so jeweils zugleich eine Aussprache erfolgen kann. Höchstpersönliche Angelegenheiten bestimmter einzelner Schüler bzw. Eltern dürfen dort jedoch nicht oder jedenfalls nur mit Einverständnis der Betroffenen erörtert werden. Das individuelle I. darf nicht kollektiviert werden, sondern muss i. d. R. gegenüber den je einzelnen Eltern und Schülern erfüllt werden (→ Elternrecht, kollektives). Die Grenzen sind in der Praxis sicher nicht leicht zu ziehen; eine Möglichkeit kann aber die Ansprache von Problemen in allgemeiner Form ohne Bezug auf konkrete Fälle bzw. konkrete einzelne Schüler und Eltern sein. Dies muss der jeweilige Lehrer oder → Schulleiter im Rahmen seiner pädagogischen Verantwortung entscheiden (→ pädagogische Freiheit).

Zum erstgenannten kollektivierbaren Informationsbereich gehören insbesondere Informationen und Beratung über den Aufbau der Bildungsgänge, die Übergänge zwischen den Bildungsgängen, Abschlüsse und Berechtigungen einschließlich der damit eröffneten Zugangsmöglichkeiten zu Berufen, Grundzüge der Planung und Gestaltung des Unterrichts, Grundzüge der Unterrichtsinhalte und Unterrichtsziele sowie der Leistungsbewertung einschl. von → Versetzung und Kurseinstufung. Das Recht der Eltern, zwischen den vorhandenen Bildungsgängen zu wählen (→ Wahl der Schulart) bzw. das entsprechende Recht auf Bildung der Schüler setzt ausreichende Informationen über diese Wahlmöglichkeit voraus. Zu dem individuellen Bereich gehören insbes. Information und Beratung über die Lernentwicklung und das Arbeits- und Sozialverhalten des Schülers, vor allem bei Lern- und Verhaltensschwierigkeiten oder -störungen sowie die → Leistungsbewertung. Die Schule darf sich insoweit nicht auf die Erteilung der → Zeugnisse als wesentlicher schriftlicher Information oder die Erteilung von schriftlichen → Vorwarnungen bei Absinken des Leistungsstandes oder Gefährdung der Fortsetzung des Bildungsganges wegen mangelhafter Leistungen beschränken, sondern muss auch zu Einzelgesprächen in angemessenem Umfang zur Verfügung stehen. Ein Anspruch auf einen → Notenspiegel bei jeder Klassenarbeit besteht nicht (→ Elternrecht, individuelles), jedoch gehört zum I. auch die gelegentliche Mitteilung (auf Anfrage) des Leistungsstandes des Kindes innerhalb der Klasse oder

Lerngruppe. Die Organisation der Elterninformation steht im Ermessen der Schule bzw. der Schulverwaltung, die z.B. feste Elternsprechstunden jedes Lehrers vorsehen kann, dies aber auch dem Ermessen des einzelnen Lehrers überlassen kann. Berufstätigen Elternteilen sind durch entsprechende Zeiten angemessene Informations- und Gesprächsmöglichkeiten zu geben. Bei → ausländischen Eltern gehört es zu den Pflichten, soweit erforderlich auch für Informationen in der jeweiligen Muttersprache zu sorgen. Generell kann man sagen, dass die Informationspflichten der Schule umso weiter gehen, je stärker das Elternrecht bzw. die Schülerrechte berührt sein können. Mit Ausnahmen beim → Sexualkundeunterricht (dazu BVerfGE 47, 46, 76) legen die Schulgesetze aber zumeist keine speziellen Informationspflichten für einzelne Unterrichtsbereiche fest, obwohl neue Unterrichtsmethoden oder bestimmte Unterrichtsinhalte (z.B. Mengenlehre, neuere Geschichte, Politik) ganz erheblich das elterliche Erziehungsrecht berühren können. Der Schüler und seine Eltern müssen über beabsichtigte Leistungsbewertungen nicht informiert oder vorher dazu angehört werden, da die im → Verwaltungsverfahren vorgeschriebene Anhörung bei Leistungsbewertungen nicht gilt (§ 2 Abs. 3 Nr. 2 i.V.m. § 28 VwVfG des Bundes bzw. der im Schulwesen maßgeblichen Landesverwaltungsverfahrensgesetze). Kein Anspruch auf individuelle Information besteht bei übermäßigem und rechtsmissbräuchlichem Auskunftsbegehren, z.B. wenn Rechte Dritter verletzt würden (→ Datenschutz) oder wenn das Begehren von der Form oder in der konkreten Situation für den Lehrer unzumutbar ist. Die Eltern können also z.B. nicht etwa zu jeder beliebigen Zeit den Lehrer anrufen oder Gespräche verlangen, von Fällen besonderer Dringlichkeit einmal abgesehen. Allzu häufige und damit übermäßige Auskunftsbegehren vor allem derselben Personen können vom Lehrer zurückgewiesen werden.

Von den Eltern können bestimmte Angaben und ihre Mitwirkung, z.B. bei → Untersuchungen nur bei Bestehen gesetzlicher Pflichten verlangt werden. Spezielle Informationspflichten der Schule bzw. I. der Eltern (und Schüler) bestehen bei schulärztlichen und pädagogisch-psychologischen Untersuchungen und in diesem Zusammenhang erstellten Gutachten wie z.B. bei der Überweisung eines Schülers in eine → Sonderschule, bei → Ordnungsmaßnahmen und immer dann, wenn rechtlich eine → Anhörung erforderlich ist. Informationspflichten bestehen ferner über die Freiwilligkeit bei der Teilnahme an wissenschaftlichen Untersuchungen oder Umfragen in der Schule (→ Datenschutz) sowie an einem → Schulgebet (BVerwGE 44, 196, 199; BVerfGE 52, 223, 249f.).

Das I. der Eltern kann durch → Schweigepflicht (Einzelheiten dort) des Lehrers begrenzt sein (vgl. BVerfGE 59, 360, 383ff.).

▶ **Innere Schulangelegenheiten**

Die sog. i.S. stellen das begriffliche Pendant zu den sog. → äußeren Schulangelegenheiten dar. Zu den i.S. gehören all diejenigen staatlichen Aufgaben und Tätigkeiten, die die eigentliche Unterrichts- und Erziehungsarbeit betreffen, wie → Bildungs- und Erziehungsziele → Lehrpläne und Methoden, → Prüfungen und Zeugnisse usw. (vgl. Heckel/Avenarius, Schulrechtskunde, S. 7). Zu den i.S. gehört auch die Auswahl und Anstellung des Lehrpersonals; dagegen wird die Einstellung des Schulpersonals (Hausmeister usw.) dem Sachbedarf und damit den äußeren Schulangelegenheiten zugeordnet. Die i.S. fallen im Wesentlichen in die Kompetenz des Landes.

▶ **Integration**

Mit diesem Stichwort werden im Schulwesen vor allem die I. der schulischen Bildung von nicht behinderten und → behinderten Schülern sowie die I. der → ausländischen Schüler angesprochen (Einzelheiten siehe dort). In beiden Fällen enthält das → Recht auf Bildung zwar im Grundsatz einen Integrationsanspruch, weil die Sozialisation der Kinder in der Schule auch das soziale Lernen umfasst (vgl. Richter, AK-GG, Art. 7 Rdn. 22, 51). Dies schließt aber nicht aus, dass behinderte Kinder in → Sonderschulen gefördert und für ausländische Kinder ohne ausreichende Deutschkenntnisse gesonderte Klassen gebildet werden;

beides wird vielmehr vom Recht auf Bildung i. S. einer optimalen Förderung verlangt, aber eben nur solange und soweit eine I. in der Sache nicht sinnvoll erscheint. Aus diesem Grund dürfen Kinder z. B. nur auf Grund bestimmter Verfahren in eine Sonderschule überwiesen werden und nur solange dort verbleiben, wie ein Übergang in die allgemeinen Schulen pädagogisch nicht sachgerecht wäre (vgl. dazu Füssel, Das Recht der Eltern auf Sonderung – das Recht der Eltern auf Integration, RdJB 1985, 187). Entsprechend haben ausländische Schüler mit guten Deutschkenntnissen Anspruch auf Aufnahme in die Regelklassen. Im Übrigen besteht ein großer bildungspolitisch-pädagogischer Gestaltungsspielraum. → Chancengleichheit, Diskriminierungsverbot

▶ **Islamischer Religionsunterricht** → Religionsunterricht, → Glaubens- und Gewissensfreiheit, → Ausländische Schüler, → Ausländische Eltern, → Koranschulen

▶ **Jahrgangskonferenz** → Konferenzen, → Mitbestimmung, → Schulverfassung

▶ **Jahrgangsstufenpflegschaft** → Mitbestimmung

K

▶ **Kindergarten** → Elementarbereich, → Schulkindergarten, → Vorklassen, → Vorschule

▶ **Kirche und Schule**

Das GG hat sich für eine grundsätzliche Trennung von Kirche und staatlichem Schulwesen entschieden (vgl. dazu BVerfG NJW 1995, 2477 zur Anbringung von Kruzifixen in Klassenräumen; s. dazu ausführlich → Glaubens- und Gewissensfreiheit). Nach Art. 7 Abs. 1 GG steht das gesamte Schulwesen unter der Aufsicht des Staates. Die Kirchen können danach nicht Träger des öffentlichen Schulwesens sein; ihnen ist kein Recht auf Bestimmung der Ziele und Inhalte von Unterricht und Erziehung eingeräumt (vgl. Richter, AK-GG, Art. 7 Rdn. 32). Die prinzipielle Trennung von Kirche und Schulwesen ist aber in mehrfacher Hinsicht durchbrochen. So gewährleistet Art. 7 Abs. 4 GG (auch) den Kirchen das Recht zur Errichtung von → Privatschulen (vgl. Heckel, Privatschulrecht, S. 44; F. Müller, Das Recht der freien Schule nach dem Grundgesetz, 2. Aufl. 1982, S. 73f., 121ff.; Frowein, Zur verfassungsrechtlichen Lage der Privatschulen unter besonderer Berücksichtigung der kirchlichen Schulen, 1979, S. 37ff.). Art. 7 Abs. 3 S. 1 und Abs. 5 GG lässt die Errichtung von → Bekenntnisschulen zu. Mehrere LV erklären ausdrücklich, dass die Kirchen in ihrem Bereich Träger von Unterricht und Erziehung sein können (Art. 12 Abs. 2 b.-w. LV; Art. 133 Abs. 1 bay. LV; Art. 28 rh.-pf. LV; Art. 26 Abs. 3 saarl. LV). Gemäß Art. 7 Abs. 3 Satz 1 und 2 GG ist der → Religionsunterricht in den → öffentlichen Schulen mit Ausnahme der bekenntnisfreien Schulen (→ Weltanschauungsschulen, Gemeinschaftsschulen) ordentliches Lehrfach und wird unbeschadet der staatlichen Schulaufsicht in Übereinstimmung mit den Grundsätzen der jeweiligen Religionsgemeinschaft erteilt. In der Praxis besitzen die Kirchen maßgeblichen Einfluss auf die Lehrpläne für den Religionsunterricht. Auch kann das staatliche Schulwesen sich in Organisation und Inhalten der Tatsache nicht entziehen, dass die Bundesrepublik Deutschland durch christliche Weltanschauungen stark geprägt ist (Niehues, Schul- und Prüfungsrecht, Rdn. 322), was insbesondere in den → Bildungs- und Erziehungszielen einiger LV und der Schulgesetze zum Ausdruck kommt. Gleichwohl darf sich die staatliche Schule nicht mit dem Glauben oder der Weltanschauung der Kirchen oder einzelner Religionsgemeinschaften identifizieren (OVG NRW, DVBl. 1975, 441 m.w.N.). Die Spannungen zwischen positiver und negativer Bekenntnisfreiheit sind auszugleichen (BVerfGE 41, 88, 108). Das Interesse der Kirchen an weitergehendem Einfluss auf die schulische Erziehung ist verfassungsrechtlich nicht geschützt (vgl. Richter, AK-GG, Art. 7 Rdn. 32; a.A. Hollerbach, Die Kirchen unter dem Grundgesetz, VVDStRL 26, 1968, S. 57 ff., 90 ff.). Erst durch den Abschluss von Kirchenverträgen (mit der evangelischen Kirche) und von Konkordaten (mit der katholischen Kirche) werden weitergehende Rechtspositionen der Kirche begründet. Durch das nach wie vor gültige Reichskonkordat von 1933 und die seitdem abgeschlossenen Konkordate und Kirchenverträge (vgl. dazu Weber, Verträge zwischen Staat und Kirchen, 1967) sind den Kirchen Rechte in Bezug auf die konfessionelle Gliederung des öffentlichen Schulwesens, die Lehrerbildung, den Religionsunterricht und das Privatschulwesen eingeräumt worden (vgl. Jestaedt, Das elterliche Erziehungsrecht im Hinblick auf Religion in: Listl/Pirson, Handbuch des Staatskirchenrechts der BRD, Band 2, 1995, 371 ff.).

▶ **Klagearten** → Rechtsschutz

▶ **Klagebefugnis** → Rechtsschutz

▶ **Klagefrist** → Rechtsschutz

▶ **Klage gegen schulische Maßnahmen** → Rechtsschutz

▶ Klassenarbeiten

K. sind als schriftliche Tests zur Lernzielkontrolle und zur Überprüfung der Schülerleistungen (→ Leistungsbewertung) zulässig. Zahl und Häufigkeit von K. sind in Erlassen (Verwaltungsvorschriften) verschiedener Länder begrenzt. Auch im Übrigen muss die Zahl und zeitliche Verteilung der K. so angesetzt werden, dass für die Schüler keine unzumutbaren (Dauer-)Belastungen durch ständigen Prüfungsdruck entstehen. Werden die Grundsätze verletzt oder wird gegen die bestehenden schulrechtlichen Bestimmungen verstoßen, so können Eltern und Schüler → Rechtsschutz (s. auch → vorläufiger Rechtsschutz) vor den Verwaltungsgerichten in Anspruch nehmen.

Eine andere Frage ist, inwieweit die Bewertung einzelner K. gerichtlich überprüfbar ist. Auch wenn es sich i. d. R. nicht um einen Verwaltungsakt handelt (vgl. OVG NRW, NJW 1967, 1773) und daher die Anfechtungsklage nicht gegeben ist, so kann jedenfalls Feststellungsklage wegen Fehlerhaftigkeit der Benotung erhoben werden. Die Erfolgsaussichten einer solchen Klage sind, wie bei sonstigen Prüfungsleistungen, meist gering, sofern nicht ganz bestimmte → Verfahrensfehler begangen wurden.

▶ Klassenbuch

Zur Führung eines K. sind Lehrer auf Grund Beamtenrechts bzw. Angestellte auf Grund des Arbeitsvertrages verpflichtet, auch wenn eine entsprechende Pflicht im Arbeitsvertrag nicht ausdrücklich enthalten ist. Da es sich jedoch um einen notwendigen Bestandteil des Unterrichtsauftrags handelt, ohne den eine ordnungsgemäße Durchführung des Schulbetriebs nicht denkbar wäre, handelt es sich um eine vertragliche Nebenpflicht (vgl. ArbG Münster, Urt. vom 18. 12. 1981, 1 Ca 615/81, Urteilsabdruck S. 6f.).

▶ Klassenfahrten

K. gehören ebenso wie Schulfahrten, Schulwanderungen, Studienfahrten, Schülerfreizeiten, Wandertage und ähnliche → Schulveranstaltungen seit jeher zum festen Repertoire schulischen Lebens. Da es sich um Schulveranstaltungen handelt, ist auch der nicht mehr schulpflichtige Schüler, solange er der Schule angehört, grundsätzlich zur Teilnahme an K. verpflichtet, sofern die Teilnahme nicht ausdrücklich freigestellt ist oder besondere Gründe der Teilnahme entgegenstehen. Gleichzeitig folgt aus dem → Recht auf Bildung und dem Gleichheitsgrundsatz (Art. 3 GG) ein Anspruch der Schüler auf Teilnahme an K. Ohne zwingenden Grund darf deshalb kein Schüler von K. ausgeschlossen werden. Eine „Bestrafung" durch Ausschluss von K. oder von ähnlichen Schulveranstaltungen ist nur zulässig, sofern eine solche Maßnahme in den Katalogen der gesetzlichen → Ordnungsmaßnahmen vorgesehen ist (zum Ausschluss von einer K. vgl. aber OVG Greifswald, B. v. 21. 9. 1996, NJW 1997, 1721). Zwingende Gründe für eine Nichtteilnahme können sich allerdings aus Kapazitätsgründen ergeben. Eine K. kann nicht von einzelnen Eltern verhindert werden, selbst dann nicht, wenn sie – bei freiwilliger Teilnahme – in dem Fernbleiben ihres Kindes die Gefahr einer Diskriminierung sehen (BVerwG, NJW 1986, 1949. → Behinderte Schüler können nicht ohne weiteres wegen ihrer Behinderung von der Teilnahme ausgeschlossen werden. Muss ein Schüler (z. B. aus Krankheitsgründen) kurzfristig seine Teilnahme an einer K. absagen, so besteht i. d. R. kein Erstattungsanspruch hinsichtlich der bereits gezahlten anteiligen Reisekosten (OVG NRW, NJW 1986, 1950; zur Kostentragungspflicht der Erziehungsberechtigten bei freiwilligem Rücktritt von der Teilnahme VG Berlin, U. v. 28. 1. 2000, NJW 2000, 2040). Eine Übernahme der Kosten einer K. kann im Rahmen der Sozialhilfe möglich sein (VG Oldenburg, NJW 1986, 1950; OVG NRW, NJW 1987, 861). Die Kosten für eine mehrtätige K. können zum notwendigen Lebensunterhalt im Sinne des Sozialhilferechts gehören (BVerwG, NJW 1995, 2369).

Die einschlägigen Bestimmungen sehen durchweg vor, dass K. grundsätzlich vom Klassenlehrer geleitet werden. Besondere rechtliche Probleme wirft die Frage auf, ob (Klassen-)Lehrer verpflichtet sind, an K. teilzunehmen. Ein Lehrer hatte unter Hinweis auf die straf- und haftungsrechtlichen Risiken einer K. die Teilnahme verweigert (→ Aufsichtspflicht, → Haftung, → Strafrecht und Schule, → Unfallversicherung; vgl. zu alledem Jülich, RdJB

1986, 76 ff.). Während das ArbG Münster (Urt. vom 18. 12. 1981, Az. Ca 615/81) und das LandesArbG Hamm (Urt. vom 18. 6. 1982, Az. 5 Sa 179/82) dem Lehrer Recht gaben, hat das BAG die Teilnahmepflicht des (angestellten) Lehrers bejaht, weil die Durchführung von ein- oder mehrtägigen K. zu den typischen Aufgaben eines Lehrers gehöre, die üblicherweise – auch zur Erfüllung des Erziehungsauftrages – mit der Aufgabenstellung eines Lehrers an einer allgemeinbildenden Schule verknüpft sei. Einer ausdrücklichen Erwähnung dieser Verpflichtung im Arbeitsvertrag bedürfe es nicht, zumal wenn es sich um einen sog. typischen Arbeitsvertrag nach den tarifrechtlichen Vorschriften des SR 2 e BAT handele. Ein ausnahmsweises Weigerungsrecht des Lehrers könne aber ggf. bei K. mit einem besonderen haftungs- und strafrechtlichen Gefährdungsrisiko (z. B. schwierige Gebirgstouren) im Einzelfall bestehen (BAG-Urt. vom 26. 4. 1985, Az. 7 AZR 432/82). Für beamtete Lehrer wird – auch wenn dies gerichtlich nicht entschieden wurde – nichts anderes gelten können. Zur → Haftung des Lehrers für die Kosten einer von ihm gebuchten K. vgl. OLG Frankfurt, NJW 1986, 1941. Zur rechtsgeschäftlichen Abwicklung von K. und Schulfahrten vgl. Fehnemann, DÖV 1987, 657. Ob und inwieweit die Kosten von K. im Rahmen der Sozialhilfe übernommen werden müssen (§§ 12, 21 BSHG), ist umstritten (dafür: OVG NRW, Urt. v. 17. 10. 1986, 8 A 1571/85, RdJB 1987, 109 – LS; VG Oldenburg, Urt. v. 28. 11. 1985, 3 A 155/85, NJW 1986, 1950; dagegen: OVG NRW, Beschl. v. 9. 4. 1987, 17 B 635/87, NJW 1988, 1285; VG Oldenburg, Urt. v. 18. 2. 1986, 4 VG D 10/86, RdJB 1987, 109 – LS).

▶ **Klassenfrequenz**

Die K., d. h. die Anzahl der Schüler pro Klasse/Lerngruppe, ist in keinem Bundesland gesetzlich festgelegt. Angesichts der enormen Bedeutung der K. als wesentliche Voraussetzung für den Lernerfolg sowie im Hinblick auf die Praxis, dass die Aufnahme von Schülern in → weiterführende Schulen bei Erschöpfung der K. abgelehnt werden kann (jedenfalls außerhalb des Schulpflichtbereichs, vgl. DJT-SchulGE, S. 233 m. w. N.), dürfte hier ein Regelungsdefizit im Hinblick auf den → Gesetzesvorbehalt vorliegen, der eine richtungweisende Leitentscheidung des Gesetzgebers verlangen dürfte (vgl. dazu auch Niehues, Schul- und Prüfungsrecht, Rdn. 175, 209 und Staupe, Parlamentsvorbehalt und Delegationsbefugnis, 1986, 345). Der VerfGH NW hat die gesetzliche Bestimmung der Koordinierung der Aufnahmeentscheidung durch → Schulleitung und → Schulträger für verfassungsgemäß erklärt (DVBl. 1993, 1209). In einigen Ländern hat die K. („pädagogisch vertretbare Schülerzahl") Bedeutung im Rahmen von → Zulassungsbeschränkungen. Die K. ist je nach Bundesland nach → Schularten und Schuljahrgängen differenziert gestaltet. Ein Rechtsanspruch von Eltern und Schülern auf eine bestimmte (kleine) K. besteht nicht, da die Grundrechte von Schülern und Eltern zwar von der Entscheidung über die K. berührt werden, jedoch weder eine bestimmte K. noch eine Obergrenze zwingend gebieten und im Übrigen pädagogisch umstritten ist, wo die optimale K. liegt.

▶ **Klassengröße**

Die räumliche K. ist, abgesehen von den Schulbaurichtlinien der Länder, schulrechtlich nicht festgelegt. Das VG Berlin hat allerdings entschieden, dass eine Klassenraumgröße, bei der auf jeden Schüler nur 1,47 qm entfallen, keine Kindes- oder Elternrechte verletze, da sie nicht unzumutbar und nicht pädagogisch unvertretbar sei (VG Berlin, Beschl. vom 3. 8. 1979, SPE I B IV, S. 51). Von der räumlichen K. ist die numerische → Klassenfrequenz zu unterscheiden.

▶ **Klassenkonferenz** → Konferenzen, → Mitbestimmung, → Schulverfassung

▶ **Klassenpflegschaft** → Mitbestimmung

▶ **Klassensprecher** → Mitbestimmung

▶ **Klassenversammlung** → Mitbestimmung

▶ **Klassenzusammenlegung** → Schulorganisationsmaßnahmen

▶ **Kleidung des Lehrers** → Neutralitätsgebot

▶ **Kleidung der Schüler**

Die Ausführungen zur → Haartracht gelten entsprechend. Die Schule kann eine bestimmte K. nur insoweit verlangen, wie dies von den schulischen Zwecken unmittelbar gefordert wird (z. B. Sportkleidung, Regenschutz bei Wandertagen; → Glaubens- und Gewissensfreiheit). Die Eltern sind sowohl nach Familienrecht (Personensorge) als auch auf Grund Schulrechts zur zweckgerechten Ausstattung ihrer Kinder in der Schule verpflichtet. Eine darüber hinausgehende Kleiderordnung, z. B. schwarzen Anzug und keine Turnschuhe für Prüfungen, Röcke für Mädchen, ist nicht zulässig. Wenn sich ein Schüler an derartige Regeln nicht hält, darf ihm daraus kein Nachteil erwachsen. All dies sind Fragen des Geschmacks und Stils, die jedenfalls nicht durch schulische Ge- und Verbote durchzusetzen sind. Schule bzw. Schulträger müssen ausreichend sichere Aufbewahrungsmöglichkeiten z. B. für Mäntel, zur Verfügung stellen. Wird dem nicht entsprochen, haftet der Schulträger für durch Diebstahl abhanden gekommene K. der Schüler. → Haftung

▶ **Koedukation**

Gemeinschaftlicher Unterricht beider Geschlechter ist heute der ganz überwiegende Regelfall im öffentlichen Schulwesen aller Länder. Die Einführung koedukativer Schulen im Zuge der Bildungsreform der 60er Jahre war eine der wichtigsten bildungspolitischen Maßnahmen zur Umsetzung des im → Grundgesetz festgelegten Gebots der → Chancengleichheit. K. gehört heute zur Selbstverständlichkeit der Bildungslandschaft. Die Eltern haben keinen Anspruch auf Zurverfügungstellung bestimmter Schularten (→ Wahl der Schulart), so dass die Einrichtung getrennter Schulen nicht verlangt werden kann. Ausweichmöglichkeiten bieten → Privatschulen. Die Schaffung nach Geschlechtern getrennter Schulen steht im bildungspolitischen Ermessen des jeweiligen

Landes. Es muss aber für Jungen und Mädchen ein gleichwertiges Bildungsangebot und Gleichberechtigung beim Zugang zu Bildungseinrichtungen bestehen. Art. 8 Abs. 3 S. 1 Nr. 6 bay. EUG a. F. war daher insoweit verfassungswidrig, als danach die Ausbildungsrichtung des bay. sozialwiss. → Gymnasiums ausschließlich für Mädchen eingerichtet werden kann (BayVerfGH, Entsch. v. 25. 2. 1985 – Vf. 9 – VII – 82, Abdruck S. 22 ff.). Der Gleichheitssatz (Art. 3 Abs. 2 GG) schließt also die Einrichtung getrennter Schulen sowie bei gemeinschaftlicher Unterrichtung geschlechtsspezifische Unterschiede nicht aus. Sonstige Differenzierungen, die nicht auf den biologischen Unterschied zurückgehen, wie z. B. Näh- und Kochunterricht ausschließlich für Mädchen (vgl. Art. 131 Abs. 4 bay. LV a. F. – inzwischen geändert), sind bei grundsätzlich gemeinschaftlicher Erziehung mit dem Gleichheitssatz nicht vereinbar (a. A. BayVerfGH a. a. O., → Diskriminierungsverbot).

▶ **Körperbehinderte Schüler** → Behinderte Schüler, → Sonderschulen, → Überweisungen

▶ **Körperliche Züchtigung**

Unter k. Z. ist eine körperliche Disziplinierung eines Schülers zu verstehen, die in allen Ländern durch Rechts-, zumindest aber durch Verwaltungsvorschrift verboten ist und den Tatbestand der Körperverletzung im Amt (§ 340 StGB) erfüllt. Dazu reicht nicht ein leichter Klaps, ein Abdrängen in den Pausenhof oder das Auseinanderzerren streitender Schüler. Den Tatbestand der Körperverletzung erfüllt aber grundsätzlich eine Ohrfeige; ein bleibender Schaden (z. B. Riss des Trommelfells o. ä.) braucht dazu nicht einzutreten. (→ Strafrecht und Schule).

Die k. Z., früher die häufigste Schulstrafe, ist inzwischen kein anerkanntes Erziehungsmittel mehr und vermag eine Körperverletzung, die ein Lehrer einem Schüler zufügt, nicht mehr zu rechtfertigen (vgl. dazu auch EGMR, EuGRZ 1982, 153: k. Z. verletzt das Elternrecht des Art. 2 des ersten Zusatzprotokolls zur EMRK, Fall Campbell und Cosans mit abweichender Meinung des

Richters Sir Vincent Evans, S. 157). Der Lehrer macht sich daher im Falle k. Z. grundsätzlich strafbar. Darüber hinaus liegt ein im Wege des Disziplinarverfahrens zu ahndendes Dienstvergehen vor (vgl. LG Kassel, Urt. v. 15. 10. 1974, SPE VI H I, S. 31; VG Schleswig, Urt. v. 18. 8. 1976, SPE VI H I, S. 301; VG Berlin, Urt. v. 30. 5. 1979, SPE VI H I, S. 311). Demgegenüber wurde teilweise eine gewohnheitsrechtliche Rechtfertigung maßvoller k. Z. in der → Grundschule von Teilen der Rspr. anerkannt (vgl. OLG Zweibrücken, NJW 1974, 1772; BGH, NJW 1976, 1949; BayObLG, NJW 1979, 1371 m. w. N.; vgl. dazu auch DJT-SchulGE, S. 291 f.). Dabei wurde die Auffassung vertreten, die gewohnheitsrechtliche Rechtfertigung der k. Z. könne nicht durch untergesetzliche Regelung außer Kraft gesetzt werden (z. B. durch ein bereits seit längerem bestehendes Verbot k. Z. in der bay. ASchO). Diese Auffassung verkennt, dass es sich nicht lediglich um eine Rangfrage handelt (Gewohnheitsrecht besitzt den Rang von einfachem Gesetzesrecht). Gewohnheitsrecht setzt vielmehr tatbestandsmäßig eine allgemeine mehrheitliche Rechtsüberzeugung von der Richtigkeit der gewohnheitsrechtlichen Norm voraus. Davon kann aber spätestens dann keine Rede mehr sein, sobald eine Rechtsverordnung eine ausdrückliche anderslautende Bestimmung trifft. Abgesehen davon stellt sich die Frage, ob eine k. Z. nicht bereits im Hinblick auf Art. 2 Abs. 2 S. 1 GG als verfassungswidrig angesehen werden muss (dazu Niehues, Schul- und Prüfungsrecht, Bd. 1, 3. Aufl. 2000, Rdn. 453; siehe auch Maunz-Dürig, GG, Art. 2 Abs. 2 Rdn. 42 ff.; vgl. auch Vormbaum, Zur Züchtigungsbefugnis von Lehrern und Erziehern, JR 1977, 492; Rüping/ Hüsch, Abschied vom Züchtigungsrecht des Lehrers, GA 1979, 1). Eine k. Z. kann nur ausnahmsweise dann gerechtfertigt sein, wenn sie gegenüber gewalttätigen Schülern in Notwehr oder Nothilfe (§ 32 StGB) oder wegen eines rechtfertigenden Notstands (§ 34 StGB) erforderlich ist, um höherwertige Rechtsgüter vor Schaden zu schützen (vgl. Heckel/Avenarius, Schulrechtskunde, 1986, S. 388 f.). Im Rahmen der elterlichen Erziehung haben Kinder gemäß § 1631 Abs. 2 BGB „ein Recht auf gewaltfreie Erziehung. Körperliche Bestrafungen, seelische Verletzungen und andere entwürdigende Maßnahmen sind unzulässig." Diese Neufassung

Körperverletzung

des § 1631 Abs. 2 BGB wurde durch das „Gesetz zur Ächtung der Gewalt in der Erziehung ..." eingeführt; sie trat am 8. November 2000 in Kraft.

▶ **Körperverletzung** → Körperliche Züchtigung, → Strafrecht und Schule

▶ **Kolleg**

K. sind Einrichtungen des → Zweiten Bildungswegs, die Berufstätige in Vollzeitunterricht zur allgemeinen → Hochschulreife oder zu einer → fachgebundenen Hochschulreife führen. Das Nähere über Aufbau und Bildungsgang dieser Einrichtungen ist in der „Vereinbarung über die Neugestaltung der Kollegs" vom 21. 6. 1979 i. d. F. v. 16. 6. 2000 (KMK-BeschlS. 248.1) geregelt. Danach gliedert sich der Bildungsgang am K. in Einführungsphase und nachfolgendes Kurssystem. Die Dauer beträgt 3 und höchstens 4 Jahre. Die Aufnahmebedingungen entsprechen denen der → Abendgymnasien. Allerdings dürfen die Kollegiaten während des Besuchs der K. keine berufliche Tätigkeit mehr ausüben. Der Besuch des K. setzt den erfolgreichen Besuch eines halbjährigen Vorkurses oder das Bestehen einer Eignungsprüfung voraus (vgl. auch DJT-SchulGE § 32 und Begründung S. 194 f., 217 f.). Das K. schließt mit dem → Abitur ab.

▶ **Kollektivstrafen**

Bei schulischen → Ordnungsmaßnahmen ist die kollektive Bestrafung einer Mehrzahl von Schülern ohne Rücksicht auf das individuelle Fehlverhalten jedes einzelnen im Schulrecht aller Länder ausgeschlossen. K. würden gegen das allg. Schuldprinzip sowie gegen den Grundsatz verstoßen, dass bei Entscheidungen über schulische Ordnungsmaßnahmen ausschließlich von dem Verhalten des je einzelnen Schülers ausgegangen werden darf. Dies schließt nicht aus, dass gegen mehrere Schüler bei jeweils gleichem Fehlverhalten die gleiche Ordnungsmaßnahme verhängt werden kann.

▶ **Kommunale Schulen** → Öffentliche Schulen, → Schulträgerschaft

▶ **Konferenzen**

K. sind wesentliches Element der im jeweiligen Schul-, Schulverfassungs- oder Schulverwaltungs- bzw. Schulmitwirkungsgesetz geregelten → Schulverfassung. Zu unterscheiden sind Lehrerkonferenzen (LK) von gemeinsamen Gremien der Schüler, Eltern und Lehrer, die in den meisten Ländern Schulkonferenzen heißen (Bay.: Schulforum, Rh.-Pf.: Schulausschuss). Keine Schulkonferenz gibt es in Nds.; dort sind Eltern- und Schülervertreter mit Stimmrecht an der Gesamtkonferenz der Lehrer beteiligt. Näheres zu Zusammensetzung und Kompetenzen der Schulkonferenzen in Tabelle 1, Spalte 3b bei → Mitbestimmung. Die wichtigsten LK sind die Fachkonferenzen (FK), die Klassen- oder wo kein Klassenverband besteht, die Jahrgangskonferenzen (KK) sowie die zentrale Gesamtkonferenz (GK) aller Lehrer, deren Vorsitzender der → Schulleiter ist. Je nach Organisation und Größe der Schule (z. B. nimmt an Grundschulen die GK auch die Aufgaben der FK wahr) kann dies durch die Bildung von Abteilungs- oder schulstufenbezogenen Teilkonferenzen sowie die Bildung von Ausschüssen modifiziert sein. Die LK sind die kollegialen Beratungs- und Entscheidungsorgane vor allem für die pädagogischen Angelegenheiten der Schule. Die Aufgaben der LK sind in den oben genannten Gesetzen geregelt; für das Verfahren bestehen zumeist gesonderte Konferenzordnungen. Die Kompetenzen der K. sind oft lediglich generalklauselartig bestimmt, was trotz der gelegentlichen Auflistung einiger Entscheidungsgegenstände zu Unklarheiten führt. Neben der selbstverständlichen Bindung der Konferenzmitglieder an Rechtsvorschriften (Gesetze und Rechtsverordnungen) sind die K. neben den → Lehrplänen auch an sämtliche sonstigen Verwaltungsvorschriften gebunden. Damit stehen die gesetzlichen Aufgaben der K. teilweise zur Disposition kultusministerieller Erlasse. Die K. haben bei ihren Entscheidungen die → pädagogische Freiheit des einzelnen Lehrers zu beachten. Beschlüsse der K. können aus Rechts- und in den meisten Ländern auch aus pädagogischen Gründen schulaufsichtlich beanstandet und zum Teil auch aufgehoben werden (näher → Schulaufsicht, Schulleiter). Für die Ausführung von K-Beschlüssen ist der jeweilige K.-Vorsitzende bzw. der Schulleiter verantwortlich.

Eltern- und Schülervertreter haben in mehreren Ländern Anspruch auf beratende Teilnahme an LK (z.B. Berlin, Bremen, Hessen, Nds. – zur dortigen GK s.o. –, NRW, S.-H.). Das Teilnahmerecht ist z.T. bei der Beratung von → Noten und → Zeugnissen eingeschränkt. In den anderen Ländern können Eltern- und Schülervertreter von den LK zu einzelnen Punkten hinzugezogen werden. Näheres zur Beteiligung von Eltern und Schülern an K. s. Tabelle 1, jeweils Spalte c und Tabelle 3, jeweils Spalte b bei → Mitbestimmung. Gesetzliche Mitwirkungsrechte der Eltern und Schüler dürfen nicht durch Verlagerung von eigentlich in K. gehörende Beratungs- und Entscheidungsgegenstände in sogenannte Lehrerdienstbesprechungen unterlaufen werden.

Wegen der unterschiedlichen Einzelheiten der Konferenzbestimmungen wird auf das Landesrecht verwiesen, insbesondere die Konferenz- und Schulordnungen.

▶ **Konfessionsschulen** → Bekenntnisschulen

▶ **Konkordate** → Kirche und Schule

▶ **Konsulatsunterricht**

Der muttersprachliche Unterricht → ausländischer Schüler erfolgt häufig außerhalb deutscher öffentlicher Schulen durch die Konsulate der Heimatländer. Rechtlich handelt es sich dabei um Ergänzungsschulen (→ Privatschulen), die grundsätzlich der deutschen → Schulaufsicht unterstehen. Rechtliche Probleme ergeben sich insbesondere dann, wenn der K., der sich zumeist auch auf Landeskunde, Politik und Kultur des Heimatlandes erstreckt, von Inhalten geprägt wird, die mit den auch für Ergänzungsschulen maßgebenden deutschen → Bildungs- und Erziehungszielen nicht vereinbar sind. Dagegen vorzugehen ist Sache der Schulaufsicht. Abhilfe versprechen in solchen Fällen am ehesten geeignete und ausreichende deutsche schulische Angebote und stärkere schulische Förderung ausländischer Schüler.

▶ **Kopfnoten** → Mitarbeit im Unterricht

▶ **Kopftuch** → Glaubens- und Gewissensfreiheit

▶ **Kopieren** → Fotokopieren

▶ **Koranschulen**

K. können schulrechtlich Ergänzungsschulen sein (→ Privatschulen). Ob es sich überhaupt um → Schulen im Rechtssinne handelt, lässt sich nur im Einzelfall feststellen (vgl. Heckel/Avenarius, Schulrechtskunde, 1986, S. 151). K. unterliegen zwar dem Schutz der Religionsausübung (Art. 4 Abs. 1 und 2 GG), zugleich aber, soweit es sich um Ergänzungsschulen handelt, der deutschen → Schulaufsicht. Soweit die Praxis der K. u. a. politische Indoktrination und Antisemitismus sowie → körperliche Züchtigung kennt, ist dies mit den deutschen → Bildungs- und Erziehungszielen unvereinbar. Als Abhilfe erscheinen weniger schulaufsichtliche Eingriffe als ein ausreichendes Angebot an islamischem → Religionsunterricht in den deutschen staatlichen Schulen Erfolg versprechend (zu alledem Stempel, RdJB 1982, 58 ff.). Nach der Rspr. kann eine der Heimaufsicht nach dem Jugendwohlfahrtsgesetz (JWG) unterliegende K. verboten werden, wenn es an einem geeigneten verantwortlichen Leiter und geeigneten Betreuungskräften fehlt (OVG NRW, Beschl. v. 16. 11. 1987, DVBl. 1988, 752 – LS); danach verletzt es nicht das Grundrecht auf freie Religionsausübung, wenn eine K. nicht ausschließlich an den Wertvorstellungen der islamischen Religion, sondern auch an den Bestimmungen des JWG gemessen wird.

▶ **Kostenfreiheit** → Ausbildungsförderung, → Erziehungsbeihilfen, → Lernmittelfreiheit, → Schülerbeförderung, → Schulgeldfreiheit

▶ **Krankheiten** → AIDS und Schule, → Ansteckende Krankheiten, → Schulgesundheitspflege

▶ **Kruzifixe** → Glaubens- und Gewissensfreiheit

▶ **Kulturhoheit der Länder**

Nach der Kompetenzverteilung des → Grundgesetzes sind – vorbehaltlich eines Zusammenwirkens von Bund und Ländern bei der → Bildungsplanung gem. Art. 91b GG – ausschließlich die Länder für die Schulgesetzgebung (→ Schulrecht) und die → Schulverwaltung zuständig (= KdL.). Der Bund hat auf diesem Gebiet weder eine Gesetzgebungs- noch eine Verwaltungsbefugnis. Die KdL. ergibt sich daraus, dass die Ausübung der Staatsaufgaben Sache der Länder ist, soweit das GG keine andere Regelung trifft oder zulässt, d. h. dem Bund keine Gesetzgebungs- und Verwaltungskompetenzen verleiht (Art. 30, 70, 83 ff. GG). Daraus ergibt sich eine weitgehende eigenständige Gestaltungsfreiheit der Länder bei der Festlegung der Schulorganisation sowie der → Bildungs- und Erziehungsziele und der Unterrichtsgegenstände (vgl. BVerfGE 53, 185, 196; 59, 360, 377; 75, 40). Die KdL. ist lediglich durch wenige Bundeskompetenzen eingeschränkt, insbesondere durch die Bundeszuständigkeit für die betriebliche → Berufsausbildung sowie z.B. Zuständigkeiten im Bereich der Gesundheitsberufe und die außenpolitische Kompetenz des Bundes, die auch die kulturellen Außenbeziehungen der Bundesrepublik umfasst. Die KdL. wird darüber hinaus tendenziell durch das → EG-Bildungsrecht eingeschränkt. Das im Zusammenhang mit der Aufnahme der Gemeinschaftsaufgabe Bildungsplanung in Art. 91b GG gegründete Bundesministerium für Bildung und Wissenschaft (heute: Bundesministerium für Bildung, Wissenschaft, Forschung und Technologie) hat keine Zuständigkeiten für das Schulwesen. → Anerkennung von Abschlüssen, Föderalismus, Kultusministerkonferenz

▶ **Kultusministerkonferenz**

Die Ständige Konferenz der Kultusminister der Länder in der Bundesrepublik Deutschland, kurz: KMK, ist das zentrale Koordinationsgremium der Länder im Bereich der Bildungs- und Kulturpolitik (vgl. Zehetmair, 50 Jahre KMK, RdJB 1998, 133). Die

KMK hat in einer Vielzahl von Vereinbarungen versucht, die Grundstrukturen des deutschen Schulwesens zu vereinheitlichen. Die KMK verfügt über ein ständiges Sekretariat mit Sitz in 53113 Bonn, Lennéstr. 6 sowie ein KMK-Büro in Berlin (im Wissenschaftsforum, 10117 Berlin, Markgrafenstr. 37). Ihre Beschlüsse sind in der Beschlusssammlung der Ständigen Konferenz der Kultusminister veröffentlicht (KMK-BeschlS.). KMK-Beschlüsse sind teils bloße bildungspolitische Absprachen, Stellungnahmen oder Empfehlungen, teils Vereinbarungen mit Bindungswirkung für die Kultusverwaltungen untereinander. Rechtswirkungen für den einzelnen können KMK-Beschlüsse erst nach ihrer Umsetzung in das jeweilige Landesrecht haben (je nach Gegenstand als Gesetz, Rechtsverordnung oder Verwaltungsvorschrift; → Schulrecht). → Föderalismus, Kulturhoheit der Länder

L

▶ **Ländervereinbarungen** → Föderalismus, → Hamburger Abkommen, → Kultusministerkonferenz

▶ **Landerziehungsheime** → Privatschulen

▶ **Landeselternausschuss** → Mitbestimmung

▶ **Landeseltern(bei)rat** → Mitbestimmung

▶ **Landesschüler(bei)rat** → Mitbestimmung

▶ **Landsschülervertretung** → Mitbestimmung

▶ **Landesschulbeirat** → Mitbestimmung

▶ **Landesverfassungen** → Bildungs- und Erziehungsziele, → Schulrecht

▶ **Lebensgestaltung – Ethik – Religionskunde (LER)** → Ersatzunterricht, → Religionsunterricht

▶ **Lehrbücher** → Schulbücher, → Lernmittelfreiheit

▶ **Lehre** → Berufsausbildung, → Duales System

▶ **Lehrer** → Pädagogische Freiheit, → Schulaufsicht, → Schulleiter

▶ **Lehrerkonferenz** → Konferenzen, → Mitbestimmung, → Schulverfassung

▶ **Lehrpläne**

L., auch als Rahmenrichtlinien oder Curricula bezeichnet, legen die allgemeinen und fachspezifischen Bildungs- und Lernziele

(→ Bildungs- und Erziehungsziele) sowie Stoffkataloge (→ Fächerkatalog) fest, differenziert nach → Schularten und Schuljahrgängen, enthalten darüber hinaus didaktische Grundsätze und treffen Bestimmungen zu Verfahren und Organisation des Unterrichts (vgl. DJT-SchulGE, S. 164). In der Regel lassen die Lehrpläne dem Lehrer die Möglichkeit, im Rahmen seiner → pädagogischen Freiheit innerhalb der vorgeschriebenen inhaltlichen und zeitlichen Vorgaben den Unterricht eigenverantwortlich zu gestalten. Die LV enthalten nur sporadisch entsprechende fachspezifische Bestimmungen (z.B. Art. 56 Abs. 5 hess. LV zum Geschichtsunterricht). Die Ermächtigungsgrundlage für den Erlass von L. wird nach herkömmlicher Auffassung in dem von Art. 7 Abs. 1 GG vorausgesetzten staatlichen Bildungs- und Erziehungsauftrag (→ Schulaufsicht) gesehen. Die L. werden durchweg als Verwaltungsvorschriften der Länder erlassen. Im Gegensatz zu dieser traditionellen Auffassung hat die Kommission Schulrecht des DJT in ihrem Entwurf für ein Landesschulgesetz gefordert, dass L. wegen ihrer bildungs- und schulpolitischen Bedeutung und ihrer Grundrechtsrelevanz als Rechtsverordnung erlassen werden müssen (SchulGE, §§ 7 ff., S. 68 und 163 ff., insbesondere 165 ff.; ebenso Staupe, Parlamentsvorbehalt und Delegationsbefugnis, 1986, 360 f.; vgl. dazu HessVGH, Beschl. vom 14. 6. 1976, SPE I A VII, S. 81 ff.). Dieser Auffassung ist im Hinblick auf die höchstrichterliche Rspr. zum → Gesetzesvorbehalt zuzustimmen.

▶ **Leistungsbewertung**

Die Bewertung der Schülerleistungen ist das vom Bildungs- und Erziehungsauftrag der Schule vorausgesetzte und notwendige Mittel zur Kontrolle der Lernzielerreichung, der Kontrolle der Wirksamkeit des Unterrichts sowie auch der Beeinflussung der Lernmotivation des Schülers. Gegenstand der L. sind die im Unterricht vermittelten, von den Lehrplänen als Anforderungen vorgegebenen Kenntnisse und Fähigkeiten. Leistungsanforderungen und Ergebnisse des Lernprozesses sind also die Hauptkriterien der L. Dabei können bzw. sollen auch der Leistungsstand der Lerngruppe und die Lernentwicklung des Schülers insgesamt mitberücksichtigt werden. Es muss also sowohl von den Anforderungen als auch von den individuellen Leistungen ausgegangen werden (vgl. dazu DJT-SchulGE § 54 u. S. 268 ff.). Die Leistungen des Schülers werden i. d. R. durch Noten oder Punkte bewertet, soweit die Leistungen für die Erteilung von → Zeugnissen erheblich sind. Die Länder haben sich in § 19 Abs. 2 des → Hamburger Abkommens auf eine einheitliche Notenskala und auf einheitliche Notendefinitionen geeinigt (vgl. KMK-BeschlS. 671) sowie für die gymnasiale → Oberstufe eine Punkteskala und ihre Umrechnung auf das herkömmliche Notensystem vereinbart (Beschl. v. 7. 7. 1972 i. d. F. v. 16. 6. 2000, KMK-BeschlS. 176, Vereinbarung über die Abiturprüfung i. d. F. v. 16. 6. 2000, KMK-BeschlS. 192 sowie mehrere Durchführungsvereinbarungen). Die Leistungen können generell oder ergänzend auch durch schriftliche Aussagen bewertet werden. Zumeist werden in den beiden ersten Grundschulklassen nur sog. Grundschulberichte anstelle der späteren Notenzeugnisse erstellt (vgl. KMK-Beschl. v. 2. 7. 1970 i. d. F. v. 6. 5. 1994, BeschlS. 130.2). Solche sog. verbalisierten Zeugnisse sind grundsätzlich zulässig. Das → Informationsrecht der Eltern aus Art. 6 Abs. 2 S. 1 GG und das → Recht auf Bildung der Schüler verlangen nicht notwendig und stets einen ziffernmäßigen Ausweis der Leistungen (vgl. BVerwG NJW 1982, 250; DJT-SchulGE S. 271 f., → Sozialverhalten). Die Rechte des Schülers und die Elternrechte verlangen aber eine (auch bundesweite) Vergleichbarkeit der Leistungsbewertungen durch ein gewisses Maß an Standardisierung und notenmäßiger Differenzierung jedenfalls dann, wenn der Schüler darauf angewiesen ist, einen solchen Leistungsnachweis zu führen. Dies ist vor allem der Fall bei Abschlusszeugnissen und sonstigen Zeugnissen, die ähnliche → Berechtigungen verleihen (z. B. für den Zugang zu Hochschulen, für den Berufszugang). Bei anderen Zeugnissen ohne derartige Auswirkungen, z. B. auch bei → Versetzungen, besteht ein weiterer bildungspolitisch-pädagogischer Gestaltungsspielraum für die Art der Beschreibung der erbrachten Leistungen. Diese Grundsätze gelten trotz der wissenschaftlichen Erkenntnisse über die nur relative Aussagekraft (Validität) der bestehenden Bewertungssysteme, weil eine wenn auch nur relative Vergleichbarkeit mangels besserer

Alternativen nur durch ein Mindestmaß an Standardisierung möglich erscheint. Die Art der L. bedarf zumindest einer Regelung durch Rechtsverordnung auf Grund ausreichender gesetzlicher Ermächtigung (so BVerwG, NJW 1982, 250; § 55 DJT-SchulGE; BVerwG NVwZ 1998, 859; zurückhaltender BVerfGE 58, 257; → Gesetzesvorbehalt). Grundsätzlich wird man sagen können, dass die allgemeinen Kriterien der L., das Bewertungssystem (Noten, Punkte, schriftlicher Bericht), die dem Bewertungssystem zuzuordnenden Bewertungsmaßstäbe (Notendefinition) sowie die Entscheidungszuständigkeiten durch gesetzliche Leitentscheidung geregelt werden müssten. Mündliche L. durch den Lehrer sind jederzeit zusätzlich zu formalisierten L.bzw. der Zusammenfassung von L. in einer Zeugnisnote möglich. Bestehen keine besonderen Vorschriften, liegt es im pädagogischen Ermessen des Lehrers, wie er mündliche Leistungen des Schülers feststellt (OVG Lüneburg, NVwZ 1984, 809, zum nds. Schulrecht). L. jeder Art unterliegen nur eingeschränkter gerichtlicher Überprüfung; dem Lehrer oder z.B. einem Prüfungsausschuss kommt ein eigener, nur auf die Einhaltung bestimmter Grundsätze kontrollierbarer Beurteilungsspielraum zu (→ Rechtsschutz). Insofern trifft der einzelne Lehrer ebenso wie ein Prüfungsgremium ein höchstpersönliches Fachurteil, das die Verwaltungsgerichte grundsätzlich nicht durch eine eigene Entscheidung ersetzen dürfen (dazu ausführlich Niehues, Schul- und Prüfungsrecht, Bd. 1, 3. Aufl. 2000, Rdn. 606 ff.). Nicht abschließend geklärt ist die Frage einer etwaigen Weisungsgebundenheit des Lehrers als Beamter bei der L. Der VGH Mannheim (NVwZ-RR 1989, 305) hat die Weisung des → Schulleiters, die mit den geltenden Vorschriften nicht zu vereinbarende Bewertung einer Klassenarbeit zu ändern, für rechtens erklärt. Die Bewertung ist (nur) dann rechtsfehlerhaft und verwaltungsgerichtlich angreifbar, wenn die Bewertungsgrundlagen unrichtig sind (z.B. anderer als der vorgeschriebene Prüfungsstoff), die Bewertung auf sachfremden Erwägungen beruht (z.B. Voreingenommenheit des Prüfers, → Befangenheit), offensichtliche Einschätzungs- oder Bewertungsfehler vorliegen (z.B. Verstöße gegen die Denkgesetze, Außerachtlassen einzubringender Leistungen, zu starke Gewichtung der schriftlichen gegenüber den mündlichen Leistungen – OVG Rh.-Pf., DVBl. 1986, 1116 –, schlechtere Benotung wegen „Abschreibenlassens" – VGH BW, Beschl. v. 3. 7. 1986, 9 S 1586/86 –, Überbewertung der äußeren Form einer Arbeit) oder der Gleichheitssatz verletzt ist. Die gerichtliche Kontrolle beschränkt sich also vor allem auf die Einhaltung eines korrekten, sachlichen, fairen und gerechten Prüfungsverfahrens zwecks Wahrung von Chancengleichheit und Rechtsstaatlichkeit (vgl. zu diesen Geboten BVerwG, NVwZ 1985, 187). Eine erst nach der Zeugniskonferenz erbrachte, aber vom Lehrer förmlich bewertete Leistung muss in der Zeugnisnote berücksichtigt werden (OVG Koblenz, NVwZ 1987, 619). Eine Klausur, bei deren Anfertigung sich der Schüler eines „Schummelzettels" bedient, darf vom Lehrer im Rahmen seines Ermessens mit ungenügend (0 Punkte) bewertet werden (OVG Hamburg, Beschl. v. 4. 6. 1986, Bs IV 321/86). Rechtsfehlerhaft könnten ggf. auch Verstöße gegen eine bestehende Bewertungspraxis sein. Schulische L. unterliegen nur eingeschränkt den Vorschriften der Gesetze über das → Verwaltungsverfahren. Zuständig für die Bewertung jeder Einzelleistung wie auch die zusammenfassende Bewertung von in einem längeren Zeitraum (Schulhalbjahr, Schuljahr) erbrachten Leistungen ist der jeweilige Fachlehrer. Die weitergehenden Entscheidungen werden von den jeweils zuständigen Gremien, also z. B. bei einer Versetzung von der Versetzungskonferenz oder bei Prüfungsentscheidungen von dem dafür vorgesehenen Prüfungsgremium oder auch von einzelnen Prüfern getroffen.

L. darf nicht der Bestrafung von sonstigem Fehlverhalten des Schülers dienen; vom Schüler zu verantwortende Nichterbringung von Leistungen kann aber zulässig zur Festsetzung der schlechtesten Note führen (→ Mitarbeit im Unterricht).

▶ **Leistungsdifferenzierung**

Der Begriff der Differenzierung wird im bildungspolitisch-pädagogischen Sprachgebrauch vor allem zur Kennzeichnung der äußeren und inneren Schulorganisation verwendet. Unter äußerer Differenzierung wird die Unterscheidung von verschiedenen

→ Schularten verstanden. Unter innere Differenzierung (Unterrichtsorganisation) fällt die Einrichtung von niveaubezogenen Leistungsklassen oder -gruppen innerhalb einer Schule, was wiederum fachgebunden oder fachübergreifend sowie schuljahrgangsbezogen oder schuljahrgangsübergreifend erfolgen kann. Maßgebliche und verfassungsrechtlich zulässige wie gebotene Differenzierungskriterien sind in allen Fällen Eignung und Leistung des Schülers. Soweit nicht – wie z. B. in einigen LV (vgl. DJT-SchulGE, 181 ff.) – besondere Regelungen bestehen, ist verfassungsrechtlich keine bestimmte Form der Differenzierung bzw. Organisation des Schulwesens vorgegeben. Der Staat ist (nur) verpflichtet, ein ausreichendes, der Neigung und Eignung der Schüler entsprechend differenziertes Schulwesen vorzuhalten. Das kann auf unterschiedlichen organisatorischen Wegen geschehen, insbesondere durch vielfältige Schularten, aber auch durch ein Gesamtschulsystem unter der Voraussetzung einer ausreichenden inneren Differenzierung (→ Wahl der Schulart). Das BVerfG hat im Förderstufenurteil entschieden, dass die Kinder nicht übermäßig lange in Schulen mit undifferenziertem Unterricht festgehalten werden dürfen (BVerfGE 34, 165, 187).

▶ **Leistungsklage** → Rechtsschutz

▶ **Lernbehinderung** → Behinderte Schüler, → Sonderschulen

▶ **Lernmittelfreiheit**

Die L. ist in einigen LV ausdrücklich garantiert (z. B. Art. 14 Abs. 2 b.-w. LV; Art. 31 Abs. 3 brem. LV; Art. 59 Abs. 1 S. 2 hess. LV). Hierdurch wird ein verfassungsunmittelbarer Anspruch auf L. eingeräumt, wodurch der Landesgesetzgeber aufgerufen ist, die L. zu verwirklichen (VGH Mannheim, Urt. v. 23. 1. 2001, NVwZ-RR 2001, 444). Der HessStGH (RdJB 1977, 225) hat die Unterrichtsgeldfreiheit (→ Schulgeldfreiheit) des Art. 59 Abs. 1 S. 1 hess. LV als ein soziales Grundrecht bezeichnet, welches als Teilhaberecht unter dem Vorbehalt des Möglichen im Sinne dessen steht, was der Einzelne vernünftigerweise von der Gesellschaft beanspruchen kann. Entsprechendes wird man analog auch für die L. des Art. 59 Abs. 1 S. 2 hess. LV annehmen müssen. Umfang und Höhe der L. bleiben damit trotz verfassungsrechtlicher Garantie offen. Dementsprechend geben die Länder immer weniger Geld für Schulbücher aus: waren es nach Angaben des Kölner Instituts der deutschen Wirtschaft 1991 noch 782 Mio. DM, so standen 1999 nur noch 521 Mio. DM zur Verfügung. Damit verringerten sich die jährlichen Ausgaben von 68 DM auf durchschnittlich 41 DM pro Schüler.

Die grundsätzlich gewährleistete L. besteht unter zahlreichen Einschränkungen. In der Regel kauft der Schulträger die Bücher und verleiht sie. In B.-W. und Bayern steht die L. unter dem Subsidiaritätsvorbehalt, dass nicht Eltern oder Schüler die Lernmittel selbst freiwillig anschaffen (§ 94 b.-w. SchG, Art. 1 Nr. 1 bay. LernmittelfreiheitsG). Hier müssen z. B. Atlanten, Formelsammlungen und Arbeitshefte für den Fremdsprachenunterricht durch die Eltern beigesteuert werden. In Rh.-Pf. kann die L. auf kinderreiche Familien beschränkt oder an eine Einkommensgrenze gebunden werden (§ 57 Abs. 4 rh.-pf. SchulG). In NRW und Brand. wird nur ein Teil der Lektüre von den Schulen gestellt, einen anderen Teil müssen die Eltern selbst beschaffen. Weitere Eingrenzungen ergeben sich aus dem Ausschluss sog. „kleiner Lernmittel" von geringem Wert (wie z. B. Schulhefte u. ä.), die die Eltern zu bezahlen haben. Aufgrund dieser Einschränkung werden die „notwendigen Lernmittel" zum Teil durch Rechtsverordnung näher bestimmt und zum Teil Bagatellgrenzen festgesetzt (vgl. dazu VGH Mannheim, NVwZ-RR 2001, 444). In einigen Ländern ist ein Eigenanteil der Eltern und volljährigen Schüler vorgesehen (§ 3 nrw. LFG; § 57 Abs. 3 rh.-pf. SchulG), eine Maßnahme, von der anderenorts wegen der verfassungsrechtlichen Garantie der L. zunächst abgesehen, die dann aber nach verfassungsrechtlicher Prüfung mit einer Eigenbeteiligung von Erziehungsberechtigten und Schülern in Höhe eines Drittels der jeweiligen Durchschnittsbeträge notwendiger Lernmittel eingeführt wurde (vgl. Jülich, RdJB 1983, 90; RdJB 1987, 241). Der Drittelanteil wird durch die Überweisung eines bestimmten Lernmittelbereichs in die elterliche Kostenverantwortung realisiert. Zum Teil werden in jährlich ergehenden Rechtsverordnungen zum Lernmittelfreiheitsgesetz Durchschnittsbeträge festgesetzt. Zum Teil erhalten Schüler eine Lernmittelhilfe in Form von Gutscheinen, sofern das Einkommen der Erziehungsberechtigten eine bestimmte Höchstgrenze nicht überschreitet, zum Teil erhalten sie L. in Form eines Zuschusses. Die Anspruchsberechtigung hängt in einigen Ländern (z.B. Rh-Pf., Saarl.) von der Nichtüberschreitung bestimmter Einkommensgrenzen ab (Selbstangabe der Eltern). Die Höhe des Zuschusses ist entsprechend dem unterschiedlichen Aufwand nach Schulformen und Klassenstufen differenziert. Darüber hinaus bestehen Begrenzungen auf bestimmte Arten von Lern- und Unterrichtsmitteln, Beschränkungen des Berechtigtenkreises nach Schularten, Bildungsgängen und Schulstufen, dem Alter der Schüler, aus der Begrenzung auf Durchschnittsbeträge, die der Kultusminister festlegt, sowie durch die Bedingung der Schulpflichtigkeit (§ 25 Abs. 2 S. 2 hamb. SchulG) oder der Erfüllung bestimmter sozialer Kriterien.

Kostenträger der L. sind entweder das Land oder die Schulträger oder der Träger des sächlichen Schulbedarfs. Teilweise werden die Kosten, soweit sie von den Gemeinden oder Gemeindeverbänden getragen werden, vom Land erstattet. Das System der Durchführung der L. ist unterschiedlich. Einige Länder stellen die Lernmittel den Schülern leihweise zur Verfügung, andere sehen entweder Ausleihe oder Übereignung vor, in anderen Ländern wiederum erhalten die Schüler Gutscheine, die sie beim Kauf zu Lasten des Landes in Zahlung geben können. Zunehmend versorgen private Sponsoren die Schulen mit Lehrbüchern.

▶ **Lernziele** → Bildungs- und Erziehungsziele

M

▶ **Meinungsfreiheit**

Die M. – genauer: Meinungsäußerungsfreiheit – ist als Grundrecht verfassungsrechtlich garantiert (Art. 5 Abs. 1 S. 1 GG). Nachdem sich die Auffassung durchgesetzt hat, dass Grundrechte auch in den ehemaligen → besonderen Gewaltverhältnissen gelten (BVerfGE 33, 1; 41, 251), kann kein Zweifel bestehen, dass die M. von Schülern (und Lehrern) auch in der Schule grundrechtlich geschützt ist. Einschränkungen der M. bedürfen nach den Grundsätzen des → Gesetzesvorbehalts einer hinreichend bestimmten gesetzlichen Regelung (vgl. Staupe, Parlamentsvorbehalt und Delegationsbefugnis, 1986, 375 f.). Soweit sich Einschränkungen der M. nicht bereits aus dem GG oder aus gesetzlichen Bestimmungen ergeben, sind sie unzulässig. Insbesondere können Einschränkungen der Grundrechte nicht mehr wie früher auf die Rechtsfiguren der (freiwilligen Unterwerfung unter die) Anstaltsgewalt, auf gewohnheitsrechtliche Globalermächtigungen der Schulverwaltung oder auf Art. 7 Abs. 1 GG (→ Schulaufsicht) gestützt werden (BVerfGE 41, 251, 263; vgl. zu alledem Faller, RdJB 1985, 478 ff.). Das Recht auf freie Meinungsäußerung findet – auch für Schüler und Lehrer – seine Schranken in den Vorschriften der allgemeinen Gesetze, der gesetzlichen Bestimmungen zum Schutz der Jugend (s. JÖSchG) und in dem Recht der persönlichen Ehre (Art. 5 Abs. 2 GG). Allgemeine Gesetze in diesem Sinne sind solche, die nicht eine bestimmte Meinung als solche verbieten, sondern – ohne Rücksicht auf eine bestimmte Meinung – dem Schutz eines bestimmten Rechtsguts dienen und damit dem Schutze eines Gemeinschaftswerts, der gegenüber der Betätigung der M. den Vorrang hat (BVerfGE 28, 191 ff., 202 vgl. auch Kästner, DÖV 1977, 500 ff., 505). Einschränkungen der M. in der Schule sind nach der sog. Wechselwirkungstheorie nicht unbegrenzt zulässig, sondern haben die wertsetzende Bedeutung des eingeschränkten Grundrechts zu berücksichtigen (BVerfGE 7, 198, 208 f. st. Rspr.).

Danach ist bei Einschränkungen eines Grundrechts eine Güterabwägung zwischen dem Grundrecht und den für seine Einschränkung sprechenden Gründen erforderlich. Sie kann auch im Schulbereich ergeben, dass die M. aus bestimmten Notwendigkeiten zurücktreten muss, z. B. zur Sicherung des Bildungsauftrags der Schule hinsichtlich ihres Umfangs (z. B. keine langen Reden während des Unterrichts), des Zeitpunktes (Unterrichtskonzeption des Lehrers) und des Gegenstandes (thematischer Zusammenhang), vgl. dazu auch VG Karlsruhe, RdJB 1978, 471; DJT-SchulGE, § 63, S. 96, 285 f. Dabei ist allerdings zu berücksichtigen, dass die M. in der Schule wegen des Zusammenhangs mit der Aufgabe, die Schüler zu selbstständigen, eigenverantwortlichen Mitgliedern eines demokratischen Gemeinwesens zu erziehen, eine ganz besondere Bedeutung besitzt, die einen liberalen Umgang mit der Meinungsfreiheit auch rechtlich gebietet (vgl. Niehues, Schul- und Prüfungsrecht, Rdn. 223 ff.). Für die Zulässigkeit von Meinungsäußerungen ohne Bedeutung ist die Frage, ob die in ihr zum Ausdruck kommende Auffassung richtig oder falsch ist, ob sie der Schule zusagt oder ihr unangenehm ist. Denn das Grundrecht auf M. dient nicht der Wahrheitsförderung, sondern ist ein Freiheitsrecht, das seiner Natur nach einer Richtigkeitskontrolle und eines Wahrheitsbeweises nicht zugänglich ist. Besondere Schärfen, Übertreibungen, drastische Ausdrucksweisen und sonstige Formen extensiven Gebrauchs der M. sind nicht von vornherein unzulässig (vgl. Beschwerdebescheid des nds. Kultusministers, DVBl. 1981, 505; dazu Staupe, WPB 1981, 532). Auch unterliegt die Meinungsäußerungsfreiheit nicht deshalb weiteren Begrenzungen, weil sie etwa politischen Charakter trägt (DJT-SchulGE, S. 286; BW VGH, DVBl. 1976, 638; Niehues, Schul- und Prüfungsrecht, Bd. 1, 3. Aufl. 2000, Rdn. 412). Spezielle Äußerungsformen der M. von Schülern und Lehrern in der Schule sind z. B. das Tragen von → Plaketten oder die Herausgabe von oder Mitarbeit an → Schülerzeitungen. Das in einigen Ländern schulgesetzlich geregelte Verbot → politischer Werbung kann angesichts des Grundrechts auf M. nur als Verbot parteipolitischer Werbung verstanden werden (VG München, Urt. v. 27. 10. 1986, M 3 K 86.1564); hierunter ist aber im Gegensatz zu der vom VG

München vertretenen Auffassung nicht die Werbung für Bürgerinitiativen zu verstehen.

Hinsichtlich der M. der Lehrer gelten zusätzliche Besonderheiten auf Grund ihres Beamtenstatus. Von rechtlicher Bedeutung ist dabei die Unterscheidung, ob der Beamte in dienstlicher Eigenschaft oder als Privatperson und – im letzteren Fall – innerhalb oder außerhalb des Dienstes seine Meinung äußert. Es gilt der Grundsatz, dass die M. am größten ist, je weiter die Äußerung dem Privatbereich zuzuordnen ist, d. h. wenn von ihr als Privatperson und außerhalb des Dienstes Gebrauch gemacht wird. Außerdienstliche Meinungsäußerungen sind nach heutiger Auffassung beamtenrechtlich nur noch relevant, wenn sie auch dienstliche Belange ernstlich berühren oder, wie es die Beamtengesetze formulieren, wenn das außerdienstliche Verhalten des Beamten nach den Umständen des Einzelfalles in besonderem Maße geeignet ist, Achtung und Vertrauen in einer für sein Amt oder das Ansehen des Beamtentums bedeutsamen Weise zu beeinträchtigen (vgl. dazu § 35 BRRG und die entspr. Bestimmungen der Landesbeamtengesetze; s. auch Disziplinarhof beim BW VGH, DVBl. 1984, 964).

▶ **Mengenlehre**

Die Einführung der M. war vor Jahren vor allem in Bayern und im Saarland Gegenstand gerichtlicher Auseinandersetzungen (vgl. BayVerfGH, DÖV 1974, 672 mit Anm. Hennecke; VG Augsburg, Urt. vom 24. 1. 1975, Nr. Au 47 III 74; BayVGH, Urt. vom 25. 6. 1979, Nr. 89 VII 75; OVG Saarland, E. vom 16. 10. 1975, SPE I A XI, 1; BVerwG, NJW 1981, 1056). Danach steht die Einführung der M. im Ermessen der die → Lehrpläne erlassenden Schulverwaltung; Rechte der Eltern und Schüler werden dadurch nicht verletzt. Die Geltung des → Gesetzesvorbehalts wurde insbesondere vom BayVerfGH (s. o.) abgelehnt. Es erscheint fraglich, ob diese Auffassung heutigem Verständnis noch gerecht wird (vgl. insbesondere BVerfGE 47, 46; BVerwGE 64, 308) und für die Festlegung des → Fächerkatalogs nicht zumindest eine Regelung durch Rechtsverordnung erforderlich ist.

▶ **Minderheitenschulen**

M. gibt es in der Bundesrepublik Deutschland für nationale Minderheiten wie die Dänen in Schleswig-Holstein (vgl. Art. 5 s.-h. LV) und die Sorben in Sachsen (vgl. Art. 6 Abs. 1 sächs. LV). Unter nationaler Minderheit versteht man traditionell Personengruppen mit deutscher Staatsangehörigkeit, aber fremder Nationalität und fremder Muttersprache (vgl. noch Art. 113 der WRV) bzw. eigener Sprache, Kultur, Überlieferung und Identität (vgl. Art. 6 Abs. 1 sächs. LV). Die → ausländischen Schüler und Eltern könnten also erst bei Einbürgerung unter diesen Begriff fallen. Im politischen Sprachgebrauch werden allerdings auch die langjährig in der Bundesrepublik lebenden großen Gruppen ausländischer Staatsangehöriger gelegentlich als nationale Minderheiten bezeichnet. Historisch haben im übrigen Auseinandersetzungen um die Rechte nationaler Minderheiten immer einen Schwerpunkt im Schulwesen gehabt (vgl. Hage, RdJB, 1982, 29 m. w. N.).

▶ **Minderjährigkeit** → Volljährigkeit

▶ **Mindestschülerzahl**

Die Mindestzahl von Schülern ist von rechtlicher Relevanz als Voraussetzung für bestimmte → Schulorganisationsmaßnahmen (vgl. BVerfGE 51, 268, 292 ff.; OVG NRW, NVwZ 1987, 705; DJT-SchulGE, § 97, S. 118 und 370 f.) sowie als Klassenbildungswerte. Angesichts der erheblich zurückgehenden Schülerzahlen kommt der M. heute weniger für die Errichtung als für die Fortführung oder → Schließung von Schulen zunehmende Bedeutung zu. Nicht wenige Länder sehen abweichend von früheren strengeren Bestimmungen vor, dass an die Fortführung von Schulen geringere Anforderungen hinsichtlich der Schülerzahl, der Klassenanzahl und insbesondere der Zügigkeit (Parallelklassen pro Schuljahrgang) zu stellen sind (vgl. Grumbach, RdJB 1981, 333). Derartige Bestimmungen bieten verhältnismäßig großzügige Möglichkeiten zur Erhaltung kleiner Schulen. Die Entscheidung hierüber steht entweder dem Schulträger oder der staatlichen Schulbehörde zu, wobei gesetzlich auf ein entsprechendes Bedürfnis abgestellt werden kann; hierbei kann das Gesetz auf eine M. abstellen, ohne dass dies verfassungsrechtlich bedenklich wäre (OVG Koblenz, NVwZ-RR 1988, 82).

▶ **Misshandlung von Schülern** → Körperliche Züchtigung, → Strafrecht und Schule

▶ **Mitarbeit im Unterricht**

Ein wichtiger Inhalt des → Schulverhältnisses ist die Pflicht der Schüler, im Unterricht mitzuarbeiten und sich zu bemühen, im Rahmen ihrer Fähigkeiten die von der Schule innerhalb und außerhalb des Unterrichts (→ Hausaufgaben) geforderten Leistungen zu erbringen und an Leistungsüberprüfungen teilzunehmen. Dies ist gewissermaßen das selbstverständliche rechtliche Gegenstück zum → Recht auf Bildung, das zu seiner Realisierung die Bildungsbereitschaft der Schüler und soweit sie das angeht auch der Eltern voraussetzt. Diese Pflicht zur M. wird daher in den meisten Schulgesetzen oder Schulordnungen der Länder noch einmal gesondert betont. Zum Bildungs- und Erziehungsauftrag der Schule gehört es, Freude am Lernen zu wecken und die Schüler zur Leistungsbereitschaft und -erbringung zu erziehen. Jedenfalls im Bereich der → Schulpflicht darf die Schule daher bei Leistungsverweigerungen nicht vorschnell aufgeben, sondern muss versuchen, die Probleme des Schülers mit den ihr zu Gebote stehenden pädagogischen Mitteln zu lösen. Soweit solche pädagogischen Mittel, zu denen z. B. Gespräche mit dem Schüler oder innerhalb der Lerngruppe sowie mit und ohne Einbeziehung der Eltern sowie Ermahnungen in unterschiedlicher Form und Deutlichkeit gehören, nicht zu einer M. des Schülers führen, sind auch angemessene schulische → Ordnungsmaßnahmen denkbar, sofern sie in solchen Fällen überhaupt Erfolg versprechend erscheinen (dies kann z. B. ein → Verweis ebenso sein wie Nacharbeiten unter Aufsicht des Lehrers → Nachsitzen). Die Schule ist auch berechtigt, das Beteiligungsverhalten der Schüler durch → Noten zu bewerten (zum Teil durch Wiedereinführung der umstrittenen sog. „Kopfnoten"). Die Nichterbringung von Leistungen wirkt sich letztlich dahin aus, dass sie nicht bewertet werden können und es zur leistungsbedingten Entlassung aus der besuchten Schule, z. B. nach zweimaliger Nichtversetzung, kommen kann. Ist die Schulpflicht noch nicht erfüllt, muss der Schüler dann eine seinen Leistungen entsprechende andere Schule besuchen. Die Regelung in den meisten Ländern, dass Leistungen, die aus vom Schüler zu vertretenden Gründen nicht erbracht werden, wie mangelhafte Leistungen gewertet werden, ist rechtlich zulässig.

▶ Mitbestimmung

Eltern und ältere Schüler bestimmen im Schulwesen aller Länder auf schulischer und überschulischer Ebene mit. Unter M. versteht man eine Interessenvertretung von Eltern und Schülern, die je nach bildungspolitischem Verständnis des Landes in ganz unterschiedlich starken Beteiligungs- und/oder Mitentscheidungsrechten der auf der jeweiligen Ebene (Klasse, Schule, Gemeinde/Kreis, Bezirk des Schulamtes, Land) gewählten bzw. delegierten Eltern- und Schülervertreter besteht. Bei den Funktionen der Mitbestimmungsgremien sind Beratung (Informations- und Meinungsaustausch), Mitwirkung (z. B. Anhörungs-, Vorschlags-, Auskunftsrechte, Stellungnahmemöglichkeit) und „echte" Mitbestimmung im Sinne von Zustimmungserfordernissen sowie Sachentscheidungskompetenzen zu unterscheiden (s. tabellarische Übersichten im Anhang 3). Die wesentlichen Entscheidungen in pädagogischen Angelegenheiten sind jedoch in allen Ländern Sache der Lehrer und ihrer → Konferenzen (siehe auch → Schulaufsicht), soweit die betreffenden Entscheidungen auf Schulebene zu treffen sind. Zur schulischen M. bei der Auswahl von Schulleitern siehe → Schulleiter.

Rechtsgrundlage der Schulmitbestimmung (auch Mitwirkung oder Mitverantwortung genannt) sind die gesetzlichen Regelungen über die → Schulverfassung. Diese Regelungen sind überwiegend ein Ergebnis der Ende der 60er/Anfang der 70er Jahre geführten allgemeinen und bildungspolitischen Debatte über die Demokratisierung der Schule (vgl. dazu Empfehlungen des → Deutschen

Bildungsrats „Zur Reform von Organisation und Verwaltung im Bildungswesen, Teil I, Verstärkte Selbständigkeit der Schule und Partizipation der Lehrer, Schüler und Eltern" vom 23. 5. 1973). Ob und inwieweit eine institutionalisierte kollektive M. im Schulwesen aus dem → Elternrecht (individuelles), den Schülergrundrechten (s. auch → Recht auf Bildung) oder aus dem Demokratie- und Sozialstaatsgebot oder einer Zusammenschau individueller Rechte und allgemeiner Verfassungsprinzipien abgeleitet werden kann, ist stark umstritten (vgl. DJT-SchulGE, S. 334 ff.; Niehues, Schul- und Prüfungsrecht, Bd. 1, 3. Aufl. 2000, Rdn. 58 ff. m. w. N., → Elternrecht, kollektives). Abgesehen von einigen LV, die den Eltern ausdrücklich Mitbestimmungsrechte einräumen (Art. 56 Abs. 6 hess. LV, Art. 10 Abs. 2 nrw. LV, Art. 17 Abs. 4 b.-w. LV, Art. 104 sächs. LV, Art. 29 Abs. 2 sachs.-anh. LV, Art. 23 Abs. 3 thür. LV), gibt es keine ausdrücklichen verfassungsrechtlichen Vorgaben für die Ausgestaltung der M. Zu berücksichtigen ist allerdings, dass das Demokratieprinzip des Grundgesetzes eine abgestufte und differenzierte M. erfordert; soweit das Demokratieprinzip die Legitimation von Entscheidungen in besonders hohem Maße verlangt, kann die parlamentarische Verantwortlichkeit der Regierung eine Entscheidung durch diese – und nicht durch schulische Gremien oder der Personalvertretung – gebieten (vgl. dazu grundsätzlich BVerfGE 93, 37 zum Schleswig-Holsteinischen Personalvertretungsgesetz; Niehues, Rdn. 62). Dies gilt entsprechend, wenn die Notwendigkeit einer M. der Schüler aus dem von Art. 7 Abs. 1 GG vorausgesetzten Bildungs- und Erziehungsauftrag der Schule abgeleitet oder mit pädagogischen Erfordernissen begründet wird. Nach unserer Auffassung ist aus dem GG lediglich das Erfordernis einer gewissen partizipatorischen Grundstruktur der Schule als Minimum abzuleiten, bei deren Ausgestaltung die Länder aber einen ganz weiten bildungspolitisch-pädagogischen Gestaltungsspielraum haben, nicht aber die Einräumung konkreter Mitbestimmungsrechte (vgl. BVerfGE 59, 360 ff., 390 ff.). Auch in Hessen ist z. B. die Einrichtung des Landeselternbeirates nicht aus der LV abzuleiten, sondern könnte vom Gesetzgeber jederzeit durch andere Formen der Elternmitbestimmung ersetzt werden (Hess. StGH, NJW 1980, 2405). Verfehlt sind ferner Versuche, aus dem Demokratieprinzip des GG Einzelheiten der Zusammensetzung einer Schulkonferenz oder des Wahlmodus von Eltern- und Schülervertretern abzuleiten (vgl. BVerfG a.a.O., OVG Hamburg, DÖV 1979, 360f.).

Wegen der ganz unterschiedlichen Ausgestaltung der M. in den Ländern wird auf die nachfolgenden tabellarischen Übersichten zur Eltern- und Schülermitbestimmung verwiesen. Die Übersichten sind vereinfacht und lassen alle Sonderregelungen wie z.B. für berufliche Schulen, Sonderschulen ebenso außer Betracht wie die nur in Hamburg und Berlin neben den Konferenzen und den Gremien nach dem Lehrer-Personalvertretungsrecht bestehenden besonderen überschulischen Lehrervertretungen (Berlin: Bezirks- und Landeslehrerausschüsse, Hamburg: Lehrerkammer). Zu den schon sehr ausführlichen gesetzlichen Regelungen kommen i.d.R. eine Vielzahl ergänzender Rechtsverordnungen hinzu (z.B. Konferenz- und Wahlordnungen, Eltern- und Schülervertretungsverordnungen). Da die Kenntnis der genannten, leider viel zu ausführlichen und oft nur schwer überschau- und lesbaren Bestimmungen Voraussetzung für eine effektive M. von Eltern, Schülern und Lehrern ist, kann nur empfohlen werden, sich trotz der Kompliziertheit mit diesen Grundlagen im jeweiligen Land vertraut zu machen.

Der Eintritt der → Volljährigkeit des Schülers schließt zwar die M. seiner Eltern in schulischen Gremien rechtlich nicht grundsätzlich aus. Es muss aber ausgeschlossen sein, dass die Wahrnehmung schulischer Mitbestimmungsrechte zu einer faktischen Verlängerung des elterlichen Sorgerechts über den Volljährigkeitszeitpunkt hinaus führt. Deshalb scheiden Elternvertreter in einigen Ländern mit Volljährigkeit ihrer Kinder aus ihren Funktionen aus oder dürfen nur noch mit beratender Stimme in den Gremien mitwirken, s. auch → Erziehungsberechtigte.

Die Pflicht der Ausbildenden und Arbeitgeber, (Berufs-)Schüler zum Schulbesuch freizustellen, umfasst auch die Betätigung von Schülern im Bereich der schulischen oder überschulischen M., z.B. als Schülersprecher, Mitglied einer Schulkonferenz oder eines M.-Gremiums auf Landesebene.

Zur Klagebefugnis von Schulmitbestimmungsgremien bei Verletzung ihrer Rechte siehe → Rechtsschutz, Elternrecht (kollektives).

▶ Mittelschule

Die M. umfasst als weiterführende Schule – bisher nur in Sachsen – die Klassenstufen 5 bis 10 und vermittelt eine allgemeine und berufsvorbereitende Bildung. Die Klassenstufen 5 und 6 haben Orientierungsfunktion, ab Klassenstufe 7 beginnt eine auf Abschlüsse und Leistungsentwicklung bezogene Differenzierung in den → Hauptschul- oder → Realschulbildungsgang. Nach erfolgreichem Durchlaufen der 9. Klasse wird der Hauptschulabschluss erteilt. Durch besondere Leistungsfeststellung kann der qualifizierende Hauptschulabschluss erworben werden. Mit erfolgreichem Besuch der 10. Klasse und bestandener Abschlussprüfung wird der Realschulabschluss erworben.

▶ Mittlere Reife → Realschule, → Mittelschule

▶ Mitwirkung → Mitbestimmung, → Schulverfassung

▶ Modellschulen → Schulversuche

▶ Montessorischulen → Privatschulen

▶ Musikalische Schulveranstaltungen → Unterricht

▶ Musikschulen → Schule

N

▶ **Nachhilfeunterricht** → Freie Unterrichtseinrichtungen

▶ **Nachsitzen**

Diese besser als Nacharbeiten unter Aufsicht zusätzlich zur Unterrichtszeit zu bezeichnende → Ordnungsmaßnahme der Schule ist rechtlich zulässig, wenn dafür eine ausreichende gesetzliche Grundlage besteht, der Grundsatz der → Verhältnismäßigkeit (Angemessenheit der Sanktion in Bezug auf das Fehlverhalten des Schülers) gewahrt wird und andere pädagogische Maßnahmen nicht ausreichen. Einen → Arrest oder gar Karzer (bloßes Einsperren) gibt es als Ordnungsmaßnahme heute nicht mehr; dies wäre auch unzulässig. Einige Länder haben das N. als förmliche Ordnungsmaßnahme, andere als Erziehungsmaßnahme außerhalb des Ordnungsmaßnahmen-Katalogs ausdrücklich zugelassen (z. B. bei nicht hinreichender → Mitarbeit im Unterricht oder bei schuldhaften Lernrückständen und vorheriger Benachrichtigung der Erziehungsberechtigten). Strittig ist, ob N. auch ohne ausdrückliche schulrechtliche Regelung zulässig ist. N. lässt sich m. E. nicht als von dem gesetzlichen Bildungs- und Erziehungsauftrag der Schule (Generalklausel) oder der → Schulpflicht rechtlich ausreichend abgesicherte zusätzliche Schulveranstaltung deklarieren. Die Maßnahme greift vielmehr in den Normbereich von Art. 2 Abs. 2 S. 2 GG (Freiheit der Person) ein und bedarf deshalb einer ausdrücklichen Regelung durch Gesetz oder auf Grund Gesetzes (Art. 2 Abs. 2 S. 3 GG; vgl. DJT-SchulGE S. 292f.). A. A. sind Niehues (Schul- und Prüfungsrecht, Bd. 1, 3. Aufl. 2000, Rdn. 449) sowie VG Freiburg, NVwZ 1984, 131, und der BW VGH, NVwZ 1984, 808, wonach die gesetzliche Generalermächtigung zur Ordnung des Schulbetriebs trotz (leichter) Beschränkung der persönlichen Handlungsfreiheit des Schülers (Art. 2 Abs. 1 GG) ausreichen soll. Heckel/Avenarius (Schulrechtskunde, 1986, S. 388) differenzieren zwischen ohne besondere Rechtsgrundlage für zulässig gehaltenen Erziehungsmaßnahmen und gesetzlicher Grundlage bedürfender Sanktion für Fehlverhalten. Fehlt eine ausdrückliche Regelung, so ist m. E. N. unzulässig. Beim N. wie bei vielen Ordnungsmaßnahmen ist der pädagogische Wert umstritten; dies ist innerhalb bestimmter Grenzen aber keine Rechtsfrage. Die Grenzen des rechtlich Zulässigen sind beim N. überschritten, wenn N. zur Bestrafung eines Schülers mit stumpfsinnigen Schreibübungen, z. B. dem 20fachen Schreiben bestimmter Wörter missbraucht wird (so zutreffend Niehues, a. a. O.). Zum Teil wird gefordert, das N. müsse unterrichtsbezogen sein, also etwa der Übung des Unterrichtsstoffes durch Wiederholungen dienen (so Gampe, in: Margies/Gampe/Gelsing/Rieger, ASchO für NRW, 4. Aufl. 1998, § 13 Rdn. 17). Das → Elternrecht verlangt jedenfalls bei jüngeren Schülern eine rechtzeitige Information über angeordnetes N., ggf. auch eine zeitliche Absprache, da N. außerhalb der regulären Unterrichtszeit erfolgt. Dem werden auch die oben genannten Regelungen einiger Länder nicht gerecht. N. bzw. seine Anordnung ist ein Verwaltungsakt, gegen den es die dafür vorgesehenen Möglichkeiten des → Rechtsschutzes gibt (s. auch → vorläufiger Rechtsschutz).

▶ **Nationale Minderheit** → Minderheitenschule

▶ **Negative Auslese** → Auslese

▶ **Neue Bundesländer**

Durch die Vereinigung beider deutschen Staaten am 3. Oktober 1990 ist die Bundesrepublik Deutschland um fünf n. B. erweitert worden (Brandenburg, Mecklenburg-Vorpommern, Sachsen, Sachsen-Anhalt und Thüringen). Das Bundesland Berlin hat sich durch Hinzutreten des bisherigen Ost-Berlins bevölkerungsmäßig um etwa ein Drittel vergrößert, so dass es sich – entgegen verbreitetem Sprachgebrauch – genau genommen nicht um 5, sondern um 6 n. B. handelt. Diese vereinigungsbedingten Änderungen sind

nicht ohne Folgen für die schulrechtliche Situation der Bundesrepublik Deutschland insgesamt sowie der einzelnen betroffenen Länder geblieben.
Insgesamt hat sich die föderalistische Struktur der Bundesrepublik Deutschland durch den Beitritt der DDR erweitert. Aus bisher 11 sind nun 16 Bundesländer geworden, was den schon bisher nicht geringen Abstimmungs- und Koordinierungsbedarf der Länder untereinander sowie mit dem Bund (→ Föderalismus, Hamburger Abkommen, Kulturhoheit der Länder, Kultusministerkonferenz) noch erheblich verstärkt.
Die zentralen Regelungen hierzu erfolgten durch den Einigungsvertrag zwischen der Bundesrepublik Deutschland und der Deutschen Demokratischen Republik vom 31. August 1990 (vgl. BGBl. II S. 885) und die Ergänzungsvereinbarung zu Artikel 9 Absatz 3 des Einigungsvertrages vom 18. September 1990 (vgl. Bulletin des Presse- und Informationsamtes der Bundesregierung Nr. 112/S. 1177 vom 20. September 1990; zum Schulwesen im Einigungsvertrag vgl. Hage RdJB 1991, 49 ff.).
Der Einigungsvertrag unterscheidet grundsätzlich zwischen zwei Formen der Rechtsgeltung im Beitrittsgebiet, die in den Anlagen I und II zum Einigungsvertrag näher geregelt sind, nämlich
- übergeleitetes Bundesrecht, das aufgehoben, mit Änderungen oder Ergänzungen in Kraft gesetzt wird oder mit bestimmten Maßgaben in Kraft tritt (in Anlage I zum Einigungsvertrag aufgeführt) sowie
- fortgeltendes Recht der DDR (in Anlage II zum Einigungsvertrag aufgeführt).

Nach Artikel 9 Abs. 2 des Einigungsvertrages gilt der Grundsatz, dass ehemaliges DDR-Recht nur fortgilt, soweit es sich in Übereinstimmung mit dem Grundgesetz der Bundesrepublik Deutschland befindet. Zur Gewährleistung der erforderlichen Rechtssicherheit wird es in der Anlage II enumerativ (listenmäßig) aufgeführt; nur das dort aufgeführte ehemalige Recht der DDR gilt fort.
Kurz vor Herstellung der staatlichen Einheit (sozusagen „in letzter Minute") sind einige Regelungen mit deutlich zentralistischer Tendenz und starker Unitarisierungswirkung getroffen worden, die nach der erwähnten Ergänzungsvereinbarung zu Kapitel XVI

(Geschäftsbereich des Bundesministers für Bildung und Wissenschaft) längstens bis zum 30. Juni 1991 in Kraft blieben.

Diese schulrechtlichen Bestimmungen werden durch den Einigungsvertrag als Landesrecht (der n. B.) qualifiziert, obwohl sie von der ehemaligen (zentralen) DDR-Regierung erlassen wurden. Damit ergibt sich die wohl einmalige Situation, dass exekutivische Anordnungen der ehemaligen DDR-Regierung durch Einigungsvertrag bzw. Bundesrecht den Rang von Landesrecht (der n. B.) erhalten haben.

Durch die Geltungsbegrenzung zum 30. Juni 1991 waren die n. B. aufgefordert, bis dahin neue eigene schulrechtliche Regelungen zu erlassen. Die Gestaltung des Schulwesens obliegt somit in den neuen (wie in den alten) Bundesländern den Landesparlamenten und -regierungen. Die n. B. haben dementsprechend schnell Initiativen zum Erlass neuer Schulgesetze und ergänzender Regelungen ergriffen (s. Anhang II), wobei die n. B. den an sie gerichteten Regelungsauftrag in unterschiedlichem Maße vorantreiben konnten (vgl. die Beiträge von Jach, Anders, Böttcher, Vogel und Schwerin in RdJB 1992, 267 ff. sowie Martini, Zum Bildungsrecht in den n. B., 1992, 48 S. – für Zeitraum 1. 1. 91 bis 31. 5. 92). Generell lässt sich sagen, dass dem Erlass des neuen Schulrechts von den Regierungen und Landtagen aller n. B. hohe Priorität eingeräumt wurde, die Schulgesetz-Debatten aber z. T. auch heftigste politische Kontroversen auslösten. Im Ergebnis wurden – überwiegend fristgerecht, z. T. in der ersten Juli-Hälfte 1991 – die neuen Schul(reform)gesetze, mit Ausnahme Sachsens als Vorschaltgesetze konzipiert und in Thüringen als „Vorläufiges Bildungsgesetz" bezeichnet, verabschiedet. Vor einer „großen Schulreform" sahen diese Gesetze durchweg Übergangsphasen vor (vgl. Anders, Zur Vorläufigkeit der Schulgesetzgebung in den n. B. RdJB 1992, 281 ff.). Diese betrafen insbes. die Umwandlung von Schulformen (z. B. der polytechnischen Oberschulen in Gymnasien) als auch die Schuldauer bis zum Abitur (12 statt wie in den Altländern 13 Jahre). Zum Teil gingen die n. B. auch neue eigenständige Wege (vgl. z. B. die Einführung der → Mittelschule oder die Wiedereinführung von sog. Kopfnoten in Sachsen).

Für Berlin gelten einige Besonderheiten, die sich daraus ergeben, dass hier ein altes Bundesland (West-Berlin) mit einem Teil der ehemaligen DDR (Ost-Berlin) zu einem n. B. vereint wurde. In Berlin wurde die schulrechtliche Situation durch die rasche Übernahme der West-Berliner Verfassung und des allgemeinen Verwaltungsrechts, vor allem aber durch die Erstreckung der Geltung des West-Berliner Schulrechts auf ganz Berlin ab 1. 8. 1991 formal schnell konsolidiert; die praktische Situation wie auch viele rechtliche Einzelfragen stellten sich in Berlin jedoch nicht weniger problematisch dar als in den anderen n. B., da dem ehemaligen Ost-Berlin ein (Schul-)System übergestülpt wurde, das naturgemäß mit den vorhandenen Strukturen nicht kompatibel war → Ausbildungsförderung.

▶ **Neutralitätsgebot**

Die → Bildungs- und Erziehungsziele besitzen einerseits wertenden Charakter, stehen andererseits aber im Spannungsverhältnis mit dem Verbot einseitiger staatlicher Identifikation mit singulären Erziehungsidealen (BVerwGE 47, 194; OVG NW, DVBl. 1975, 441). Das Toleranzprinzip, das aus den Grundrechten folgt und Minderheitenpositionen vor einer radikalen Durchsetzung von Mehrheitsauffassungen schützt, gebietet eine weitgehende Neutralität und Zurückhaltung der Schule in politischen, weltanschaulichen und religiösen Fragen (vgl. z. B. die Aussagen der LV zur Duldsamkeit, Nächstenliebe, Völkerversöhnung, die trotz ihrer Verwurzelung im christlichen Glauben tendenziell auf Toleranz und Pluralität ausgerichtet sind). Das N. verbietet die einseitige staatliche Identifikation mit konfessionellen Zielen und Inhalten, soweit damit eine Diskriminierung Andersdenkender verbunden wäre (vgl. Niehues, Schul- und Prüfungsrecht, Bd. 1, 3. Aufl. 2000, Rdn. 179 ff., 532; BayVerfGH, NJW 1988, 3141 ff. betr. „Erziehung zur Ehrfurcht vor Gott"; vgl. dazu auch Pawlowski, NJW 1989, 2240 ff. sowie – kritisch – Renck, NJW 1989, 2442 ff.).

Andererseits ist die Einrichtung von → Bekenntnisschulen verfassungsrechtlich ebenso zulässig (vgl. Art. 7 Abs. 3 Satz 1 und Abs. 5 GG) wie die Einführung von → Gemeinschaftsschulen mit christlicher Grundprägung (BVerfGE 41, 29; 41, 65; 41, 88; zur Anbringung von Kruzifixen in Klassenräumen BVerfG NJW 1995, 2477; vgl. dazu ausführlich → Glaubens- und Gewissensfreiheit). Ausdrücklich zugelassen ist auch der → Religionsunterricht an öffentlichen Schulen (Art. 7 Abs. 3 GG). Landesrechtliche Bestimmungen, nach denen Bekenntnisschulen auf Antrag der → Erziehungsberechtigten eingerichtet werden (vgl. Art. 12 nrw. LV), sind verfassungskonform (BVerfGE 41, 88, 111; Niehues, Rdn. 179 m. w. N.).

Das N. steht einer einseitig unkritischen Darstellung sämtlicher Erscheinungsformen der heutigen politischen Ordnung, selbst wenn diese durch das GG vorgeprägt sind, im Wege. So ist zum Beispiel eine Friedenserziehung in der Schule nicht verpflichtet, die Institution der Bundeswehr ausschließlich zustimmend und kritiklos darzustellen, nur weil das GG die – prinzipiell ohne Verfassungsverstoß wieder abschaffbare – Institution der Bundeswehr vorsieht. Ebensowenig muss es wegen des grundgesetzlich gewährleisteten besonderen Schutzes für Ehe und Familie Ziel der schulischen (→ Sexual-)Erziehung sein, ausschließlich diese Form des Zusammenlebens zu fördern, was gleichzeitig eine Abwertung anderer verfassungskonformer Lebens- und Zusammenlebensformen sowie sexueller Minderheiten, die sämtlich durch Art. 2 Abs. 1 GG geschützt sind, bedingen würde. Daraus folgt, dass nicht alle Institutionen des Verfassungsrechts ohne weiteres in Bildungs- und Erziehungsziele transformiert werden können. Gleichwohl sind Grundprinzipien wie Demokratie und Rechtsstaatlichkeit sowie die Verwirklichung der Grundrechte selbstverständliche Bildungs- und Erziehungsziele.

Die Neutralität ist von der Schule insgesamt zu wahren, nicht dagegen von jedem einzelnen Lehrer (str.). Das N. verbietet nicht einen politisch engagierten Unterricht. Auf der Ebene des Unterrichts einzelner Lehrer findet das N. seine spezifische Ausprägung jedoch in dem Verbot der Indoktrination. Danach ist der Lehrer verpflichtet, die verschiedenen Auffassungen, insbesondere zu politisch umstrittenen Fragen, sachlich darzustellen, um den Schülern eine eigene Meinungsbildung zu ermöglichen. Das Indoktrinationsverbot untersagt aber nicht, zum Beispiel auf Nachfragen von Schülern die eigene politische Auffassung auch in engagierter Form zu vertreten, solange dies nicht in einer keinen Widerspruch duldenden Form geschieht und auch die Gegenargumente erörtert werden. Dies trägt zu der von der Schule zu leistenden Orientierung der Schüler bei, ohne dass diese notwendig auf die von einem einzelnen Lehrer vertretene Auffassung festgelegt würden (vgl. OVG Hamburg, NVwZ 1986, 406; z.T. a.A. BW VGH, DÖV 1984, 943). Entsprechendes gilt für die weltanschauliche und religiöse Neutralität. Umstritten ist, ob einem Lehrer als Sannyasin das Tragen von Kleidung in den bhagwantypischen Rottönen sowie das Tragen der Holzkette mit dem Bild des Bhagwan (Mala) innerhalb der Schule wegen Verstoßes gegen das N. verboten werden kann (bejahend OVG Hamburg, NVwZ 1986, 406; differenzierend VG München, BayVBl. 1985, 248: Verbot der Mala zulässig, generelles Verbot roter Kleidung dagegen unverhältnismäßig, Beschl. v. 23. 4. 1985, Az. M 701 V 85; auch rote Kleidung unzulässig: VGH München, NVwZ 1986, 405, bestätigt durch BVerwG, NVwZ 1988, 937). Im Hinblick auf den Grundrechtsschutz durch Art. 4 Abs. 1 und 2 GG (Glaubensfreiheit, freie Religionsausübung) ist m.E. ein Einschreiten rechtlich aber dann zulässig und geboten, wenn der Lehrer über das Tragen von Mala und roter Kleidung hinaus seine Autoritätsstellung im Sinne einseitiger Beeinflussung der Schüler ausnutzt (zu dieser Problematik vgl. Groh, RdJB 1984, 109; Alberts, NVwZ 1985, 92; Franz, NVwZ 1985, 81). → Glaubens- und Gewissensfreiheit.

▶ **Nichtschülerprüfung** → Externenprüfung

▶ **Normenkontrollverfahren** → Rechtsschutz

▶ **Noten**

Die Bewertung der Schülerleistungen wird regelmäßig in N. oder Punkten ausgedrückt, sei es bei der Bewertung einer einzelnen mündlichen oder schriftlichen Leistung, wie z.B. → Klassenarbeiten oder → Hausaufgaben, sei es zusammenfassend in → Zeugnissen. Zu den ländereinheitlichen N.- und Punktesystemen sowie allgemein zur Form der Bewertung siehe → Leistungsbewertung.

Der Schulgesetzgeber ist nicht verpflichtet, die Ermittlung der Zeugnisnote aus schriftlichen und mündlichen Leistungsnachweisen in einem versetzungserheblichen Fach selbst zu regeln (BVerwG, B. v. 6. 3. 1998, NVwZ 1998, 859).

Eine einzelne N., z. B. in einem bestimmten Fach oder Prüfungsteil, kann nur dann selbstständig mit einer Klage vor den Verwaltungsgerichten angegriffen werden (→ Rechtsschutz), wenn der Kläger gerade durch diese N. in seinen Rechten verletzt wird, z. B. wenn davon sein Notendurchschnitt und damit die Zuteilung eines Studienplatzes in Numerus-clausus-Studienfächern abhängt. Aber auch eine einzelne Note, die für das Bestehen oder Nichtbestehen einer Ausbildung oder Prüfung bzw. eine Versetzung nicht maßgeblich ist, kann im Einzelfall ein Verwaltungsakt sein (OVG Münster, Beschl. v. 22. 1. 2001, NVwZ-RR 2001, 384). Angegriffen werden können im übrigen die abschließenden Entscheidungen, also z. B. die Nichtversetzung (→ Versetzung), das Nichtbestehen einer → Prüfung, wobei inzidenter die Rechtmäßigkeit der fraglichen N. überprüft wird. Wenn die Beseitigung oder Unterlassung bestimmter Angaben, z. B. über das Sozialverhalten des Schülers in sog. verbalisierten Zeugnissen erstrebt wird oder wenn gegen die Form einer solchen Bewertung (z. B. schriftlicher Bericht statt Ziffernnote) vorgegangen werden soll, ist die Leistungsklage die richtige Klageart (zu den Klagearten mit umfangreichen Nachweisen Niehues, Schul- und Prüfungsrecht, Bd. 1, 3. Aufl. 2000, Rdn. 630 ff.; Becker, Zensuren. Ihre Fragwürdigkeit, Berechtigung und Alternativen, 1991). Der Informationsanspruch der Eltern kann Angaben zum Leistungsstand auch in Zeugnissen der Klasse 2 der Grundschule, z. B. in Deutsch und Mathematik, erfordern (HessVGH, DVBl. 1995, 436 – Ls.).

▶ **Notenausgleich**

Schlechte Leistungen in einem Bereich können regelmäßig durch andere bessere Leistungen ausgeglichen werden, so dass trotz einer oder mehrerer schlechter → Noten eine → Versetzung erfolgt oder eine → Prüfung bestanden wird. Dafür besteht ein sehr weiter Gestaltungsspielraum der Länder, die hierfür zumeist sehr detaillierte und für die einzelnen Schularten unterschiedliche

Regelungen erlassen haben. Die Festlegung, dass z. B. mangelhafte Leistungen nur mit bestimmten besseren Noten in bestimmten Fächern und dass ungenügende Leistungen überhaupt nicht ausgeglichen werden können, ist zulässig. Trotz mangelhafter Leistungen können z. B. Lehrerkonferenzen in gewissem Umfang unter Würdigung des Gesamteindrucks des Schülers und bei positiver Prognose für eine erfolgreiche Teilnahme am Unterricht der nächsten Klasse bei Versetzungsentscheidungen dennoch eine positive Entscheidung treffen. Dies darf freilich nicht willkürlich, d. h. auf Grund sachfremder Erwägungen geschehen (vgl. als Vorschlag zur Festlegung der Kriterien für solche Entscheidungen, nämlich der notenmäßigen Mindestvoraussetzungen und Ausgleichsmöglichkeiten sowie des Prognoseelements §§ 56 Abs. 2, 59 DJT-SchulGE und dort S. 274; zur Leistungsermittlung vgl. auch Niehues, Schul- und Prüfungsrecht, Bd. 1, 3. Aufl. 2000, Rdn. 598 ff.). Ob und inwieweit Entscheidungen ausschließlich auf Grund eines arithmetischen Mittels der Einzelleistungen zu treffen sind, hängt von der jeweiligen Ausbildungs- oder Prüfungsordnung ab. Es verstößt nicht gegen die Grundsätze der → Chancengleichheit und der → Verhältnismäßigkeit, wenn bei zwei „mangelhaft" höhere Anforderungen an den Ausgleich (also z. B. Ausgleich nur durch mindestens zweimal „gut" in bestimmten Fächern) als bei einem „mangelhaft" gestellt werden (BW VGH, Urt. v. 10. 2. 1984, SPE III F II, S. 45).

▶ **Notenspiegel**

Die → Informationsrechte der Eltern (und der Schüler) verlangen nicht, dass generell nach jeder Klassenarbeit eine Übersicht über die von den einzelnen Schülern der Klasse erreichten → Noten den Eltern bzw. den Mitschülern zugänglich gemacht wird (BVerwG, Beschl. v. 3. 7. 1978, SPE II C I, S. 11, BVerwG, NJW 1982, 250). Das Informationsrecht der Eltern umfasst aber den Anspruch, dass ihnen gelegentlich auch der Leistungsstand des Kindes innerhalb der Klasse oder Lerngruppe jedenfalls auf Anfrage mitgeteilt wird. Dies gilt für den Schüler entsprechend.

▶ **Numerus clausus** → Zulassungsbeschränkungen

O

▶ **Oberstufe des Gymnasiums**

Die gymnasiale O. umfasst die Schuljahrgänge 10 bis 13 des herkömmlichen → Gymnasiums, in einigen → Neuen Bundesländern mit nur 12-jähriger Schulzeit („Ost-Abitur") die Schuljahrgänge 11 und 12 (Meckl., Sachs., Sachs.-Anh., Thür.). Sie ist gekennzeichnet u. a. durch die Abkehr vom bisherigen „Universalabitur", die Möglichkeit der Schwerpunktwahl, durch ein differenziertes Kurssystem mit → Pflicht-, Wahl- und Wahlpflichtfächern anstelle des Klassenverbandes sowie Ersetzung der → Noten durch ein gestaffeltes Punktsystem. Die Einführung der gymnasialen O. basiert auf der → KMK-„Vereinbarung zur Neugestaltung der gymnasialen Oberstufe in der → Sekundarstufe II" vom 7. 7. 1972 (KMK-BeschlS. 175.3). Danach führten die Länder die reformierte O. des Gymnasiums auf der Grundlage von Verwaltungsvorschriften (→ Schulrecht) ein. Nachdem der HessVGH dies im Hinblick auf die Geltung des → Gesetzesvorbehalts beanstandet und eine gesetzliche Grundlage gefordert hatte (HessVGH, NJW 1976, 1856), trafen die Länder für die gymnasiale O. durchgängig schulgesetzliche Regelungen. Darüber hinaus sind z.T. ergänzende Rechtsverordnungen erlassen worden (vgl. dazu Elser, RdJB 1987, 494). BVerfG und BVerwG haben inzwischen festgestellt, dass es bundesverfassungsrechtlich keine Garantie des herkömmlichen Gymnasiums gibt (BVerfGE 53, 185; BVerwG, Beschl. v. 22. 8. 1980, SPE I C I, S. 31) und dass die gymnasiale O. weder das → Elternrecht noch Grundrechte der Schüler verletzt (BVerfGE 43, 198; 45, 400). Die Entscheidung des HessStGH (NJW 1982, 1381), wonach die gymnasiale O. in Hessen (landes-)verfassungswidrig sein soll, ist ganz überwiegend auf Ablehnung gestoßen (vgl. Nachweise bei Niehues, Schul- und Prüfungsrecht, Bd. 1, 3. Aufl. 2000, Rdn. 158, 161) und ist überdies nicht auf die übrigen Länder übertragbar.

▶ Oberstufenschule

Als O. bezeichnet man eine → Schule der → Sekundarstufe II mit organisatorisch selbständiger Führung der Schuljahrgänge 11 bis 13. Die Umwandlung der letzten drei Jahrgänge eines → Gymnasiums in eine selbständige O. ist als → Schulorganisationsmaßnahme verfassungsgemäß, da das Gymnasium in seinem Fortbestand nicht verfassungsrechtlich garantiert ist (BVerfGE 53, 185; BVerwG, Beschl. v. 22. 8. 1980, SPE I C I, S. 31; DJT-SchulGE S. 182).

▶ Oberstufenzentrum

O. sind → Schulen der → Sekundarstufe II, in denen ein gymnasialer Zweig (→ Gymnasium) und → berufliche Schulen zu einer organisatorischen Einheit zusammengefasst sind. Zum Teil bieten sie doppelqualifizierende Abschlüsse (→ Abitur + ersten berufsqualifizierenden Abschluss) an.

▶ Öffentliche Schulen

Die ö. → Schulen sind nach den inhaltlich übereinstimmenden Definitionen der Schulgesetze nicht rechtsfähige öffentliche Anstalten des → Schulträgers. Die Schulen sind daher – anders als etwa die Universitäten – nicht selbst Träger eigener Rechte. Rechtsträger ist vielmehr der jeweilige Schulträger (z. B. Eigentümer des Schulgrundstücks und der Schuleinrichtungen, → Hausrecht, → Schulnutzung). Keine ö. S. sind, obwohl dies aus den gesetzlichen Definitionen nicht immer eindeutig hervorgeht, die → Privatschulen, auch nicht die kirchlichen Schulen, obwohl sie in der Trägerschaft öffentlich-rechtlicher Körperschaften (der Kirchen) stehen. Ö. S. sind daher nur diejenigen Schulen, die in der Trägerschaft einer Gebietskörperschaft des öffentlichen Rechts (Gemeinden, Kreise, Land) oder eines von diesen gebildeten Schulverbandes stehen (vgl. DJT-SchulGE § 111; zum Begriff der ö. S. im Sinne des b.-w. PrivatschulG vgl. BW VGH, DÖV 1983, 553 sowie DVBl. 1989, 1259, wonach Krankengymnastikschulen an einem Universitätsklinikum ö. S. sind). Zum Teil werden die ö.

S. in staatliche und kommunale Schulen unterteilt, wobei darauf abgestellt wird, wer Dienstherr des Lehrpersonals ist.

▶ **Ordnungsmaßnahmen**

(1) Zur Erfüllung und Sicherung des gesetzlichen Bildungs- und Erziehungsauftrags der Schule einschließlich der Erfüllung der Schul- und Teilnahmepflicht und der Einhaltung der Schulordnung sowie zum Schutz von Personen und Sachen innerhalb der Schule können O. (früher: Schulstrafen) gegen einzelne Schüler verhängt werden. Sonstige Gründe rechtfertigen keine O. Sühne und Vergeltung sind keine Kriterien des Schulordnungsrechts (vgl. dazu Weber, Das Ordnungsrecht der Schule, 1985; Peters, Erziehungs- und O. im Schulrecht, Diss. 1991). Anknüpfungspunkt ist ein Fehlverhalten des einzelnen Schülers einschließlich der Auswirkungen dieses Verhaltens auf die Mitschüler. Nur insofern sind generalpräventive Gesichtspunkte in gewissem Umfang zulässig. Die Wirkungen, die eine Sanktion auf andere Schüler haben soll, sind dagegen kein zulässiger Anknüpfungspunkt. Das bloße Statuieren eines Exempels oder die Wahl einer schwerwiegenderen als dem Fehlverhalten des Schülers angemessenen O. aus Gründen der Abschreckung sind keine geeigneten Gesichtspunkte zur Sicherung des Bildungsauftrags der Schule (vgl. DJT-SchulGE, S. 295; vgl. auch Niehues, Schul- und Prüfungsrecht, Bd. 1, 3. Aufl. 2000, Rdn. 447 ff.; zur Verfassungsmäßigkeit von Schulausschlussmaßnahmen Hoegg, RdJB 1998, 352). Diesen Grundsätzen werden die Schulgesetze der Länder noch nicht durchweg gerecht. Unzulässig sind nach dem Schulrecht aller Länder sowie bereits nach allgemeinen rechtsstaatlichen Gesichtspunkten → Kollektivmaßnahmen. Mit rechtsstaatlichen Maßstäben in jedem Fall unvereinbar wäre es, den Schüler für ein Fehlverhalten seiner Eltern zu bestrafen (so der frühere § 83 Abs. 1 bay. AschO, wonach ein Schüler wegen groben Fehlverhaltens seiner Eltern aus Schulen mit Ausnahme der → Pflichtschulen ausgeschlossen werden konnte; diese Maßnahme ist im bay. EUG entfallen).

Anknüpfungspunkt für O. ist das innerschulische Verhalten. Außerschulisches Verhalten darf nur dann berücksichtigt werden, wenn es in unmittelbarem Zusammenhang mit dem Besuch der Schule steht (z. B. Gewalttätigkeiten gegen Mitschüler an Bushaltestelle vor der Schule) und sich unmittelbar erheblich störend auf den Schulbetrieb auswirkt (OVG Münster, NVwZ-RR 1999, 29). So rechtfertigt z. B. die bloße Schulbezogenheit außerschulischer Meinungsäußerungen keine O., auch wenn die Meinungsäußerung einigen „Wirbel" in der Schule veranstaltet hat (→ Meinungsfreiheit). Die Verantwortlichkeit des Schülers und der Grad des Fehlverhaltens (Vorsatz, Fahrlässigkeit) sind zu berücksichtigen.

(2) Voraussetzung für den Erlass einer O. ist die Beachtung des Grundsatzes der → Verhältnismäßigkeit, insbesondere des Übermaßverbots. Dazu gehört auch, dass O. nur in Betracht kommen, soweit andere pädagogische Maßnahmen nicht ausreichen. Dazu gehören solche, die der Lehrer und die Schule innerhalb weiter rechtlicher Grenzen im Rahmen ihrer → pädagogischen Freiheit treffen können und die ihre Rechtsgrundlage in dem gesetzlichen Bildungsauftrag der Schule (Generalklausel) finden, wie er in allen Schulgesetzen formuliert ist. Dazu können z. B. gehören die unterrichtliche Behandlung von Sachverhalten, die Konflikten oder einem Fehlverhalten zugrunde liegen; die persönliche Beratung des Schülers; Gruppengespräche mit Schülern und/oder Eltern; Wiedergutmachung eines angerichteten Schadens (zum Einsperren von Schülern zum Zwecke der Schulraumsäuberung vgl. OVG Schleswig, NJW 1993, 952); die Übertragung von Aufgaben, die den Schüler sein Fehlverhalten einsehen lassen, das Nacharbeiten unter Aufsicht (→ Nachsitzen, das aber m. E. eine eigene Rechtsgrundlage voraussetzt) und unterichtsbezogen sein muß (so Gampe, in: Margies/Gampe/Gelsing/Rieger, ASchO für NRW, 4. Aufl. 1998, § 13 Rdn. 17); die zeitweise Wegnahme von Gegenständen sowie auch ein kurzfristiger Ausschluss von der Unterrichtsstunde. Ferner gehören dazu mündliche Ermahnungen und Warnungen oder Rügen sowie z. B. ein Eintrag in das Klassenbuch.

(3) → Körperliche Züchtigung ist in jedem Fall verboten. Gleichfalls unzulässig sind auch andere herabsetzende oder diskriminierende Maßnahmen, wie z. B. das In-die-Ecke-Stellen ei-

nes Schülers, Kniebeugen-machen-Lassen, mechanische Strafarbeiten wie seitenweises stumpfsinniges Abschreiben von Texten oder vielfaches Schreiben desselben Wortes, auch wenn dies als Übungsarbeit deklariert wird. Zum Schmerzensgeld für einen geohrfeigten Schüler vgl. LG Hanau, NJW 1991, 2028.

(4) Im Gegensatz zu den unter 2. genannten Maßnahmen bedürfen förmliche O. wegen ihrer Schwere und Bedeutung für die → Rechte auf Bildung des Schülers sowie für das → Elternrecht engerer rechtlicher Bindungen und sind nur auf Grund ausdrücklicher Regelung durch Gesetz zulässig (→ Gesetzesvorbehalt; vgl. Staupe, Parlamentsvorbehalt und Delegationsbefugnis, 1986, 368f.; Niehues, Schul- und Prüfungsrecht, Bd. 1, 3. Aufl. 2000, Rdn. 452f.). Hier haben inzwischen fast alle Länder einen Katalog von O. sowie die Voraussetzungen und die Zuständigkeiten für ihren Erlass festgelegt. Vorgesehen sind insbesondere folgende O.: schriftlicher Verweis zumeist durch den Lehrer oder den → Schulleiter; zeitweiser → Ausschluss vom Unterricht (vgl. VG Braunschweig, NVwZ-RR 1998, 754) oder sonstigen → Schulveranstaltungen, zumeist bis zu vier Wochen, teilweise aber auch bis zu drei Monaten. Dieser Zeitraum ist im Hinblick auf das Recht auf Bildung und die Erschwerung der Möglichkeiten des Nacharbeitens sowie der Leistungsbewertungen rechtlich nicht unbedenklich, da insoweit zusätzliche Nachteile entstehen dürften. Ein längerfristiger Ausschluss aus anderen Gründen z.B. wegen → ansteckender Krankheiten unterfällt nicht dem Schulordnungsrecht. Weitere Maßnahme ist die → Überweisung in eine Parallelklasse (vgl. dazu BayObLG, DÖV 1994, 396 – Ls.) oder entsprechende andere Lerngruppe sowie der Ausschluss von der besuchten Schule. Wegen des mit dem → Ausschluss von der Schule verbundenen Eingriffs in die Grundrechte des Schülers und der Eltern ist diese Maßnahme nur bei besonders schweren Störungen des Schul- oder Unterrichtsbetriebs oder erheblicher Verletzung der Sicherheit von beteiligten Personen zulässig (so oder ähnlich formulieren die Landesschulgesetze). Greift ein Schüler (wiederholt) Lehrer oder Mitschüler tätlich an, rechtfertigt dies den Ausschluss vom Besuch der bisherigen Schule auf Dauer (VG Mainz, B. v. 6. 4. 1998, NVwZ 1998, 876), ebenso der Verkauf von Rauschgift

(VG Berlin, NJW 1997, 1522; VGH München, NVwZ-RR 1998, 239; OLG Hamm, NJW 1997, 1512). In solchen Fällen soll der Ausschluss die Erfüllung des Bildungs- und Erziehungsauftrags gegenüber den Mitschülern sichern. Der völlige Ausschluss von der Schule ist in der Regel auf nicht mehr schulpflichtige Schüler beschränkt. Bei Schulpflichtigen ist der Besuch einer anderen Schule zu ermöglichen, da der Schulpflichtbereich das Minimum des Rechts auf Bildung umfasst, d. h. das Minimum dessen, was jedem Bürger an Schulbildung von Seiten des Staates vermittelt werden soll. Manche Länder sehen in solchen Fällen die Überweisung an eine andere Schule vor und beschränken den Ausschluss auf Schüler, die die Vollzeit-→ Schulpflicht erfüllt haben. Über den genannten Katalog hinaus lassen einige Länder den Ausschluss von allen Schulen einer oder mehrerer Schularten zu. Diese Sanktion ist insofern rechtlich zweifelhaft, als ein schulartspezifisches Fehlverhalten kaum denkbar ist (vgl. DJT-SchulGE S. 294). Einige Länder lassen ergänzend oder anstelle der vorgenannten Maßnahme den Ausschluss von allen Schulen des Landes unter bestimmten Voraussetzungen zu. Teilweise wird den schweren O. die Androhung dieser O. als gesonderte förmliche Maßnahme vorgeschaltet. Wenn dies so ist, muss i. d. R. diese Reihenfolge eingehalten werden; ansonsten bedeutet die Aufzählung verschieden schwerer O. nicht, dass sie nur in dieser Reihenfolge angewendet werden dürften.

(5) Wesentliche Voraussetzung für die Rechtmäßigkeit einer O. ist die Einhaltung des vorgeschriebenen Verfahrens und der Zuständigkeiten. I. d. R. werden die schwerwiegenden O. nicht von der Schule allein, sondern zusammen mit den Schulaufsichtsbehörden getroffen. Vor schwerwiegenden O. ist – auch wenn nicht vorgeschrieben – immer eine Anhörung des Schülers, bei Minderjährigen auch der Eltern erforderlich (vgl. BayVerfGH v. 27. 3. 1980, NJW 1980, 1838; OVG Münster, B. v. 26. 1. 2000, NVwZ-RR 2001, 163). Dies gilt u. E. auch dann, wenn § 28 VwVfG (dort ist die vorherige Anhörung vorgeschrieben) in einigen Ländern generell für den Schulbereich nicht gilt (→ Verwaltungsverfahren). Zur Frage, ob auch dann, wenn dies nicht ausdrücklich bestimmt ist, eine Androhung von schwerwiegenderen O. erfolgen muss,

siehe → Androhung (vgl. auch OLG Hamm, NJW 1997, 1512). Die Androhung kann regelmäßig dann entfallen, wenn der damit verfolgte Warnzweck nicht erreicht werden kann. Neben Straf- und Ordnungswidrigkeitensanktionen sollten O. nur getroffen werden, wenn sie zusätzlich erforderlich erscheinen und den Zwecken der anderen (strafrechtlichen) Maßnahmen nicht entgegenstehen. Dabei sind sowohl die Belange der Resozialisierung und ggf. eine erfolgreiche Bewährungszeit des Schülers sowie die Belange der Mitschüler zu berücksichtigen.

Mehrfaches Fehlverhalten eines Schülers kann zwar zusammen betrachtet werden und zu einer strengeren Sanktion führen. Fehlverhalten, das länger als ein halbes oder ein Schuljahr zurückliegt, darf aber nicht ohne weiteres aufsummiert und dann sanktioniert werden. Denn der Grundsatz der → Verhältnismäßigkeit gebietet, in unterschiedliche Alters- und Entwicklungsphasen des Schülers fallendes Fehlverhalten auch differenziert zu bewerten.

Die Schulgesetze ermöglichen dem Schulleiter oder der Schulbehörde bei schwerwiegendem Fehlverhalten, z. B. solchem, das einen Schulausschluss rechtfertigen kann, den sofortigen vorläufigen Ausschluss eines Schülers vom Unterricht bis zu einer endgültigen Entscheidung, wenn dies zur Sicherung des Schul- oder Unterrichtsbetriebs oder für die Sicherheit beteiligter Personen erforderlich ist (so oder ähnlich die Formulierungen der Schulgesetze).

Andere als die im jeweiligen Gesetz oder in ergänzenden Rechtsverordnungen vorgeschriebenen O. dürfen nicht getroffen werden. Die zwangsweise Umsetzung eines Schülers in eine Parallelklasse kann sowohl als O. erfolgen als auch außerhalb von O. im Rahmen des gesetzlichen Bildungs- und Erziehungsauftrags aus pädagogischen Gründen zulässig sein (z. B. Neubildung von Klassen/Gruppen). Letzteres darf aber keine Umgehung der gesetzlichen O. sein (unklar BW VGH, NVwZ 1984, 810). Maßnahmen auf Grund des → Hausrechts sind keine O.; das Hausrecht gibt keine Ermächtigung zum Erlass von O. Diese sowie auch die selbständige Androhung von O. sind Verwaltungsakte, gegen die mit Widerspruch und verwaltungsgerichtlicher Klage vorgegangen werden kann (→ Rechtsschutz, vorl. Rechtsschutz).

Bei der Überprüfung von O. erkennen die Verwaltungsgerichte zwar einen pädagogischen Wertungs- und Ermessensspielraum des zuständigen Schulorgans an; sie gehen aber i. d. R. den erhobenen Einwendungen nach und prüfen die O. auf ihre Angemessenheit, Verhältnismäßigkeit und Richtigkeit ihrer sachlichen Grundlagen (vgl. Theuersbacher, NVwZ 1999, 842). Für die Entlassung aus einer → Privatschule aus disziplinären Gründen sind wegen des privatrechtlichen Schulvertrages nicht die Verwaltungs-, sondern die Zivilgerichte zuständig (OVG Münster, JZ 1979, 677; VGH Mannheim, DÖV 1982, 371; OVG Münster NJW 1998, 1579).

▶ **Orientierungsstufe**

Die O. (zum Teil Förderstufe genannt; s. dazu hess. StGH, Urt. v. 11. 2. 1987, P. St. 1036, RdJB 1987, 210 m. Anm. Nevermann; Köller, RdJB 1987, 496 ff.) schließt an die → Grundschule an und umfasst die Schuljahrgänge 5 und 6 grds. für alle Schüler, unabhängig von ihrer organisatorischen Zuordnung. Die O. hat die Aufgabe, durch Beobachtung, Förderung und Erprobung der Schüler diesen und ihren Eltern die Wahl zwischen den → Schularten der → Sekundarstufe I zu erleichtern. Die O. kann schulformunabhängig oder schulformabhängig organisiert sein. Bei 6-jähriger Grundschule (Berlin und Brandenburg) treten die Klassen 5 und 6 der Grundschule an die Stelle der O. In einigen Ländern ist die O. oder Förderstufe als eigenständige → Schulart eingerichtet.

Grundrechte der Eltern werden durch die Einführung der obligatorischen O. nicht verletzt (HessStGH, DÖV 1972, 285; BVerfGE 34, 165; OVG Lüneburg, Urt. vom 18. 10. 1977, VerwRspr. 29, 1978, 531). Im Hinblick auf die Anforderungen des → Gesetzesvorbehalts hat der Gesetzgeber die wesentlichen Merkmale der O. selbst festzulegen (BVerfGE 34, 165, 192 f.; VG Schleswig, NJW 1976, 989). In der flächendeckenden Einführung der obligatorischen Förderstufe in Hessen durch Rechtsverordnung hat der HessStGH (NVwZ 1984, 784) eine Verletzung der Grundrechte der antragstellenden Eltern aus Art. 55 Satz 1 hess. LV erkannt, weil gegen die Grundsätze des Gesetzesvorbehalts (Parlamentsvorbehalt) verstoßen worden sei. Eltern haben jedoch keinen Anspruch darauf, dass statt des Besuchs der O. der Besuch der 5. Klasse eines →Gymnasiums ermöglicht wird (HessVGH, Beschl. v. 21. 2. 1985, Az. 6 TG 2477/84; zur Umwandlung von Förderstufen in schulformbezogene Jahrgangsstufen vgl. VG Gießen, B. v. 17. 8. 1999, NVwZ-RR 1999, 358).

Die Festlegung der ersten Pflichtfremdsprache (→ Sprachenfolge) in der O. steht im Ermessen des Landesgesetzgebers; sie bedarf zumindest einer Regelung durch Rechtsverordnung auf gesetzlicher Grundlage (BVerwGE 64, 308).

P

▶ **Pädagogische Freiheit**

Mit p.F. wird der für die sachgerechte Erfüllung des Bildungs- und Erziehungsauftrags der Schule und im Interesse des → Rechts auf Bildung des Schülers notwendige pädagogische Gestaltungsspielraum des Lehrers umschrieben. P.F. bedeutet nicht etwa, dass der Lehrer im Unterricht machen kann, was er will und dass die Schüler (und ihre Eltern) ihm mehr oder weniger hilflos ausgeliefert sind; die unten genannten rechtlichen Grenzen der p.F. stellen dies sicher. Zwar wird die p.F. der Sache nach in den Schulgesetzen, wenn auch mit unterschiedlichen Formulierungen und in unterschiedlichen Zusammenhängen angesprochen (z.B. eigene oder unmittelbare Verantwortung für Unterricht und Erziehung, insbesondere methodische und didaktische Freiheit, oder in Abgrenzung zu → Konferenzen oder auch zur Schulverwaltung, die die p.F. beachten soll. Die p.F. ist aber kein Grundrecht des Lehrers; er kann sich hierfür nicht auf die wissenschaftliche Lehrfreiheit des Art. 5 Abs. 3 GG berufen (VGH Mannheim, NVwZ-RR 1989, 305; BVerwG NVwZ 1994, 583; Pieroth, DVBl. 1994, 949, 958f.; Theuersbacher, NVwZ 1999, 839; DJT-SchulGE S. 304; Maunz-Dürig, GG, Art. 5 Abs. 3 Rdn. 107 sowie differenzierend Art. 7 Rdn. 61f.; Richter, AK-GG, Art. 7 Rdn. 36; Niehues, Schul- und Prüfungsrecht, Bd. 1, 3. Aufl. 2000, Rdn. 506ff.; Hennecke, RdJB 1986, 233; a.A. Denninger, AK-GG, Art. 5 Abs. 3 Rdn. 31; Laaser, Wiss. Lehrfreiheit in der Schule, 1981; vgl. auch Fauser, Pädagogische Freiheit in Schule und Recht, 1986). Die p.F. ist vielmehr ein notwendiges Funktionsprinzip bei der Berufsausübung des Lehrers; insoweit kann möglicherweise auf die hergebrachten Grundsätze des Beamtentums als verfassungsrechtliche Grundlage zurückgegriffen werden (Art. 33 Abs. 5, so Richter, AK-GG, a.a.O.). Das BVerfG hat die p.F. indirekt damit angesprochen, dass dem Lehrer im Unterricht noch der Spielraum verbleiben müsse, den er braucht, um seiner pädagogischen Verantwortung gerecht zu werden (BVerfGE 47, 46, 83 – Sexualkunde; BVerfGE 58, 257, 271 – leistungsbedingte Schulentlassung). Dieser Grundsatz gilt sowohl gegenüber dem Gesetzgeber als auch gegenüber der → Schulaufsicht. Beide dürfen den Lehrer nicht in ein so enges Geflecht von Normen und Weisungen mit der Folge einbinden, dass der nötige pädagogische Gestaltungsspielraum faktisch entfällt (zum Gestaltungsspielraum nach § 13 Abs. 2 nrw. ASchO zu eng VG Düsseldorf, RdJB 1985, 157). Deshalb wird eine gesetzliche Absicherung der p. F. vor allem gegenüber der Schulaufsicht (der Fachaufsicht) durch Beschränkung ihrer Weisungs- und sonstigen Eingriffsrechte in die Unterrichts- und Erziehungsarbeit des einzelnen Lehrers, z. B. bei → Leistungsbewertungen, für notwendig gehalten, aber auch eine Absicherung des Lehrers gegenüber Entscheidungen von Lehrerkonferenzen (vgl. dazu Schmidt, NVwZ 1997, 456; Theuersbacher, NVwZ 1999, 839; BayVerfGHE 47, 276 = BayVBl. 1995, 276). Die Funktion der staatlichen Schulaufsicht (Art. 7 Abs. 1 GG) darf damit nicht in Frage gestellt werden (dazu s. vor allem die Vorschläge in DJT-SchulGE, S. 304 ff. und § 66; Niehues, Rdn. 506 ff.; krit. Eiselt, Schulaufsicht im Rechtsstaat, DÖV 1981, 821, 825; VGH Mannheim VBlBW 1998, 108; OVG Lüneburg, NVwZ 1998, 94) → Schulaufsicht.

Grenzen der p. F. sind die einzuhaltenden Rechtsnormen wie vor allem der Bildungs- und Erziehungsauftrag der Schule, die diesen konkretisierenden → Lehrpläne, das → Neutralitätsgebot sowie die Grundrechte von Eltern und Schülern. Zum Spannungsfeld zwischen p. F. des Lehrers und seinen dienstlichen Pflichten zu Objektivität, Neutralität, Toleranz und politischer Zurückhaltung vgl. BW VGH (Disziplinarhof), DVBl. 1984, 964 (965); zur Verwendung von → Schulbüchern entsprechend Konferenzbeschluss vgl. BVerwG, Beschl. v. 28. 1. 1994, NVwZ 1994, 583; zu p. F. und → Schulbüchern Stock, RdJB 1992, 241. Der Einsatz schulfremder Personen im Unterricht als methodisches Mittel wird nicht vom Kernbereich der p. F. umfasst (HessVGH, DVBl. 1993, 853).

▶ **Parlamentsvorbehalt** → Gesetzesvorbehalt

- **Partizipation** → Mitbestimmung, Schulaufsicht

- **Paukstudios** → Freie Unterrichtseinrichtungen

- **Pausenaufsicht** → Aufsichtspflicht, → Haftung

- **Personalkosten** → Schulfinanzierung

- **Personalversammlung**

Während der Unterrichtszeit dürfen Lehrer an Schulen eine P. weder einberufen noch abhalten (OVG NRW, Beschl. v. 11.11. 1983, CL 39/82, bestätigt durch BVerwG, NVwZ 1984, 796; vgl. auch OVG Lüneburg, Beschl. v. 22. 3. 1988, 19 OVG L 288, RdJB 1988, 362 – LS). Nach diesen Entscheidungen hat die Personalvertretung die P. so zu terminieren, dass die Erfüllung der Unterrichtsaufgaben so wenig wie möglich beeinträchtigt wird. Den Lehrern ist es danach zuzumuten, ihre P. an unterrichtsfreien Nachmittagen abzuhalten, um einen → Unterrichtsausfall zu vermeiden.

- **Pflegschaft**

P. ist im Schulrecht teilweise eine Bezeichnung für Mitbestimmungsgremien der Eltern, so die Klassenpflegschaft, die z.T. auch Klassenelternbeirat oder ähnlich genannt wird, sowie die Schulpflegschaft, die z.T. auch Schulelternbeirat heißt. → Mitbestimmung

- **Pflichtfächer**

P. sind im Gegensatz zu Wahlfächern und Wahlpflichtfächern diejenigen Fächer, die der Schüler nicht abwählen kann. Welche Fächer als P. gelten, ist je nach landesrechtlicher Regelung nach → Schulart und Schuljahrgangsstufe unterschiedlich festgelegt. Wahlpflichtfächer sind Gruppen von Fächern, aus denen der Schüler ein Fach oder mehrere Fächer obligatorisch auswählen muss, d.h. er darf nicht alle abwählen. Wahlfächer stellen dagegen ein fakultatives Unterrichtsangebot dar. Bei der → Oberstufe des → Gymnasiums gehen die Bestrebungen wieder dahin, unter Beschränkung der Wahlmöglichkeiten in größerem Umfang als bisher P. vorzusehen, um eine einseitige Schwerpunktsetzung zu vermeiden.

▶ **Pflichtfremdsprache** → Sprachenfolge, → Orientierungsstufe

▶ **Pflichtschulen**

Als P. werden teilweise noch die → Grund-, → Haupt- und → Berufsschulen bezeichnet im Gegensatz zu den sog. → Wahlschulen, unter denen die weiterführenden anderen Schularten verstanden werden. Die Unterscheidung von Pflicht- und Wahlschulen hängt von dem jeweiligen System der Regelung der → Schulpflicht ab, ist in der Sache aber überholt und irreführend. → Schularten, Schulaufbau

▶ **Plakettentragen**

(1) Das P. ist als spezielle Form der Ausübung der → Meinungsfreiheit durch Art. 5 Abs. 1 S. 1 GG grundrechtlich geschützt. Beschränkt wird dieses Grundrecht nur durch die Vorschriften der allgemeinen Gesetze (vgl. → politische Werbung), die gesetzlichen Bestimmungen zum Schutz der Jugend und das Recht der persönlichen Ehre (Art. 5 Abs. 2 GG). Hinsichtlich der Beschränkbarkeit des grundrechtlich geschützten Rechts auf Tragen von Plaketten ist zu unterscheiden, ob Plaketten von Lehrern oder von Schülern in der Schule getragen werden.

(2) Für beamtete Lehrer stellen die Beamtengesetze (vgl. § 35 BRRG, § 53 BBG sowie die entsprechenden Bestimmungen der Landesbeamtengesetze) ein politisches Mäßigungs- und Zurückhaltungsgebot auf. Nach der Rspr. des BVerfG sind diese die Meinungsfreiheit einschränkenden Regelungen jedoch im Lichte des Grundrechts und unter besonderer Berücksichtigung der wertsetzenden Bedeutung des Grundrechts auszulegen (BVerfGE 7, 198, 208 f.; st. Rspr.). Es ist daher zwischen der Bedeutung des Grund-

rechts auf Meinungsfreiheit einerseits und dem Zurückhaltungs- und Mäßigungsgebot andererseits abzuwägen, wobei die besondere pädagogische Situation in der Schule zu berücksichtigen ist (→ Neutralitätsgebot). Das Interesse des Beamten an der Betätigung der Meinungsfreiheit ist jeweils im konkreten Fall seinen besonderen Dienst- und Treuepflichten gegenüberzustellen und gegeneinander abzuwägen.

Die Gerichte haben zu dieser Frage unterschiedlich entschieden. Das VG Berlin erklärte unter Hinweis auf die hohe Bedeutung der Meinungsfreiheit das Plakettentragen eines Lehrers („Atomkraft – Nein Danke!") für zulässig, zumal es sich um eine parteipolitisch neutrale Meinungsäußerung handele, die kaum über das mit jeder Meinungsäußerung notwendig verbundene Maß hinausgehe; die Gefahr einer einseitigen Beeinflussung der Schüler hält das Gericht nicht für gegeben (VG Berlin, NJW 1979, 2629). Anders entschied das VG Hamburg (NJW 1979, 2164; im Ergebnis ebenso VG Minden, Urt. vom 8. 9. 1981, 4 K 249/81), das eine Unzulässigkeit des P. von Lehrern aus den Erziehungszielen der Schule ableitete. Beim Tragen von Plaketten seien verschiedene Erziehungsziele gefährdet, wie selbständiges Denken, Urteilen und Handeln, Übernahme politischer und sozialer Verantwortung usw. Das BVerwG hat schließlich das P. eines Studienrats während des Schuldienstes für unzulässig erklärt (BVerwG, Urt. v. 25. 1. 1990, NJW 1990, 2265).

In einem arbeitsrechtlichen Verfahren hat des BAG die Kündigung eines Arbeitnehmers (nicht Lehrers) wegen Tragens einer 12 bis 15 cm großen Plakette mit einer Strauß-Karikatur und der Aufschrift „Strauß – Nein Danke" für zulässig erklärt und das P. als Störung des Betriebsfriedens gewertet (BAG, NJW 1984, 1142; dazu Löffler, NJW 1984, 1210). Das BAG hat, ebenfalls in einer Hamburger Sache, das Tragen einer Anti-Atomkraft-Plakette im Schuldienst für unzulässig erklärt, da es sich nicht um eine geistige Auseinandersetzung mit der umstrittenen Frage, sondern um eine einseitige Stellungnahme handele, bei der die Autorität des Lehrers eine maßgebende Rolle spiele (BAG, NJW 1982, 2888). Die das P. in der Schule für unzulässig erklärenden Entscheidungen bleiben sämtlich einen pädagogisch fundierten Nachweis schuldig, dass das Tragen von Plaketten tatsächlich eine Gefährdung der Schüler bedeutet. Demgegenüber wird die durchweg zugrunde gelegte „Schonraumtheorie" von pädagogischer Seite heute ganz überwiegend abgelehnt. Auch wird die Bedeutung des grundrechtlich geschützten Rechts auf freie Meinungsäußerung in diesen Entscheidungen nicht hinreichend gewürdigt (zutreffend daher VG Berlin, NJW 1979, 2629; vgl. dazu Staupe, WPB 1981, 82 ff.).

(3) Für Schüler können sich Beschränkungen ihres Grundrechts auf freie Meinungsäußerung (Art. 5 Abs. 1 S. 1 GG) allenfalls aus schulgesetzlichen Bestimmungen ergeben (z. B. dem Verbot → politischer Werbung). Die Rspr. lehnt Einschränkungen der Meinungsfreiheit beim Tragen von Plaketten jedoch ab (vgl. BW VGH, DVBl. 1976, 638) oder fordert dafür wegen der Grundrechtsrelevanz eines solchen Verbots entsprechend den Anforderungen des → Gesetzesvorbehalts eine gesetzliche Grundlage (VG Regensburg, RdJB 1981, 66; Bay VerfGH, NJW 1982, 1089; BayVGH, DVBl. 1982, 457; vgl. dazu auch Staupe, Parlamentsvorbehalt und Delegationsbefugnis, 1986, 376). Eine Verweisung von der Schule wegen Tragens einer „Stoppt-Strauß"-Plakette (→ Ordnungsmaßnahmen) ist nach dem Urteil des BayVGH (a. a. O.) nicht zulässig, da eine solche drastische Maßnahme gegen das → Verhältnismäßigkeitsprinzip verstoße und für die geordnete Durchführung eines funktionierenden Schulbetriebs nicht unerlässlich sei, selbst wenn die Aussage der Plakatte agitatorisch-provozierenden Charakter aufweise. Eine ernsthafte Gefährdung des Schulfriedens sei durch die vergleichsweise unaufdringliche (so auch VG Berlin, NJW 1979, 2629) Art der Meinungsäußerung nicht gegeben (vgl. dazu Suhr, NJW 1982, 1065; Gramlich, DVBl. 1982, 745). Vgl. zu alledem auch DJT-SchulGE S. 285 ff.

▶ **Pluralismus** → Neutralitätsgebot

▶ **Politische Betätigung** → Meinungsfreiheit, → Neutralitätsgebot, → Plakettentragen, → politische Werbung, → Schülergruppen, → Schülerzeitungen

▶ **Politisches Mandat**

Ein sog. allgemeines p. M. haben die schulischen Gremien und Sprecher der Schüler, Eltern und Lehrer nicht (→ Mitbestimmung). Sie dürfen keine allgemein-politischen Erklärungen im Namen der von ihnen vertretenen Schüler, Eltern und Lehrer abgeben. Die Kompetenzen der Schulgremien, ihrer Vorsitzenden und der Eltern- und Schülersprecher sind auf die Befassung mit schulischen Angelegenheiten beschränkt. Sie sind daher berechtigt, zu schulpolitischen Vorgängen Stellung zu nehmen und Vorschläge zu machen. Diese Kompetenz ist nicht eng auszulegen, sondern dazu gehören auch allgemeinere Angelegenheiten mit Bezug zum Schulwesen insgesamt und nicht nur die speziellen Angelegenheiten der einzelnen Schule (vgl. aber zur Organisation, Durchführung und Finanzierung einer Schülerfahrt zu einer Demonstration VG Minden, NVwZ 1985, 679 – nicht durch p. M. gedeckt). In der Praxis von Schüler- und Elterngremien lassen sich diesbezügliche Auseinandersetzungen am ehesten durch einen effektiven Minderheitenschutz vermeiden, z. B. durch Angabe von Mehrheitsverhältnissen und ggf. Darlegung der Minderheitsmeinung bei der Abgabe schulpolitischer Stellungnahmen. Die Abgabe allgemein-politischer Erklärungen kann von einzelnen Eltern oder Schülern notfalls im Wege einer Klage bzw. → vorläufigen → Rechtsschutzes vor den Verwaltungsgerichten unterbunden werden. Gegenüber den schulischen Gremien kann auch die → Schulaufsicht entsprechende Anordnungen treffen. Für die personalvertretungsrechtlichen Gremien der Lehrer gelten ähnliche Grundsätze.

▶ **Politische Werbung**

Einige Länder haben mit dem Verbot von p. W. in der Schule einen Teilaspekt der → Meinungsfreiheit (Art. 5 Abs. 1 GG) durch Gesetz oder Verordnung geregelt (vgl. DJT-SchulGE S. 258). Das → Plakettentragen von Schülern und Lehrern ist durch das grundsätzliche Verbot der p. W. nicht ohne weiteres ebenfalls verboten. Ein Verbot der p. W. in der Schule kann angesichts des Rechts auf freie Meinungsäußerung (Art. 5 Abs. 1 GG, → Meinungsfreiheit) nur als Verbot parteipolitischer Werbung verstanden werden (VG München, Urt. v. 27. 10. 1986, M 3 K 86.1564; VGH München, Beschl. v. 15. 4. 1994, NVwZ 1994, 922); als solche ist nicht anzusehen die Werbung für Bürgerinitiativen und sonstige nicht auf bestimmte Parteien festgelegte Vereinigungen (a.A. VG München, a.a.O.). → Schülergruppen

▶ **Positive Auslese** → Auslese

▶ **Pressefreiheit** → Schülerzeitungen

▶ **Primarbereich**

Zum P. werden die schulischen Einrichtungen gezählt, die i.d.R. von Schülern ab dem sechsten Lebensjahr bis zum Übergang in den Sekundarbereich I besucht werden. Der P. schließt an den → Elementarbereich an und kann – z.B. bei Vorhandensein einer → Vorklasse oder eines einer Schule angegliederten Schulkindergartens – bereits mit dem fünften Lebensjahr beginnen. Von dem vorzeitigen Beginn des P. abgesehen umfasst dieser den Besuch der → Grundschule, d.h. in allen Ländern außer Berlin vier Jahre. An den P. schließt die → Sekundarstufe I an, in Berlin mit der 7. Klasse, in allen anderen Ländern mit der → Orientierungsstufe (Förderstufe). → Gliederung des Bildungswesens

▶ **Private Unterrichtseinrichtungen**

P. U. sind nichtschulische Einrichtungen, in denen Unterricht erteilt wird und die zum Teil die Bezeichnung „Schule" tragen (z.B. Fahrschulen, Tanzschulen, Surfschulen, Reitschulen usw.). Diese sind keine → Schulen i.S. des → Schulrechts und unterstehen daher weder den Bestimmungen des Schulrechts noch der staatlichen → Schulaufsicht, sondern der Gewerbeaufsicht (vgl. OVG NW, Urt. vom 10. 6. 1985, Az. 4 A 1248/84). Sie sind insbesondere keine → Privatschulen i.S. des Art. 7 Abs. 4 und 5 GG. Die Abgrenzung gegenüber den Ergänzungsschulen ist allerdings oft fließend. Die Errichtung von f.U. ist durch Art. 12 Abs. 1 GG (Grundrecht auf freie Berufswahl und Berufsausübung) grundrechtlich geschützt. Zu den p. U. zählen auch die sog. Paukstudios, „Nachhilfeschulen" und die sog. „Pressen" (Vorbereitungsanstalten ohne schulisches Erziehungsziel) sowie der → Fernunterricht. Träger von p. U. können Privatpersonen, aber auch Kirchen, Gewerkschaften, Arbeitgeberorganisationen, Verbände sowie kommunale Einrichtungen (z. B. Volkshochschulen) sein (vgl. zu alledem Heckel/Avenarius, Schulrechtskunde, 1986, S. 156 ff.).

▶ **Privatschulen**

P., auch als freie Schulen bezeichnet, sind Schulen, die nicht in der Trägerschaft einer öffentlichen Gebietskörperschaft (Gemeinde, Kreis, Land) stehen. Das Recht zur Errichtung von P. wird durch Art. 7 Abs. 4 GG (vgl. BVerfGE 88, 40, 46 = NVwZ 1993, 666; BVerfG, Beschl. v. 9. 3. 1994, NVwZ 1994, 886) und zum Teil entsprechende Bestimmungen der LV gewährleistet. Die P. werden damit auch als Institution verfassungsrechtlich garantiert. Obwohl sich das Schulwesen faktisch ganz überwiegend in öffentlicher Hand befindet, besteht in der Bundesrepublik kein öffentliches oder staatliches Schulmonopol (vgl. BVerfGE 27, 195, 201; 75, 40 ff.; Heckel/Avenarius, Schulrechtskunde, 1986, S. 23 f. u. 138 f.; Becker, BayVBl. 1996, 609). Gleichwertige Ersatzschulen dürfen im Verhältnis zu staatlichen Schulen nicht allein wegen ihrer andersartigen Erziehungsformen und -inhalte verhindert werden (BVerfGE 88, 40, 62 f.; BVerfG NVwZ 1994, 886). Die Rechtsverhältnisse der P. werden – im Gegensatz zu den vom öffentlichen Recht (Schulrecht, Beamtenrecht) geprägten → öffentlichen Schulen – teils vom (öffentlich-rechtlichen) → Schulrecht, teils vom Privatrecht und Arbeitsrecht bestimmt. Zu den P. zählen konfessionelle Schulen in der Trägerschaft der Kirchen, P. besonderer pädagogischer Prägung, zum Beispiel die freien Waldorfschulen oder die Landerziehungsheime sowie die im Verband Deutscher Privatschulen e. V. zusammengeschlossenen Privatschulen weltlicher Prägung (vgl. zu den verschiedenen Aspekten des P.wesens: Handbuch Freie Schulen, hrsg. von der Arbeitsgemeinschaft Freie Schulen, 1984; vgl. auch Jach, Schulvielfalt als

Verfassungsgebot, 1991; dazu die krit. Rezension von Pottmeyer, DVBl. 1994, 1021 f.; Ladeur, RdJB 1993, 282; Vogel, Das Recht der Schulen und Heime in freier Trägerschaft, 3. Aufl. 1997; Müller/Jeand'Heur, Zukunftsperspektiven der Freien Schule, 2. Aufl. 1996).

Aus schulrechtlicher Sicht ist zwischen Ersatzschulen und Ergänzungsschulen zu unterscheiden (vgl. dazu kritisch Vogel, DÖV 1992, 505 ff.). Unter Ersatzschulen (Art. 7 Abs. 4 S. 2 GG) versteht man P., die als „Ersatz für öffentliche Schulen" angesehen werden können. Eine P. ist somit Ersatzschule, wenn in dem betreffenden Land entsprechende öffentliche Schulen bestehen (vgl. VGH B.-W., DVBl. 1989, 1259). Was eine „Ersatzschule" ist, kann auch vom Landesrecht näher festgelegt werden (vgl. BVerwG, U. v. 28. 5. 1997, NVwZ 1998, 60; BVerwGE 104, 1 = NVwZ-RR 1997, 541). Die Ersatzschule darf in ihren Lehrzielen und Einrichtungen sowie in der wissenschaftlichen Ausbildung ihrer Lehrkräfte nicht hinter den öffentlichen Schulen zurückstehen. Der Ausbildungs- und Leistungsstand der einzelnen Jahrgangsklasse am Ende des jeweiligen Schuljahres gehört nicht zu den Lehrzielen, hinsichtlich deren die privaten Ersatzschulen nicht hinter den öffentlichen Schulen zurückstehen dürfen (BVerwG U. v. 13. 12. 2000, NVwZ 2001, 178). Ersatzschulen dürfen nur mit Genehmigung der Schulbehörden errichtet und betrieben werden. Ein Anspruch auf Genehmigung besteht, wenn die vorstehend genannten Merkmale vorliegen und außerdem eine Sonderung der Schüler nach den Besitzverhältnissen der Eltern nicht gefördert wird (Art. 7 Abs. 4 S. 3 GG). Der Genehmigung steht nicht entgegen, dass die innere und äußere Gestaltung der Ersatzschulen von den öffentlichen Schulen abweicht; erforderlich ist eine „Gleichwertigkeit" (nicht: Gleichartigkeit) mit öffentlichen Schulen. Die Genehmigung kann aber versagt werden, wenn die Schule vom vorhandenen Schulaufbau erheblich abweicht (z. B. Privatgymnasium ab Klasse 5 bei 6-jähriger Grundschulpflicht, BVerwG, U. v. 18. 12. 1996, NVwZ-RR 1997, 541). Andererseits kann ein Anspruch auf Genehmigung als private Ersatzschule bestehen, wenn diese aus pädagogischen Gründen beabsichtigt, den Unterricht jahrgangsübergreifend zu erteilen (BVerwG, U. v. 13. 12. 2000, NVwZ 2001, 178 – Montessorischule, dazu auch VGH München, DVBl. 1997, 1189 u. BVerwG, Urt. v. 8. 9. 1999 – 6 C 21.98). Ist die Ersatzschule genehmigt, kann die → Schulpflicht an ihr erfüllt werden. Von einer anerkannten Ersatzschule spricht man, wenn die Ersatzschule die staatliche Befugnis verliehen bekommt, nach den für öffentliche Schulen geltenden Bestimmungen → Zeugnisse zu erteilen, → Prüfungen abzuhalten und Abschlüsse zu verleihen. Anerkannte Ersatzschulen sind an die für die entsprechenden öffentlichen Schulen geltenden Aufnahme- und Versetzungsbestimmungen gebunden (BVerwGE 68, 185). Die staatliche Anerkennung ist für die Attraktivität einer Ersatzschule von besonderer Bedeutung, weil sie nur so erfolgreich mit öffentlichen Schulen konkurrieren kann. Auf die Verleihung der Eigenschaft einer anerkannten Ersatzschule besteht kein Rechtsanspruch.

Die Zulassung privater Volksschulen (heute: Grundschulen) unterliegt nach Art. 7 Abs. 5 GG zusätzlich Beschränkungen (vgl. dazu Jeand'Heur, in: FS für J. P. Vogel, 1998, 105 ff.; Vogel, DÖV 1995, 587). Ein „besonderes pädagogisches Interesse", das einen Anspruch auf Genehmigung begründet, kann z. B. daran bestehen, dass an einer privaten → Grundschule neue Unterrichtsziele aufgestellt und neue Unterrichtsmethoden erprobt werden, wenn eine entsprechende Schule noch nicht besteht und die vorgesehenen Methoden wissenschaftlich erarbeitet worden sind (HessVGH, NVwZ 1984, 118 – „Freie Schule Frankfurt", Verfahren beim BVerwG eingestellt worden, Az. 7 C 24.83; vgl. auch OVG Berlin, Urt. v. 2. 2. 1984, SPE VIII A IV, 1 = RdJB 1985, 149 m. Anm. Vogel). Bei der Anerkennung eines besonderen pädagogischen Interesses an der Zulassung einer privaten Grundschule gem. Art. 7 Abs. 5 GG steht der Unterrichtsverwaltung ein gerichtlich nur beschränkt überprüfbarer Entscheidungsspielraum zu (BVerwG, Urt. v. 10. 12. 1986, DVBl. 1987, 312 = NVwZ 1987, 318; dazu Anm. Peschke, RdJB 1988, 107; VGH B.-W., Urt. v. 17. 3. 1987, 9 S 99/85; Geis, DÖV 1993, 22, lehnt einen Beurteilungsspielraum der Exekutive ab). Die Anerkennung setzt voraus, dass die zu genehmigende private Grundschule im Hinblick auf den verfassungsmäßigen Vorrang der öffentlichen Grundschule eine förderungswürdige pädagogische Prägung aufweist (BVerwG,

a. a. O.). Im Fall der „Freien Schule Kreuzberg" hat das BVerfG entschieden, dass die Schulverwaltung das „besondere pädagogische Interesse" bereits dann anerkennen muss, wenn diese Schule eine „sinnvolle Alternative zum bestehenden Schulangebot" darstellt; Neu- oder gar Einzigartigkeit ist nicht erforderlich. Im Streitfall sieht das BVerfG ein unabhängiges Sachverständigengutachten vor (BVerfG DVBl. 1993, 485; dazu Anm. Reuter, RdJB 1993, 478 ff.). Zur Privatschulfreiheit für die Grundschulen von Sekten vgl. Richter, NVwZ 1992, 1162. → Ganztagsschulen sind jedenfalls als private → schulische Angebote verfassungsrechtlich unbedenklich (VGH B.-W., a. a. O.).

Ergänzungsschulen sind alle diejenigen P., die nicht als Ersatzschulen genehmigt werden können, weil sie die hierfür geforderten Voraussetzungen nicht erfüllen (z. B. keine vergleichbaren öffentlichen Schulen vorhanden sind). An Ergänzungsschulen kann die Schulpflicht i. d. R. nicht erfüllt werden, es sei denn, die Schulbehörde erteilt eine Sondergenehmigung. Ergänzungsschulen sind nicht genehmigungspflichtig, müssen aber vor der Aufnahme des Unterrichtsbetriebs bei den zuständigen Schulaufsichtsbehörden angezeigt werden. Die Ergänzungsschulen unterliegen nur einer beschränkten → Schulaufsicht, die praktisch auf eine reine Gefahrenabwehr reduziert ist. Ergänzungsschulen sind z. B. Sprachschulen, Gymnastikschulen u. ä. Zum Recht der P. in den → Neuen Bundesländern vgl. Vogel, RdJB 1992, 305; Theuersbacher, in: Thüringer Verwaltungsblätter 1992, 169. Zum P.wesen in B.-W. Pollern, DÖV 1992, 62.

▶ **Privatschulfinanzierung**

Da die Finanzierung der → Privatschulen allein durch Schulgelder nicht möglich ist oder nur für wohlhabende Eltern möglich wäre und in diesem Fall die durch Art. 7 Abs. 4 S. 3 GG untersagte „Sonderung der Schüler nach den Besitzverhältnissen der Eltern" einträte, erfolgt die Finanzierung der Privatschulen zu einem erheblichen Teil durch staatliche Subventionen, deren Höhe und Subventionsart je nach Bundesland unterschiedlich ist und darüber hinaus von → Schulart, Status der Privatschule, besonderer pädagogischer Leistung oder Prägung (vgl. hierzu VGH Kassel, B. v. 31. 5. 1999, NVwZ-RR 2000, 157) und ähnlichen Kriterien abhängig ist. Zum Teil wird das Recht der P. in den LV (z. B. Art. 30 Abs. 6 brand. LV; Art. 4 Abs. 3 nds. LV; Art. 30 Abs. 3 rh.-pf. LV; Art. 8 Abs. 4 S. 3 nrw. LV; Art. 28 Abs. 3 saarl. LV; Art. 102 Abs. 4 S. 2 sächs. LV; Art. 28 Abs. 2 sachs.-anh. LV; Art. 26 Abs. 2 thür. LV) oder in den Schulgesetzen mitgeregelt, zum Teil in den Privatschulgesetzen geregelt (vgl. dazu Elser, RdJB 1987, 494). Dagegen gewährleistet Art. 134 Abs. 2 bay. LV dem einzelnen Privatschulunternehmer keinen unmittelbar aus der LV abzuleitenden Anspruch auf staatliche finanzielle Förderung seiner Schule (BayVerfGH, NVwZ 1985, 481). Einige Länder haben selbstständige Privatschulfinanzierungsgesetze erlassen (Bayern, Hessen und NRW; vgl. dazu auch VerfGH NRW, NVwZ 1984, 95). I. d. R. beschränkt sich die staatliche P. auf Ersatzschulen, wobei die staatliche Anerkennung meist Voraussetzung für die Finanzierung ist. Ergänzungsschulen sind meist von staatlicher Finanzierung grundsätzlich ausgeschlossen. Meist wird den von der Finanzierung erfassten Privatschulen ein bestimmter Prozentsatz ihrer Kosten erstattet (dazu BVerfG, DÖV 1987, 592; vgl. auch Eiselt, DÖV 1987, 557; Jülich, RdJB 1983, 90 f. und VerfGH NRW, NVwZ 1984, 95; zur Gleichbehandlung von Privatschulen in freier und in kirchlicher Trägerschäft: BVerwG, DVBl. 1986, 1106; zur Hilfsbedürftigkeit einer sog. Werkberufsschule vgl. HessVGH, DÖV 1985, 81 – LS). Eine private Grundschule (Montessori-Schule) darf durch ihr pädagogisches Konzept der Jahrgangsmischung bezüglich der förderfähigen Anzahl der notwendigen Klassen zwar nicht besser, aber auch nicht schlechter gestellt werden als staatliche Schulen (VGH München, U. v. 29. 11. 2000, NVwZ-RR 2001, 385). Zum Teil wird ein jährlicher Zuschuss je Schüler und Schulart festgelegt (z. B. in Sachsen).

Von großer Bedeutung ist die Frage, ob und inwieweit den Privatschulen auf Grund der bundesverfassungsrechtlichen Bestimmungen des GG ein Anspruch auf P. zusteht. Das BVerfG hat hierzu in seinem Urteil vom 8. 4. 1987 (BVerfGE 75, 40 = RdJB 1987, 386 m. Anm. Berkemann, 397; vgl. dazu auch Eiselt, DÖV 1987, 557 ff.; Pieroth/Schuppert, Die staatliche P. vor dem

BVerfG, 1988; Jach, DÖV 1990, 506 ff.) zum hamb. PrivatschulG ausführlich Stellung genommen. Zunächst legt das BVerfG dar, dass auf Grund einer historischen Interpretation des Art. 7 Abs. 4 GG aus der Gewährleistung der Privatschulfreiheit weder eine staatliche Finanzierungsverpflichtung noch ein Subventionsanspruch folge (vgl. auch KMK-Vereinbarung v. 10./11. 8. 1951, KMK-BeschlS. S. 484). Über die institutionelle Garantie des Art. 7 Abs. 4 GG hinaus seien die Länder jedoch verpflichtet, das private Ersatzschulwesen neben dem öffentlichen Schulwesen zu fördern und in seinem Bestand zu schützen; eine vergleichbare sozialstaatliche Einstandspflicht für Ergänzungsschulen bestehe dagegen nicht (da keine Geltung des Art. 7 Abs. 4 S. 3 und 4 GG für diese). Der Staat dürfe sich daher nicht darauf zurückziehen, die Tätigkeit der privaten Ersatzschulen lediglich zuzulassen. Der Staat hat dagegen Vorsorge zu treffen, dass das Grundrecht des Art. 7 Abs. 4 GG wegen der darin enthaltenen Anforderungen praktisch kaum noch wahrgenommen werden kann (vgl. BVerfG, Beschl. v. 9. 3. 1994, NVwZ 1994, 886). Vielmehr müsse er ihnen die Möglichkeit geben, sich ihrer Eigenart entsprechend zu verwirklichen.

Entscheidend sei, dass die Privatschule allgemein zugänglich sein muss, jedenfalls in dem Sinn, dass sie grundsätzlich ohne Rücksicht auf die Wirtschaftslage der Schüler besucht werden kann (so wurde schon Art. 147 WRV verstanden) und nicht einem wirtschaftlich privilegierten Kreis vorbehalten bleibt.

Von zentraler Bedeutung ist daher die Erhebung und Höhe von Schulgeldern. Bis zu welcher Höhe Schulgelder verfassungsrechtlich unbedenklich erhoben werden dürfen, hat das BVerfG ausdrücklich offengelassen. Eine kostendeckende Erhebung von Schulgeldern würde allerdings pro Kind monatlich mehrere Hundert DM betragen, ganz abgesehen von den Investitionsausgaben. Zur Zahlung derart hoher Schulgelder wären aber nur wohlhabende Bevölkerungskreise bereit und in der Lage. Wären solche Schulgelder daher mit der verfassungsrechtlichen Garantie der Privatschulfreiheit nach Art. 7 Abs. 4 S. 1 GG (vgl. BVerfGE 27, 195, 200) nicht vereinbar, so müsse diese Verfassungsnorm zugleich als Verpflichtung des Gesetzgebers verstanden werden, die privaten Ersatzschulen zu schützen und zu fördern, solle nicht Art. 7 Abs. 4 S. 1 GG zu einem wertlosen Individualgrundrecht auf Gründung existenzunfähiger Ersatzschulen und zu einer nutzlosen institutionellen Garantie verkümmern. In welcher Weise der (Landes-)Gesetzgeber – im Rahmen der verfassungsrechtlich gebotenen Gewährleistung der Existenzfähigkeit des privaten Ersatzschulwesens als Institution – seiner Pflicht zur Förderung der privaten Ersatzschulen nachkommt, steht weitgehend in seiner eigenständigen Gestaltungsfreiheit (BVerwGE 79, 154 sowie Beschl. v. 12. 9. 1989, DVBl. 1989, 1276). Neben einer direkten finanziellen Förderung wäre nach Auffassung des BVerfG z. B. ein System von Personal- und Sachleistungen zulässig, etwa durch Überlassung von Schulgebäuden und anderen Einrichtungen, aber auch durch Abstellen von Lehrern. Die zwangsweise Zuweisung „staatlicher" Lehrer dürfte angesichts sinkender Schülerzahlen gar keine so fern liegende Möglichkeit darstellen (vgl. Petermann, NVwZ 1987, 205), die im Hinblick auf die Autonomie der Privatschulen aber nicht unbedenklich wäre (vgl. Berkemann, Anm. zum BVerfG-Urteil, RdJB 1987, 397).

Unabdingbare Voraussetzung für die staatliche Förderungspflicht ist die Bedürftigkeit der Ersatzschulen (so schon BVerwGE 23, 347 ff.; 27, 360 ff.), die allerdings nach Ansicht des BVerfG heute als ein empirisch gesicherter Befund angesehen werden kann. Als Kriterium für die Hilfsbedürftigkeit kann bei körperschaftlich verfassten Schulträgern auf die steuerrechtliche Gemeinnützigkeit (BVerwG, Beschl. v. 21. 11. 1986, 7 C 82.84), im Übrigen aber auch auf die privatschulrechtliche Gemeinnützigkeit abgestellt werden. Hinsichtlich des Umfangs der P. unterliegt der Gesetzgeber gewissen Beschränkungen. Grundsätzlich ist er nur verpflichtet, einen Beitrag bis zur Höhe des Existenzminimums der Ersatzschulen zu leisten, damit die Genehmigungsvoraussetzungen des Art. 7 Abs. 4 S. 3 und 4 GG auf Dauer erfüllt werden können, wenn andernfalls „der Bestand des Ersatzschulwesens als Institution evident gefährdet wäre." Auf die Situation der einzelnen Ersatzschule kommt es daher nicht an. Bei der P. darf sich der Gesetzgeber an den Kosten des öffentlichen Schulwesens orientieren; Ersatzschulen können keine bessere Ausstattung als die öffentlichen Schulen verlangen. Eine Eigenleistung des Ersatzschulträgers zu verlangen, ist zulässig und entspricht dessen unternehmerischem Risiko. Der Staat darf bei der P. ein sozialverträgliches Schulgeld in Abzug bringen, unabhängig davon, ob ein solches erhoben wird oder nicht (SächsVerfGH, NVwZ 1997, 576). Hierzu gehören in Anlehnung an die Rspr. des BVerwG (E 27, 360, 365; 70, 290, 295) auch die Anfangsfinanzierung und die Investitionskosten. Im Übrigen sei der Gesetzgeber frei, die nur begrenzt verfügbaren öffentlichen Mittel unter Berücksichtigung anderer wichtiger Gemeinschaftsbelange oder unter Vornahme allgemein notwendiger Kürzungen (z.B. wegen sinkender Schülerzahlen im öffentlichen Schulwesen) einzusetzen (vgl. schon BVerfGE 33, 303, 333).

Dabei darf der Gesetzgeber Differenzierungen zwischen den verschiedenen Arten von Ersatzschulen vornehmen, z.B. höhere Unterstützung für besonders förderungswürdige und aufwändige pädagogische Konzepte gewähren. Eine so weitgehende Differenzierung zwischen Träger von → Bekenntnis- und → Weltanschauungsschulen und den übrigen Ersatzschulen wie in § 20 hamb. PrivatschulG (77 bzw. 82% des Schülerkopfsatzes gegenüber nur 25%) verstoße in diesem Ausmaß gegen Art. 7 Abs. 4 i.V.m. Art. 3 Abs. 1 GG. Als mit denselben Verfassungsbestimmungen unvereinbar hat das BVerfG auch § 18 hamb. PrivatschulG angesehen, da eine P. nur für schulpflichtige Schüler z.B. die Schulen des → Zweiten Bildungswegs trotz Genehmigung als Ersatzschule von der P. ausschließe.

Die Pflicht zur Förderung privater Ersatzschulen hat das BVerfG grundsätzlich als objektiv-rechtliche Verpflichtung des Staates formuliert. Ob darüber hinaus aus Art. 7 Abs. 4 S. 1 GG ein subjektiver Anspruch des Ersatzschulträgers folgt, hat das BVerfG lange Zeit offengelassen. In seinem Beschluss vom 9. 3. 1994 (NVwZ 1994, 886) stellt das BVerfG jedoch fest, dass sich aus dem Grundrecht des Art. 7 Abs. 4 GG unter Umständen ein Anspruch auf staatliche Förderung privater Ersatzschulen ergeben kann (vgl. auch Pieroth/Schuppert (Hrsg.), Die staatliche P. vor dem BVerfG, 1988; Peschke, RdJB 1994, 129; Theuersbacher, RdJB 1994, 497ff.). Das BVerwG hatte in seiner bisherigen Rspr.

einen bundesverfassungsrechtlichen Anspruch genehmigter Ersatzschulen auf P. anerkannt, sofern diese Schulen hilfsbedürftig sind und staatliche Finanzhilfe zur Erhaltung des privaten Ersatzschulwesens als Institution notwendig sei (BVerwGE 23, 347 ff.; 27, 360 ff.; 70, 290 ff. m. Anm. Gramlich JuS 1985, 607; vgl. auch Vogel, DÖV 1984 541; ders. DVBl. 1985, 1214; Petermann, NVwZ 1982, 543; Link, JZ 1973, 1). Mit Art. 7 Abs. 4 GG unvereinbar ist es, die Kosten für die Beschaffung der erforderlichen Schulräume völlig unberücksichtigt zu lassen (BVerfG, Beschl. v. 9. 3. 1994, NVwZ 1994, 889).

▶ **Privatunterricht** → Private Unterrichtseinrichtungen

▶ **Prozessstandschaft** → Rechtsschutz

▶ **Prüfungen**

In P. wird anhand ausgewählter Fächer (oder auch aller Fächer wie z.B. bei → Externenprüfungen) und Aufgaben festgestellt, ob der Schüler für die Aufnahme in einen weiterführenden Bildungsgang geeignet ist oder ob und auf welchem Leistungsstand der Schüler das Ziel des Bildungsgangs erreicht hat. Prüfungsfächer und -aufgaben werden unter Berücksichtigung der Lehrpläne in den Prüfungsordnungen festgelegt. Zuständig ist dafür entweder die Schule oder die Schulaufsichtsbehörde (i.d.R. bei Abschlussprüfungen); teilweise werden die Prüfungsaufgaben auch zentral für ein ganzes Land vom Kultusministerium festgelegt (z.B. bei Zentral- → Abitur). Bei Nichtbestehen ist in den Prüfungsordnungen eine Wiederholungsprüfung vorgesehen, teilweise ist auch eine zweite Wiederholung möglich. Zu unterscheiden sind Wiederholungen im Sinne eines zweiten Versuchs, die P. zu bestehen, von Wiederholungsprüfungen, mit denen die P. neu begonnen wird, z.B. nach ordnungsgemäßem Rücktritt von der P. wegen Krankheit (die Einzelheiten regeln die Prüfungsordnungen) oder nach Aufhebung einer fehlerhaften Prüfung (zu allem: Niehues, Schul- und Prüfungsrecht, Bd. 1, 3. Aufl. 2000, Rdn. 591 ff. sowie Bd. 2, Prüfungsrecht, 3. Aufl. 1994).

Wahrung der → Chancengleichheit und eines fairen Verfahrens sind die rechtlichen Kernpunkte der P. wie jeder → Leistungsbewertung (vgl. dazu Lampe, Gerechtere Prüfungsentscheidungen, 1999; Zimmerling/Brehm, Prüfungsrecht, 1998). Zum Gebot der Sachlichkeit von Prüfern vgl. BVerwGE 70, 143; Näheres siehe → Verfahrensfehler. Die Vorschriften über das → Verwaltungsverfahren gelten für P. nur eingeschränkt. Ob und in welchem Abschnitt eines Bildungsgangs P. abzulegen sind (Aufnahme-, Zwischen-, Abschlussprüfungen), liegt in der Gestaltungsfreiheit des Landesgesetzgebers, der dies in den Grundzügen selbst festzulegen hat (→ Gesetzesvorbehalt, vgl. DJT-SchulGE § 60 und S. 281). I. d. R. ist bei jeder → Schulart festgelegt, ob und welche P. für den Zugang und den Abschluss erforderlich sind; die Einzelheiten haben die Länder entweder in gesonderten Prüfungsordnungen (z. B. für das Abitur) oder in den → Schulordnungen für die jeweilige Schulart geregelt. Hierbei haben die Länder einen weiten, am Zweck der jeweiligen Leistungsbewertung zu orientierenden Gestaltungsspielraum (vgl. BVerwG, DÖV 1979, 754). Aufnahmeprüfungen gibt es im Schul- wie auch im Hochschulwesen nur ausnahmsweise, z. B. dann, wenn besondere künstlerische oder sportliche Fähigkeiten gefordert sind. Die → Aufnahme in die → Grundschule richtet sich nach der Schulfähigkeit (→ Bildungsunfähigkeit). Zum teilweise prüfungsähnlichen Verfahren des Übergangs von der Grundschule in weiterführende Schularten siehe → Übergänge. Vgl. auch Montasser, Ihre Rechte in der Prüfung. Prüfungsrecht von A–Z, 1992; Stiebeler, Das BVerfG und die Entwicklung des Beurteilungsspielraums in Prüfungsangelegenheiten, RdJB 1992, 404; Niehues, Schul- und Prüfungsrecht, Band 2, Prüfungsrecht, 3. Aufl. 1994.

▶ **Prüfungsleistungen** → Leistungsbewertung, → Rechtsschutz, → Verfahrensfehler

R

▶ **Rahmenrichtlinien** → Lehrpläne

▶ **Rauchen in der Schule**

Das R. ist durch die allgemeine Handlungsfreiheit (Art. 2 Abs. 1 GG) grundrechtlich geschützt. Eine generelle Altersgrenze setzt § 9 des Gesetzes zum Schutz der Jugend in der Öffentlichkeit i. d. F. v. 25. 2. 1985 (BGBl. I S. 425, zul. g. d. Ges. v. 28. 10. 1994, BGBl. I S. 3186), wonach Kindern und Jugendlichen unter 16 Jahren das Rauchen in der Öffentlichkeit nicht gestattet werden darf. Das Grundrecht des Art. 2 Abs. 1 GG ist durch die ebenfalls von Art. 2 Abs. 1 GG geschützten Rechte anderer im Sinne des Art. 2 Abs. 1 2. Halbsatz GG eingeschränkt (zum verfassungsrechtlichen Schutz der Nichtraucher vgl. BayVerfGH NJW 1987, 2921). Hinsichtlich der Zulässigkeit des Rauchens ist daher zwischen den Rechten der Raucher und denen der Nichtraucher abzuwägen (zum Rauchverbot im Lehrerzimmer vgl. OVG NRW, NJW 1987, 2952). Dabei ist zu berücksichtigen, dass die freie Entfaltung der Persönlichkeit generell dort ihre Grenze findet, wo sie zu einer nicht unerheblichen Belästigung der Umwelt werden kann (vgl. VG Schleswig, NJW 1975, 275). Da während des Unterrichts ein Ausweichen der Nichtraucher nicht möglich ist, die Raucher ihre Bedürfnisse aber zeitweise zurückstellen können, wird man dem Interesse an einem Unterlassen des R. den Vorrang einzuräumen haben (VG Schleswig, a. a. O.), jedenfalls wenn das von mindestens einem Nichtraucher gewünscht wird. Eine andere Frage ist die, ob Schülern (sofern sie überhaupt 16 Jahre alt sind) das R. auf dem Schulgelände, insbesondere auch in den Pausen auf dem Schulhof, verboten werden kann. Hier besteht keine vergleichbare Belästigung der Nichtraucher, sondern allenfalls eine Gefährdung der nichtrauchenden Schüler durch das schlechte Vorbild der Raucher. Dem können sich die übrigen Schüler aber auch außerhalb der Schule nicht entziehen, ohne dass deshalb das R. verboten würde. Zumindest auf dem Schulhof, eventuell mit der zusätzlichen Einrichtung von Raucherecken, ist das R. durch Art. 2 Abs. 1 GG grundrechtlich geschützt und darf daher nicht verboten werden. Dies gilt jedenfalls für volljährige Schüler (→ Volljährigkeit). Eine Gefährdung der → Bildungs- und Erziehungsziele oder des geordneten Schulbetriebs tritt dadurch nicht ein. Eine bei generellem Verbot getroffene Ausnahmeregelung, die das R. in engen Grenzen für Schüler der Jahrgangsstufen 12 und 13 zulässt, verstößt nach Auffassung des BayVerfGH (BayVBl. 1982, 686) nicht gegen die in Art. 131 Abs. 2 bay. LV verankerten obersten Bildungsziele (vgl. zur Problematik des R. in der Schule auch OVG Berlin, NJW 1975, 2261 mit krit. Anm. von Schievelbein und Martens, NJW 1976, 384). Ein Recht der Eltern gegenüber der Schule, ihre Erziehungsbemühungen durch ein ausnahmsloses Rauchverbot im Schulbereich zu unterstützen, besteht nicht (BayVerfGH, BayVBl. 1982, 686). Zur Verpflichtung des Dienstherrn, ein Rauchverbot im Lehrerzimmer einzuführen, vgl. OVG NRW, Urt. v. 30. 4. 1987, 6 A 2578/84.

▶ Realschule

Die R. umfasst als weiterführende Schule der → Sekundarstufe I die Schuljahrgänge 5 (bei 4-jähriger → Grundschule und schulartabhängiger → Orientierungsstufe) oder 7 (bei 6-jähriger Grundschule oder schulartunabhängiger Orientierungsstufe) bis 10. Aufbauformen der R. schließen an die Klasse 6 der Hauptschule an. Der Realschulabschluss, früher als mittlere Reife bezeichnet, bietet die Grundlage für gehobene Berufe verschiedener Art und berechtigt zum Besuch der → Fachoberschule, des Fachgymnasiums oder zum Übergang auf ein → Gymnasium in Aufbauform.
→ Schulaufbau

▶ Recht auf Bildung

Das GG kennt kein Grundrecht auf Bildung im Sinne eines an den Staat gerichteten Individualanspruchs auf Bildung nach Maßgabe von Begabung und Interesse. Zwar sind die Grundrechte für die Rechte des Schülers wie der Eltern in der Schule von großer

Bedeutung; zu einem einheitlichen R. a. B. lassen sie sich jedoch nicht zusammenfassen (Richter, AK-GG, Art. 7 Rdn. 38–42; vgl. auch zum Grundrecht auf Bildung und Ausbildung Jarass, DÖV 1995, 674). Wenn wir in diesem Rechtsberater dennnoch vereinfachend vom R. a. B. sprechen, meinen wir die folgenden einzelnen grundrechtlichen Gewährleistungen, die freilich nur sehr allgemein formuliert sind und jeweils der Konkretisierung bedürfen: Art. 1 Abs. 1 GG i. V. mit dem Recht auf Bildung in Art. 2 Satz 1 des I. Zusatzprotokolls zu der Europäischen Menschenrechtskonvention (EMRK) – das in der Bundesrepublik mit dem Rang eines Bundesgesetzes gilt – gewährleistet einen Anspruch, mit den Kenntnissen ausgestattet zu werden, ohne die ein Leben in der Gesellschaft nicht möglich oder jedenfalls menschenunwürdig wäre (Richter, a. a. O.). Das Recht auf freie Entfaltung der Persönlichkeit (Art. 2 Abs. 1 GG) gibt einen Anspruch darauf, dass der Staat das Schulwesen so ausgestaltet, dass sich die verschiedenen Begabungen und Interessen darin entfalten können (vgl. auch Niehues, Schul- und Prüfungsrecht, Bd. 1, 3. Aufl. 2000, Rdn. 389). Dieses Recht findet freilich seine Grenze an den Rechten der jeweils anderen Schüler. Art. 12 Abs. 1 S. 1 gewährt i. V. mit Art. 3 Abs. 1 GG den gleichen Zugang zu den Bildungseinrichtungen, wobei das Recht auf freie Wahl der Ausbildungsstätte u. E. alle Schulen bereits ab der → Sekundarstufe I umfasst (vgl. → Wahl der Schulart; in diese Richtung auch Maunz-Dürig, GG, Art. 12 Rdnr. 180, DJT-SchulGE, S. 129, Fn. 16; für allgemeinbildende Schulen wie Gymnasien vgl. BVerfGE 58, 257, 272 f.). Art 12 Abs. 1 S. 1 GG gewährt im Schulwesen ein absolutes Teilhaberecht, soweit der Staat hier über das Schulmonopol verfügt und → Schulpflicht vorschreibt (Maunz-Dürig, a. a. O., Rdn. 433, → Zulassungsbeschränkungen). Unter R. a. B. verstehen wir somit diese Entfaltungs- und Zugangsrechte sowie den Grundsatz der → Chancengleichheit (zu alledem auch SchulGE, S. 126 ff.). Zu beachten sind ferner die Gewährleistungen im internationalen Recht wie das Recht auf Erziehung in Art. 26 Abs. 1 der UN-Menschenrechtsdeklaration von 1948, die UN-Charta der Rechte des Kindes von 1957, das UNESCO-Übereinkommen gegen Diskriminierung im Unterrichtswesen von 1960 und schließlich die

Europäische Sozialcharta (1961) mit Rechten im Berufsbildungsbereich sowie Art. 13 Abs. 1 und 2 des Internationalen Paktes über wirtschaftliche, soziale und kulturelle Rechte (1966), in der Bundesrepublik in Kraft seit 1976 (näheres siehe SchulGE, a. a. O.). Diese Rechte gehen über die Gewährleistungen des GG und der LV nicht hinaus, können aber im Einzelfall durchaus von Bedeutung sein (z. B. hinsichtlich → ausländischer Schüler, die von den nur für Deutsche geltenden Gewährleistungen des Art. 12 Abs. 1 GG ausgenommen sind). Die meisten LV formulieren ausdrücklich ein R. a. B. (Art. 11 Abs. 1 und 2 b.-w. LV, Art. 128 bay. LV, Art. 29 brand. LV, Art. 127 brem. LV, Art. 4 Abs. 1 nds. LV, Art. 31 rh.-pf. LV, Art. 8 nrw. LV, Art. 102 Abs. 1 S. 1 sächs. LV, Art. 25 Abs. 1 sachs.-anh. LV, Art. 20 thür. LV). Diese Regelungen der LV haben im Wesentlichen nur den Charakter von Programmsätzen, die von den Schulgesetzgebern konkretisiert werden müssen. Die Rspr. hat aber teilweise aus ihnen auch schon konkrete Rechte für den einzelnen abgeleitet, allerdings ist die Rspr. in den Ländern nicht einheitlich. In B.-W. wurde aus Art. 11 Abs. 1 und 2 der LV ein Anspruch auf → Hausunterricht für ein behindertes Kind abgeleitet (VG Freiburg, Urt. v. 4. 12. 1973, SPE II A II, S. 101), während der BayVerfGH in Art. 128 bay. LV nur einen Programmsatz sieht, aus dem ein solches Recht nicht abzuleiten ist (VGH NF 28 II, S. 99; a. A. Gallwas, Das Grundrecht auf Ausbildung gemäß Art. 128 Bay. Verf., BayVBl. 1976, 385, zu alledem auch SchulGE S. 127 ff. m. w. N.). Grundsätzlich gilt, dass die zuständigen Landesgesetzgeber verpflichtet sind, das R. a. B. im Schulwesen des Landes zur Geltung zu bringen (→ Gesetzesvorbehalt; vgl. Staupe, Parlamentsvorbehalt und Delegationsbefugnis, 1986, 365 f.); dabei besteht aber ein weiterer bildungspolitisch-pädagogischer Gestaltungsspielraum. Erst wenn dessen Grenzen überschritten sind oder der Gesetzgeber untätig bleibt, kommt ein unmittelbarer Rückgriff und ggf. die Ableitung eines Anspruchs direkt aus dem R. a. B. in Betracht. Das R. a. B. hat praktische Bedeutung vor allem für die Anwendung und Auslegung schulrechtlicher Regelungen. → Grundgesetz und Schule

▶ **Recht auf unverkürzten Unterricht** → Unterrichtsausfall

▶ **Rechtsaufsicht** → Schulaufsicht

▶ **Rechtschreibreform**

Von einer äußerst kontroversen öffentlichen Diskussion begleitet war die Neuregelung der deutschen Rechtschreibung in den Schulen. Am 30. 11./1. 12. 1995 wurde die R. von der → Kultusministerkonferenz (KMK) beschlossen. Diese Neuerung stieß auf vielfältige Kritik und wurde in einigen Ländern sogar zum Gegenstand von Volksabstimmungen gemacht (vgl. dazu etwa VG Hannover, NJW 1998, 1250; VG Schleswig, NVwZ-RR 2000, 434). Auch der Deutsche Bundestag beschäftigte sich mit diesem Thema (Beschluss vom 26. 3. 1998, BT-Plenarprotokoll 13/224, S. 20567). Die Länder haben die R. durch Erlasse der zuständigen Schul-, Bildungs- oder Kultusminister für die Schulen verbindlich gemacht.

Die Gerichte wurden in vielfältiger Form mit der Frage der Zulässigkeit, insbesondere der Verfassungsmäßigkeit der R. befasst. Teilweise hatten Eilanträge auf einstweiliges Unterlassen der Unterrichtung nach den neuen Rechtschreibregeln vor den Verwaltungsgerichten und Oberverwaltungsgerichten Erfolg (vgl. z.B. VG Berlin, NJW 1997, 3456; VG Wiesbaden, NJW 1998, 1246; VG Hannover, NJW 1997, 2538; OVG Lüneburg, NJW 1997, 3456; OVG Bautzen, DÖV 1998, 118; OVG Münster, NJW 1998, 1240; anders VG Weimar NJW 1997, 2403; OVG Schleswig, NJW 1997, 2536), ebenso in Hauptsacheverfahren (VG Berlin, NJW 1998, 1243; VG Hannover, NJW 1998, 1250; → Rechtsschutz).

Eine zentral – und heftig umstrittene – Frage war, ob die Einführung der neuen Rechtschreibung in den Schulen wegen ihrer Bedeutung für die → Grundrechte der Schüler und Eltern (Art. 2 Abs. 1, Art. 6 Abs. 2 GG), insbesondere wegen deren Auswirkungen auf den Bildungsanspruch der Schüler (→ Recht auf Bildung), der Regelung durch ein förmliches Gesetz bedürfe (→ Gesetzesvorbehalt). Während manche Gerichte eine gesetzliche Regelung für verfassungsrechtlich geboten hielten (vgl. die Nachweise oben), äußerte sich die rechtswissenschaftliche Literatur überwiegend skeptisch (vgl. Menzel, NJW 1998, 1177; Roellecke, NJW

1997, 2500; vgl. aber auch Kopke, R. und Verfassungsrecht, 1995; ders., NJW 1997, 111).
   Diesem Streit wurde schließlich durch das Urteil des BVerfG vom 14. 7. 1998 (1 BvR 1640/97, NJW 1998, 2515) ein Ende gesetzt. Das BVerfG verwarf die Verfassungsbeschwerde gegen die Einführung der neuen Rechtschreibung in den Schulen als unbegründet. Der Staat sei von Verfassungs wegen nicht gehindert, Regelungen über die richtige Schreibweise der deutschen Sprache für den Unterricht in den Schulen zu treffen. Entsprechende Regelungen fielen in die Regelungs-Zuständigkeit der Länder und erforderten keine bundeseinheitliche Regelung, auch wenn im gesamten deutschen Sprachraum ein hohes Maß an Einheitlichkeit vonnöten sei. Diesem Erfordernis könne aber durch Selbstkoordinierung, durch Abstimmung mit dem Bund und durch Absprachen mit auswärtigen Staaten gemäß Art. 32 Abs. 3 GG Rechnung getragen werden. Tatsächlich hätten die Länder den letzteren Weg beschritten. Für die Einführung der R. habe es auch keiner über die allgemeinen Lernzielbestimmungen des Landesschulgesetzes (hier: des Landes Schleswig-Holstein) hinausgehender gesetzlicher Grundlagen – wie etwa einer neuen Festlegung der Groblernziele – bedurft. Im Spannungsfeld zwischen → Elternrecht und staatlichem Erziehungsauftrag habe die Rechtschreibung traditionell eine größere Affinität zur Schule. Das gleiche gelte für die Grundrechtausübung der Schüler (Art. 2 Abs. 1 GG). Unter Darlegung seiner bisherigen Rechtsprechung zum Gesetzesvorbehalt, insbesondere im Bereich des → Schulrechts, führt das BVerfG aus, dass die Auswirkungen der R. auf das Elternrecht trotz ihrer Neuerungen nicht so gewichtig seien, dass sie durch eine Leitentscheidung des parlamentarischen Gesetzgebers legitimiert werden müssten. Zum Erziehungsrecht der Eltern aus Art. 6 Abs. 2 GG gehöre zwar auch das Recht, die Sprachkompetenz der Kinder zu fördern. Für das Gericht war allerdings nicht ersichtlich, dass die R. den Erziehungsplan der Eltern wesentlich beeinträchtigen kann. Das Elternrecht und die Grundrechte der Schüler würden jedenfalls nicht unverhältnismäßig eingeschränkt. Die Grundrechte der beruflichen oder wirtschaftlichen Handlungsfreiheit (Art. 12 Abs. 1, Art. 2 Abs. 1 GG) würden durch die auf

die Schulen bezogene Regelung nicht betroffen; Personen außerhalb des Schulbereichs würden von der R. nicht erfasst und könnten weiterhin nach bisheriger Übung schreiben. Im Übrigen könnten Notwendigkeit und Inhalte, Güte und Nutzen der R. nicht nach verfassungsrechtlichen Maßstäben beurteilt werden. Vorschriften über die sprachwissenschaftlich richtige Schreibung der deutschen Sprache und die korrekte Gliederung geschriebener Texte durch Satzzeichen seien im GG nicht enthalten.

Bemerkenswert ist die Entscheidung des BVerfG auch in verfassungsprozessualer Hinsicht, weil es trotz Rücknahme der Anträge sachlich entschieden hat (vgl. kritisch hierzu Wagner, NJW 1998, 2638; Theuersbacher NVwZ 1999, 838).

Im Nachgang zu der Entscheidung des BVerfG wies das BVerwG die Klage eines Berliner Schülers gegen die R. ab (Urt. v. 24. 3. 1999, 6 C 9.98). Damit hob das BVerwG zugleich das Urteil des VG Berlin vom 14. 11. 1997 (NJW 1998, 1243) auf, mit dem dieses Gericht dem Land Berlin untersagt hatte, nach den Regeln der R. zu unterrichten. Für die Einführung der R. an den Berliner Schulen reichen die Bestimmungen des Berliner Schulgesetzes aus.

▶ **Rechtskraft** → Rechtsschutz

▶ **Rechtsmittel** → Rechtsschutz

▶ **Rechtsmittelbelehrung** → Rechtsschutz

▶ **Rechtsschutz**

(1) Gegen Entscheidungen und hoheitliche Maßnahmen → öffentlicher Schulen ist grundsätzlich der Rechtsweg zu den Verwaltungsgerichten gegeben (§ 40 Abs. 1 VwGO), da es sich um Rechte und Pflichten aus einem öffentlich-rechtlichen Rechtsverhältnis (→ Schulverhältnis) handelt (vgl. Niehues, Schul- und Prüfungsrecht, Bd. 1, 3. Aufl. 2000, Rdn. 622 ff.). Die früheren aus dem → besonderen Gewaltverhältnis abgeleiteten Einschränkungen des R. gegenüber schulischen Entscheidungen gehören der

Vergangenheit an. R. kommt insbesondere in Betracht bei Entscheidungen über → Noten, → Versetzung, → Aufnahme in eine Schule, → Schulorganisationsmaßnahmen (zur Abgrenzung vgl. BW VGH, Urt. v. 13. 10. 1976 – IX 658/74 – Zuweisung in eine bestimmte Grundschulklasse und Sitzordnung sind kein anfechtbarer Verwaltungsakt; BVerwG, DÖV 1983, 819: Die Klage auf Änderung einer einzelnen Zeugnisnote ist mangels Rechtsschutzinteresses unzulässig, wenn die erstrebte Verbesserung der Note für die weitere Schullaufbahn des Schülers keine Bedeutung hat).

(2) Der gerichtliche R. ist unabhängig davon gegeben, ob es sich bei der angefochtenen Maßnahme um einen Verwaltungsakt handelt oder nicht; diese Frage ist jedoch relevant für die Wahl der richtigen Klageart. Handelt es sich um einen Verwaltungsakt, d.h. um eine hoheitliche Maßnahme, die eine Behörde zur Regelung eines Einzelfalls auf dem Gebiet des öffentlichen Rechts trifft und die auf unmittelbare Rechtswirkung nach außen gerichtet ist (§ 35 VwVfG; z.B. Nichtversetzung, → Ordnungsmaßnahme u.ä.), so ist zunächst gegen die Entscheidung Widerspruch einzulegen (§ 68 VwGO), und zwar innerhalb einer Frist von einem Monat nach Bekanntgabe des Verwaltungsakts (§ 70 VwGO). Ist dem Verwaltungsakt keine (ordnungsgemäße) Rechtsbehelfsbelehrung beigefügt, so beträgt die Widerspruchsfrist 1 Jahr (§§ 70 Abs. 2, 58 Abs. 2 VwGO). Wird dem Widerspruch nicht abgeholfen, d.h. die Entscheidung nicht abgeändert, so ist gegen den Verwaltungsakt in der Form, die er durch den Widerspruchsbescheid gefunden hat, die Anfechtungsklage gegeben (§ 42 Abs. 1 VwGO). Wird dagegen eine Leistung der Schule erstrebt, so ist die allgemeine Leistungsklage (§ 43 Abs. 2 VwGO) oder, wenn die Leistung notwendig einen begünstigenden Verwaltungsakt voraussetzt, die Verpflichtungsklage gegeben (§ 42 Abs. 1 VwGO). Schließlich kommt eine Feststellungsklage in Betracht, wenn es um das Bestehen oder Nichtbestehen eines Rechtsverhältnisses oder die Nichtigkeit eines Verwaltungsakts geht (§ 42 Abs. 2 VwGO). Weitere Voraussetzung ist stets die Klagebefugnis, d.h. der Kläger muss geltend machen, durch den Verwaltungsakt oder seine Ablehnung oder Unterlassung in seinen Rechten verletzt zu sein (§ 42 Abs. 2 VwGO). Außerdem muss ein Rechtsschutzinteresse

des Klägers vorliegen (vgl. BVerwG, DÖV 1983, 819). Dieses muss insbesondere dann gegeben sein, wenn sich die Sache durch Zeitablauf oder andere Umstände erledigt hat (z. B. Schüler haben die Schule inzwischen verlassen) und der Rechtsstreit als Fortsetzungsfeststellungsklage, d. h. Feststellung der Rechtswidrigkeit eines zurückliegenden Geschehens (§ 113 Abs. 1 Satz 4 VwGO) fortgeführt wird (vgl. BVerwGE 61, 164). Die Behauptung einer Grundrechtsverletzung allein genügt nicht (HessVGH, NVwZ 1984, 114). Ein Rechtsschutzinteresse wird in solchen Fällen dann bejaht, wenn und solange die klagenden Eltern ein weiter bestehendes Interesse an der Aufhebung einer Schulorganisationsmaßnahme haben, weil jüngere, minderjährige Kinder der Eltern vorhanden sind, auf deren schulischen Werdegang sich die Organisationsmaßnahme ebenfalls auswirken könnte (HessVGH a. a. O.). Bei der Anfechtungsklage beträgt die Klagefrist einen Monat nach Zustellung des Widerspruchsbescheids (§ 74 VwGO). Dies gilt jedoch nur, sofern dem Widerspruchsbescheid eine vollständige und richtige schriftliche Rechtsmittelbelehrung beigefügt ist („Gegen diesen Bescheid kann ... Klage erhoben werden ..."). Ist dies nicht geschehen, so beträgt die Klagefrist ein Jahr (§ 58 Abs. 2, 70 Abs. 2 VwGO). Entsprechendes gilt für die Verpflichtungsklage. Soweit Klagen ohne Vorverfahren zulässig sind (§ 68 Abs. 1 Satz 2 VwGO), beginnt die Frist mit der Bekanntgabe des Verwaltungsakts (§ 74 Abs. 1 S. 2 VwGO).

(3) Gegen Urteile der Verwaltungsgerichte ist als Rechtsmittel die Berufung an das Oberverwaltungsgericht (OVG) bzw. den Verwaltungsgerichtshof (VGH) gegeben, gegen das Berufungsurteil die Revision an das BVerwG, sofern sie vom OVG/VGH zugelassen worden ist. Hat das OVG/der VGH die Revision nicht zugelassen, so kann beim BVerwG Beschwerde gegen die Nichtzulassung eingelegt werden. Diese ist zuzulassen bei grundsätzlicher Bedeutung der Rechtssache (Grundsatzrevision), einer entscheidungserheblichen Abweichung von einer anderen Entscheidung des BVerwG (Divergenzrevision) oder bei einem entscheidungserheblichen Verfahrensmangel (§ 132 VwGO).

Nach Erschöpfung des Rechtswegs besteht unter bestimmten Voraussetzungen (insbes. Geltendmachung einer Grundrechtsverletzung) die Möglichkeit der Einlegung einer Verfassungsbeschwerde beim Verfassungsgericht(shof) des jeweiligen Landes (z. B. bei Verletzung von in der Landesverfassung enthaltenen Grundrechten) oder beim BVerfG in Karlsruhe (z. B. bei Verletzung im GG garantierter Grundrechte; Art. 93 Abs. 1 Nr. 4a GG). Im sogenannten Normenkontrollverfahren gemäß § 47 Abs. 1 Nr. 2 VwGO können, soweit dies landesrechtlich zugelassen ist, Rechtsverordnungen und Satzungen auf ihre Gültigkeit überprüft werden (z. B. als Rechtsverordnungen ergangene Prüfungs- und Versetzungsordnungen, → Schulordnungen); zuständig ist das OVG bzw. der VGH des Landes.

Rechtskräftig ist eine Entscheidung dann, wenn sie nicht mehr mit Rechtsmitteln angefochten werden kann (z. B. wegen Ablauf oder Versäumung von Fristen, Erschöpfung des Rechtswegs).

Bei unverschuldeter Fristversäumung kann auf Antrag die sogenannte Wiedereinsetzung in den vorigen Stand gewährt werden, mit der die Fristversäumung geheilt wird (§ 60 VwGO). Voraussetzung ist, dass der Betreffende ohne Verschulden daran gehindert war, eine gesetzliche Frist einzuhalten. Die verspätete Verfahrenshandlung muss unverzüglich (am besten gleichzeitig mit dem Wiedereinsetzungsantrag) nachgeholt werden.

(4) Für den Rechtsweg gegenüber Maßnahmen von → Privatschulen kann sowohl der Verwaltungsrechtsweg (§ 40 Abs. 1 VwGO) als auch der Rechtsweg zu den Zivilgerichten (§ 13 GVG) gegeben sein. In Grenzfällen spricht die privatrechtliche Natur des Schulvertrages ebenso wenig automatisch für die Annahme des Zivilrechtswegs wie die partielle Einbeziehung der anerkannten Privatschulen in das Gesamtgefüge des öffentlichen Schulwesens zwingend für den Verwaltungsrechtsweg spricht. Vielmehr ist im Einzelfall danach zu differenzieren, ob der private Schulträger mit der angefochtenen Maßnahme eine Funktion ausgeübt hat, die ihm aus seinem eigenen, mit seinem privaten Status verbundenen Aufgabenbereich zukommt, oder ob er eine ihm übertragene staatliche Funktion wahrgenommen hat (OVG NRW, DÖV 1979, 762; Campenhausen, Erziehungsauftrag und staatliche Schulträgerschaft, 1967, S. 84). Danach ist der Verwaltungsrechtsweg gegeben, soweit es sich um die Zeugniserteilung sowie um Prüfungs-

und Versetzungsentscheidungen anerkannter Ersatzschulen handelt, da diese insoweit öffentliche Aufgaben wahrnehmen und als Beliehene tätig werden (OVG NRW, RWS 1963, 214; OVG Rh.-Pf., RDJ 1967, 275; HessVGH, Urt. v. 2. 12. 1974, SPE III F VII, S. 45; BWVGH, RdJB 1977, 386; BayVGH, NVwZ 1982, 562). Dagegen wird der Zivilrechtsweg z. B. bei Ordnungsmaßnahmen (OVG NRW, DÖV 1979, 762) oder bei Abschlussprüfungen nicht anerkannter Ergänzungsschulen angenommen (BVerwGE 45, 117).

(5) Auch Schulgremien können die Verletzung eigener Verfahrens-, Mitwirkungs-, Anhörungs- oder Beteiligungsrechte gerichtlich geltend machen (vgl. OVG Berlin, B. v. 12. 10. 1978, SPE VI A IV, S. 91; Staupe, RdJB 1978, 188 ff. zur Beteiligtenfähigkeit, § 61 VwGO und Klagebefugnis, § 42 Abs. 2 VwGO; vgl. auch VG Bremen, NVwZ-RR 1989, 78 = DVBl. 1989, 114; OVG Berlin, NVwZ-RR 1990, 21). Ein Elternbeirat ist im Normenkontrollverfahren nicht beteiligtenfähig (BayVGH BayVBl. 1981, 719). Keine eigenen Rechte werden geltend gemacht, wenn ein Schulgremium eine Verletzung des allein den Eltern selbst zustehenden → Elternrechts (vgl. BayVGH, Urt. vom 22. 10. 1979, SPE I B III, S. 51 – Klage des Elternbeirats auf Errichtung einer vierten Parallelklasse einer Grundschule) oder umgekehrt die Eltern die Verletzung eines Gremienrechts geltend machen wollen (vgl. OVG Lüneburg, Beschl. vom 31. 3. 1976, SPE I A VIII, S. 11; VG Berlin, RdJB 1979, 327). Der hess. Landeselternbeirat ist nicht Träger des (individuellen) Grundrechts aus Art. 56 Abs. 6 hess. LV (Elternmitbestimmung) und kann es deshalb auch nicht durch Grundrechtsklage im Wege der Prozessstandschaft für seine Mitglieder geltend machen (HessStGH, NJW 1980, 2405). Die Verletzung von Schülerrechten kann dagegen von den Eltern minderjähriger Schüler im Wege der Prozessstandschaft als gesetzliche Vertreter geltend gemacht werden. Die Prozessführung kann von dem Schüler nach Eintritt der → Volljährigkeit genehmigt werden (BVerwG, Beschl. vom 19. 10. 1981, VII CB 72.80; HessVGH, Urt. vom 2. 8. 1976, SPE II E VII, S. 1), jedoch können Eltern nach Eintritt der Volljährigkeit eines Kindes diesem gegenüber erlassene Verwaltungsakte der Schule nicht mehr unter Berufung

auf ihr Elternrecht angreifen (HessVGH, Urt. v. 23. 3. 1984, Az. 6 UE 869/84). Wollen Eltern Widerspruch einlegen oder Klage erheben, so muss dies grundsätzlich durch gemeinsame Erklärung erfolgen (§§ 1626 ff. BGB). Ein Elternteil allein ist grundsätzlich nicht klagebefugt, da das Elternrecht aus Art. 6 Abs. 2 GG unteilbar ist (OVG NRW, DVBl. 1975, 443). Eine gegenseitige Vertretung auf Grund schriftlicher Vollmacht ist jedoch möglich (vgl. Niehues, Rdn. 37).

(6) Mit der Zulässigkeit einer Klage und der Gewährung des R. ist noch nichts über die materiellen Erfolgsaussichten (Begründetheit) gesagt. Die Klage ist begründet, wenn das Gericht zu dem Ergebnis gelangt, dass der Verwaltungsakt rechtswidrig und der Kläger dadurch in seinen Rechten verletzt ist (§ 113 Abs. 1 VwGO). In diesem Fall ist auf Anfechtungsklage die angefochtene Maßnahme aufzuheben, im entsprechenden Fall bei Leistungs- und Verpflichtungsklagen das Land zu der begehrten Maßnahme zu verurteilen; bei Feststellungsklagen wird die Nichtigkeit des Verwaltungsakts bzw. des Bestehen/Nichtbestehen des streitigen Rechtsverhältnisses festgestellt.

(7) Besonderheiten bestehen bei Ermessensentscheidungen. Hier ergeht im Erfolgsfall ein sog. Bescheidungsurteil, mit dem die Behörde zur erneuten Entscheidung unter Berücksichtigung der Rechtsauffassung des Gerichts verurteilt wird; das Gericht darf nicht sein Ermessen an die Stelle des Ermessens der Behörde (zum Beispiel Schule, Konferenz, Lehrer) setzen. Etwas anderes gilt nur im Fall einer sog. Ermessensreduzierung auf Null, das heißt wenn nur eine einzige Maßnahme ermessensfehlerfrei wäre. Allein in einem solchen Fall darf (und muss) das Gericht diese Entscheidung selbst aussprechen.

(8) Bei der Bewertung von (Prüfungs-)Leistungen wird ein sog. Beurteilungsspielraum des Lehrers bzw. Prüfungsgremiums anerkannt, da es sich um ein höchstpersönliches Fachurteil handelt. Bei der Entscheidung von Prüfungsgremien liegt oft eine vom Gericht nicht wiederholbare Situation vor, so dass die Wertung des Prüfers in der Regel von den Gerichten nicht überprüft und korrigiert werden kann (vgl. Niehues, Rdn. 659, 664). Kontrolliert und ggf. aufgehoben wird die Bewertung aber dann, wenn sie auf

Rechtsmängeln beruht. Dies ist z. B. dann der Fall, wenn die Prüfer von falschen, die Bewertung beeinflussenden Tatsachen ausgegangen sind (grundlegend BVerwGE 8, 272; BW VGH, Beschl. v. 21. 1. 1974, SPE III G II, S. 11), z. B. wenn sie übersehen haben, dass die Leistungen eines lernbehinderten Kindes – entsprechend einem neueren Zeugnis – inzwischen wesentlich verbessert worden sind (BW VGH, BW Verwaltungspraxis 1974, 229) oder wenn sie falsche Vorstellungen darüber hatten, mit welchen Hilfsmitteln die Prüfungsleistungen erbracht worden sind (BVerwG, DÖV 1965, 771; vgl. ferner BVerwG, DVBl. 1983, 591; BayVGH, BayVBl. 1981, 688) oder irrtümlich annahmen, die Leistungen seien erschlichen oder unentschuldigt verweigert worden (BayVGH, Urt. v. 27. 9. 1968, SPE II C III, S. 11; BW VGH, Urt. v. 9. 6. 1968, SPE III E II, S. 11). Eine Prüfungsentscheidung kann auch aufgehoben werden, wenn sie offensichtliche Denkfehler aufweist, unter Verstoß gegen allgemein anerkannte Bewertungsgrundsätze zustandegekommen ist (z. B. Berücksichtigung offensichtlicher Schreibfehler, BVerwGE 61, 211 ff., 214) oder auf sachfremden Erwägungen beruht (BayVGH, BayVBl. 1966, 354; VG Ansbach, Urt. v. 26. 1. 1966, SPE III D III, S. 1), z. B. Überbewertung äußerer Formen wie Rechtschreibung, Grammatik und Zeichenfehler (BVerwG, Beschl. v. 19. 8. 1975, SPE III E I, S. 51; BW VGH, Beschl. v. 28. 3. 1979, SPE III D II, S. 31; OVG NRW, DÖV 1983, 299). Auch ein Verstoß gegen das Gleichheitsgebot (Art. 3 GG) führt zur Rechtswidrigkeit einer Prüfungsentscheidung; dies gilt auch bei ohne sachlichen Grund erfolgter Abweichung von einer ständigen, gewohnheitsrechtlich bindenden Bewertungspraxis.

(9) Soweit das Landesrecht dies vorsieht, kann u. U. auch ein Volksbegehren gegen oder für ein Schulgesetz (auch: Entwurf, Novelle) möglich sein (vgl. BremStGH NVwZ 1987, 576).

(10) Besonderheiten gelten für den → Vorläufigen Rechtsschutz. S. auch → Prüfungen, Verfahrensfehler

▶ **Rechtsstaatsprinzip** → Gesetzesvorbehalt, → Verhältnismäßigkeit

▶ **Rechtsverordnung** → Schulrecht

▶ **Rechtsweg** → Rechtsschutz

▶ **Regelschulen**

Unter R. versteht man die in einem Land vorhandenen → Schularten, die nicht lediglich → Versuchsschulen oder → Schulische Angebote sind. R. sind demnach die → Schularten, die nach Entscheidung des Landesgesetzgebers auf Dauer eingeführt worden sind. Manche Schularten sind je nach Bundesland Regel-, Angebots- oder Versuchsschulen (→ Gesamtschule). Rechtliche Bedeutung hat die Unterscheidung vor allem für die Frage, welche Schularten von den Schulträgern obligatorisch vorzuhalten sind und welche nur unter bestimmten Voraussetzungen errichtet bzw. fortgeführt werden dürfen. Die Bezeichnung R. wird auch auf die konfessionelle Ausrichtung der Schulen bezogen. Auch hier liegt es in der Entscheidung des jeweiligen Landesgesetzgebers, ob er die → Gemeinschaftsschule, die → Bekenntnisschule oder → Weltanschauungsschulen zu R. machen will (vgl. BVerfGE 6, 309, 339f.; Maunz-Dürig, GG, Art. 7, Rdn. 55f.; v. Münch, GG-Kommentar Bd. 1, 5. Aufl. 2000, Art. 7, Rdnr. 16, 27).

▶ **Regress** → Haftung, → Aufsichtspflicht

▶ **Reifeprüfung** → Abitur

▶ **Religionsausübung** → Glaubens- und Gewissensfreiheit

▶ **Religionsmündigkeit** → Religionsunterricht

▶ **Religionsunterricht**

Der R. ist in den meisten Bundesländern an den öffentlichen Schulen mit Ausnahme der bekenntnisfreien Schulen (→ Weltanschauungsschulen, Gemeinschaftsschulen) ordentliches Lehrfach und wird, unbeschadet des staatlichen Aufsichtsrechts (→ Schulaufsicht) in Übereinstimmung mit den Grundsätzen der Religionsgemeinschaften erteilt (Art. 7 Abs. 3 S. 1 und 2 GG). In der Praxis bedeutet dies, dass in allen → Bekenntnis- und Gemeinschaftsschulen unter staatlicher Schulaufsicht von den in den Diensten des Landes stehenden Lehrern (Beamten oder Angestellten) R. erteilt wird. Allerdings darf kein Lehrer gegen seinen Willen verpflichtet werden, R. zu erteilen (Art. 7 Abs. 3 S. 3 GG). Den Lehrern – ebenso den Schülern bei Abmeldung vom R. – darf wegen ihrer Entscheidung kein Nachteil erwachsen.

Art. 141 GG – sog. Bremer Klausel – stellt die Länder von der Verpflichtung zur Erteilung von R. frei, in denen am 1. 1. 1949 eine andere landesrechtliche Regelung bestand. Dies betraf zunächst nur Bremen und Berlin, gilt aber auch für die → Neuen Bundesländer (vgl. Schlink, NJW 1992, 1008). Die „Bremer Klausel" des Art. 141 GG gilt in ganz Berlin (BVerwG, NVwZ 2000, 922, Urt. v. 23. 2. 2000; vgl. zur Entscheidung der Vorinstanz – OVG Berlin, NVwZ 1999, 786 – die Besprechung von Fechner, NVwZ 1999, 735). Gleichwohl sehen Sachs., Sachs.-Anh. und Thür. R. als ordentliches Lehrfach vor, während Bra. (vgl. dazu de Wall, NVwZ 1997, 465) und Meckl. eigene Wege gehen (zur Anwendung des Art. 7 Abs. 3 GG in den → Neuen Bundesländern vgl. Winter, NVwZ 1991, 753; Leistikow/Krzyweck, RdJB 1991, 308; Schwerin, RdJB 1992, 311). Wo R. kein ordentliches Lehrfach ist, wird er ohne Zeugnisnoten in ausschließlicher Verantwortung der Kirchen erteilt. Erklärt das Gesetz eines von Art. 141 GG erfassten Landes die Erteilung von R. zur Sache der Religionsgemeinschaften, so ist die Auslegung diese Begriffs nicht durch Art. 7 Abs. 3 Satz 2 GG oder Art. 140 i. V. m. Art. 136 ff. WRV vorgegeben; einer weiten Auslegung des landesrechtlichen Begriffs der „Religionsgemeinschaft" steht Bundesverfassungsrecht nicht entgegen (BVerwG NVwZ 2000, 922).

Die → Lehrpläne oder Rahmenrichtlinien für den R. werden entweder von den Kirchen erstellt und erlassen und vom Staat nur auf ihre Verfassungsmäßigkeit überprüft oder von den Kirchen erstellt und vom Staat eingeführt; zumindest setzten sie die Zustimmung der Kirchen voraus. R. als ordentliches Lehrfach bedeutet, dass grundsätzlich auch die Leistungen im Fach Religion benotet werden sowie zeugnis- und versetzungsrelevant sind

(BVerwGE 42, 346 = NJW 1973, 1815 mit abl. Anm. Obermayer und zust. Anm. von Scheuner NJW 1973, 2315). Eltern und Schüler haben nach Art. 7 Abs. 3 S. 1 in Verbindung mit Art. 4 Abs. 1 GG einen Anspruch auf R. (Richter, AK-GG, Art. 7, Rdn. 55), allerdings nur soweit der Staat nicht die bekenntnisfreie Schule als → Regelschule eingeführt hat. Es besteht grundsätzlich die Verpflichtung, am R. wie am übrigen Unterricht teilzunehmen (→ Pflichtfächer). Dies gilt auch für Schüler einer Bekenntnisschule, die diesem Bekenntnis nicht angehören. Allerdings haben die → Erziehungsberechtigten gemäß Art. 7 Abs. 2 GG das Recht, über die Teilnahme ihres Kindes am R. zu bestimmen und sie gegebenenfalls vom R. abzumelden (vgl. Art. 25 Abs. 3 S. 1 bay. EUG). Dieses Recht geht entsprechend dem Gesetz über die religiöse Kindererziehung – RKEG – von 1921 (RGBl. S. 939) mit Eintritt der Religionsmündigkeit (Vollendung des 14. Lebensjahres, § 5 Satz 1 RKEG) auf die Kinder über. Es erscheint zweifelhaft, ob die Heraufsetzung der Altersgrenze auf 18 Jahre rechtlich zulässig ist (vgl. Niehues, Schul- und Prüfungsrecht, Bd. 1, 3. Aufl. 2000, Rdn. 30). Bereits vom vollendeten 12. Lebensjahr an darf ein Kind nicht gegen seinen Willen in einem anderen Bekenntnis als bisher erzogen werden (§ 5 Satz 2 RKEG). Art. 14 Abs. 4 nrw. LV verlangt für die Abmeldung vom R. eine schriftliche Erklärung der Eltern oder des religionsmündigen Schülers. Im Fall der Abmeldung ist meist ein obligatorischer → Ersatzunterricht (z. B. Ethikunterricht oder Lebensgestaltung – Ethik – Religionskunde – LER) vorgesehen. Einige Landesgesetze sehen vor, dass für religiöse Minderheiten (meist ab einer bestimmten Mindestzahl) an einer Schule R. einzurichten ist. Für Schüler islamischen Glaubens, dem große Gruppen von → ausländischen Schülern angehören, wäre eine Verweigerung des R. (→ s. auch Koranschulen) verfassungswidrig (vgl. OVG Berlin, U. v. 4. 11. 1998, NVwZ 1999, 786; BVerwG, U. v. 23. 2. 2000 – 6 C 5.99 = NVwZ 2000, 922 u. B. v. 15. 7. 1999 – 6 B 21.99; zum erforderlichen Organisationsgrad einer islamischen Religionsgemeinschaft VG Düsseldorf, B. v. 18. 7. 2000, NVwZ-RR 2000, 789; Richter AK-GG, Art. 7, Rdn. 5; ausführlich Cavdar, RdJB 1993, 265, Korioth, NVwZ 1997, 1041, Janz/Rademacher, NVwZ 1999, 706,

Fechner, NVwZ 1999, 735, Heckel, JZ 1999, 741; Muckel JZ 2001, 58).

Da der R. in der Regel nach Bekenntnissen getrennt erfolgt, besteht Anspruch auf Teilnahme nur an dem R. des eigenen Bekenntnisses. Die Entscheidung über die Teilnahme von Schülern eines anderen Bekenntnisses am R. obliegt der für den Unterricht verantwortlichen Religionsgemeinschaft; der Staat ist gem. Art. 7 Abs. 3 S. 2 GG verpflichtet, dieser Entscheidung Rechnung zu tragen (vgl. BVerfG NJW 1987, 1873; BVerwG, NJW 1983, 2584 u. BVerwGE 68, 16 = NJW 1983, 2585; VG Braunschweig, NVwZ 1991, 1113). Bei ihrer Entscheidung können die Religionsgemeinschaften dem Gesichtspunkt der konfessionellen Homogenität im R. Rechnung tragen, der allerdings kein verfassungsrechtlich festgeschriebenes Wesensmerkmal des R. ist (BayVGH, DVBl. 1981, 44). Möchte ein bekenntnisloser Schüler am R. einer Religionsgemeinschaft als ordentlichem Lehrfach teilnehmen (statt den Ethikunterricht als Pflichtfach zu besuchen, → Ersatzunterricht) und sind die zuständige Lehrkraft und die betr. Religionsgemeinschaft einverstanden, so darf die Teilnahme nicht staatlicherseits verweigert werden (BVerwG, NJW 1983, 2584). Entsprechendes gilt für die Teilnahme eines kath. Schülers am evang. R. (BVerwGE 68, 16). Die jeweils zuständige Religionsgemeinschaft ist aber rechtlich nicht verpflichtet, andersgläubige oder bekenntnislose Schüler zum R. zuzulassen. Ein Anspruch eines evang. Schülers, der in zumutbarer Entfernung eine Gemeinschaftsschule erreichen könnte, auf Aufnahme in eine kath. Bekenntnisschule besteht nicht, wenn er gleichzeitig die Erteilung von evang. R. an dieser Schule verlangt (BVerwG, NJW 1983, 2583). Vgl. auch Otto (Hrsg.), Schulischer R., 1994. Zu Rechtsfragen des R. aus den → Neuen Bundesländern vgl. Schlink, NJW 1992, 1008; Renck, in: Thüringer Verwaltungsblätter 1993, 102; Wrege, LKV 1996, 191. Zur Religionsfreiheit im nationalen und internationalen Verständnis vgl. H. Weber, ZevKR 45 (2000), 109. Siehe auch → Kirche und Schule.

▶ **Revision** → Rechtsschutz

S

▶ **Sachkosten** → Schulfinanzierung

▶ **Sannyasin als Lehrer** → Glaubens- und Gewissensfreiheit, → Neutralitätsgebot

▶ **Schadensersatz** → Haftung, → Unfallversicherung, → Schulweg

▶ **Schließung von Schulen**

Die S.v.S. stellt eine → Schulorganisationsmaßnahme dar, gegen die als Verwaltungsakt (vgl. Heckel/Avenarius, Schulrechtskunde, S. 306, 432, 437; OVG NW, DVBl. 1989, 1272) unter bestimmten Voraussetzungen mit der Anfechtungsklage vorgegangen werden kann (→ Rechtsschutz, vorläufiger Rechtsschutz). I.d.R. wird der Wegfall eines (generellen) öffentlichen Bedürfnisses am Bestand der Schule als Voraussetzung für die Schließung einer Schule genannt (anders z.T. VG Minden, DÖV 1985, 81-LS). Angesichts rückläufiger Schülerzahlen gewinnen Schulschließungen zunehmende praktische und rechtliche Bedeutung (vgl. Binder, Die Schulschließung als Planungsentscheidung, 1985). Eine falsche Beurteilung des → Schulträgers hinsichtlich des objektiven Bedürfnisses am Fortbestand der Schule führt allerdings nicht automatisch zu einer Verletzung der subjektiven Rechte von Eltern und Schülern (BVerwG, NJW 1979, 828), zumal sie keinen Anspruch darauf besitzen, dass die besuchte Schule erhalten bleibt und stets neue Eingangsklassen gebildet werden (OVG NRW, NVwZ 1984, 804, 806; OVG NRW, NVwZ-RR 1996, 90 m.w.N.). Eine Rechtsverletzung setzt vielmehr voraus, dass Schüler oder Eltern durch S. der Schule schwer und unerträglich getroffen werden (Aspekt der Zumutbarkeit; BVerwGE 18, 40; BVerwG, NJW 1979, 176; NJW 1979, 828). Für Schüler, die von der Auflösung ihrer Schule nicht unmittelbar betroffen sind, weil ihr Jahrgang weiter geführt wird, sind Nachteile von grundrechtlicher Relevanz nicht gegeben (BVerwG, Beschl. v. 27. 1. 1994 – 6 B 8.93). Der Schulträger muss die Interessen des Gemeinwohls an der Schulschließung mit dem rechtlichen Interesse von Eltern und Schülern am Fortbestand gerecht abwägen (vgl. BVerwG NVwZ 1992, 1202). Dabei ist auch das Alter der Schüler zu berücksichtigen (BVerwGE 18, 40). Eine nicht hinzunehmende Beeinträchtigung kann sich insbesondere aus einer unzumutbaren Verlängerung des Schulwegs ergeben (BVerwG NJW 1979, 176; NJW 1979, 828). In diesem Fall können Schüler und Eltern die Aussetzung der Schulschließung verlangen, bis zumutbare Verhältnisse geschaffen sind (zum Beispiel durch Einsatz eines Schulbusses). Eine darüber hinausgehende Bestandsgarantie für Schulen besteht nicht (BVerwG, Beschl. v. 22. 8. 1980, SPE I C I, S. 31: kein Anspruch von Eltern und Schülern auf Fortführung eines herkömmlichen Gymnasiums; → Wahl der Schulart). Ist die S. v. S. nicht erkennbar rechtswidrig, so besteht i. d. R. ein Interesse an der sofortigen Vollziehung der Maßnahme (OVG Saarland, Beschl. v. 31. 7. 1986, RdJB 1987, 108 – LS). Entsprechendes gilt für ähnliche schulorganisatorische Maßnahmen wie Zusammenlegung von Schulen oder schuljahrgangsweise → Umwandlung einer Schule in eine andere → Schulart. Die S. v. S. ist dann rechtswidrig, wenn wegen der → Mindestschülerzahl nur auf die Anmeldungen für diese Schule und nicht auf die Gesamtanmeldungen für die betreffende Schulart im regionalen Bereich abgestellt worden ist. In einem solchen Fall ist nicht die eine Schule mit den zu geringen Anmeldungen zu schließen, sondern durch Stützungszuweisungen eine Parität der Eingangsklassen der Schulen dieser Schulart im regionalen Bereich herzustellen (OVG Hamburg, Beschl. vom 3. 8. 1981, SPE I A VI, S. 21; vgl. auch OVG Hamburg, DÖV 1985, 371 – LS; zum hamb. Konflikt über die Schließung von Schulen des gegliederten Schulwesens zugunsten von → Gesamtschulen vgl. Rellstab RdJB 1983, 341 f.). Die S. einer einzelnen Schule durch (Einzelfall-)Gesetz ist jedenfalls dann unzulässig, wenn die Gesetzesform lediglich deshalb gewählt wurde, um die Maßnahme der verwaltungsgerichtlichen Kontrolle zu entziehen (OVG Hamburg, NVwZ 1985, 51).

▶ **Schülerakten** → Datenschutz

▶ **Schülerarbeiten**

Alle im Unterricht oder als → Hausaufgaben gefertigten S. wie z. B. Aufsätze oder sonstige Klassenarbeiten, Zeichnungen, Bastelarbeiten jeder Art sind Eigentum der Schüler, und zwar i. d. R. auch dann, wenn das Material im Rahmen der → Lernmittelfreiheit von der Schule zur Verfügung gestellt wurde (§ 950 Abs. 1 BGB). Die Schule darf S. nicht auf Dauer einbehalten (Verletzung der Eigentums- und Urheberrechte des Schülers). Zeitweilige Einbehaltung, d. h. in der Regel bis zum Schuljahresende, ist zulässig, z. B. aus Gründen der pädagogischen, psychologischen oder sonst wissenschaftlichen Auswertung sowie für Ausstellungen der Schule. Im Einzelfall sind die Interessen der Schule und des Schülers gegeneinander abzuwägen. S., die mit dem Zweck des Verbleibs in der Schule angefertigt wurden (z. B. Lehrmittel, Anschauungsmaterial), sind Eigentum der Schule. Das gilt auch für Prüfungsarbeiten, die als Bestandteil der Prüfungsakten Eigentum des Landes bzw. bei → kommunalen Schulen der Gemeinde werden. Die Schule darf S. nur mit Genehmigung des Schülers bzw. bei Minderjährigen mit Genehmigung der Eltern veröffentlichen (Urheberrecht und Persönlichkeitsrecht des Schülers, s. auch → Datenschutz).

▶ **Schülerbeförderung**

Die Abkehr von der herkömmlichen Dorfschule im Zuge der Landschulreform und die Errichtung größerer zentraler Schulen haben in den Flächenstaaten, aber auch in größeren Städten, zum Teil zu einer erheblichen Verlängerung der → Schulwege geführt. Infolgedessen ergab sich aus Gründen der → Chancengleichheit sowie im Hinblick auf das → Recht auf Bildung und das Sozialstaatsprinzip (Art. 20 Abs. 1 GG) die Notwendigkeit einer öffentlichen Finanzierung der Beförderung zur Schule. Dies erfolgte entweder durch Einrichtung öffentlicher Schulbussysteme oder durch Fahrkostenerstattung an die Schüler (vgl. Mattner-Stellmann, RdJB 1988, 322 und Vogel, RdJB 1988, 329).

Schülerbeförderung

Die Aufgabe der S. fällt den → Schulträgern zu. Die Kosten werden ganz überwiegend von der öffentlichen Hand getragen (→ Schulfinanzierung). Kostenträger sind ebenfalls i. d. R. die Schulträger, denen die Kosten aber von den Ländern durch Zweckzuweisungen oder über den kommunalen Finanzausgleich ganz oder zumindest zu einem großen Teil erstattet werden. Der Berechtigtenkreis ist in den Ländern unterschiedlich geregelt, wobei insbesondere nach Schularten – häufig unter Ausklammerung bestimmter → beruflicher Schulen – differenziert wird (vgl. dazu im einzelnen Staupe, Strukturen der Schulträgerschaft und Schulfinanzierung, in: Bildung i. d. BRD, Bd. 2, 1980 S. 869 ff., 907 ff.). Ein Rechtsanspruch auf Kostenerstattung oder Beförderung zur Schule besteht bei Verletzung des Gleichbehandlungsgebots (vgl. dazu VGH BW, Beschl. v. 10. 6. 1991, SPE 670 Nr. 38; VGH BW, Beschl. v 27. 7. 1999, DVBl. 1999, 1366). Innerhalb eines Landes dürfen einzelne Schüler, Gruppen von Schülern oder Schüler bestimmter Schularten gegenüber Vergleichsgruppen nicht ohne sachlichen Grund benachteiligt werden. Ein unmittelbarer verfassungsrechtlich gesicherter Anspruch auf Aufrechterhaltung einer öffentlich finanzierten S. besteht jedoch nicht. Um die Kosten für die Schulträger in vertretbaren Grenzen zu halten, sind auch angemessene Beschränkungen in Form von Eigenanteilen oder Sockelbeträgen zulässig (vgl. dazu BayVerfGH, Entsch. v. 25. 1. 1990, SPE 670 Nr. 36; OVG NRW, Urt. v. 20. 8. 1992, Aktenz. 16 – A 3491/91; VGH BW Beschl. v. 7. 11. 1995, SPE 670 Nr. 53). Häufig wird auf die Länge des Schulwegs abgestellt. Unabhängig von dieser kann sich ein Anspruch auf Fahrtkostenerstattung ergeben, wenn der Schulweg (Fußweg) besonders gefährlich (vgl. dazu OVG Münster, B. v. 21. 8. 2000, NJW 2000, 3800 – Schulweg durch Brennpunkt der Drogenszene) oder für Schüler ungeeignet oder unzumutbar ist (vgl. VG Gelsenkirchen, Urt. v. 30. 5. 1984 – 4 K 642/81). Bei Besuch einer → Privatschule oder eines Gymnasiums (statt der nähergelegen Förderstufe) ist es mit Bundesrecht vereinbar, wenn eine landesrechtliche Regelung eine vollständige Kostenerstattung nicht vorsieht, sondern die Erstattung auf die Kosten beschränkt, die entstanden wären, wenn der Schüler die nächstgelegene → öffentliche Schule, die den gewählten Bildungsgang anbietet, besucht hätte (vgl. HessStGH, NVwZ 1984, 788; Nds. OVG, Urt. v. 19. 2. 1997 – 13 L 3316/96; etwas weiter: OVG Koblenz, NVwZ-RR 1990, 199; 4-stufige Realschule nicht gleichwertig mit 6-stufiger und daher nicht nächstgelegene Schule, BayVGH, Urt. v. 12. 2. 2001, BayVBl. 2001, 308). Waldorfschulen sind insoweit als eigener Bildungsgang anzusehen (OVG Lüneburg, NVwZ 1984, 812; vgl. auch VG Frankfurt, NVwZ-RR 1990, 25). Besucht ein Schüler eine andere als die nächstgelegene Schule des gewählten Bildungsgangs, so sind die hierdurch entstehenden Beförderungskosten nicht „notwendig" und daher nicht erstattungsfähig, es sei denn, der Besuch dieser Schule beruht auf mangelnder Aufnahmekapazität der nächstgelegenen Schule (HessVGH, NVwZ 1984, 811). Auch muss die S. nicht unmittelbar zwischen Wohnung und Schule erfolgen, sondern kann auf dem Weg von bzw. zur nächstgelegenen oder in zumutbarer Weise zu erreichenden Haltestelle beschränkt werden (OVG Münster, NVwZ-RR 1990, 197). Das Recht der Eltern auf → Wahl der Schulart, das Recht des Schülers auf Bildung sowie die Bestandsgarantie der Privatschulen nach Art. 7 Abs. 4 GG gewähren keinen Anspruch auf Erstattung der Beförderungskosten zu der weiter entfernten Privatschule (BVerwG, DVBl. 1982, 729). Entsprechendes gilt für die Beförderungskosten eines → behinderten Schülers nach dem Bundessozialhilfegesetz bei Besuch einer privaten → Sonderschule, wenn ein Schulbesuch in einer näher gelegenen staatlichen Sonderschule möglich gewesen wäre (OVG Berlin, Urt. v. 8. 6. 1984, 6 B 74.83). Der Gesetzgeber darf die Kostenerstattung auf den Besuch inländischer Schulen beschränken (BVerwG, Beschl. v. 12. 4. 1985, Az. 7 B 201/84; eine Kostenerstattung für den Schulbesuch in einem anderen Bundesland ist nicht ausgeschlossen (VGH Mannheim, DVBl. 1999, 1184; VGH München, BayVBl. 1996, 434). Ein Schüler, der bei der S. trotz wiederholter Ermahnungen in sicherheitsgefährdender Weise stört, kann unter Beachtung des → Verhältnismäßigkeitsgrundsatzes von der S. ausgeschlossen werden (VG Braunschweig, Beschl. v. 8. 2. 1994, NJW 1994, 1549). Zu Unfällen → Haftung, Schulweg, Unfallversicherung.

▶ **Schüler(bei)rat** → Mitbestimmung

▶ **Schülerförderung** → Ausbildungsförderung, → Erziehungsbeihilfen

▶ **Schülergruppen**

Für S. einschließlich politischer Schülervereinigungen gilt auch in der Schule das Grundrecht der Vereinigungsfreiheit (Art. 9 Abs. 1, Art. 2 Abs. 1 GG). Die Schule darf solche Gruppen, die sich außerhalb von schulischen Mitbestimmungsgremien (→ Mitbestimmung) bilden und an der Schule betätigen, weder verbieten noch ihre Gründung von einer Genehmigung abhängig machen. Auch der (Landes-)Gesetzgeber darf die politische Betätigung von Schülern in S. nicht generell verbieten. Einschränkungen sind zulässig, soweit es der von Art. 7 Abs. 1 GG vorausgesetzte Bildungs- und Erziehungsauftrag bzw. genauer: die Sicherung der Funktion der Schule verlangt. Z. B. muss die Schule keine gesetz- und verfassungswidrige Betätigung von Schülergruppen (z. B. Gewalttätigkeiten) dulden (vgl. Niehues, Schul- und Prüfungsrecht, Bd. 1, 3. Aufl. 2000, Rdn. 424; DJT-SchulGE S. 289). Eine unterschiedliche Behandlung sog. politischer und anderer S. ist mit dem Gleichheitssatz (Art. 3 Abs. 1 GG) nicht vereinbar und auch durch ein generelles Verbot → politischer Werbung in der Schule nicht geboten. Ein generelles Verbot politischer S. ist deshalb verfassungswidrig. Ob und inwieweit die Schule S. fördert, z. B. durch Räume, Geräte und Materialien, liegt in ihrem Ermessen, soweit nicht dazu spezielle schulgesetzliche Regelungen bestehen.

▶ **Schülerlotsen** → Haftung

▶ **Schülermitverantwortung** → Mitbestimmung

▶ **Schülerrechte** → Recht auf Bildung, → Chancengleichheit, → Demonstrationsrecht, → Meinungsfreiheit, → Schülergruppen, → Schülerzeitungen, → Zulassungsbeschränkungen

▶ **Schülersprecher** → Mitbestimmung

▶ **Schülerstreik**

Sog. S. haben mit dem → Streikrecht im Sinne des kollektiven Arbeitsrechts nichts zu tun. Mit Schüler„streik" (Unterrichtsboykott) ist eine demonstrative Meinungskundgabe einer Mehrzahl von Schülern gemeint, die zwecks Verstärkung ihres Anliegens von der Schule fernbleiben. Dies ist eine kollektive Verletzung der → Schulpflicht bzw. der Pflicht zur → Teilnahme am Unterricht, die nur in Ausnahmefällen unter den Bedingungen rechtmäßiger Wahrnehmung des → Demonstrationsrechts während der Unterrichtszeit gerechtfertigt sein kann (a.A.: generell unzulässig Rh.-Pf. OVG, NJW 1973, 1663, vgl. auch BW VGH, Beschl. v. 28. 5. 1973, SPE II D II, S. 31, Niehues, Schul- und Prüfungsrecht, Bd. 1, 3. Aufl. 2000, Rdn. 349, 430).

▶ **Schülertransport** → Schülerbeförderung

▶ **Schülerunfall** → Haftung, → Unfallversicherung, → Schulweg

▶ **Schülerversammlung** → Mitbestimmung

▶ **Schülervertretung** → Mitbestimmung

▶ **Schülerzeichnungen** → Schülerarbeiten

▶ **Schülerzeitungen**

S. sind Zeitschriften, die von Schülern (im Wesentlichen für Schüler) außerhalb der Verantwortung der Schule herausgegeben werden. Für Schüler gilt auch in der Schule das Grundrecht der → Meinungsfreiheit (Art. 5 Abs. 1 S. 1 GG), das Grundrecht der Pressefreiheit (Art. 5 Abs. 1 S. 2 GG) und das Zensurverbot des Art. 5 Abs. 1 S. 3 GG (vgl. DJT-SchulGE S. 96 und 287 f., Niehues, Schul- und Prüfungsrecht, Bd. 1, 3. Aufl. 2000, Rdn. 415 ff., 419,

Tiemann, Der Vertrieb von Schülerzeitungen auf dem Schulgelände, in: Kulturverwaltungsrecht im Wandel, 1981, S. 143 ff.). S. werden z. T. zu schulischen Veranstaltungen erklärt mit der Folge des Entzugs der vollständigen presse- und verfassungsrechtlichen Gewährleistungen für die Schüler. Diese S. haben eher den Charakter sog. Schulzeitungen. Das sind in Verantwortung der Schule herausgegebene Zeitschriften; inwieweit darin die Schüler zu Wort kommen, bestimmt letztlich die Schule. Derartige Regelungen sind verfassungsrechtlich zumindest zweifelhaft (krit. Tiemann, a. a. O., S. 163, Hage, Anm. DVBl. 1981, 1018 ff. sowie der Bericht von Kübler, NJW 1984, 2144 f.). Gesetzliche Regelungen über S. sind auf Grund des Gesetzesvorbehalts im Hinblick auf die Einschränkung der grundrechtlichen Meinungsfreiheit erforderlich (dazu Staupe, Parlamentsvorbehalt und Delegationsbefugnis, 1986, 377; Niehues, Schul- und Prüfungsrecht, Bd. 1, 3. Aufl. 2000, Rdn. 326). Die Herausgabe sonstiger von der Pressefreiheit geschützter Druckschriften, z. B. Flugblätter, sind z. T. gesondert reglementiert. Die Pressefreiheit umfasst grundsätzlich auch den Vertrieb der S. im Schulbereich. Der Vertrieb auf dem Schulgelände kann aber im Einzelfall eingeschränkt oder verboten werden, wenn es die Sicherung des Bildungsauftrags der Schule erfordert; dabei muss immer eine Abwägung mit der grundlegenden Bedeutung des Grundrechts der Pressefreiheit erfolgen und der Grundsatz der → Verhältnismäßigkeit beachtet werden. Der Vertrieb außerhalb des Schulgeländes bleibt von solchen Einschränkungen unberührt. Die Schule darf S. nicht zensieren. Art. 5 Abs. 1 S. 3 GG verbietet jede Vorzensur. Das Zensurverbot gilt absolut, wird also auch nicht durch die allgemeinen Gesetze im Sinne des Art. 5 Abs. 2 GG, also z. B. die Schulgesetze, beschränkt (BVerfGE 33, 52 ff., 72, 74). Das bedeutet, dass eine Pflicht zur Vorlage von S. vor ihrer Verbreitung bei der Schulleitung nur dann keine verbotene Vorzensur ist, wenn von der Vorlagepflicht die Zulässigkeit der Verbreitung allgemein sowie auf dem Schulgelände nicht abhängig gemacht wird. Auch im Hinblick auf das schulische Erziehungsziel der Hinführung zu geistiger Mündigkeit ist jede Zensur von S. abzulehnen (vgl. SchulGE, Niehues, Tiemann, Hage, jeweils a. a. O.). Zulässig sind nur nachträgliche (repressive) Maßnahmen der Schulen, die von einer Missbilligung bis zu einem Vertriebsverbot reichen können, wobei letzteres aber das Bestehen ausreichender Rechtsgrundlagen voraussetzt. Die Pflicht einer Schülerzeitungsredaktion, sich einen Beratungslehrer zu wählen, ist keine unzulässige Zensur (vgl. Rh.-Pf. OVG, DVBl. 1981, 1015, DJT-SchulGE S. 288f.), ebenso die Pflicht, die Gründung von S. der Schulleitung anzuzeigen. Schülerzeitungsredakteure und Herausgeber unterliegen dem Presserecht und sind ggf. zivil- und strafrechtlich haftbar. Jedem Schülerzeitungsmitarbeiter ist zu raten, sich über die wichtigsten Rechtsgrundlagen des Presserechts in den Grundzügen sachkundig zu machen. Die diesbezügliche Information der Schüler (und ihrer Eltern) ist auch eine Aufgabe der Schule.

▶ **Schulandacht** → Schulgebet

▶ **Schularten**

Unter S. versteht man die in den Ländern vorhandenen unterschiedlichen Schulformen bzw. Schultypen mit einem eigenständigen Bildungsgang. Unterschieden wird zwischen den sog. allgemeinbildenden (→ Grundschule, → Hauptschule, → Realschule, → Gymnasium, → Gesamtschule) und den → beruflichen Schulen (→ Schulaufbau, Allgemeinbildung). Die Einführung neuer S. obliegt nach den Grundsätzen des → Gesetzesvorbehalts dem Landesgesetzgeber. Neben einem Katalog von in allen Ländern vorhandenen Grundtypen von S. bestehen eine Reihe länderspezifischer Besonderheiten (wie z.B. die Mittelschule in Sachsen, die Regelschule in Thüringen, die Sekundarschule in Sachsen-Anhalt, die Erweitere Realschule im Saarland, die Integrierte Haupt- und Realschule in Hamburg, die Verbunde Haupt- und Realschule in Hessen und Mecklenburg-Vorpommern und die Regionale Schule in Rheinland-Pfalz), aber auch im Bereich der beruflichen Schulen, der → Sonderschulen und der Schulen des → Zweiten Bildungswegs. S. → Wahl der Schulart. Vgl. auch Jach, Schulvielfalt als Verfassungsgebot, 1991.

▶ **Schulaufbau**

Mit dem S. wird die organisatorische Grundstruktur des Schulsystems festgelegt. Hinter dem so neutral wirkenden Begriff S. verbergen sich die grundlegenden schulpolitischen Entscheidungen über die vorhandenen → Schulstufen, → Schularten (Schulformen) sowie ihre funktionale und strukturelle Zuordnung zueinander (vgl. dazu Anhang IV). Das GG enthält nur wenige Aussagen zum S. So bestimmt Art. 7 Abs. 6 GG, dass → Vorschulen aufgehoben bleiben. Art. 7 Abs. 3 GG spricht die konfessionelle Gliederung des Schulwesens an, wobei die bekenntnisfreien Schulen als Ausnahmen zu den in Art. 7 Abs. 3 GG nicht ausdrücklich genannten → Gemeinschaftsschulen, → Bekenntnisschulen und → Weltanschauungsschulen erwähnt werden. Die Regelung des Art. 7 Abs. 5 GG betrifft ausschließlich die privaten → Volksschulen. Die LV treffen ebenfalls nur wenige Aussagen zum S. (vgl. dazu DJT-SchulGE S. 181 ff.). Die SchulG der Länder enthalten in unterschiedlichem Umfang und Detaillierungsgrad Regelungen zum S. Dazu gehören zum Beispiel Regelungen der vorhandenen Schularten (z. B. Mittelschule, Regelschule, Sekundarschule, Erweiterte Realschule oder Gesamtschule) sowie zur Dauer der → Grundschule (vier- oder sechsjährig), der → Orientierungsstufe (schulartabhängig, schulartübergreifend), der → Gesamtschule (→ Regelschule, schulische Angebote, Schulversuche) oder der Oberstufe des Gymnasiums (zur Umwandlung von Förderstufen in schulformbezogene Jahrgangsstufen vgl. VG Gießen, B. v. 17. 8. 1999, NVwZ-RR 1999, 358). Hinzu kommt die Frage der Gliederung des Schulwesens nach Schulstufen, eine Frage, die für die Errichtung selbständiger Stufenschulen (→ Oberstufenzentren), aber auch für die Lehrerbildung (Stufenlehrer) von Bedeutung ist. Der S. bestimmt über das Vorhandensein von Schulen des → Zweiten Bildungswegs, von → Sonderschulen sowie das Angebot an allgemeinbildenden und beruflichen Schulen. Zum S. gehört weiter die Frage, ob der Unterricht in → Ganztags- oder Halbtagsunterricht bzw. in Vollzeit- oder Teilzeitschulen (→ Schulpflicht) erteilt wird. Eine wesentliche Vorbedingung für den solchermaßen differenzierten S. der Bundesrepublik

Deutschland ergibt sich aus ihrem föderalistischen Staatsaufbau mit der Länderzuständigkeit für das Schulwesen (→ Föderalismus).

▶ **Schulaufsicht**

Nach Art. 7 Abs. 1 GG steht das gesamte Schulwesen unter der Aufsicht des Staates (auch Schulhoheit genannt). Unter dem Sammelbegriff der staatlichen S. wird traditionell die Gesamtheit der staatlichen Befugnisse zur Organisation, Planung, Leitung und Beaufsichtigung des Schulwesens verstanden (BVerwGE 18, 28; 23, 351 f.; vgl. auch Bott, LKV 1992, 221). Neben der S. i.e.S. (Rechts- und Fachaufsicht über die Unterrichts- und Erziehungsarbeit der Schulen bzw. der Lehrer, Dienstaufsicht über das Lehrpersonal) umfasst dies die Gewährleistung eines Schulsystems, das allen jungen Menschen gemäß ihren Fähigkeiten die dem heutigen gesellschaftlichen Leben entsprechenden Bildungsmöglichkeiten eröffnet. Zum staatlichen Gestaltungsbereich gehören die organisatorische Gliederung der Schule (→ Schularten, Schulaufbau, Leistungsdifferenzierung) und die Festlegung der Struktur des Ausbildungssystems, das inhaltliche und didaktische Programm der Lernvorgänge (→ Lehrpläne, Schulbücher einschl. der Zulassung sonstiger Lehr- und Lernmittel, Sprachenfolge, Stundentafeln, Wahl- und Pflichtfächer) und das Setzen der Lernziele (→ Bildungs- und Erziehungsziele) sowie die Entscheidung darüber, ob und wie diese Ziele von den Schülern erreicht worden sind (st. Rspr. BVerfGE 59, 360, 377 – Informationsrecht der Eltern; E 47, 46, 71 f. – Sexualkunde; E 45, 400, 415 – gymnasiale Oberstufe; E 34, 165, 182 – Förderstufe sowie z. B. BVerwGE 47, 198, 204). Siehe auch → Leistungsbewertung, Prüfungen, Abschlüsse. Die bekenntnismäßige Ausgestaltung des Schulwesens (→ Bekenntnis-, Gemeinschafts-, Weltanschauungsschulen, Schulgebet) gehört ebenfalls zum Gestaltungsbereich des Staates. Die genannten Befugnisse umfassen auch die Durchführung von → Schulversuchen.

Mit Staat i. S. von Art. 7 Abs. 1 GG sind die nach der Kompetenzverteilung des GG für das Schulwesen ausschließlich zuständigen Ländern gemeint (→ Föderalismus). Art. 7 Abs. 1 GG begründet keinerlei Kompetenz des Bundes. Der Begriff Schulwesen umfasst alle öffentlichen und privaten Schulen, wobei die S. gegenüber → Privatschulen entsprechend deren Rechten nur eingeschränkt besteht (Art. 7 Abs. 4 GG). Hoch- und Fachhochschulen werden von Art. 7 GG nicht erfasst. Einige LV enthalten mit Art. 7 GG im Wesentlichen gleichbedeutende Regelungen der S. (z. B. Art. 130 bay. LV, Art. 28 brem. LV, Art. 56 Abs. 1 hess. LV, Art. 8 nrw. LV); eine gewisse Nuancierung hinsichtlich des Verhältnisses von Elternrecht und staatlicher S. (stärkere Betonung des Elternrechts) findet sich in Art. 27 rh.-pf. LV und Art. 26, 27 saarl. LV.

Der von Art. 7 Abs. 1 GG vorausgesetzte Bildungsauftrag der Schule wird im Rahmen der genannten Gestaltungsbefugnisse des Staates in den Landesschulgesetzen, in auf Grund der Schulgesetze ergangenen Rechtsverordnungen (wie Schul- und Prüfungsordnungen) sowie Verwaltungsvorschriften (z. B. → Lehrpläne, Stundentafeln) konkretisiert (→ Schulrecht). Alle wesentlichen, insbesondere für die Grundrechte und andere zentrale Verfassungsbestimmungen relevanten Schulangelegenheiten müssen von den demokratischen Gesetzgebern (Landesparlamenten) in den Grundzügen selbst geregelt werden und dürfen nicht der Schulverwaltung überlassen bleiben (→ Gesetzesvorbehalt, besonderes Gewaltverhältnis). Die staatlichen Gestaltungsbefugnisse werden begrenzt durch die Grundrechte der Eltern (→ Elternrecht, Wahl der Schulart) und der Schüler (→ Recht auf Bildung, Chancengleichheit, Demonstrationsrecht, Meinungsfreiheit, Zulassungsbeschränkungen), wobei die einzelnen Rechtskreise in ihren Überschneidungsbereichen jeweils einer verhältnismäßigen Zuordnung bedürfen. Auch diese Zuordnung ist entsprechend ihrer Grundrechtsrelevanz eine Aufgabe des Landesgesetzgebers. Weitere Grenze der staatlichen Befugnisse im Schulwesen ist die → Schulträgerschaft der Kommunen, die zu dem von Art. 28 Abs. 2 GG garantierten Kernbereich kommunaler Selbstverwaltung gehört.

Durch Art. 7 Abs. 1 und die übrigen Bestimmungen des GG ist den Ländern ein bindender Rahmen vorgegeben, innerhalb dessen aber ein großer bildungspolitisch-pädagogischer Gestaltungsspielraum besteht: Das GG gibt keinen Maßstab für die pädagogische Beurteilung von Schulsystemen (so BVerfGE 45, 400, 415 und bereits BVerfGE 34, 165, 185). Teil des verbindlichen verfassungsrechtlichen Rahmens ist auch, dass die sog. → Schulverfassung eine partizipatorische Grundstruktur haben muss (→ Mitbestimmung). Die S. i. S. von Art. 7 Abs. 1 GG schließt nicht aus, den Schulen auf Grund Gesetzes eine relative Selbständigkeit einzuräumen. Allgemeine verfassungsrechtliche Grenze ist dabei das Prinzip der repräsentativen Demokratie (Art. 20 Abs. 1, 2, Art. 28 Abs. 1 S. 1 GG), das eine funktionsfähige und dem Parlament verantwortliche Regierung voraussetzt. Dieser Legitimationszusammenhang zwischen Regierung und Parlament darf daher auch im Schulwesen nicht durch eine vollständige Verlagerung von Kompetenzen etwa auf eine einzelne Schule unterbrochen werden. Vereinfacht kann man sagen, dass alle grundsätzlichen und politisch gewichtigen Kompetenzen der Steuerung durch die zuständigen Verfassungsorgane des jeweiligen Landes (Regierung, Parlament, oberste Schulaufsichtsbehörde) nicht entzogen werden dürfen. Dies ermöglicht aber in pädagogischen sowie in organisatorischen Bereichen eine recht weitgehende Selbständigkeit der einzelnen Schulen, die allerdings durch eine Überreglementierung (→ Verrechtlichung, „Erlassflut") von Seiten der Schulaufsichtsbehörden (→ Schulverwaltung) stark eingeschränkt wird, und zwar auch dort, wo die Schul- und Schulverfassungsgesetze die entsprechenden Selbstverwaltungsstrukturen vorgeben.

Der Umfang der S. ist bildungspolitisch und rechtlich umstritten im Verhältnis zur sog. pädagogischen Freiheit des Lehrers. Nach hier vertretener Ansicht stehen weder Art. 7 Abs. 1 GG noch die Grundrechte von Schülern und Eltern einer sinnvollen Begrenzung der fachlichen Eingriffs- und Weisungsbefugnisse (Fachaufsicht) der Schulaufsichtsbehörden in die Unterrichts- und Erziehungsarbeit der einzelnen Schulen bzw. des einzelnen Lehrers entgegen (näher → pädagogische Freiheit). Die erforderliche Steuerung der Schularbeit lässt sich auch im Wege der Rechtsaufsicht in einer Weise sicherstellen, die keinen Verzicht auf Kontrolle und Beratung usw. der Lehrer bedeutet (vgl. Vorschlag in §§ 66 ff. DJT-

SchulGE u. S. 304 ff.). Kritiker halten eine Einschränkung der Schulaufsichtsbefugnisse auf eine Rechtsaufsicht für unvereinbar mit Art. 7 Abs. 1 GG und den Rechten von Eltern und Schülern (z. B. Eiselt, Schulaufsicht im Rechtsstaat, DÖV 1981, 822 ff.). Zur Fachaufsicht über die Tätigkeit der Schulen und des Lehrpersonals gehört die Überwachung der Inhalte und Methoden des Unterrichts, die Kontrolle der Einhaltung der Lehrpläne, die pädagogische Beratung und Förderung der Schularbeit sowie die unmittelbare Weisungsbefugnis gegenüber der Schule und den Lehrern (zur „Kooperation zwischen Schulaufsicht und Schule" vgl. Gampe, 1994; vgl. auch Biewer, Steuerung und Kontrolle öffentlicher Schulen, 1993). Rechtsaufsicht bedeutet die Kontrolle der Rechtmäßigkeit der Schularbeit und des Verwaltungshandelns der nichtstaatlichen → Schulträger sowie die entsprechenden Weisungsbefugnisse (Besonderheiten gelten für die → Privatschulen).

▶ **Schulaufsichtsbehörden** → Schulverwaltung, → Schulaufsicht

▶ **Schulaufwand** → Schulfinanzierung

▶ **Schulausflug** → Klassenfahrten

▶ **Schulausschluss** → Ordnungsmaßnahmen

▶ **Schulausschuss** → Konferenzen, → Mitbestimmung

▶ **Schulbaukosten** → Schulfinanzierung

▶ **Schulbeirat** → Mitbestimmung

▶ **Schulbesuch** → Befreiung, → Beurlaubung, → Schulpflicht, → Schulversäumnis, → Teilnahme am Unterricht

▶ **Schulbezirke**

Die Verteilung der Schüler auf die vorhandenen S. kann durch Bildung von S. (Schulsprengeln) vorgenommen werden (BVerwG, Beschl. v. 23. 1. 1975, SPE II A I, S. 51; BayVGH, BayVBl. 1970, 69; BayVGH, Beschl. v. 11. 8. 1971, SPE I A III, S. 51; VG Berlin, Beschl. v. 12. 8. 1981, SPE I B IV, S. 11; Püttner, RdJB 1992, 230 ff.; zur nachträglichen Nichtigkeit einer Schulbezirksverordnung wegen konstanten Rückgangs der Schülerzahlen BayVGH, BayVBl. 1998, 691). Dies ist i.d.R. bei → Grund-, → Haupt-, → Real- sowie bei → Sonderschulen der Fall, kann aber auch bei anderen Schularten vorgesehen werden. Die Möglichkeit, eine öffentliche → weiterführende Schule außerhalb des S. oder eine private Ersatzschule zu besuchen (z.B. aus gesundheitlichen Gründen, VG Kassel, NVwZ-RR 1990, 24), muss offen bleiben (vgl. BVerfGE 34, 165 ff.). Die → Schulpflicht kann daher grundsätzlich nicht an einer beliebigen Schule erfüllt werden. Zuständig ist vielmehr grundsätzlich die Schule, in deren Bezirk der Schüler seinen Wohnsitz hat (vgl. z.B. § 42 Abs. 1 HbgSchulG, §§ 6 Abs. 2, 13 nrw. SchpflG i.V.m. § 9 nrw. SchVG). Die Aufnahme von Schülern, die nicht im Schuleinzugsbereich wohnen, kann von der Schule abgelehnt werden, wenn nicht besondere Gründe für die Aufnahme gegeben sind (vgl. § 9 Abs. 1 nrw. SchVG; OVG Lüneburg, DVBl. 1981, 872; vgl. auch BayVGH, Urt. vom 29. 1. 1979, SPE II A II, S. 51). Über den Wunsch der Eltern, ihr Kind in einer anderen als der regional zuständigen Grundschule einzuschulen, hat die zuständige Behörde (lediglich) eine fehlerfreie Ermessensentscheidung zu treffen (OVG Hamburg, NVwZ-RR 2000, 679, Beschl. v. 14. 12. 1999; vgl. auch BVerfG, Kammerbeschl. v. 11. 12. 2000, NVwZ-RR 2001, 311). Dabei können folgende Kriterien eine Rolle spielen: Nähe der Wunschschule zum Wohnsitz des Kindes, noch Platz in dieser Schule, keine Unterfrequentierung der eigentlich zuständigen Schule, besondere persönliche Umstände – Härtegesichtspunkte). Unter Umständen kann jedoch in Härtefällen (z.B. Legasthenie) sogar ein Anspruch auf Aufnahme in eine bestimmte Schule außerhalb des S. bestehen (OVG Koblenz, NVwZ-RR 2000, 680, Beschl. v. 19. 4. 2000). Die

Bildung eines S. hat nach einer Entscheidung des HessVGH (NVwZ 1984, 116) wegen seiner unmittelbaren Rechtswirkungen nach außen (Begründung von Pflichten der im Bezirk lebenden schulpflichtigen Kinder und ihrer Erziehungsberechtigten) durch Rechtssatz zu erfolgen (gem. § 41 hess. SchVG erfolgt dies durch Satzung des Schulträgers mit Zustimmung des Regierungspräsidenten; zu den Anforderungen des → Gesetzesvorbehalts vgl. Staupe, Parlamentsvorbehalt und Delegationsbefugnis, 1986, 351 f.). Zur Änderung eines S. BayVGH, Urt. v. 22. 6. 1994, DVBl. 1994, 1374 (Ls.).

▶ **Schulbücher**

Die Verwendung von S. unterliegt durchweg bestimmten Verfahren, in denen die Voraussetzungen für die Zulassung der S. sowie der Lehr- und Lernmittel festgestellt werden. Die Länderpraxis beruht dabei im Wesentlichen auf den von der → Kultusministerkonferenz vereinbarten „Richtlinien für die Genehmigung von Schulbüchern" (Beschl. vom 29. 6. 1972, BeschlS. 490/1; gilt nicht in Hamburg). Das Recht des Staates, nach eigenem didaktisch-pädagogischem Urteil zu entscheiden, welche Schulbücher in den Schulen verwendet werden dürfen, ergibt sich aus Art. 7 Abs. 1 GG (vgl. dazu BVerwG, DÖV 1989, 313 m. Anm. von Ingo Richter, 315 ff.; bestätigt durch BVerfG NVwZ 1990, 54; ebenso BVerwG, NVwZ-RR 1990, 18) sowie aus Bestimmungen einiger LV (z. B. Art. 56 Abs. 1 hess. LV). Das Schulbuchzulassungsverfahren ist verfassungsgemäß (BVerwG Beschl. v. 13. 3. 1973, SPE I A VII; vgl. auch HessVGH, RdJB 1974, 48; vgl. ferner BVerfGE 10, 121 zur Pressefreiheit sowie BVerwGE 23, 194, 199). Das Verfahren der Schulbuchzulassung soll sicherstellen, dass S. zum Gebrauch in den Schulen nur dann zugelassen werden, wenn sie allgemeinen Verfassungsgrundsätzen und Rechtsvorschriften nicht widersprechen (vgl. HessVGH, a. a. O.; vgl. auch DJT-SchulGE § 13, S. 70 und 175 ff.). Damit wird indessen nicht abschließend über die verfassungsrechtliche Unbedenklichkeit eines Schulbuchs entschieden. Vielmehr erwachsen den Schülern und Eltern Unterlassungsansprüche für den Fall, dass sich herausstellt, dass ein Schulbuch bestimmte zu beachtende Rechtsprinzipien, die sich aus dem GG, den jeweiligen LV oder dem einfachgesetzlichen Landesschulrecht ergeben (zum Beispiel Gleichheitsgrundsatz, → Neutralitätsgebot), nicht beachtet (vgl. zu dieser Problematik BVerwG, DVBl. 1982, 1004; BWVGH, Urt. v. 24. 4. 1980, SPE I A II, S. 101; OVG NRW, Urt. v. 31. 7. 1981 – V A 1262/80; VG Hannover, Urt. v. 12. 7. 1979 – VI A 837/77; Birk, Schulbuchzulassung – Rechtsfragen der Praxis, in: Kulturverwaltungsrecht im Wandel, 1981, S. 47; ders., in: Die Realschule 1984, S. 63 ff; Rehborn, Rechtsfragen der Schulbuchprüfung, 1986; Niehues, Schul- und Prüfungsrecht, Bd. 1, 3. Aufl. 2000, Rdn. 585 ff.; zur Preisbindung bei Schulbüchern BVerfGE 43, 1). Die Genehmigung eines Schulbuchs darf bei nachträglicher Änderung der Lerninhalte durch den Erlass neuer Rahmenrichtlinien gemäß § 49 Abs. 2 S. 1 Nr. 3 VwVfG widerrufen werden (BVerwG, DVBl. 1982, 1004).

Die Frage, ob das Verfahren der Schulbuchzulassung durch Verwaltungsvorschriften geregelt werden kann oder ob dafür eine gesetzliche Grundlage erforderlich ist (so DJT-SchulGE §§ 12–14, S. 70 f., 175 ff.; offengelassen in BVerwG, DVBl. 1982, 1004), ist bisher nicht abschließend geklärt. Die inhaltliche Bedeutung der S. für die Gestaltung des Unterrichts sowie die einschränkende Wirkung der Schulbuchzulassung im Verhältnis der Pressefreiheit der Verlage (Art. 5 Abs. 1 S. 2 GG) lassen die Geltung des Parlamentsvorbehalts (→ Gesetzesvorbehalt) geboten erscheinen (vgl. DJT-SchulGE S. 176 f.; Bryde, Anforderungen an ein rechtsstaatliches Schulbuchgenehmigungsverfahren, 1984, 12 ff.; Staupe, Parlamentsvorbehalt und Delegationsbefugnis, 1986, 361 f.). Zur Pflicht des Lehrers, ungeachtet seiner → pädagogischen Freiheit bestimmte, auf Vorschlag der Fachkonferenz und auf Antrag der Gesamtkonferenz beschaffte S. in seinem Unterricht zu verwenden, vgl. BVerwG, Beschl. v. 28. 1. 1994, NVwZ 1994, 583; vgl. auch Stock, RdJB 1992, 241.

▶ **Schulbus** → Haftung, → Schülerbeförderung, → Schulweg

▶ Schule

Der Begriff S. kann im Alltagsleben verschiedene Bedeutungen haben. Gemeint sein kann die konkrete Einzelschule oder das Schulgebäude als solches, eine bestimmte → Schulart oder Schulform, die S. als Institution oder die Gesamtheit des Schulwesens, z. B. wenn von den → Bildungs- und Erziehungszielen der S. gesprochen wird oder ein Kind „zur S. geht". Mit S. kann darüber hinaus eine bestimmte Lehr- und Geistesrichtung gemeint sein („Frankfurter S.").

Was unter S. im schulrechtlichen Sinn (Art. 7 GG) zu verstehen ist, wird in den Schulgesetzen der Länder nur selten genau definiert (vgl. aber z. B. § 1 nrw. SchVG). Nimmt man alle Merkmale einer S. im schulrechtlichen Sinn zusammen, ergibt sich etwa folgende Definition: S. ist eine organisierte, auf eine Mindestdauer angelegte Einrichtung, in der unabhängig vom Wechsel der Lehrer und der Schüler durch planmäßigen gemeinsamen Unterricht in einer Mehrzahl von Gegenständen bestimmte Lern- und Erziehungsziele verfolgt werden (vgl. Heckel/Avenarius, Schulrechtskunde, 1986, 5). Diese Umschreibung gilt gleichermaßen für → öffentliche S. wie für → Privatschulen (vgl. VGH München, RdJB 1980, 224; VGH B.-W. DÖV 1983, 553; BVerwG NVwZ 1987, 680). Nicht entscheidend ist der Name, den die Bildungseinrichtung führt; auch ohne Verwendung des Wortes oder Wortteils S. kann es sich um eine S. im Rechtssinn handeln (z. B. Landerziehungsheime; zur Abgrenzung zwischen S. und Lehrgang vgl. BayVGH, U. v. 15. 6. 1994, DVBl. 1994, 1373 (Ls.). Da der Begriff S. rechtlich nicht geschützt ist, wird er – umgekehrt – auch von Institutionen verwendet, die keine S. im Sinne des → Schulrechts, sondern → private Unterrichtseinrichtungen sind (wie z. B. Tanz-, Musik-, Reit- oder Fahrschulen; zu Musikschulen vgl. Scheytt, DÖV 1994, 249). Auch der → Fernunterricht ist nicht S. in diesem Sinne. Keine S. sind außerdem die Einrichtungen des → Elementarbereichs und die Hochschulen.

▶ Schuleinzugsbereich → Schulbezirk

▶ **Schulelternbeirat** → Mitbestimmung

▶ **Schulentwicklungsplanung**

Ziel der S. ist es, auf der Grundlage von Bestands- und Bedarfserhebungen ein regional ausgeglichenes Bildungsangebot im jeweiligen Land sicherzustellen. S. dient der Vorbereitung von Entscheidungen der Schulorganisation und zur Weiterentwicklung des Schulwesens. S. steht in einem Zusammenhang mit der allgemeinen Raum- und Landesplanung. Der Bildungsgesamtplan von 1973 (→ Bildungsplanung) und auch der Strukturplan für das Bildungswesen (1970) des → Deutschen Bildungsrats sind ursprünglich als Rahmen auch für die S. der Länder, Kreise und Gemeinden gedacht gewesen. S. ist auch Aufgabe der kommunalen → Schulträger. Eine gesetzliche Pflicht zur S. besteht in einigen Ländern. Ein Problem der S. ist u. a. eine möglicherweise zu starke Einengung der Rechte der kommunalen Schulträger (vgl. DJT-SchulGE S. 363, allgemein zur S. Schorb und Brockmeyer/Hansen in: B. i. d. BRD, Bd. 2, 1980, 759 ff., 817 ff.; vgl. auch Niehues, Schul- und Prüfungsrecht, Bd. 1, 3. Aufl. 2000, Rdn. 148, 663 und Leppin, NordÖR 1999, 90).

▶ **Schulfähigkeit** → Bildungsunfähigkeit, → Einschulung, → Untersuchungen

▶ **Schulfahrten** → Klassenfahrten

▶ **Schulferien** → Ferien

▶ **Schulfest** → Aufsichtspflicht, → Haftung, → Schulveranstaltungen, → Unfallversicherung

▶ **Schulfinanzierung**

Die Finanzierung der durch das Schulwesen entstehenden Kosten erfolgt in einem System, welches die Kostentragung zwischen Land und → Schulträgern verteilt. Zu den Aufgaben der Schulträger gehört unter anderem die Pflicht, den Sachbedarf der

Schulen zu decken und die im Zusammenhang mit Organisation und Verwaltung stehenden Aufwendungen zu tragen. Dazu zählen vor allem die Sachaufwendungen für die Errichtung von Schulen (Schulbau), die Ausstattung der Schulen, die Bereitstellung der → Lernmittel sowie die → Schülerbeförderung. Darüber hinaus haben die Schulträger die Kosten für das nichtlehrende und das Verwaltungspersonal der Schulen zu tragen (vgl. dazu im einzelnen Staupe, Strukturen der Schulträgerschaft und Schulfinanzierung, in: B. i. d. BRD, Bd. 2, 1980, S. 867 ff.; Czybulka, Rechtsprobleme des Schulfinanzierungsrechts, 1993). Die Länder tragen demgegenüber vor allem die Personalkosten des Lehrpersonals. In einigen Ländern werden Schüler bzw. → Erziehungsberechtigte in begrenztem Umfang zur Übernahme einzelner Kosten herangezogen (z.B. durch Eigenbeteiligung an Schülerfahrkosten, vollständiger oder teilweiser Finanzierung der Lehrmittel oder die Verpflichtung zur Anschaffung sogenannter „kleiner Lernmittel" wie Schulhefte u.ä.). Wegen der vergleichsweise geringen Eigeneinnahmen der Gemeinden und Kreise auf Grund der verfassungsrechtlichen Verteilung des Steueraufkommens (Art. 106 f. GG) werden die von den Schulträgern zu tragenden Sachkosten durch ein differenziertes und nach Ländern unterschiedliches System der Finanzausstattung im Wege von Mittelzuweisungen der Länder an die Gemeinden und Kreise ganz oder teilweise erstattet. → Privatschulfinanzierung.

▶ **Schulformen** → Schularten

▶ **Schulforum** → Konferenzen, → Mitbestimmung

▶ **Schulgebäude** → Hausrecht, → Schulnutzung

▶ **Schulgebet**

Die lange Zeit rechtliche umstrittene Zulässigkeit des S. in einer → Gemeinschaftsschule christlicher Prägung hat das BVerfG grundsätzlich bejaht (BVerfGE 52, 223, dazu Anm. Böckenförde

DÖV 1980, 323; Scheuner DÖV 1980, 513; Link JZ 1980, 564; BVerwGE 44, 196; Ossenbühl, Das elterliche Erziehungsrecht im Sinne des GG, 1981, S. 147). Danach ist es den Ländern im Rahmen ihrer durch Art. 7 Abs. 1 GG gewährleisteten Schulhoheit freigestellt, ob sie in nicht bekenntnisfreien Gemeinschaftsschulen ein freiwilliges überkonfessionelles S. außerhalb des → Religionsunterrichts zulassen. Das S. ist grundsätzlich auch dann verfassungsrechtlich unbedenklich, wenn ein Schüler oder dessen Eltern der Abhaltung des Gebets widersprechen; deren Grundrecht auf negative Bekenntnisfreiheit wird nicht verletzt, wenn sie frei und ohne Zwänge über die Teilnahme am Gebet entscheiden können (BVerfG a.a.O.). Die grundsätzliche Zulässigkeit des S. ist dann erst recht zu bejahen, wenn es an → Bekenntnisschulen oder innerhalb des Religionsunterrichts stattfindet. Die bei Beachtung des Toleranzgebots (→ Neutralitätsgebot) regelmäßig vorauszusetzende Freiwilligkeit ist allerdings dann nicht gesichert, wenn der Schüler nach den Umständen des Einzelfalls der Teilnahme nicht in zumutbarer Weise ausweichen kann (BVerfG a.a.O.). Diese Möglichkeit sieht das BVerfG grundsätzlich als gegeben an; z.B. könne ein Schüler, der nicht mitbeten will, den Klassenraum während des Gebets verlassen oder im Gegensatz zu den betenden Mitschülern das Gebet nicht mitsprechen und dabei an seinem Platz sitzen bleiben. Ein solches Verhalten dränge einen Schüler nicht notwendig in eine unzumutbare Außenseiterposition, die ihn diskriminiere (BVerfG a.a.O., 251f.). Ob diese Einschätzung der realen psychisch-sozialen Situation in der Klasse gerecht wird, wenn z.B. ein einziger Schüler die Teilnahme am S. verweigert, erscheint zweifelhaft. Der verfassungsrechtlich gebotene Ausgleich zwischen positiver und negativer Bekenntnisfreiheit (Art. 4 Abs. 1 und 2 GG) kann allein dadurch erreicht werden, dass das S. organisatorisch vom normalen Schulunterricht für alle Schüler getrennt und nicht während des für alle Schüler obligatorischen Unterrichts gesprochen wird. Die Ausübung der positiven Bekenntnisfreiheit würde durch eine solche Lösung nicht unzumutbar eingeschränkt (ähnlich die von BVerfG abgelehnte Position des HessStGH, Urt. v. 27.10.1965 und des OVG NRW Urt. v. 28.4.1972, SPE I A IX, 1; dazu auch Scheuner und Böckenförde, DÖV 1980, 223, 513; in der Tendenz ablehnend auch Niehues, Schul- und Prüfungsrecht, Bd. 1, 3. Aufl. 2000, Rdn. 440). Immerhin verlangt auch das BVerfG einen Verzicht auf das S., wenn im konkreten Einzelfall eine für den oder die nicht mitbetenden Schüler eine nicht unerhebliche psychische Beeinträchtigung eintreten kann.

▶ **Schulgeldfreiheit**

Die S. ist zum Teil landesverfassungsrechtlich ausdrücklich gewährleistet (vgl. Art. 14 Abs. 2 b.-w. LV – öffentliche Schulen; Art. 129 Abs. 2 bay. LV – Volksschulen und Berufsschulen; Art. 30 Abs. 5 S. 2 brand. LV; Art. 31 Abs. 2 brem. LV – alle öffentlichen Schulen; Art. 59 Abs. 1 Satz 1 hess. LV – öffentliche Grund-, Mittel-, höhere und Hochschulen; Art. 9 Abs. 1 und 2 nrw. LV: Volks- und Berufsschulen, Gesetzesauftrag für die weiterführenden Schulen; Art. 102 Abs. 4 S. 1 sächs. LV; Art. 26 Abs. 4 sachs.-anh. LV; Art. 24 Abs. 3 S. 1 thür. LV). Zu berücksichtigen ist, dass nach einer Entscheidung des HessStGH (RdJB 1977, 225) die Unterrichtsgeldfreiheit des Art. 59 Abs. 1 S. 1 hess. LV als ein soziales Grundrecht bezeichnet wird, welches als Teilhaberecht unter dem Vorbehalt des Möglichen im Sinne dessen steht, was der Einzelne vernünftigerweise von der Gesellschaft beanspruchen kann. In den schulgesetzlichen Bestimmungen werden die verfassungsrechtlichen Grundlagen zum Teil konkretisiert, zum Teil in verfassungsrechtlich nicht unbedenklicher Weise eingeschränkt. Auch diejenigen Länder, deren LV keine entsprechenden Bestimmungen enthält, sehen die S. grundsätzlich durch einfaches Gesetz vor. Im Rahmen der verfassungsrechtlichen und einfachgesetzlichen Bestimmungen besteht ein Rechtsanspruch auf unentgeltlichen Unterricht. In den Ländern mit verfassungsrechtlicher Gewährleistung der S. bedürfte eine Wiederabschaffung oder die in letzter Zeit diskutierte Einschränkung der S. einer Änderung der jeweiligen LV (→ Lernmittelfreiheit).

▶ **Schulgemeinde** → Mitbestimmung

▶ **Schulgesundheitspflege**

Zur S. gehören die schulärztliche und schulzahnärztliche Betreuung der Schüler. Nur bei ausreichenden gesetzlichen Grundlagen sind die Schüler zur Teilnahme an solchen Untersuchungen und zu den dafür erforderlichen Angaben verpflichtet und haben die Eltern für die Teilnahme ihrer Kinder zu sorgen bzw. die erforderlichen Angaben zu machen. Eingriffe in die körperliche Unversehrtheit sind nur auf Grund einer ausdrücklichen Regelung im Gesetz zulässig (Art. 2 Abs. 2 S. 3 GG) und setzen u. E. die Einwilligung der Eltern bzw. der volljährigen Schüler voraus. Schüler, deren Verbleib in der Schule eine Gefahr für die Gesundheit der anderen Schüler bedeutet, können vorübergehend oder dauernd vom Schulbesuch ausgeschlossen werden. Bei Gefahr im Verzuge kann der → Schulleiter den betreffenden Schüler vom Besuch der Schule vorläufig ausschließen. Gesundheitspflege ist im Übrigen selbstverständlich auch ein Unterrichtsgegenstand (→ Bildungs- und Erziehungsziele). → AIDS und Schule, Alkoholkonsum, ansteckende Krankheiten, Datenschutz, Drogenkonsum, Rauchen, Untersuchungen

▶ **Schulgrundstück** → Hausrecht, → Schulnutzung

▶ **Schulhefte** → Schülerarbeiten

▶ **Schulhoheit** → Schulaufsicht

▶ **Schulische Angebote**

Die Schulformen (→ Schularten) gliedern sich in Regelschulformen und in S. A. S. A. sind: Die integrierte und die kooperative Gesamtschule, die → Vorklasse an der → Grund- und an der → Sonderschule, die zehnte Klasse an der → Haupt- und an der Sonderschule, das → Abendgymnasium und das → Kolleg. Der Unterschied gegenüber den → Regelschulen besteht im Wesentlichen darin, dass S. A. vom → Schulträger nur bei besonderem Bedürfnis errichtet werden dürfen; dieses wird auf Grund der Schülerzahlen und des Interesses von Schülern oder → Erziehungsberechtigten vom Schulträger festgestellt, während bei Regelschulen eine gesetzliche Vermutung für ein flächendeckendes Bedürfnis spricht; vgl. Klügel RdJB 1981, 330f.) und damit eine generelle Verpflichtung zur Errichtung von Regelschulen besteht.

▶ **Schuljahr**

Das Schuljahr beginnt am 1. August und endet am 31. Juli des folgenden Kalenderjahres. Auf diese Regelung haben sich die Länder in § 1 des → Hamburger Abkommens geeinigt (vgl. auch DJT-SchulGE § 51 Abs. 1, S. 89, 265).

▶ **Schulkindergärten**

S. sind Einrichtungen des → Elementarbereichs, die den → Grundschulen oder → Sonderschulen zugeordnet sind. Sie werden in der Regel von schulpflichtigen (→ Schulpflicht), aber noch nicht schulreifen Kindern (→ Einschulung) besucht (umgekehrt bei den → Vorklassen) und bereiten auf den Übergang in die Grundschule vor.

▶ **Schulkonferenz** → Konferenzen, → Mitbestimmung, → Schulverfassung

▶ **Schullandheimaufenthalte** → Klassenfahrten

▶ **Schulleiter**

Der S. (Amtsbezeichnung z.B. Rektor, Oberstudiendirektor) oder bei mehreren Schulleitern die (kollegiale) Schulleitung (d.h. Leitung der Schule durch ein Kollegium auf kooperativer Basis; in einigen Ländern für → Gesamtschulen oder Schulzentren vorgesehen, vgl. dazu Zwirner, RdJB 1977, 324) haben für den ordnungsgemäßen Ablauf der Erziehungs-, Unterrichts- und Verwaltungsarbeit der Schule zu sorgen. Er vertritt die Schule nach außen und übt das → Hausrecht aus. Der S. nimmt sowohl Leitungs- und Koordinationsaufgaben als auch Funktionen der → Schulaufsicht wahr (insbesondere Einhaltung der Lehrpläne).

Schulleiter

Der S. ist als Vorgesetzter gegenüber Lehrern und sonstigem Personal weisungsbefugt und hat teilweise auch Aufgaben eines Dienstvorgesetzten. Der S. ist Vorsitzender der zentralen Lehrerkonferenz (Gesamtkonferenz) und i.d.R. der aus Eltern, Lehrern und Schülern zusammengesetzten Schulkonferenz (→ Konferenzen, Mitbestimmung). Er ist verantwortlich für die Durchführung der Konferenzbeschlüsse und hat ein Beanstandungs- und zum Teil in Ausnahmefällen ein Eilentscheidungsrecht gegenüber den Konferenzen, an deren Beschlüsse er grundsätzlich gebunden ist. Die Stellung des S. ist in den Ländern von einer Mischung aus eher direktorialen und eher kollegialen Elementen geprägt (Länderübersicht in DJT-SchulGE, S. 29ff.; vgl. auch Nevermann, Der Schulleiter, 1982; zum Vergleich zwischen den Bundesländern: Holtappels/Bönders, Die Schulleitung, 1991). So darf der S. in den meisten Ländern Konferenzbeschlüsse nur aus Rechtsgründen teilweise aus rechtlichen und fachlichen (pädagogischen) Gründen beanstanden. Durchweg ist vorgesehen, dass im Falle der Aufrechterhaltung eines beanstandeten Konferenzbeschlusses eine Entscheidung der Schulaufsichtsbehörde herbeizuführen ist. Zum Teil ist dies z.B. dahin modifiziert, dass die Schulaufsichtsbehörde nur bei Beanstandungen aus Rechtsgründen und Aufrechterhaltung des Beschlusses durch die Konferenz einzuschalten ist, während pädagogische Beanstandungen von der Konferenz durch einen zweiten Beschluss zurückgewiesen werden können. Die → pädagogische Freiheit der einzelnen Lehrer hat der S. grundsätzlich zu beachten; in den Unterricht vollausgebildeter Lehrer soll er i.d.R. nicht eingreifen (z.B. Eingriffe ausnahmsweise in die Notengebung nur, wenn dies zum Ausgleich von Bewertungsunterschieden erforderlich ist; teilweise ist dies an die Beteiligung der jeweiligen Fachkonferenz gebunden). Rechtlich hinreichend abgesicherte Einschränkungen der Weisungsrechte des S. zur Sicherung der pädagogischen Freiheit gibt es nur in Ansätzen (Weisungen hinsichtlich der Unterrichts- und Erziehungsarbeit nur bei Verstößen des Lehrers gegen Konferenzbeschlüsse und Anordnungen der Schulaufsicht). Ein Recht zum Unterrichtsbesuch als einer selbstverständlichen Voraussetzung seiner Leitungs- und Aufsichtsaufgabe (teilweise mit vorheriger

Anmeldung) hat der S. in allen Ländern. Die maßgebenden Regelungen zur Schulleitung finden sich außer in den Schul- und Schulverfassungsgesetzen in den jeweiligen Dienst- und Konferenzordnungen der Länder.

An der Bestellung des S. sind in einigen Ländern schulische Gremien beteiligt (z. B. durch Anregungen der Schulkonferenz, bestehend aus Lehrern, Eltern und Schülern). Teilweise besteht ein Informations- und Widerspruchsrecht gegen die Bestellung eines S.; im Widerspruchsfall entscheidet der Kultusminister. Auswahlverfahren mit gewissen Entscheidungskompetenzen der Schulbeteiligten – sogenannte Schulleiterwahl – gibt es in einzelnen Ländern. Teilweise besteht ein mehrstufiges Beteiligungsverfahren. Zu Mitwirkungsrechten bei der Bestellung von S. vgl. Wegge, in: Verwaltungsblätter für B.-W., 1993, 168. Zur Verfassungsmäßigkeit dieser Form der Schulleiterwahl vgl. DJT-SchulGE S. 314 ff. m. w. N.

Die Funktion des S. kann auch auf Zeit übertragen werden. Für das entsprechende Bremer Recht hat das BVerfG jedoch die Vereinbarkeit der S.wahl auf Zeit mit dem Bundesrecht verneint (BVerfGE 70, 251 = NVwZ 1986, 33 sowie Anm. Wimmer, RdJB 1986, 251; vgl. dazu Vorlagebeschluss des OVG Bremen v. 18. 5. 1982, SPE VI A V, S. 51 ff.; dazu Hage, Beamtenrecht gegen Schulreform? RdJB 1983, 65 ff., 459 ff.; Siedentopf, DÖV 1985, 1033). Zum Teil wirken die → Schulträger bei der Einsetzung des S. mit.

▶ **Schulnutzung**

Hinsichtlich der S. ist zwischen schulischer und außerschulischer Nutzung zu unterscheiden. Während die schulische Nutzung durch Schüler, Lehrer und Eltern (z. B. bei Elternversammlungen, durch Schulgruppen, Arbeitsgemeinschaften usw.) dem normalen Widmungszweck des Schulgebäudes und der Schuleinrichtungen entspricht, werden Gebäude und Einrichtungen nicht selten auch außerhalb des Widmungszwecks zu außerschulischen Zwecken genutzt. Dies geschieht i. d. R. durch Zurverfügungstellung von Schulräumen, Sportanlagen usw. an Außenstehende (wie Parteien, Gewerkschaften, Kirchen, Vereine usw.). Einen Rechtsanspruch auf Überlassung schulischer Einrichtungen zu außerschulischer Nutzung besteht nicht (vgl. OVG Münster, NJW 1980, 901). Vielmehr liegt die Entscheidung über die Zulassung im Ermessen des → Schulträgers, zum Teil erfolgt sie im Benehmen mit dem → Schulleiter oder nach Anhörung des Schulleiters. Dabei ist stets der Vorrang der schulischen vor der außerschulischen Nutzung zu berücksichtigen. Insbesondere wenn die außerschulische Nutzung gemeinnützigen Einrichtungen dient oder aus sonstigen Gründen im öffentlichen Interesse liegt, ist aus rechtlichen Gründen eine großzügige Handhabung bei der Vergabe schulischer Einrichtungen an Dritte geboten (vgl. Staupe, sm 1/1981, 20ff., 23; abzulehnen insoweit OVG Münster, NJW 1980, 901). Bei außerschulischer Nutzung, d.h. wenn es sich nicht um eine → Schulveranstaltung handelt, greift die gesetzliche → Unfallversicherung für Schüler ebenso wenig ein wie die gesetzliche Haftungsfreistellung (→ Haftung) für Lehrer. Für außerschulische Nutzung kann vom Schulträger auf Grund der einschlägigen gebührenrechtlichen Vorschriften ein Entgelt verlangt werden. Bei Streitigkeiten über Zulassung und Entgelt für außerschulische Nutzung ist der Verwaltungsrechtsweg gegeben (§ 40 Abs. 1 VwGO).

▶ **Schulordnungen**

S. regeln als Rechtsverordnungen in Ausführung der Schulgesetze (→ Schulrecht) die Einzelheiten des → Schulverhältnisses. S. ergehen teilweise als grundlegende Regelungen übergreifend für alle oder mehrere Arten → öffentlicher Schulen und gelten partiell auch für → Privatschulen (Ersatzschulen). Aus den S. ergeben sich ergänzend zu den Schulgesetzen alle wesentlichen Bedingungen des jeweiligen Bildungsgangs wie → Aufnahme, → Übergänge, → Leistungsbewertung, → Zeugnisse, → Abschlüsse usw. Wer sich über die Bedingungen der einzelnen Schularten genau orientieren will, sollte auf die S. zurückgreifen, die es zumeist in gesonderten Ausgaben oder z.T. auch kostenlos bei den Schulbehörden gibt.

Unter den Begriff S. fallen auch Regelungen lediglich einzelner Aspekte des Schulverhältnisses wie z. B. Versetzungs-, Prüfungs- oder Wahlordnungen.

▶ **Schulorganisationsmaßnahmen**

Unter S. versteht man in Bezug auf eine oder mehrere Einzelschulen getroffene Regelungen, die für den organisatorischen Bestand oder Zustand der Schule von erheblicher Bedeutung und die grundsätzlich auf Dauer angelegt sind (vgl. Richter, DÖV 1991, 144 zum Gestaltungsspielraum kommunaler Schulträger). Zu den S. in diesem Sinne zählen z. B. die Errichtung, Erweiterung, → Umwandlung, → Schließung (Auflösung) einer Schule oder die Zusammenlegung von Schulen. S. dieser Art werden allgemein als anfechtbare Verwaltungsakte im Sinne des § 35 VwVfG angesehen, obwohl sie nicht an eine bestimmte Einzelperson oder an einen nach äußeren Merkmalen bestimmten Personenkreis gerichtet sind (vgl. BVerwGE 18, 40; NJW 1979, 828; DVBl. 1979, 354; Urt. v. 15. 8. 1980, SPE I B I, S. 81; OVG Lüneburg Beschl. v. 21. 10. 1975, SPE I A VIII, S. 51; DÖV 1974, 285; OVG Hamb., DVBl. 1981, 51; OVG NRW Urt. vom 26. 1. 1979, SPE I B IX, S. 97; DVBl. 1979, 563; DVBl. 1976, 948; HessVGH NVwZ 1984, 114). Bei S. handelt es sich nach richtiger Auffassung um Regelungen mit unmittelbarer Außenwirkung im Sinne von Zustandsregelungen, die der sog. Allgemeinverfügung (§ 35 S. 2 VwVfG) ähneln. Ihre Anfechtung ist daher fristgebunden und bedarf eines Vorverfahrens (→ Rechtsschutz). Der → vorläufige Rechtsschutz gegenüber S. ist umstritten und erfolgt nach h. M. nach § 80 und nicht nach § 123 VwGO. S. werden unter gleichen Voraussetzungen wie andere Verwaltungsakte bestandskräftig; eine umfassende Bestandskraft ist allerdings nur im Wege der öffentlichen Bekanntgabe (§ 41 Abs. 3 S. 2 VwVfG) zu erreichen (vgl. Niehues, Schul- und Prüfungsrecht, Bd. 1, 3. Aufl. 2000, Rdn. 36).

Keine Verwaltungsakte sind solche Organisationsmaßnahmen innerhalb einzelner Schulen, die als einfache Regelungen des laufenden Schulbetriebs anzusehen sind (vgl. BVerwG, NJW 1976,

864 m. Anm. Voigt; DVBl. 1976, 635; OVG Lüneburg, RdJB 1981, 479 m. Anm. Niehues; BayVGH, Urt. v. 22. 10. 1979, SPE I B III, S. 51; BW VGH, Urt. v. 13. 10. 1976 – IX 658/74; VG Braunschweig, NVwZ-RR 1989, 549: Zuweisung eines anderen Platzes in der Klasse kein Verwaltungsakt, sondern im Rahmen des pädagogischen Beurteilungsspielraums des Lehrers). Bei S. steht dem Schulträger ein Planungsermessen zu (zum Bedürfnis für die Errichtung einer → Gesamtschule vgl. OVG Münster, NVwZ 1991, 193); einzelne Schulen genießen keinen organisationsrechtlichen Bestandsschutz (OVG NRW, NVwZ 1984, 806). Allerdings darf die Aufhebung einer Schule das Recht der Eltern (→ Elternrecht) zur Pflege und Erziehung ihrer diese Schule besuchenden Kinder nicht unzumutbar beeinträchtigen (i. d. R. nicht der Fall bei Verlegung einer Schule in ein anderes Schulgebäude, vgl. BVerwG, NVwZ 1989, 413). Dies ist aber dann der Fall, wenn bei der Entscheidung über die Aufhebung der Schule die hiervon berührten öffentlichen und privaten Belange gegeneinander und untereinander nicht gerecht abgewogen worden sind; dies gilt auch hinsichtlich des Zeitpunkts und der Dringlichkeit dieser Maßnahme (vgl. OVG Rh.-Pf. DÖV 1986, 482). Zur Kommunalverfassungsbeschwerde bei S. (vgl. BVerfG, Beschl. v. 25. 9. 1986, DÖV 1987, 344).

▶ **Schulpflegschaft** → Mitbestimmung, → Pflegschaft

▶ **Schulpflicht**

Das GG enthält im Gegensatz zur WRV (Art. 145: mindestens 8 Jahre Volksschulbesuch und daran anschließende Fortbildungsschule bis zum vollendeten 18. Lebensjahr) keine Regelung der S. Dies ist Sache der Länder, die die S. neben grundlegenden Bestimmungen in ihren Verfassungen (Art. 14 b.-w. LV, 129 Abs. 1 bay. LV, 30 Abs. 1 brand. LV, 30 brem. LV, 56 Abs. 1 hess. LV, 15 Abs. 2 S. 2 meckl.-vorp. LV, Art. 4 Abs. 2 S. 1 nds. LV, 8 Abs. 2 nrw. LV, 102 Abs. 1 S. 2 sächs. LV, 25 Abs. 2 sachs.-anh. LV, 8 Abs. 1 s.-h. LV, 23 Abs. 1 thür. LV) entweder im jeweiligen SchulG mit ergänzenden Rechtsverordnungen und Verwaltungsvorschriften, in denen z. B. das Verfahren der → Einschulung, Schulreifetests, Früheinschulung und Zurückstellung vom Schulbesuch näher geregelt sind, oder in gesonderten Schulpflichtgesetzen festlegen.

Die S. beginnt i. d. R. für alle Kinder nach Vollendung des 6. Lebensjahres mit dem 1. August desselben Jahres (→ Einschulung, dort auch zu vorzeitiger Einschulung und Zurückstellung; → Schuljahr). Schulpflichtig sind deutsche wie → ausländische Kinder, die ihren gewöhnlichen Aufenthalt in dem jeweiligen Land haben (das gilt übrigens auch für die sich regelmäßig längere Zeit in der Bundesrepublik Deutschland aufhaltenden Kinder von Asylbewerbern, wird aber von den meisten Ländern mangels angeblich fehlendem gewöhnlichem Aufenthalt abgelehnt). Bei der BerufsS. wird an die Berufsausbildungs- oder Arbeitsstelle angeknüpft. Voraussetzung der S. ist, dass das Kind bildungsfähig ist, d. h. körperlich und geistig nicht so behindert ist, dass es in keiner, auch keiner Schule für → Behinderte gefördert werden kann (→ Bildungsunfähigkeit).

Die Länder legen entweder eine einheitliche 12-jährige S. fest, die nach 9- oder 10-jährigem Besuch einer Vollzeitschule auch an einer Teilzeitschule (→ berufliche Schulen) erfüllt werden kann oder es wird unterschieden zwischen VollzeitS. (teilweise allgemeine oder allgemeinbildende S. genannt) und i. d. R. 3-jähriger TeilzeitS. bzw. BerufsS. Manche Länder gliedern in Pflicht zum Besuch von → Grundschule und auf ihr aufbauender Schule bzw. VollzeitS., Berufs- und Sonderschulpflicht. Die Länder haben im → Hamburger Abkommen eine 9- oder 10-jährige VollzeitS. vereinbart. Die VollzeitS. dauert 9, lediglich in 4 Ländern 10 Schuljahre. In einigen Ländern besteht ein 10. Pflichtschuljahr in Form eines schulischen → Berufsgrundbildungsjahres für Jugendliche ohne Ausbildungsplatz. Jugendliche ohne Ausbildungsplatz sollen die S. durch den Besuch eines 10. u. ggf. 11. vollzeitschulischen, berufsvorbereitenden Schuljahres erfüllen können. Die VollzeitS. ist im Übrigen an einer allgemeinen, die anschließende 3-jährige TeilzeitS. (Berufsschulpflicht) an einer → beruflichen Schule zu erfüllen. Wird ab dem 10. bzw. 11. Schuljahrgang eine allgemeine Schule besucht, ruht die Teilzeit- bzw. BerufsS., bzw. die jeweiligen Zeiten werden aufeinander angerechnet (zu den wenig systematischen S.-Regelungen der Länder vgl. DJT-SchulGE, S. 230 ff.). Die S. ist an einer öffentlichen Schule oder an einer anerkannten → Privatschule zu erfüllen (Ersatzschulen – vgl. VG Frankfurt, NVwZ-RR, 1988, 23 –; teilweise auch bei zur S.-Erfüllung zugelassenen, zumeist beruflichen Ergänzungsschulen). Die örtliche Zuständigkeit der Schule kann durch → Schulbezirke festgelegt werden (regelmäßig bei Grund-, Haupt- und Sonderschulen der Fall). Für sonderschulbedürftige Kinder/Jugendliche kann die S. unter Beteiligung der Eltern zur Erreichung des Ziels des Bildungsgangs verlängert werden. Die BerufsS. beginnt nach Beendigung der VollzeitS (zum Beginn der BerufsS. vgl. auch BayObLG, DÖV 1994, 396 (Ls.)) Berufsschulpflichtig sind alle Jugendlichen, die in einem Berufsausbildungs-, Dienst- oder Arbeitsverhältnis stehen, sowie arbeitslose Jugendliche. Die BerufsS. dauert entsprechend der Ausbildungsdauer des jeweiligen Ausbildungsberufs i.d.R. 3 Jahre. Besteht kein Ausbildungsverhältnis, endet die BerufsS. z.T. mit Vollendung des 18. Lebensjahres oder generell mit Vollendung des 21. Lebensjahres. Besteht ein Ausbildungsverhältnis, dauert die BerufsS. i.d.R. bis zu seinem Ende, geht also ggf. auch über das 21. Lebensjahr hinaus. Die BerufsS. kann, entsprechend dem S.-System des jeweiligen Landes, durch den Besuch einer allgemeinen oder beruflichen Vollzeitschule erfüllt werden. Daneben bestehen vielfältige Ausnahme- und Befreiungsmöglichkeiten (u.a. auch für schwangere Schülerinnen, bei Krankheit usw.), die bei den recht weitgehenden Möglichkeiten zur S.-Befreiung – z.T. nach Besuch eines 10. bzw. 11. Schuljahrs in Form des → Berufsgrundbildungs- oder eines sog. Berufsvorbereitungsjahres – für Jugendliche ohne Ausbildungsplatz, die ein Arbeitsverhältnis begonnen haben oder arbeitslos sind oder auch bei → ausländischen Schülern, im Hinblick auf die staatliche Verantwortung für eine schulische Mindestbildung nicht unbedenklich sind.

Inhalt der S. ist nicht nur der pünktliche und regelmäßige Schulbesuch, sondern auch die → Mitarbeit im Unterricht und bei sonstigen Schulveranstaltungen, die Erledigung der → Hausaufgaben, die Erbringung der erforderlichen Leistungsnachweise usw.

Die letztgenannten Verhaltenspflichten der Schüler normieren die Schulgesetze und -ordnungen aber regelmäßig noch einmal gesondert (→ Schulverhältnis, Schulversäumnis, Teilnahme am Unterricht). Die Eltern minderjähriger Schüler sind nach den Schul(pflicht)gesetzen verpflichtet, das schulpflichtige Kind zur Schule anzumelden, für die Einhaltung der S. zu sorgen (vgl. OLG Zweibrücken, NStZ 1985, 179; BayObLG, B. v. 14. 10. 1999, NVwZ-RR 2000, 164; zur Zulässigkeit des S. nach Art. 7 Abs. 1 GG BVerwG, DVBl. 1992, 1025; Fetzer, RdJB 1993, 91; Theuersbacher, NVwZ 1991, 125) und den Schulpflichtigen zweckentsprechend auszustatten (s. auch → Lernmittelfreiheit) sowie für seine Gesundheitspflege zu sorgen. Die Eltern eines schulpflichtigen Kindes können die Anmeldung zur Schule nicht mit der Begründung verweigern, ihr Kind wolle nicht in die Schule gehen; die S. verletzt weder das Elternrecht, die elterliche Gewissensfreiheit noch deren Recht auf freie Entfaltung ihrer Persönlichkeit (BVerfG, Beschl. v. 5. 9. 1986, NJW 1987, 180; BVerwG DVBl. 1992, 1025). Den Eltern steht kein Recht zu, ihre Kinder der Erfüllung der S. deshalb zu entziehen, weil sie mit den Lehrinhalten der Schule aus weltanschaulichen, religiösen oder ideologischen Gründen nicht einverstanden sind (AG Bonn, NJW 1989, 1047; VGH München, NVwZ 1992, 1224). Ausbildende und Arbeitgeber müssen bei ihnen tätige Schulpflichtige, auch wenn sie volljährig sind, zur Berufsschule anmelden und zum Schulbesuch freistellen (§§ 6 Abs. 1 Nr. 4, 7 BBiG, §§ 9, 10 ff., 19 Abs. 4 JugendarbeitsschutzG). Verletzungen dieser Pflichten der Eltern, Ausbildenden oder Arbeitgeber können als Ordnungswidrigkeiten, z. T. auch als Straftaten sanktioniert werden; dies gilt mit Einschränkungen auch für Verletzungen der S. durch den Schüler selbst (→ Schule und Strafrecht, DJT-SchulGE, S. 402 ff.). Beharrliche Weigerung von Eltern, schulpflichtige Kinder in eine Schule zu schicken, ist das Kindeswohl gefährdender Missbrauch des Sorgerechts, der – falls mildere Maßnahmen nicht ausreichen – den Entzug des Aufenthaltsbestimmungsrechts für das Kind rechtfertigen kann (Trennung von der elterlichen Familie, § 1666a Abs. 1 BGB, BayObLG, B. v. 15. 9. 1983, SPE II A III/21). Siehe auch → Schulzwang.

▶ **Schulräume und -einrichtungen** → Hausrecht, → Schulnutzung

▶ **Schulrat** → Schulaufsicht, → Schulverwaltung

▶ **Schulrecht**

Das S. besteht auf Grund der bundesstaatlichen Kompetenzverteilung (→ Föderalismus) im Wesentlichen aus den jeweiligen landesrechtlichen Regelungen. Ein einheitliches bundesdeutsches S. gibt es daher nicht. Vielmehr besteht das S. aus 16 Schulrechtsordnungen der Länder. Diese werden allerdings überwölbt von den wenigen schulrechtlichen Bestimmungen des GG (→ Grundgesetz und Schule), vor allem aber von den Grundrechten sowie von den höchstrichterlichen Entscheidungen des BVerfG und des BVerwG zum S. Auf diese Weise hat sich vor allem durch die Rspr. partiell eine Art „Bundesschulrecht" entwickelt. Zur Vereinheitlichung des S. tragen auch die Aktivitäten der → Kultusministerkonferenz bei, in deren organisatorischem Rahmen die Kultursminister der Länder zahlreiche Vereinbarungen zum S. getroffen haben. Auch Musterentwürfe wie der im Jahre 1981 von der Kommission Schulrecht des DJT vorgelegte können zu einer gewissen Vereinheitlichung des S. beitragen (vgl. dazu die Dokumentation dieses Entwurfs in der pädagogischen Literatur „Schulrecht in erziehungswissenschaftlicher Sicht" von Beutel/Schönig in Zusammenarbeit mit Fauser/Knab, herausg. v. DJT 1987).

In den einzelnen Ländern besteht das S. aus i.d.R. wenigen Schulgesetzen. Diese werden überwiegend bezeichnet als Schulgesetz, Schulverwaltungsgesetz, Schulverfassungs- oder Mitwirkungsgesetz, Schulpflichtgesetz, Schulordnungsgesetz, Privatschulgesetz, Privatschulfinanzierungsgesetz usw. Ergänzt werden die vom Parlament verabschiedeten Schulgesetze durch Rechtsverordnungen, die i.d.R. von den Kultusministern oder Schulsenatoren erlassen werden (z.B. Allgemeine Schulordnung, → Schulordnungen für die einzelnen → Schularten). Rechtsverordnungen dürfen nur auf Grund ausdrücklicher schulgesetzlicher Ermächtigung erlassen werden, wobei die Verordnungsermächtigung nach Inhalt, Zweck und Ausmaß hinreichend bestimmt sein muss (vgl. Art. 80 Abs. 1 Satz 2 GG und für das Landesrecht die entsprechenden landesverfassungsrechtlichen Bestimmungen). Gesetze und Rechtsverordnungen werden weiter ausgefüllt durch Verwaltungsvorschriften (Erlasse, Rundschreiben, Richtlinien usw.) der Kultusminister (Senatoren), Schulbehörden, → Schulträger und sonstiger Behörden. Verwaltungsvorschriften bedürfen keiner ausdrücklichen Ermächtigung, da sie sich nicht unmittelbar an Schüler und Eltern richten, sondern lediglich verwaltungsintern für eine einheitliche Anwendung und Auslegung der gesetzlichen und verordnungsrechtlichen Bestimmungen durch die Schulbehörden, Schulen und Lehrer sorgen sollen. Verwaltungsvorschriften sind daher von den Lehrern zu beachten, besitzen aber keine unmittelbare Außenwirkung und binden die Gerichte nicht. → Gesetzesvorbehalt

▶ **Schulreife** → Bildungsunfähigkeit, → Einschulung, → Untersuchungen

▶ **Schulschließung** → Schließung von Schulen

▶ **Schulsprecher** → Mitbestimmung

▶ **Schulsprengel** → Schulbezirke

▶ **Schulstrafen** → Ordnungsmaßnahmen

▶ **Schulstufen**

Neben der Gliederung des Schulwesens nach → Schularten besteht in Anlehnung an die Vorschläge des Bildungsgesamtplans vom 15. 6. 1973 eine Gliederung nach S., und zwar in die → Primarstufe, die → Sekundarstufe I und die → Sekundarstufe II. Die → Orientierungsstufe (Klassen 5 und 6) wird allgemein als Teil der Sekundarstufe I angesehen. Der der Primarstufe vorgelagerte Bildungsabschnitt wird als → Elementarstufe (Elementarbereich), der an die Sekundarstufe II anschließende Teil des Bildungswesens als Tertiärbereich (Hochschulbereich) bezeichnet (→ Gliederung des Bildungswesens).

Konkrete Bedeutung hat die – bildungspolitisch umstrittene – Gliederung in S. nur in den Ländern, in denen eine schrittweise Entwicklung des dreigliedrigen Schulsystems der Sekundarstufe I hin zu einem integrierten, in Stufen gegliederten Gesamtschulsystem vorgesehen ist. Aus dem Konzept von S. folgt, dass die Ausbildung der Lehrer nicht mehr in erster Linie schulartbezogen, sondern schulstufenbezogen erfolgt (Stufenlehrer). Dementsprechend kann vorgesehen werden, dass die Zusammenfassung verschiedenartiger Schularten einer S. zu Schulzentren, Oberstufenschulen usw. schrittweise erfolgt. Schulformübergreifende Abschlüsse (z. B. in der Sekundarstufe I) tragen zur Realisierung dieses Konzept bei. In denjenigen Ländern, in denen derartige Maßnahmen nicht vorgenommen werden, hat die im Schulgesetz erwähnte Gliederung (auch) in S. im Wesentlichen nur deklaratorisch-systematische Bedeutung.

▶ **Schulsystem** → Schularten, Schulaufbau

▶ **Schulträgerschaft**

Die Aufgaben der S. umfassen im Wesentlichen die auf die → äußeren Schulangelegenheiten bezogenen Zuständigkeiten und Tätigkeiten. Was unter S. zu verstehen ist, insbesondere welche Aufgaben im Einzelnen dazu zählen, ist in den Landesschulgesetzen unterschiedlich geregelt. Insgesamt lässt sich aber ein Kern dessen formulieren, was die Länder, abgesehen von landesspezifischen Besonderheiten unter S. verstehen. Diese umfasst das Recht und die Pflicht zu Organisationsmaßnahmen in Bezug auf einzelne Schulen, vom Planen, Errichten und Ausstatten über → Schulorganisationsmaßnahmen wie Erweiterung, Einschränkung, Zusammenlegung, Teilung und → Schließung von Schulen. Des Weiteren gehört zur S. die laufende Verwaltung von Schulen sowie die Pflicht, den Sachbedarf der Schule zu decken (zu Einschränkungen bei Kindern von Asylbewerbern vgl. VGH Mün-

Schulträgerschaft

chen, DÖV 1997, 76). Dazu zählen vor allem Einrichtungen, → Lernmittel, Schulbau und → Schülerbeförderung. Schließlich haben die Schulträger die im Zusammenhang mit Organisation und Verwaltung stehenden Aufwendungen (→ Schulfinanzierung) zu tragen (vgl. dazu im Einzelnen Staupe, Strukturen der Schulträgerschaft und Schulfinanzierung, in: Bildung in der BRD, Bd. 2, 1980, S. 867 ff.).

Wer jeweils Schulträger ist, lässt sich nicht einheitlich beantworten. Grundsätzlich sind Schulträger der → öffentlichen Schulen entweder die Gemeinden oder die Kreise, in Ausnahmefällen die Länder (s. auch Trägerschaft der → Privatschulen). In der Mehrzahl der Länder sind die Gemeinden originäre Schulträger zumindest für die → Grund- und → Hauptschulen. Für die übrigen Schularten besteht ein differenziertes System der Zuweisung der S., abhängig von Voraussetzungen wie Ortsnähe, Leistungsfähigkeit, Vorliegen eines Bedürfnisses, Vorhandensein zentraler Orte usw. In einigen Ländern sind grundsätzlich die Kreise und nicht die Gemeinden Schulträger, wobei dieser Grundsatz durch verschiedene Ausnahmen wieder durchbrochen wird. Die Verschiebung der S. von den Gemeinden auf die Kreisebene ist mit Art. 28 Abs. 2 S. 1 GG (Garantie der kommunalen Selbstverwaltung) vereinbar (BVerfGE 26, 228 ff.; OVG Lüneburg, DVBl. 1981, 871). Eine Verpflichtung des Kreises, ein bisher von einer Gemeinde geführtes → Gymnasium in seine Trägerschaft zu übernehmen, besteht nicht (OVG NRW, Urt. v. 12. 12. 1986, 5 A 2410/84). Zum Teil wird eine Art „Auffangträgerschaft" der nächsthöheren Gebietskörperschaft oder eines Schulverbandes vorgesehen (vgl. § 96 DJT-SchulGE). Zur Unterscheidung von staatlichen und kommunalen Schulen s. → öffentliche Schulen, a. E. Von den Schulträgern können mit Genehmigung der zuständigen Schulaufsichtsbehörden Schulverbände errichtet werden, um die Errichtung, Erweiterung, Einschränkung oder Aufhebung von Schulen in den Gemeindegebieten zu koordinieren und die Finanzierung sicherzustellen. Zu Gestaltungsspielräumen der kommunalen Schulträger beim Schulangebot: Richter, DÖV 1992, 144. Zu den Beteiligungsrechten kommunaler Schulträger an Personalentscheidungen des Landes Hoffmann, NWVBl. 1992, 88.

Zur zulässigen Differenzierung bei Gebühren für Musikschulen zwischen Einheimischen und Auswärtigen vgl. BVerwGE 104, 60 = NJW 1998, 469; anders VGH Mannheim NVwZ 1997, 620).

▶ **Schulunfall** → Aufsichtspflicht, → Haftung, → Unfallversicherung

▶ **Schulunterhaltung** → Schulfinanzierung

▶ **Schulveranstaltungen**

S. sind solche Veranstaltungen, die in der Verantwortung und unter der Aufsicht der Schule durchgeführt werden. Neben dem Schulunterricht selbst zählen dazu → Klassenfahrten, Schulwanderungen, Schullandheimaufenthalte u. ä. sowie z. B. Sportveranstaltungen und Schulfeste. Ob S. der → Schulpflicht unterliegen, hängt vom Charakter der Veranstaltung ab (nicht sinnvoll z. B. bei Schulfest, Schülerkonzert, Theaterabend o. ä.; vgl. Heckel/Avenarius, Schulrechtskunde, 1986, S. 364 f.). Grenzfälle sind Veranstaltungen, die zwar mit Billigung der Schule in den Schulräumen stattfinden, bei denen aber zweifelhaft ist, ob es sich um Veranstaltungen der Schule oder um Veranstaltungen einzelner Schüler oder Schülergruppen handelt. Bei Klassenfesten wird man in der Regel eine S. annehmen können, insbesondere wenn ein Lehrer im Auftrag der Schule mit der Vorbereitung, Organisation und Durchführung mitbefasst ist. Keine S. ist ein Klassenfest dann, wenn die Schule zuvor ausdrücklich jegliche Verantwortung für diese Veranstaltung abgelehnt hat. Eindeutig keine S. sind solche Veranstaltungen, bei denen Schulräume an Schulfremde im Rahmen außerschulischer Nutzung (→ Schulnutzung) vergeben werden. Die Frage, ob es sich um eine S. handelt oder nicht, ist von entscheidender Bedeutung für das Eingreifen der → Unfallversicherung der Schüler, die im Zusammenhang mit S. eingreift (§ 539 Abs. 1 Nr. 14 RVO; → Aufsichtspflicht, → Haftung; vgl. dazu BGH NJW 1980, S. 289; dazu Staupe, WPB 1981, S. 486). Die Schulgesetze und Schulordnungen regeln im Einzelnen, welche Art von Veranstaltungen innerhalb welcher Fristen anmeldepflichtig sind oder der vorherigen Zustimmung der Schule bedürfen.

▶ **Schulverbände** → Schulträgerschaft

▶ **Schulverfassung**

Unter S. versteht man die Struktur der Willensbildung in den einzelnen Schulen. Gemeint sind die Regelungen über Zuständigkeiten (Entscheidungs- und Mitwirkungskompetenzen) sowie die dazugehörigen Verfahrensregelungen für die → Schulleiter, die Lehrer (→ pädagogische Freiheit) und ihre → Konferenzen, die gemeinsamen Mitwirkungsgremien der Lehrer, Eltern und Schüler (z. B. Schulkonferenzen), die jeweiligen Mitwirkungsgremien der Schüler und Eltern (→ Mitbestimmung) sowie die Stellung der Schule zur → Schulaufsicht. Einige Länder fassen diese Regelungen in gesonderten Schulverfassungs- oder Schulmitbestimmungsgesetzen zusammen, die in anderen Ländern auch als Schulverwaltungsgesetze bezeichnet werden oder in das Schulgesetz integriert sind (siehe Anhang II).

Die Ausgestaltung der S. ist Sache bildungspolitischer Entscheidung der einzelnen Länder. Das GG schreibt keine bestimmte S. vor. Aus dem GG lässt sich nur ableiten, dass das Schulwesen eine partizipatorische Grundstruktur haben muss und die Einräumung auch einer recht weitgehenden Selbstverwaltung der Schulen nicht ausgeschlossen ist (zu den Grenzen → Schulaufsicht). Ob die S. eher kollegial oder direktorial organisiert ist, ergibt sich vor allem aus dem Umfang der den Konferenzen übertragenen Sachentscheidungskompetenzen und den Mitwirkungsbefugnissen der Eltern- und Schülergremien (→ Mitbestimmung) sowie u.a. daraus, ob der → Schulleiter und die Schulaufsicht an Konferenzbeschlüsse gebunden sind und aus der sonstigen Ausgestaltung der schulaufsichtlichen Weisungs-, Beanstandungs- und Kontrollrechte. Vgl. auch Füssel/Leschinsky (Hrsg.), Reform der S. Wieviel Freiheit braucht die Schule? Wieviel Freiheit verträgt die Schule? Tagung des Max-Planck-Instituts für Bildungsforschung 1991.

▶ Schulverhältnis

Mit S. wird allgemein sowie auch in manchen Schulgesetzen und → Schulordnungen das gesamte Rechte- und Pflichtenverhältnis zwischen Schule einerseits und Schülern sowie Eltern andererseits umschrieben. Das S. ist heute kein → besonderes Gewaltverhältnis mehr, sondern ein echtes Rechtsverhältnis. Das Schulehalten des Staates bedarf entsprechend seiner Grundrechtsrelevanz für Schüler und Eltern sowie wegen seiner allgemeinen politischen Bedeutung ausreichender gesetzlicher Grundlagen (→ Gesetzesvorbehalt). Dies schließt die Zulässigkeit auch generalklauselartiger Bestimmungen zum Verhalten des Schülers ein, Bestimmungen, die früher aus dem S. abgeleitet wurden, z. B. sich so zu verhalten, dass der Auftrag der Schule erfüllt werden kann und alles zu unterlassen, was Schulbetrieb und Schulordnung stört.

▶ Schulversäumnis

Ist ein Schüler durch Krankheit oder aus anderen nicht vorhersehbaren Gründen verhindert, die Schule zu besuchen, müssen die Eltern bzw. der volljährige Schüler selbst die Schule kurzfristig benachrichtigen. Die Schule kann bei begründeten Zweifeln am Vorliegen einer Krankheit ein ärztliches, in Sonderfällen auch ein amtsärztliches Zeugnis über die Erkrankung fordern. Längeres unentschuldigtes Fehlen und Abwesenheit bei Leistungsnachweisen (mit der Folge der Nichtbewertbarkeit der Leistungen) können bei nicht mehr schulpflichtigen Schülern zum → Ausschluss von der Schule führen oder ggf. als Austrittserklärung gewertet werden. → Beurlaubung und Befreiung vom Unterricht, Ordnungsmaßnahmen, Schulpflicht, Schule und Strafrecht, Teilnahme am Unterricht.

▶ Schulversuche

S. dienen der Erprobung neuer pädagogischer und organisatorischer Ideen. Sie sind daher für eine dynamische Weiterentwicklung des Schulwesens unerlässlich (vgl. DJT-SchulGE, §§ 34 ff.,

S. 82f., 220ff.). S. können sich auf pädagogische oder organisatorische Teil- oder Einzelaspekte schulischen Unterrichts beziehen (z.B. auf die Erprobung von Lehrplänen, vgl. HessVGH, Beschl. v. 14. 6. 1976, SPE I A VII, S. 81) oder aber die Errichtung einer besonderen Versuchsschule oder Modellschule erfordern, soweit notwendigerweise die gesamte Schule von dem Versuch erfasst wird (z.B. integrierte → Gesamtschule wie die Laborschule Bielefeld). Nach § 16 des → Hamburger Abkommens sind auch S. möglich, die von der Grundstruktur des herkömmlichen Schulwesens abweichen. Voraussetzung für die → Anerkennung von Abschlüssen von Versuchsschulen ist die Zustimmung der KMK zum S. Bildungspolitischer Streitpunkt waren vor allem Versuche mit integrierten Gesamtschulen. Versuchsschulen treten neben die bereits eingeführten → Regelschulen. Nach Ländern unterschiedlich ist insbesondere der Status der → Gesamtschulen, die zum Teil Regelschulen, zum Teil Versuchsschulen oder → Schulische Angebote sind. An der Einstufung von Gesamtschulen als Regelschulen sind die Landesparlamente durch die o.g. Ländervereinbarungen nicht gehindert. S. werden in unterschiedlichem Umfang in allen Bundesländern durchgeführt, wobei Voraussetzungen und Randbedingungen recht unterschiedlich geregelt sind. Die Durchführung von S. ist – ebenso wie die Einrichtung von Versuchsschulen und Modellschulen – verfassungsrechtlich zulässig. Die in Art. 7 Abs. 1 GG verankerte staatliche → Schulaufsicht umfasst die Gesamtheit der staatlichen Befugnisse zur Organisation, Planung, Leitung und Beaufsichtigung des Schulwesens. Dazu gehört auch die Planung und Erprobung neuer Inhalte und Formen des Schulunterrichts (BVerwG, NJW 1976, 864 = DVBl. 1976, 635 mit Anm. Voigt). Werden S. durchgeführt, so besteht grundsätzlich Teilnahmepflicht. Werden Versuchsschulen oder Modellschulen angeboten, so können die Eltern diese oder eine andere Schule wählen (→ Wahl der Schulart), sofern es sich nicht um eine Schule handelt, für die ein → Schulbezirk festgelegt ist. In jedem Fall muss gewährleistet sein, dass den an einem S. teilnehmenden oder eine Versuchsschule besuchenden Schülern keine Nachteile erwachsen, sie insbesondere die an vergleichbaren Schulen angebotenen Abschlüsse erreichen können. Ebenso wie die Einführung von S. und die Errichtung von Versuchsschulen gehört die Beendigung von Versuchen zum staatlichen Gestaltungsbereich (BVerwG, NJW 1976, 864). Soll bei der Durchführung eines S. von den geltenden gesetzlichen Bestimmungen des Schulrechts abgewichen werden, bedarf es einer konkreten Entscheidung des Gesetzgebers (vgl. Staupe, Parlamentsvorbehalt und Delegationsbefugnis, 1986, 344; OVG Bremen, DVBl. 1989, 1271 f.). Die Grundrechte der Schüler aus Art. 2 Abs. 1 GG und der Eltern aus Art. 6 Abs. 2 S. 1 GG geben ihnen keinen Anspruch auf Fortführung eines S. Allerdings können die genannten Grundrechte im Einzelfall verletzt sein, wenn z. B. ein erkennbar günstig verlaufender S. ohne Notwendigkeit abgebrochen wird oder die Schüler wiederholt wechselnden Erziehungsmethoden unterworfen werden (BVerwG, NJW 1976, 864; BW VGH DÖV 1975, 568; VG Düsseldorf, RdJB 1978, 386 mit Anm. Gucht; vgl. auch Richter, Schulversuche vor Gericht, JZ 1978, 553; zum Bestimmungsrecht der Eltern und deren Anspruch auf Teilnahme ihres Kindes am S. Stober, Die Zulassung zum Schulversuch, RdJB 1976, 54; zur sofortigen Vollziehung der Errichtung einer Gesamtschule als S. vgl. OVG NRW, Beschl. vom 30. 6. 1981 – 5 B 664/81).

▶ Schulverwaltung

Unter S. versteht man die Behörden der staatlichen → Schulaufsicht und des → Schulträgers. Die staatliche S. ist entsprechend dem zwei- oder dreistufigen Verwaltungsaufbau des jeweiligen Landes und auf Grund der historischen Entwicklung sehr unterschiedlich geregelt (vgl. dazu Bott, LKV 1992, 221). Oberste Schulaufsichtsbehörde ist der für das Schulwesen zuständige Minister oder Senator. Mittlere Schulaufsichtsbehörden sind die Regierungspräsidenten/Bezirksregierungen (z. T.: Oberschulämter, Landesschulamt, Regionalschulamt). Untere Schulaufsichtsbehörde ist i. d. R. das Schulamt/der Schulrat. Der Überblick wird dadurch erschwert, dass manche Behörden nur für bestimmte → Schularten zuständig sind. Der Schulverwaltungsaufbau ist überwiegend in den Schul- und Schulverfassungsgesetzen oder in allgemeinen Landesgesetzen zum Verwaltungsaufbau geregelt (s.

Zitate bei → Schulaufsicht a. E.), im Übrigen in den allgemeinen Verwaltungsorganisationsgesetzen der Länder.

▶ **Schulverweisung**

Ein als → Ordnungsmaßnahme verfügter zwangsweiser → Ausschluss eines Schülers von der Schule wird in einigen Ländern als S. oder Verweis(ung) bezeichnet.

▶ **Schulwahl** → Wahl der Schulart

▶ **Schulwanderungen** → Klassenfahrten

▶ **Schulwechsel**

Will der Schüler in eine andere Schule überwechseln, so wird er regelmäßig zu Beginn eines Schuljahres in die → Schulstufe, Schulform sowie die Klasse oder Jahrgangsstufe aufgenommen, die seinem bisherigen Bildungsstand und seinem → Zeugnis entspricht. Man kann also durch S. zwischen öffentlichen Schulen nicht z. B. Versetzungsvoraussetzungen umgehen. Beim S. zwischen Bundesländern gilt das Vorstehende entsprechend. Ist ein → Schulbezirk festgelegt, ist bei gleich bleibendem Wohnsitz ein S. nur in Ausnahmefällen möglich. § 15 des → Hamburger Abkommens verpflichtet die Länder, beim Schulwechsel in ein anderes Land in Härtefällen Übergangshilfen zu geben; dabei kann auch auf ein Prüfungsfach verzichtet werden, wenn die Anforderungen in einem anderen Fach erhöht werden (→ Anerkennung von Abschlüssen, Föderalismus). Die → Schulpflicht, soweit sie im anderen Land bereits erfüllt ist, wird angerechnet. Siehe auch → Wahl der Schulart.

▶ **Schulweg**

Der tägliche S. zwischen Wohnung und Schule unterliegt grundsätzlich nicht der → Aufsichtspflicht der Schule, sondern derjenigen der → Erziehungsberechtigten. Für Unfälle auf dem S. haftet die Schule grundsätzlich nicht (→ Haftung). Da die Gefahren auf dem S. nicht aus der „Teilnahme am allgemeinen Verkehr" resultieren, sondern eng mit dem schulischen Bereich zusammenhängen und letztlich durch die → Schulpflicht begründet werden, haftet die → Unfallversicherung der Schüler für Unfälle auf dem S. wie für Schulunfälle (sog. Wegeunfall, § 550 Abs. 1 RVO; vgl. dazu Heckel/Avenarius, Schulrechtskunde, 1986, S. 419). Die Unfallversicherung greift auch dann ein, wenn der S. nicht von der Wohnung aus angetreten wird oder der Heimweg nicht an der Wohnung endet (vgl. BSG, Urt. v. 18. 10. 1984, Az.: 2 RU 22/84); letztlich kommt es aber auf die Umstände des Einzelfalles an. Unfallversicherungsschutz auf dem S. kann auch dann bestehen, wenn der Unfall durch das Spielen auf dem S. entsteht (BSG, Urt. v. 20. 5. 1976, 8 RU 98/75); dies gilt auch bei fahrlässigem Verhalten von Lehrern und Mitschülern (BSG, Urt. v. 25. 1. 1977, 2 RU 65/76). Es muss stets ein rechtlich wesentlicher Zusammenhang mit dem Schulbesuch bestehen (BSG, Urt. v. 4. 6. 1981, SPE II J II, S. 105). Daran fehlt es z. B., wenn der Schüler nachmittags zur Schule geht, um mit seinen Freunden auf dem Schulhof zu spielen (vgl. Heckel/Avenarius, a. a. O., S. 419). Wird eine → Schülerbeförderung durch Schulbusse durchgeführt, so ist die Schule bzw. bei privatrechtlicher Organisation der Busunternehmer für die Sicherheit der Schüler verantwortlich. Bei Schulbusunfällen privater Busunternehmer haftet dieser, da der Schulbus in diesem Fall nicht in den Schulbetrieb eingegliedert ist und daher ein Haftungsausschluss gemäß §§ 636, 637 RVO zugunsten des Busunternehmers nicht in Betracht kommt (BGH, Urt. v. 27. 4. 1981 – AZ: III ZR 47/80; dazu Hage, sm 1981, H. 6, S. 10 f.; BGH NJW 1982, 1042).

▶ **Schulzeitung** → Schülerzeitungen

▶ **Schulzwang**

Wer seiner → Schulpflicht nicht nachkommt, kann der Schule notfalls zwangsweise zugeführt werden, wenn andere (pädagogische) Mittel wie z. B. Gespräche mit dem Betroffenen, Hinweise an Eltern, Ausbildende oder Arbeitgeber keinen Erfolg haben

(→ Verhältnismäßigkeit). Die sehr selten angewandte Möglichkeit des S. kennen alle Schul- bzw. Schulpflichtgesetze der Länder. S. soll die Sicherstellung einer schulischen Mindestbildung in extremen Fällen ermöglichen, z. B. auch wenn Eltern sich beharrlich weigern, ihr Kind in die Schule zu schicken.

▶ **Schwänzen** → Schulpflicht, → Schulversäumnis, → Teilnahme am Unterricht

▶ **Schweigepflicht**

Lehrer sind als Beamte lebenslang zur Amtsverschwiegenheit verpflichtet (§ 39 BRRG, entsprechend die Landesbeamtengesetze). Dies umfasst alle bei der amtlichen Tätigkeit bekanntgewordenen Angelegenheiten. Dazu gehören alle Tatsachen, die im Zusammenhang mit dem dienstlichen Bereich des Beamten stehen, und zwar auch, wenn er mit der Angelegenheit dienstlich nicht selbst befasst ist, die Angelegenheit ihm aber bei Gelegenheit seiner amtlichen Tätigkeit bekanntgeworden ist. Für Lehrer im Angestelltenverhältnis folgt die S. aus der allgemeinen Treuepflicht gegenüber dem Arbeitgeber (§ 9 BAT), besteht aber im Unterschied zu Beamten nur in den durch Gesetz oder Anordnung des Arbeitgebers vorgeschriebenen Fällen. Die S. besteht grundsätzlich nicht für Mitteilungen im dienstlichen Verkehr (die Anforderungen des → Datenschutzes sind aber auch zwischen den Behörden zu beachten) sowie hinsichtlich von Tatsachen, die offenkundig sind oder von ihrer Bedeutung her keiner Geheimhaltung bedürfen. Die gesetzliche Pflicht der Beamten zur Anzeige von Straftaten geht der S. vor. Die S. gilt auch gegenüber den Gerichten, es sei denn, der Dienstvorgesetzte erteilt eine Aussagegenehmigung. Für Auskünfte der Schule bzw. der Lehrer gegenüber der Polizei im Rahmen von ihrer Ermittlungstätigkeit gilt dies entsprechend; teilweise ist die Erlaubnis zu Auskünften gegenüber der Polizei in den Ländern aber generell erteilt.

Im Schulwesen verpflichten einige Schul- und Schulverfassungsgesetze sowie ergänzende Regelungen (z. B. Konferenzord-

Schweigepflicht

nungen) gesondert zur Verschwiegenheit über Konferenzen und zwar zum Teil nur dann, wenn dort Vertraulichkeit beschlossen wurde. Teilweise wird auch für Beratungs- und Vertrauenslehrer sowie für Beratungsdienste wie z.B. die schulpsychologische Beratung, die Schullaufbahnberatung, Drogenberatung und andere Beratungsdienste eine S. im Schulrecht besonders geregelt. Eine S. der Berater kann auch gegenüber den Eltern minderjähriger Schüler geregelt sein, wenn die Unterrichtung der Erziehungsberechtigten Gesundheit und Wohlergehen betroffener Minderjähriger gefährden würde. Es ist dabei an Fälle gedacht, wo Probleme und Schwierigkeiten des Kindes, das sich dem schulischen Berater anvertraut hat, ihre Ursache im Elternhaus haben. Denkbar sind auch Fälle von Alkohol- und Drogensucht, in denen die Information der Eltern den Heilerfolg beeinträchtigen kann (dazu ausführlich Engler, Schweigerechte und Informationspflichten des Lehrers – am Beispiel von Drogenproblemen in der Schule betrachtet, RdJB 1979, 62 ff., 130 ff.). Das BVerfG hat 1982 entschieden, dass es in solchen Fällen im Kindesinteresse geboten sein kann, dass der Lehrer auch gegenüber den Eltern schweigt. Diese Einschränkung des → Informationsrechtes, das sich grundsätzlich auch auf die Erkenntnisse schulischer Beratungslehrer erstreckt, ist mit Art. 6 Abs. 2 S. 1 GG vereinbar (BVerfGE 59, 360, 383 ff.). Die genannte brem. Regelung hat das BVerfG in diesem Sinne einschränkend ausgelegt und als verfassungsgemäß angesehen: Bei minderjährigen Schülern aus geordneten, normalen familiären Verhältnissen, d.h. wenn die Familie nach der Einschätzung des Beraters nicht gänzlich verständnislos erscheint, wird die gebotene Hilfe regelmäßig unter Einschaltung der Eltern erfolgen und anders auch nicht möglich sein. Schweigerecht gegenüber den Erziehungsberechtigten besteht nur in solchen Ausnahmefällen, in denen konkrete Tatsachen vorliegen, welche bei Information der Eltern die unmittelbare und gegenwärtige Gefahr einer körperlichen oder seelischen Schädigung des Kindes wahrscheinlich machen (a.a.O., S. 387). Der Beratungslehrer muss daher alle Umstände wie Alter, Reife des Schülers, familiäre Situation, konkrete Kenntnisse des Elternhauses im Einzelfall abwägen, also das Kindeswohl bei grundsätzlicher Beachtung des elterlichen Erziehungsrechts und des Informationsanspruchs der Erziehungsberechtigten im Auge haben.

Im → Verwaltungsverfahren haben die Beteiligten Anspruch darauf, dass ihre Geheimnisse, insbesondere soweit sie zum persönlichen Lebensbereich gehören, sowie Betriebs- und Geschäftsgeheimnisse von den (Schul-)Behörden nicht unbefugt offenbart werden (§ 30 VwVfG). Verstöße gegen die S. sind stafbar (§§ 203, 353b StGB).

▶ **Sechs-Tage-Woche** → Fünf-Tage-Woche

▶ **Sekundarstufe I**

Die Sek. I, auch Mittelstufe genannt, umfasst die Schuljahrgänge 5 bis 10, bei sechsjähriger → Grundschule 7 bis 10. Die Sek. I schließt an die → Primarstufe an und geht in die → Sekundarstufe II über. Zur Sek. I gehören demnach die → Hauptschule, die → Realschule, das → Gymnasium bis Klasse 10, die → Gesamtschule sowie die → Orientierungsstufe. → Gliederung des Bildungswesens → Schulaufbau sowie dazu Anhang IV.

▶ **Sekundarstufe II**

Die Sek. II, im gymnasialen Bereich auch → Oberstufe genannt, umfasst die Klassenstufen 11 und 12 (bei 12 Schuljahren) oder 11 bis 13 bzw. die entsprechenden Kurse der Oberstufe des → Gymnasiums oder der → Gesamtschule, einer entsprechenden selbständigen → Oberstufenschule sowie die → beruflichen Schulen, die nach der Klasse 9 bzw. 10 der Vollzeitschulpflicht (→ Schulpflicht) beginnen (z.B. → Berufsgrundbildungsjahr, → Berufsschule, → Berufsfachschule, → Fachoberschule). Die Sek. II ist die letzte Stufe des Schulwesens. Die Übergänge zu dem anschließenden, den Hochschulbereich und die Weiterbildung umfassenden Tertiärbereich sind im beruflichen Schulwesen nicht ganz eindeutig bestimmbar (z.B. bei der Fachschule). Die Einrichtungen der Weiterbildung, die von verschiedenen Trägern mit unterschiedlicher Zielsetzung angeboten werden und der Sek. II nachfolgen, bezeichnet man z.T. in Anlehnung an die übrige Terminologie auch als „Quartärbereich". → Gliederung des Bildungswesens → Schulaufbau sowie dazu Anhang IV.

▶ **Selbstverwaltung der Schule** → Konferenzen, → Mitbestimmung, → Schulaufsicht, → Schulverfassung

▶ **Sexualdelikte** → Strafrecht und Schule

▶ **Sexualität** → Sexualkundeunterricht, → Strafrecht und Schule

▶ **Sexualkundeunterricht**

Die Zulässigkeit schulischen S. und die Notwendigkeit seiner gesetzlichen Legitimierung waren lange umstritten (vgl. OVG Berlin, NJW 1973, 819, Anm. Jesse, NJW 1973, 1340, Anm. Evers, JZ 1973, 555, Pakuscher, DVBl. 1974, 43; VG Hamburg, DÖV 1972, 54 mit Anm. Hennecke; OVG Hamburg, DÖV 1973, 574). Nach einem Vorlagebeschluss des BVerwG (E 47, 194) führten 1977 BVerfGE 47, 46 (vgl. dazu insbes. Hufen, RdJB 1978, 381) und 1979 BVerwGE 57, 360 zu einer weitgehenden Klärung der bis dahin umstrittenen Fragen. Drei Problemkreise sind dabei angesprochen: 1. Das Spannungsverhältnis zwischen Schule und Elternhaus, 2. die Kompetenzfrage, ob und inwieweit der Gesetzgeber verpflichtet ist, den S. selbst zu regeln und 3. die Frage der inhaltlichen Leitlinien und Grundsätze für die Durchführung des S.

Die Frage nach der Legitimation des Staates, Schüler in sexuellen Fragen zu unterrichten und zu erzielen, bewegt sich im Spannungsverhältnis zweier Verfassungsnormen, des staatlichen Bildungsauftrags (Art. 7 Abs. 1 GG) und des elterlichen Erziehungsrechts (Art. 6 Abs. 2 GG). Während die individuelle Sexualerziehung vornehmlich zu dem natürlichen Erziehungsrecht der Eltern gehört (→ Elternrecht), ist der Staat auf Grund seines in Art. 7 Abs. 1 GG vorausgesetzten Erziehungsauftrags berechtigt, eine über die Wissensvermittlung sexualkundlicher Tatsachen hinausgehende Sexualerziehung in der Schule durchzuführen. Die Sexualität weist als Teil des menschlichen Allgemeinverhaltens zahlreiche gesellschaftliche Bezüge auf und kann daher dem staatlichen Erziehungsauftrag nicht entzogen werden (vgl. BVerfGE 47, 46, 65 ff.; BayVGH, BayVBl. 1981, 430 – kein Verstoß gegen das Elternrecht).

Das BVerfG hat sich der Auffassung des BVerwG angeschlossen, wonach das Rechtsstaatsprinzip und das Demokratieprinzip des Grundgesetzes den Gesetzgeber verpflichten, die wesentlichen Entscheidungen im Schulwesen selbst zu treffen und nicht der Schulverwaltung zu überlassen (→ Gesetzesvorbehalt). Danach ist der Gesetzgeber verpflichtet, auch die Entscheidung über die Einführung der Sexualerziehung in der Schule selbst zu treffen, soweit es sich nicht lediglich um die Vermittlung von Kenntnissen über biologische und andere Fakten handelt (zur Kritik an dieser praktisch kaum durchführbaren Trennung vgl. Hufen, a.a.O.). Dies bedeutet nun nicht, dass der Gesetzgeber selbst alle Modalitäten der Sexualerziehung in einem förmlichen Gesetz zu regeln hätte (BVerfGE 47, 46, 82 ff.; Staupe, Parlamentsvorbehalt und Delegationsbefugnis, 1986, 356). Zu den vom Gesetzgeber zu regelnden Fragen gehören aber jedenfalls die Festlegung der Erziehungsziele in den Grundzügen („Groblernziele"), die Frage, ob Sexualkunde als fächerübergreifendes Unterrichtsprinzip oder als besonderes Unterrichtsfach mit etwaigen Wahl- und Befreiungsmöglichkeiten durchgeführt werden soll (→ Fächerkatalog), das Gebot der Zurückhaltung und Toleranz sowie der Offenheit für die vielfachen im sexuellen Bereich möglichen Wertungen und das Verbot der Indoktrinierung der Schüler (→ Neutralitätsgebot), ferner die Pflicht, die Eltern zu informieren (BVerfGE 47, 46, 83; → Informationsrecht). Damit hat das BVerfG nicht nur die Kompetenzfrage zwischen Legislative und Exekutive entschieden, sondern zugleich eine ganze Reihe inhaltlicher Anforderungen an die Gestaltung und Durchführung der schulischen Sexualerziehung gestellt.

Fast alle Länder haben im Anschluss an diesen Sexualkundebeschluss des BVerfG entsprechende Bestimmungen, meist in enger Anlehnung an diese Entscheidung, in ihre Schulgesetze aufgenommen. Es besteht kein Anspruch auf Befreiung vom S. (HessStGH, DVBl. 1985, 682 – auch zu den anderen o.g. Rechtsfragen).

Über die vom BVerfG formulierten Grundsätze hinaus ergeben sich einige weitere verfassungsrechtliche Leitlinien für den S. Das auch vom BVerfG angesprochene Gebot der Toleranz und Offenheit bedingt, dass die Schule die verschiedenen möglichen Formen des Zusammenlebens und des sexuellen Verhaltens, soweit sich diese im Rahmen der geltenden (insbesondere straf-)gesetzlichen Bestimmungen bewegen, als gleichermaßen legitime Verhaltensformen darstellen und sich einseitiger Wertungen enthalten muss. So wäre es nicht zulässig, verfassungsrechtlich durch Art. 2 Abs. 1 GG (freie Entfaltung der Persönlichkeit) geschützte Lebens- und Sexualformen wie z.B. das Zusammenleben ohne Trauschein, Leben in einer Wohngemeinschaft, homosexuelle Beziehungen unter Erwachsenen (vgl. dazu Urt. d. BVerfG vom 18.7.2001 zum Lebenspartnerschaftsgesetz, 1 BvQ 23/01 u. 26/01) oder bestimmte sexuelle Praktiken abwertend darzustellen. Der grundgesetzlich gewährleistete besondere Schutz von Ehe und Familie (Art. 6 Abs. 1 GG) lässt zwar staatliche Privilegierungen dieser Institutionen zu; Art. 2 Abs. 1 und Art. 3 GG verbieten aber Diskriminierungen anderer Formen des Zusammenlebens.

▶ **Simultanschule** → Gemeinschaftsschule

▶ **Sitzenbleiben** → Versetzung

▶ **Sitzordnung**

Die Entscheidung über die S. kann zwar vom Lehrer getroffen werden, sollte aber in einem an der Mündigkeit der Schüler orientierten Schulwesen nicht von oben entschieden werden, sondern in aller Regel den Schülern überlassen bleiben. Wird eine Änderung der S. entgegen der Entscheidung der Schüler aus Gründen der Ordnung in der Klasse vom Lehrer für notwendig gehalten, um Störungen auszuschließen, so handelt es sich um eine Organisationsmaßnahme von untergeordneter Bedeutung, die nicht als Verwaltungsakt zu qualifizieren ist (vgl. BW VGH, Urt. vom 13.10.1976 – IX 658/74) und daher nicht mit Widerspruch und Anfechtungsklage angefochten werden kann.

Die gleichwohl gegebene Möglichkeit der Feststellungsklage (→ Rechtsschutz) wird i. d. R. nur dann Aussicht auf Erfolg besitzen, wenn sich der Lehrer nachweisbar von sachfremden Kriterien hat leiten lassen (z. B. persönliche Antipathie, Strafaktion, Ungleichbehandlung ähnlicher Fälle).

▶ **Sonderschulen**

S. sind schulische Einrichtungen für → behinderte Schüler zu deren Förderung, Betreuung und Ausbildung mit Rücksicht auf ihre spezifische Behinderung. S. bestehen parallel zu fast allen herkömmlichen → Schularten. Art und Zahl, konkrete Struktur und Aufgabenstellung der S. sind von Land zu Land so unterschiedlich (vgl. dazu DJT-SchulGE § 28 sowie Begründung S. 210ff.), dass sie sich kaum zusammenfassend darstellen lassen (zur Schule für Lernbehinderte vgl. umfassend Füssel, Elternrecht und Sonderschule, 1987). Die wesentlichen rechtlichen Grundlagen für den Bereich von S. müssen vom parlamentarischen Gesetzgeber festgelegt werden (→ Gesetzesvorbehalt; vgl. VGH Kassel, NVwZ-RR 1989, 302), weil das Grundrecht des Kindes auf freie Entfaltung der Persönlichkeit betroffen ist (Art. 2 Abs. 1 GG). Zur S.einweisung VGH B.-W., DVBl. 1991, 777 und OVG Magdeburg NVwZ 1999, 898 sowie Besprechung dazu von Jürgens/Römer, NVwZ 1999, 847. Zu den Kosten einer sonderpädagogischen Förderung seitens des Sozialamtes vgl. OVG Münster, Urt. v. 15. 6. 2000, NVwZ-RR 2001, 34. Die Verpflichtung zum Besuch einer S. ist grundsätzlich verfassungsgemäß (OVG Lüneburg, B. v. 29. 11. 1996, NJW 1997, 1087; dem vorausgegangen: BVerfG, B. v. 30. 7. 1996, NJW 1997, 1062 sowie anschließend BVerfG NJW 1997, 1844; BVerfGE 96, 288; dazu Theuersbacher NVwZ 1999, 839). Ähnlich hat der VGH München (BayVBl. 1997, 561) entschieden, dass ein geistig behinderter Schüler, der an den allgemeinen Schulen nicht mit hinreichender Aussicht auf Erfolg gefördert werden kann, auch mit Rücksicht auf Art. 3 Abs. 3 Satz 2 GG keinen Anspruch auf Aufnahme in eine allgemeine Schule hat (Nichtzulassungsbeschwerde gegen diese Entscheidung erfolglos, BVerwG, B. v. 14. 8. 1997 – 6 B 34/97). Das

Sorgerecht

Gleiche gilt für die Aufnahme in eine → Privatschule (VGH München, BayVBl. 1998, 180).

▶ **Sorgerecht** → Elternrecht, individuelles

▶ **Sozialhilfe** → Ausbildungsförderung, → Behinderte Schüler

▶ **Sozialverhalten**

Die umstrittene Frage, ob die Schule berechtigt ist, im → Zeugnis auch das S. des Schülers zu beurteilen, ist nach zunächst kontroversen verwaltungsgerichtlichen Entscheidungen inzwischen höchstrichterlich entschieden (BVerwG, NJW 1982, 250). In den von den klagenden Eltern in Auftrag gegebenen Gutachten war die Auffassung vertreten worden, die Beurteilung des S. sei verfassungswidrig (Ossenbühl, Rechtliche Grundlagen der Erteilung von Schulzeugnissen, 1978; Wilke, Zeugnisreform als Erziehungsreform, 1980; Erichsen, Rechtsgutachten zur Verfassungsmäßigkeit der Zeugnisregelung für die Klassen 1 und 2 der Grundschule in Nordrhein-Westfalen, 1978, nicht veröffentlicht; vgl. dazu die krit. Besprechung von Laaser, RdJB 1982, 392 ff.). Nach Auffassung des BVerfG besteht kein Zweifel, dass der Erziehungsauftrag der Schule nicht auf die Wissensvermittlung beschränkt ist, sondern auch die Erziehung zum S. zum Gegenstand hat (BVerfGE 47, 46, 72 zum → Sexualkundeunterricht in der Schule). Wenn dies so ist, so darf die Schule das S. des Schülers auch beurteilen. Die verbalisierte Beurteilung des Arbeits- und Sozialverhaltens in den ersten beiden Grundschulklassen kann im Zeugnis auch anstelle der herkömmlichen Notengebung erfolgen (BVerwG, NJW 1982, 250). → Noten.

▶ **Sportunterricht** → Glaubens- und Gewissensfreiheit

▶ **Sprachenfolge**

Bei der Frage der S. geht es im Wesentlichen um zwei rechtliche Problemkreise: 1. das Spannungsverhältnis zwischen schulischem Bildungsauftrag (Art. 7 Abs. 1 GG) und dem elterlichen Erziehungsrecht (Art. 6 Abs. 2 GG) und 2. die Frage, ob und inwieweit der Gesetzgeber die S. selbst regeln muss.

Das BVerwG hat diese Fragen 1982 im Hinblick auf die Festlegung der Pflichtfremdsprache in der → Orientierungsstufe des Landes Bremen (BVerwGE 64, 308) entschieden (vgl. auch die Vorinstanzen VG Bremen, NJW 1978, 845; OVG Bremen, NJW 1979, 1620). Ganz auf der Linie der bisherigen Rspr. von BVerfG und BVerwG betont das Gericht auch hier, dass neben der organisatorischen Gliederung der Schule (→ Wahl der Schulart) auch die inhaltliche Festlegung der Ausbildungsgänge und Unterrichtsziele sowie die Bestimmung des Unterrichtsstoffs (vgl. BVerfGE 34, 165; 45, 400, 415; 53, 185, 196; BVerwGE 47, 194, 198) der elterlichen Bestimmung grundsätzlich entzogen ist. Der Staat müsse zwar in der Schule die Verantwortung der Eltern für den Gesamtplan der Erziehung ihrer Kinder achten (BVerfGE 34, 165, 183; 47, 46, 73), doch sei die Festlegung der Fremdsprache in der Orientierungsstufe dem staatlichen Gestaltungsbereich zuzurechnen. Die S. wird zwar als grundrechtsrelevant im Hinblick auf das → Elternrecht (Art. 6 Abs. 2 GG) angesehen; dieses werde durch die Bestimmung von Englisch als einziger Pflichtfremdsprache in der Orientierungsstufe (kein Latein als alternative Wahlmöglichkeit) nicht verletzt (BVerwGE 64, 308, 313). Art. 6 Abs. 2 Satz 1 GG gibt danach den Eltern keinen Anspruch darauf, dass als Pflichtfremdsprache in der Orientierungsstufe neben Englisch auch Latein angeboten wird (BVerwGE 64, 308, 314; ähnlich schon BVerwG, Beschl. v. 18. 2. 1981 – 7 B 10.81 – kein Anspruch der Schüler aus Art. 2 Abs. 1 GG, dass eine Fremdsprache nach den Wünschen der Schüler angeboten wird). Ein Recht der Eltern auf Wahl der ersten Fremdsprache besteht danach grundsätzlich nicht (vgl. schon BVerfGE 34, 165, 192), es sei denn, die Schule bietet – wozu sie jedenfalls in Klasse 5 noch nicht verpflichtet ist – alternativ mehrere Fremdsprachen an. Das Elternrecht gewährt auch keinen Anspruch auf Lateinunterricht ab Klasse 5. Etwas anderes würde allenfalls dann gelten, wenn durch die Festlegung der Pflichtfremdsprache in der Orientierungsstufe die Möglichkeit einer humanistischen Bildung herkömmlicher Prägung überhaupt ausgeschlossen wäre (→ humanistisches

Staatshaftung

Gymnasium). Dies verneinte das BVerwG aber für die Bremer Schule, da nach Absolvierung der Orientierungsstufe nach wie vor die Möglichkeit zum Erlernen von Latein und Griechisch bestehe.

Zur Frage der Anwendung des → Gesetzesvorbehalts entschied das BVerwG (E 64,308), dass die Festlegung der Pflichtfremdsprache einer normativen Regelung bedürfe, weil sie für die Verwirklichung des elterlichen Erziehungsrechts wesentlich und eine schulpolitische Grundentscheidung von allgemeiner Bedeutung sei. Ausdrücklich offengelassen wurde dabei die Frage, ob generell für die Festlegung des → Fächerkatalogs der Gesetzesvorbehalt gilt. Die Geltung des strengeren Parlamentsvorbehalts, der eine Delegation der Regelung an den Verordnungsgeber ausgeschlossen hätte, wurde verneint. Dies erscheint wenig einleuchtend, wenn, wie das BVerwG selbst zutreffend ausführt, sowohl eine erhebliche Grundrechtsrelevanz als auch eine große schul- und bildungspolitische Bedeutung vorhanden ist (vgl. dazu Staupe, Parlamentsvorbehalt und Delegationsbefugnis, 1986, 358 ff.; für Verordnungsregelung: DJT-SchulGE § 6 Abs. 3 Nr. 1, S. 68 und 162 f.).

▶ **Staatshaftung** → Haftung

▶ **Staatskirchenverträge** → Kirche und Schule

▶ **Staatsverträge** → Föderalismus

▶ **Staat und Kirche** → Bekenntnisschulen, → Gemeinschaftsschulen, → Glaubens- und Gewissensfreiheit, → Kirche und Schule, → Religionsunterricht, → Schulgebet

▶ **Stadtelternbeirat** → Mitbestimmung

▶ **Ständige Konferenz der Kultusminister** → Kultusministerkonferenz

▶ **Störung des Unterrichts** → Ordnungsmaßnahmen

▶ **Strafarbeiten** → Hausaufgaben, → Ordnungsmaßnahmen

▶ Strafrecht und Schule

In der Schule gelten wie überall sonst die allgemeinen strafrechtlichen Normen; hier interessieren allein die strafrechtlichen Bestimmungen, die speziell in der Schule relevant werden können.

Verletzungen der → Aufsichtspflicht können zu strafrechtlicher Verantwortlichkeit der Lehrer führen, z. B. als fahrlässige Körperverletzung (§ 230 StGB) oder als fahrlässige Tötung (§ 222 StGB) (vgl. OLG Köln, NJW 1986, 1947 – Badeunfall bei Klassenausflug). Bei vorsätzlichen Körperverletzungen entgegen dem Verbot der → körperlichen Züchtigung kann eine Körperverletzung im Amt (§ 340 StGB) in Betracht kommen. Jede Strafbarkeit setzt Rechtswidrigkeit sowie Verschulden (Vorsatz oder Fahrlässigkeit) voraus. Wer als Lehrer die vernünftigerweise zu erwartende Sorgfalt walten lässt, handelt nicht fahrlässig; ein Lehrer steht also keineswegs – wie oft behauptet wird – stets „mit einem Bein im Gefängnis".

Für Lehrer kommen als besondere Amtsdelikte auch Straftaten gegen die sexuelle Selbstbestimmung in Betracht (§ 174 StGB – sexueller Missbrauch von Schutzbefohlenen). Grund dieser Strafnorm ist die vom Gesetzgeber unterstellte größere Anfälligkeit in Abhängigkeitsverhältnissen der Schüler(-innen) gegenüber Autoritätspersonen. Wird diese besondere Situation ausgenutzt, greift die genannte Strafnorm ein.

Für Schüler ist auf die Einschränkungen der strafrechtlichen Verantwortlichkeit hinzuweisen. Bis zur Vollendung des 14. Lebensjahres ist niemand strafrechtlich verantwortlich (§ 19 StGB, § 1 Abs. 2, § 3 JGG). Nach Vollendung des 14. Lebensjahres bis zur → Volljährigkeit hängt die strafrechtliche Verantwortlichkeit des Jugendlichen davon ab, ob er zurzeit der Tat nach seiner sittlichen und geistigen Entwicklung reif genug ist, das Unrecht der Tat einzusehen und nach dieser Einsicht zu handeln (§ 3 JGG). Anders als im Zivilrecht (→ Haftung) ist für die strafrechtliche Verantwortlichkeit neben der Einsichts- auch die Steuerungsfähigkeit erforderlich. Nach Vollendung des 18. bis zur Vollendung des

21. Lebensjahres kommt je nach Entwicklungsstand des Täters und den Umständen der Tat entweder eine Bestrafung nach Erwachsenenstrafrecht oder eine Bestrafung als Heranwachsender nach den Bestimmungen des JGG in Betracht (§ 1 Abs. 2, §§ 105 ff. JGG).

Einige Länder sehen strafrechtliche Sanktionen gegen Schüler bei Verstößen gegen die → Schulpflicht vor (vgl. dazu AG Wiesbaden, RdJB 1978, 476).

Besondere Straftatbestände für Eltern finden sich, abgesehen von der Verletzung der Unterhaltspflicht (§ 170 b StGB) und der Verletzung der Fürsorge- oder Erziehungspflicht (§ 170 d StGB) im Nebenstrafrecht der landesrechtlichen Schulgesetze und betreffen ebenfalls strafrechtliche Sanktionen von Schulpflichtverletzungen.

Verletzungen der Schulpflicht werden zum Teil für Schüler und Eltern nur als Ordnungswidrigkeiten geahndet.

Die Kommission Schulrecht des DJT hat in ihrem Entwurf für ein Landesschulgesetz strafrechtliche Sanktionen von Schulpflichtverletzungen – insbesondere gegenüber Schülern – im Hinblick auf den Grundsatz der → Verhältnismäßigkeit zu Recht für verfassungsrechtlich bedenklich erklärt (SchulGE, S. 402 ff.; zu alledem auch Winter, Schulpflicht und Strafzwang, RdJB 1978, 408 ff. m. w. N. und Kritik zu AG Wiesbaden, RdJB 1978, 476).

▶ **Streikrecht**

Lehrer haben, soweit sie Beamte sind, nach herrschender Auffassung kein S. (vgl. Battis, Bundesbeamtengesetz, 1980, § 2 Anm. 2b m. w. N.). Lehrern im Angestelltenverhältnis steht dagegen, wie allen Arbeitnehmern, das S. zu. → Schüler„streik".

▶ **Studienfahrten** → Klassenfahrten

▶ **Stufenschule**

Unter S. versteht man Schulen, die sich als Mittelstufenschulen (→ Sekundarstufe I) oder Oberstufenschulen (→ Sekundarstufe II; → Oberstufenzentren) auf eine → Schulstufe beschränken. Bildungspolitische Zielsetzung solcher S. ist es u.a., den schulischen Teil der beruflichen Bildung, insbesondere durch Errichtung von Oberstufenzentren strukturell zu verbessern (z.B. durch schrittweise Einführung des → Berufsgrundbildungsjahres). Solche Oberstufenzentren fassen die → beruflichen Schulen in einzelnen Oberstufenzentren zusammen. Dadurch soll die Qualität der schulischen beruflichen Bildung insgesamt verbessert werden. Durch die Einrichtung berufsfeldorientierter → Oberstufen des Gymnasiums werden die Voraussetzungen dafür geschaffen, berufliche und allgemeine Bildung einander anzunähern und verzahnen zu können (vgl. dazu Krzyweck, RdJB 1981, 153). Die Schulgesetze der Länder sehen derartige S. nur zum Teil vor. Der bildungspolitischen Konzeption der S. entspricht als Vorstufe und Voraussetzung die Errichtung von Schulzentren.

▶ **Stufenvertretung** → Mitbestimmung

▶ **Stundentafel**

S. legen die Anzahl der wöchentlichen Unterrichtsstunden und ihre Verteilung auf die verschiedenen Fächer und Fachgruppen fest (vgl. Heckel/Avenarius, Schulrechtskunde, 1986, S. 50, 357). S. werden durchweg als Verwaltungsvorschriften der Länder erlassen und begründen für Eltern und Schüler keine einklagbaren Ansprüche auf Einhaltung einer bestimmten Stundenzahl. Dies gilt mit Einschränkungen auch bei → Unterrichtsausfall (näheres dort). Wegen der schul- und bildungspolitischen Bedeutung der Festlegungen in der S. (z.B. zwei oder sechs Stunden Deutsch, Sozialkunde als ein Fach mit zwei Stunden oder Aufteilung in drei verschiedene Fächer mit jeweils drei Stunden) bedürfen S. zumindest einer Regelung durch Rechtsverordnung auf gesetzlicher Grundlage (→ Gesetzesvorbehalt; vgl. § 6 Abs. 3 Nr. 5 DJT-SchulGE sowie Staupe, Parlamentsvorbehalt und Delegationsbefugnis, 1986, 360f.).

T

▶ **Teilhaberechte** → Lernmittelfreiheit, → Recht auf Bildung, → Schulgeldfreiheit, → Zulassungsbeschränkungen

▶ **Teilkonferenz** → Konferenzen, → Mitbestimmung, → Schulverfassung

▶ **Teilnahme am Unterricht**

Die T. ist als zentraler Gegenstand des → Schulverhältnisses von der → Schulpflicht umfasst, wird aber in den Schulgesetzen und Schulordnungen zumeist gesondert normiert, um auch die Pflicht zur T. für die nicht mehr schulpflichtigen Schüler festzulegen. Zur T. gehört nicht nur die bloße Anwesenheit, sondern die aktive → Mitarbeit in Unterricht und sonstigen Schulveranstaltungen. → Befreiung und → Beurlaubung vom Unterricht, Schulversäumnis

▶ **Teilzeitschulpflicht** → Schulpflicht

▶ **Tests** → Hausaufgaben, → Klassenarbeiten, → Prüfungen, → Untersuchungen

▶ **Toleranz** → Neutralitätsgebot

U

▶ **Übergänge**

Zu unterscheiden sind Ü. im normalen „vertikalen" Verlauf eines Bildungsgangs (von der →Grundschule über ggf. die →Orientierungsstufe in eine weiterführende Schulart) von „horizontalen" Ü. (besser: Quer- oder Seiteneinstieg) zwischen verschiedenen →Schularten (z.B. von der →Hauptschule in eine →Realschule und von dort in die gymnasiale →Oberstufe, soweit hierfür nicht spezielle aufbauende Bildungsgänge bestehen). Die letztgenannten Ü. dienen einer gewissen horizontalen Durchlässigkeit des herkömmlich vertikal in Schularten gegliederten Schulsystems (→Schulaufbau, Schulorganisation). Bei integrierten →Gesamtschulen gehört solche Durchlässigkeit zum Prinzip dieser Schulart. Der Ü. von der Grundschule bzw. Orientierungsstufe in eine weiterführende Schulart erfolgt in einem besonderen Verfahren auf der Grundlage eines sog. Grundschulgutachtens bzw. einer Schullaufbahnempfehlung der abgebenden Schule. Dazu werden i.d.R. besondere Leistungstests durchgeführt. In der weiterführenden Schule kann sich zunächst eine Probezeit anschließen (vgl. als Rahmen KMK-Beschl. v. 8./9. 12. 1960 i.d.F. v. 23. 3. 1966 „Ü. von einer Schulart in die andere", BeschlS. 120). In allen Ländern ist ein zentraler Punkt des Ü.-Verfahrens nach der Grundschule die Beratung der Eltern über die dem Kind angemessene Schullaufbahn und die bestehenden Wahlmöglichkeiten der Eltern (→ Informationsrecht, Wahl der Schulart). Z.T. gibt es regelrechte Aufnahmeprüfungen für die Ü. in Realschulen und →Gymnasien (wenn die Eltern von der Schullaufbahnempfehlung abweichen und z.B. bei Realschulempfehlung ihr Kind in das Gymnasium schicken wollen). In den Einzelheiten sind die Übergangsverfahren der Länder sehr unterschiedlich in ausführlichen Schul- bzw. Ausbildungsordnungen oder Aufnahmeverordnungen und Verwaltungsvorschriften, selten im Schulgesetz selbst geregelt; insofern muss auf die im Anhang II genannten Vorschriftensammlungen verwiesen werden. Auch für die „horizontalen" Ü. bestehen besondere Regelungen (z.T. als mehrseitige Versetzungsordnung, Übergangs- und Überführungsverordnung bezeichnet, z.T. in den Versetzungs- oder den Schulordnungen der betreffenden Schulart enthalten). Wegen der Ü. in → Sonderschulen siehe → Überweisungen.

▶ **Übergangsfristen** → Rechtschutz

▶ **Überspringen einer Klasse**

Auf das Ü. einer Klassenstufe bei entsprechend guten Leistungen und entsprechender Schulreife besteht nur Anspruch, wenn dies im jeweiligen Schulgesetz oder einer ergänzenden Rechtsverordnung zugelassen ist. I.d.R. ist ein Konferenzbeschluss erforderlich, teilweise auch die Beteiligung der → Schulaufsicht sowie etwa im Grundschulbereich eine schulärztliche Stellungnahme.

▶ **Überweisungen**

Zu unterscheiden sind drei Fälle (zwangsweiser) Ü.: 1. Die leistungsbedingte Ü. von einem höheren Bildungsgang in einen mit niedrigerem Leistungsniveau und anderem Bildungsziel, z.B. nach zweimaliger Nichtversetzung (→ Versetzung). In Schulen mit Kurssystem entspricht dem die Einstufung in einen Kurs mit niedrigerem Niveau. Die Ü. in eine → Sonderschule (vgl. dazu OVG Magdeburg, NVwZ 1999, 898 sowie Besprechung dazu von Jürgens/Römer, NVwZ 1999, 847) und ggf. die Rück-Ü. von dort in eine allgemeine Schulart. Sonderschul-Ü. erfolgen in einem besonderen Verfahren. Dazu gehört die Durchführung der erforderlichen medizinischen, pädagogischen und psychologischen → Untersuchungen und ggf. die Einholung von Fachgutachten. Die Eltern des Schülers und soweit möglich dieser selbst sind zu beteiligen (vgl. § 28 Abs. 6 DJT-SchulGE). Die Länder haben hierzu spezielle Regelungen erlassen (z.B. Sonderschulordnungen), die wie auch die zugrunde liegenden Schulgesetze den Anforderungen des → Rechts auf Bildung → behinderter Schüler, des → Elternrechts (individuelles) und des → Gesetzesvorbehalts teilweise nicht genügen (zu alledem vgl. die Beiträge in RdJB H. 3/1985). Sind die Voraussetzungen der Ü. in eine Sonderschule entfallen, besteht Anspruch auf Rück-Ü. in eine allgemeine Schulart (siehe auch → Integration). Eine zwangsweise Ü. oder Umsetzung in eine Parallelklasse oder andere Unterrichtsgruppe innerhalb der besuchten Schule sowie i.d.R. bei noch vollzeitschulpflichtigen Schülern die Ü. in eine andere Schule mit gleichem Bildungsziel sind als → Ordnungsmaßnahmen möglich. Daneben kann eine Umsetzung in eine Parallelklasse aus pädagogischen Gründen außerhalb von Ordnungsmaßnahmen zulässig sein, darf aber keine Umgehung der für Ordnungsmaßnahmen bestehenden rechtlichen Bindungen und Verfahren sein (insofern zweifelhaft BW VGH, NVwZ 1984, 810).

Ü. in eine Sonderschule oder Ü. als Ordnungsmaßnahme sind Verwaltungsakte, gegen die verwaltungsgerichtlich vorgegangen werden kann (→ Rechtsschutz, vorläufiger Rechtsschutz). Das gilt entsprechend für die Nichtversetzungsentscheidung als Voraussetzung der Ü.

▶ Umwandlung von Schulen

U. v. S. von einer → Schulart in eine andere sind → Schulorganisationsmaßnahmen, die als Verwaltungsakte anfechtbar sind (→ Rechtsschutz). Die verwaltungsgerichtliche Kontrolle darf nicht dadurch umgangen werden, dass die U. durch Gesetz erfolgt (OVG Hamburg, NVwZ 1985, 51). Der → vorläufige Rechtsschutz erfolgt nach h.M. gemäß § 80 VwGO und nicht nach § 123 VwGO. Ein verfassungsrechtlicher Anspruch von Eltern und Schülern auf Errichtung, Aufrechterhaltung und Fortführung einer bestimmten Schulart (z.B. eines → Gymnasiums), Bildung neuer Eingangsklassen oder Bereitstellung einer Schule in einer bestimmten Organisationsform besteht jedoch grundsätzlich nicht (vgl. HessVGH, Urt. v. 28. 5. 1979 – VI O E 10/79; HessStGH, NVwZ 1984, 90; OVG NW, NVwZ 1984, 804; vgl. aber VerfGH NW, NVwZ 1984, 781 zur (landes-)verfassungsrechtlichen Garantie der → Hauptschule). Wird zum Beispiel ein Gymnasium in eine additive → Gesamtschule oder ein Gymnasium in eine Se-

kundarstufenschule I (→ Stufenschule) umgewandelt, so werden i. d. R. keine Grundrechte der hiervon betroffenen Schüler und Eltern verletzt (vgl. BVerwG, Beschl. vom 22. 8. 1980, SPE I C I, S. 31; Beschl. v. 14. 10. 1980 – 7 B 181.80; HessStGH, NVwZ 1984, 90). Auch eine jahrgangsweise U. eines Gymnasiums in eine Gesamtschule ist grundsätzlich zulässig (OVG NRW, Beschl. v. 30. 6. 1981, Az. 5 B 664/81 und v. 1. 7. 1981, Az. 5 B 571/81; vgl. dazu auch HessVGH, NVwZ 1984, 113), ebenso die Zusammenfassung mehrerer Schulen zu einer additiven Gesamtschule (HessVGH, Urt. v. 28. 5. 1979 – VI O E 10/79; ähnlich VG Düsseldorf, RdJB 1978, 386 – Reduzierung einer ursprünglich für die Jahrgangsstufen 5 bis 13 geplanten Gesamtschule auf die Jahrgänge 5 bis 10 und Errichtung einer selbstständigen Kollegschule für die Jahrgangsstufen 11 bis 13). Jedoch kann die Auflösung aller Oberstufen an den herkömmlichen Gymnasien und gleichzeitige Errichtung einer Oberstufenschule das → Elternrecht (hier: aus Art. 55, 56 hess. LV) verletzen, wenn unter Vorwegnahme der später landesweit eingeführten reformierten gymnasialen Oberstufe nur Unterricht in der Form angeboten wird, die der HessStGH (NJW 1982, 1381) als mit der hess. LV für nicht vereinbar erklärt hat (HessVGH, NVwZ 1984, 114). Grundsätzlich liegt es im Organisationsermessen (Planungsermessen) der Schulbehörde, Schulorganisationsmaßnahmen zu treffen (vgl. OVG NRW, NJW 1979, 829). Allerdings kann die U. von Gymnasien in Gesamtschulen dem → Gesetzesvorbehalt unterliegen, wenn z. B. Gesamtschulen ohne ausdrückliche gesetzliche Verleihung des Status einer → Regelschule allmählich durch U. einzelner Schulen als solche eingeführt werden (vgl. OVG Hamburg, NJW 1980, 2146; BVerwG, Beschl. v. 14. 10. 1980 – 7 B 181.80 – U. eines herkömmlichen Gymnasiums in eine Sekundarstufenschule I).
→ Schließung von Schulen

▶ **Umwelterziehung**

Unter U. in einem umfassenden, nicht allein auf den schulischen Bereich bezogenen Sinn versteht man die Gesamtheit aller pädagogischen Bemühungen, mittels einer dem Lerngegenstand angemessenen Didaktik und Methodik einen kontinuierlichen Lernprozess in Gang zu setzen und zu fördern, der die Entwicklung von Verantwortungsbewusstsein und Verantwortungsfähigkeit gegenüber der Umwelt zum Ziel hat. Die Aufgabe der U. ist in diesem weiten Sinn bereits im Umweltprogramm der Bundesregierung von 1971 sowie im Umweltbericht 1976 erwähnt, was als erster Versuch einer programmatischen Verankerung der U. angesehen werden kann. Wichtige Impulse hierzu gingen aus dem internationalen Bereich hervor. Den Ausgangspunkt bildete die Konferenz der Vereinten Nationen über die Umwelt des Menschen im Jahre 1972 in Stockholm, auf der die Entwicklung eines Internationalen Programms für U. empfohlen wurde (Stockholm-Deklaration). Die UNESCO folgte dieser Empfehlung und entwickelte in Zusammenarbeit mit ihren Mitgliedstaaten und dem in Stockholm ins Leben gerufenen Umweltprogramm der Vereinten Nationen (UNEP) ein solches Programm. Als Folge der UNESCO-Weltkonferenz über U. in Tiflis 1977 wurde im Jahr 1978 im Umweltbundesamt die UNESCO-Verbindungsstelle für U. eingerichtet. Sie hat die Aufgabe, den Informations- und Erfahrungsaustausch in allen Bildungsbereichen zu fördern und bestehende Defizite der U. durch gezielte Forschungs- und Entwicklungsarbeiten abzubauen (vgl. zu alledem Kayser, Stichwort „U." in: Handwörterbuch des Umweltrechts (HdUR), hrsg. von Kimminich/v. Lersner/Storm, II. Bd., 2. Aufl. 1994, Sp. 2131; vgl. auch die vom Umweltbundesamt herausgegebenen Publikationen.

Eine wichtige politische Verankerung der U. im Bildungssystem erfolgte durch den am 17. 10. 1980 verabschiedeten Beschluss der KMK „Umwelt und Unterricht", in dem U. zum fächerübergreifenden Unterrichtsprinzip erhoben wurde (KMK-BeschlS. 669). Auf der 260. KMK 1992 wurde der Bericht „Schulische U. in Deutschland" (RS Nr. 536/92 vom 24. 9. 1992) verabschiedet.

Seit Mitte der 80er Jahre sowie nach der Wiedervereinigung wurde der Umweltschutz als Staatszielbestimmung in den Landesverfassungen verankert (vgl. z. B. Art. 3 bay. LV, Art. 31 berl. LV, Art. 39 brand. LV, Art. 12 meckl.-vorp. LV, Art. 29a nrw. LV, Art. 33 rh.-pf. LV, Art. 30 saarl. LV, Art. 10 sächs. LV, Art. 35

sachs.-anh. LV, Art. 31 thür. LV; vgl. aber auch die älteren noch nicht so weitgehenden Bestimmungen in Art. 86 b.-w. LV, Art. 62 hess. LV, Art. 18 Abs. 2 nrw. LV, Art. 40 rh.-pf. LV; Art. 34 saarl. LV; Art. 141 bay. LV). Nach diesen landesverfassungsrechtlichen Bestimmungen sind – mit unterschiedlichen Formulierungen im Einzelnen – die natürlichen Lebensgrundlagen bzw. die Umwelt unter den Schutz des Staates gestellt. In der nrw. LV ist zugleich die Verantwortung für die Erhaltung der natürlichen Lebensgrundlagen in den Katalog der verfassungsrechtlichen → Bildungs- und Erziehungsziele aufgenommen worden (Art. 7 Abs. 2 nrw. LV). Die in der bay. LV verankerten obersten Bildungsziele sind durch „Verantwortungsbewusstsein für Natur und Umwelt" ergänzt worden (Art. 131 Abs. 2 bay. LV).

Eine ausdrückliche Verankerung des Umweltschutzes im GG erfolgt durch Gesetz vom 27. 10. 1994 (BGBl. I S. 3146) nach jahrelanger kontroverser Diskussion durch Einfügung des Art. 20a in das GG („Der Staat schützt auch in Verantwortung für die künftigen Generationen die natürlichen Lebensgrundlagen im Rahmen der verfassungsmäßigen Ordnung durch die Gesetzgebung und nach Maßgabe von Gesetz und Recht durch die vollziehende Gewalt und die Rechtsprechung"). Damit erfolgte eine ausdrückliche bundesverfassungsrechtliche Verankerung des Umweltschutzes nur als Staatszielbestimmung, nicht aber als Grundrecht. Gleichzeitig versteht Art. 20a GG den Umweltschutz nicht im Sinne eines auf den Schutz der Umwelt im Interesse des Menschen beschränkten anthropozentrischen Umweltschutzes, sondern in einem umfassenderen Sinn als einen auch die Natur um ihrer selbst willen schützenden ökozentrischen Umweltschutz (vgl. dazu ausführlich Kimminich, Stichwort „Umweltverfassungsrecht", in: HdUR, II. Band, 2. Aufl. 1994, Sp. 2462 ff.; Staupe, Stichwort Umweltverfassungsrecht in: Große/Mittag/Lehmann (Hrsg.), Umwelt, WEKA-Fachlexikon).

▶ Unfallversicherung

In der gesetzlichen U. sind seit 1971 (vgl. Gesetz über U. für Schüler und Studenten sowie Kinder in Kindergärten v. 18. 3.

1971, BGBl. I S. 237) gemäß § 539 Abs. 1 Nr. 14 der Reichsversicherungsordnung (RVO) unter anderem versichert:
a) Kinder während des Besuchs von Kindergärten (§ 539 Abs. 1 Nr. 14a RVO),
b) Schüler während des Besuchs allgemeinbildender Schulen (§ 539 Abs. 1 Nr. 14b RVO),
c) Lernende während der beruflichen Aus- und Fortbildung und ehrenamtlich Lehrende in Betriebsstätten, Lehrwerkstätten, berufsbildenden Schulen, Schulungskursen und ähnlichen Einrichtungen, soweit sie nicht bereits zu den nach § 539 Abs. 1 Nr. 1 bis 3 und 5 bis 8 RVO Versicherten gehören (§ 539 Abs. 1 Nr. 14c RVO).

Danach sind alle Schüler bei → Schulveranstaltungen unfallversichert (z. B. auch bei Skilehrgängen, SG Bayreuth, Urt. v. 22. 6. 1979, S 7/U 155/77). Erleidet ein Schüler bei einer solchen Veranstaltung einen Unfall, so besitzt er einen Rechtsanspruch gegenüber dem Träger der gesetzlichen U. (nicht gegenüber der Schule) auf Ersatz der durch den Unfall verursachten Kosten, insbesondere der Unfall-, Heilbehandlungs- und Pflegekosten. In der Praxis bereitet häufig die Frage nach dem zuständigen Träger der U. nicht unerhebliche Probleme. Entscheidend hierfür ist, wer für die Sachkosten (nicht: Personalkosten) der Einrichtung aufkommt. Die gesetzliche U. erstreckt sich jedoch nicht auf eine von den Schülern einer Klasse veranstaltete Abschlussfeier, selbst wenn der Klassenlehrer daran teilnimmt (Bay. LandessozG, Urt. v. 11. 12. 1986, L 3 U 73/86).

U. besteht i. d. R. auch auf dem → Schulweg. Grundsätzlich ist dem Schüler freigestellt, wie und auf welchem Wege er die Schule bzw. sein Zuhause erreicht. Versicherungsschutz besteht nicht nur, wenn der Schulweg zu Fuß, mit dem Fahrrad, Moped, Motorrad, Auto, Bus oder Bahn zurückgelegt wird, sondern auch bei Fahrgemeinschaften und sogar auf Rollschuhen oder Skateboard. Auch bei Umwegen kann unter bestimmten Voraussetzungen Versicherungsschutz bestehen (z. B. bei Umweg aus Sicherheitsgründen, beim Abholen von Mitgliedern einer Fahrgemeinschaft oder wegen Berufstätigkeit der Mutter; dazu BSG, NJW 1995, 214). Auch Schüler, die ein Betriebspraktikum absolvieren, zur Berufsberatung ein Arbeitsamt aufsuchen oder sich nach einer Praktikumsstelle umsehen, sind versichert, wenn die Besuche im Rahmen des Unterrichts oder im Einvernehmen mit der Schule stattfinden.

Die U. garantiert eine Unfallrente bei Dauerschäden je nach Beschädigungsgrad.

Zu Einzelfällen der U. für Schüler vgl. die in RdJB 1984, 373 ff. aufgeführten Leitsätze zahlreicher einschlägiger Entscheidungen sowie Lorentzen, Der Rückgriff des Unfallversicherungsträgers bei Schulunfällen, RdJB 1984, 375 ff.

▶ **Unterhaltsbeihilfen** → Erziehungsbeihilfen

▶ **Unterhaltspflicht** → Erziehungsberechtigte, → Zweitausbildung

▶ **Unterhaltung des Schulwesens** → Schulfinanzierung

▶ **Unterrichtsausfall**

In gewissem Umfang ist U. auf Grund unvorhersehbarer Umstände unvermeidbar und, soweit es sich um U. von kurzer Dauer handelt, auch von Schülern und Eltern hinzunehmen. Da der Staat verpflichtet ist, für einen Unterricht zu sorgen, der den Vorgaben in → Lehrplänen und → Stundentafeln entspricht und alle Schüler u. E. schon aus Gründen der Gleichbehandlung einen entsprechenden Rechtsanspruch haben, ist längerer U. oder etwa der völlige Wegfall eines Unterrichtsfaches an einer Schule rechtlich nicht ohne weiteres zulässig, in der Praxis aber zumeist auf Grund von Organisationsmängeln in Schulverwaltung und Schule nicht selten der Fall. Da längerer U. in aller Regel absehbar ist, muss für diese Fälle in einer Weise vorgesorgt werden, die den Bildungsanspruch der Schüler sicherstellt (z. B. durch eine sogenannte Lehrerfeuerwehr, durch entsprechende Personalausstattung, befristete Einstellung von Aushilfskräften, Abordnung oder Versetzung von Beamten). Zur Vertretung dürfen – abgesehen von ganz kurzzeitig und unvorhersehbar ausgefallenem Unterricht –

nur ausreichend qualifizierte Lehrpersonen herangezogen werden. Gegen längeren U. könnten Schüler und Eltern rechtlich im Wege der verwaltungsgerichtlichen Klage (→ Rechtsschutz, vorläufiger Rechtsschutz) u. U. mit Erfolg vorgehen (skeptisch Stüer, RdJB 1986, 282). Unzutreffend m. E. die Begr. bei VG Wiesbaden, Beschl. v. 30. 5. 1985 (AZ: I/1 G 329/85): dort war der (allerdings unsachgemäß formulierte) Antrag von Eltern, wegen umfangreichen U. zusätzliche Lehrer einzustellen, mit der Begr. abgewiesen worden, dass damit unzulässig in die Personalhoheit des Landes bzw. die Kompetenzen des Haushaltsgesetzgebers eingegriffen würde. Unbeachtet bleibt hier, dass im Rahmen der Haushaltswirtschaft sehr wohl Mittel für Aushilfslehrkräfte bereitgestellt werden könnten. Soweit ersichtlich, hat sich die Rspr. hierzu aber im Übrigen noch nicht geäußert.

▶ **Unterrichtsbefreiung** → Befreiung, → Beurlaubung vom Unterricht

▶ **Unterrichtsbeihilfen** → Ausbildungsförderung, → Erziehungsbeihilfen

▶ **Unterrichtsboykott** → Demonstrationsrecht, → Schülerstreik, → Schulpflicht

▶ **Unterrichtsfächer** → Fächerkatalog

▶ **Unterrichtsfreier Sonnabend** → Fünf-Tage-Woche

▶ **Unterrichtsinhalte** → Bildungs- und Erziehungsziele, → Fächerkatalog, → Lehrpläne, → Sprachenfolge

▶ **Unterrichtsversäumnis** → Schulversäumnis

▶ **Unterrichtszeit** → Ferien, → Ganztagsschule, → Fünf-Tage-Woche

▶ Untersuchungen

Eine Reihe von Schullaufbahnentscheidungen (→ Übergänge) erfordert medizinisch-psychologische U. des Kindes wie z. B. Schulreifetests, Feststellung des Entwicklungsstandes des Kindes bei vorzeitiger oder späterer → Einschulung, Feststellung der → Bildungsunfähigkeit, bei Gutachten zur Aufnahme oder → Überweisung in eine Schule für → Behinderte. Die Ländergesetze regeln dies sehr unterschiedlich, nicht selten lückenhaft und im Hinblick auf die Anforderungen des → Gesetzesvorbehalts häufig unzureichend. Ausführlichere Bestimmungen bestehen jedoch durchweg im Zusammenhang mit der Erfüllung der → Schulpflicht. Voraussetzungen und Grenzen derartiger U. müssen gerade in diesen für die geistige und psychische Integrität des Kindes (Art. 1 Abs. 1 i.V.m. Art. 2 Abs. 1 GG: Menschenwürde und freie Entfaltung der Persönlichkeit) relevanten und sensiblen Bereichen wie psychodiagnostischen Tests (Fähigkeits-/Persönlichkeitstests) und medizinischen U. und auch im Hinblick auf das elterliche Erziehungsrecht möglichst präzise festgelegt werden (vgl. Vorschlag in § 46 und S. 249 ff. DJT-SchulGE). Eine Pflicht zur Teilnahme an U. besteht nur, wenn dies schulrechtlich ausdrücklich bestimmt ist. Daneben bestehen Regelungen über die → Schulgesundheitspflege.

▶ Unzucht mit Abhängigen → Strafrecht und Schule

▶ Urheberrecht

Die öffentliche Wiedergabe von Musik- und Sprachwerken ist urheberrechtlich geschützt durch die Bestimmungen des Urheberrechtsgesetzes (UrhG) vom 9. 9. 1965 (BGBl. I S. 1273, zul. g. d. G. v. 1. 9. 2000, BGBl. I S. 1374; vgl. dazu: Dietz, SchVw 1985, 212; Flechsig, NJW 1985, 1991; Hasselbring, RdJB 1996, 84 ff.; s. auch Kontroverse zwischen Bender, RdJB 1985, 486 ff., RdJB 1986, 172 f. und Dietz, RdJB 1986, 167 ff.). Die Schule ist verpflichtet, die Bestimmungen des UrhG zu beachten. Das UrhG schützt Werke der Literatur, Wissenschaft und Kunst (§ 1 UrhG). Vom U. nicht umfasst sind amtliche Werke (Gesetze, Verordnungen, Erlasse u. ä.) und unter bestimmten Voraussetzungen öffentlich gehaltene Reden, Rundfunk- und Zeitungskommentare und Nachrichten (vgl. §§ 48, 49 UrhG). Das U. erlischt 70 Jahre nach dem Tod des Urhebers (§ 64 Abs. 1 UrhG), so dass ältere Werke ohne Verletzung des U. vervielfältigt (→ Fotokopieren), verbreitet, aufgeführt oder sonstwie wiedergegeben werden dürfen. Die öffentliche Wiedergabe eines geschützten Werkes ist grundsätzlich nur mit Einwilligung des Komponisten bzw. Autors zulässig. Öffentlich ist die Wiedergabe eines Werkes, wenn sie für eine Mehrzahl von Personen bestimmt ist, es sei denn, dass der Kreis dieser Personen bestimmt abgegrenzt ist und sie durch gegenseitige Beziehungen zur veranstaltenden Schule persönlich untereinander verbunden sind (vgl. § 15 Abs. 3 UrhG). → Schulveranstaltungen mit musikalischen oder sonstigen Darbietungen sind demnach nicht öffentlich, wenn an ihnen ausschließlich Lehrer oder Schüler teilnehmen. Kommen Eltern hinzu, so bleibt die Veranstaltung nicht öffentlich, wenn die Teilnahme der Eltern in engem Zusammenhang mit der Erziehungsaufgabe der Schule steht, also z. B. wenn gezeigt werden soll, was die Schüler im Musikunterricht gelernt haben (vgl. Bender, RdJB 1985, 486 ff.). Nichtöffentliche Aufführungen lassen das U. von vornherein unberührt, d. h. sie bedürfen keiner Genehmigung und sind vergütungsfrei. Die öffentliche Wiedergabe von Werken ist ausnahmsweise auch ohne vorherige Zustimmung des Urhebers zulässig, wenn es sich um eine in jeder Hinsicht unentgeltliche Aufführung i. S. v. § 52 Abs. 1 S. 1 UrhG handelt, d. h. die Schule (a) keinen Erwerbszweck verfolgt, (b) kein Eintrittsgeld erhebt (auch nicht in Form eines Unkostenbeitrags), und (c) keinem der ausübenden Künstler ein Honorar bezahlt.

Für die öffentliche Wiedergabe ist in jedem Fall eine angemessene Vergütung zu entrichten (§52 Abs. 1 S. 2 UrhG). Die Vergütungspflicht entfällt bei Schulveranstaltungen, die nach ihrer sozialen oder erzieherischen Zweckbestimmung nur einem bestimmten abgegrenzten Kreis von Personen zugänglich sind (§ 52 Abs. 1 S. 3 UrhG). Dazu zählen jedenfalls alle Veranstaltungen, die von der Schule oder von Schülern selbst im Rahmen der schulischen Aufgaben durchgeführt werden und die im Ablauf eines Schuljahres üblich sind (vgl. Heckel/Avenarius, Schulrechtskunde, 1986, 133). Dient die Veranstaltung dem Erwerbszweck eines Dritten (z. B. Vermieter des Saales), so hat dieser die Vergütung zu zahlen (§ 52 Abs. 1 S. 4 UrhG).

Bedarf die Veranstaltung der Zustimmung des Berechtigten, weil mindestens eine der Voraussetzungen oben (a) bis (c) nicht vorliegt, so hat der → Schulleiter zuvor die Einwilligung der zuständigen Verwertungsgesellschaft einzuholen. Dies ist für musikalische Darbietungen die Gesellschaft für musikalische Aufführungs- und mechanische Vervielfältigungsrechte (GEMA), für Wiedergaben eines Sprachwerks die Verwertungsgesellschaft WORT (VG WORT). Für die Verwendung von urheberrechtlich geschützten Werken in → Schulbüchern s. Sonderregelung in § 46 UrhG (zu Schulfunksendungen vgl. § 47 UrhG). Danach ist eine Vervielfältigung zulässig, wenn Sprachwerke oder Werke der Musik von geringem Umfang, einzelne Werke der bildenden Künste oder einzelne Lichtbildwerke nach dem Erscheinen in eine Sammlung aufgenommen werden, die die Werke einer größeren Anzahl von Urhebern vereinigt und nach ihrer Beschaffenheit nur für den Schul- oder Unterrichtsgebrauch bestimmt ist. Die geplante Vervielfältigung von Sammlungen für den Musikunterricht ist bei der GEMA, die Vervielfältigung von sonstigen Sammlungen bei der VG WORT anzumelden (zur Verwendung audiovisueller Unterrichtsmedien vgl. Bender, RdJB 1987, 185).

Rundfunksendungen, Schallplatten und Tonbänder dürfen grundsätzlich nicht ohne Einwilligung der GEMA bzw. der VG WORT zur Verwendung im Unterricht überspielt werden. Dagegen dürfen Reden über Tagesfragen (z. B. Parlamentsdebatten) und Nachrichtensendungen sowie Schulfunksendungen überspielt und mitgeschnitten werden, Schulfunksendungen allerdings nur zur Verwendung bis zum Ende des der Sendung folgenden Schuljahres; danach sind sie zu löschen oder es ist eine Vergütung zu zahlen (§§ 47, 48 UrhG). Diese Regelung für Schulfunksendungen verletzt keine Rechte der Urheber (BVerfGE 31, 270).
→ Schülerarbeiten.

V

▶ **Vereinigungsfreiheit** → Schülergruppen

▶ **Verfahrensfehler**

V. kommen im Schulwesen insbesondere bei → Prüfungen und auch bei sonstigen → Leistungsbewertungen vor. V. können zu ungleichen Bedingungen und damit zur Verletzung der → Chancengleichheit führen (vgl. dazu Lampe, Gerechtere Prüfungsentscheidungen, 1999). Man sollte sich aber davor hüten zu glauben, mit der Berufung auf V. und/oder ungleiche sonstige Bedingungen ohne weiteres eine – eigentlich wegen Leistungsmängeln – nicht bestandene Prüfung auf dem Rechtsweg nachbessern oder eine Wiederholung erreichen zu können. Denn die Aufhebung von nicht nichtigen, sondern lediglich gegen Verfahrens- und Formvorschriften verstoßenden Prüfungsentscheidungen kann nur verlangt werden, wenn die Fehlerhaftigkeit Einfluss auf das Ergebnis hatte (§ 46 VwVfG). Hätte die Entscheidung in der Sache nicht anders getroffen werden können, ist sie trotz des Fehlers nicht angreifbar. Anders gesagt: Man muss bei fehlerhaft ermittelten Prüfungsleistungen oder der Verletzung von Verfahrensvorschriften bei Prüfungen und anderen schulischen Leistungsbewertungen immer fragen, ob der Betroffene bei Beachtung der ihn begünstigenden Verfahrensvorschriften ein besseres Ergebnis erzielt hätte. Nur wenn sich dies nicht ausschließen lässt, ist der Fehler erheblich. Die erforderliche Kausalität zwischen V. und Prüfungsergebnis darf nicht aus der Luft gegriffen sein, sondern muss im Bereich realer Möglichkeit liegen (vgl. allg. Hufen, Fehler im Verwaltungsverfahren, 3. Aufl. 1998). Ist der fehlerhafte Verfahrensteil isoliert von dem eigentlichen Prüfungsgeschehen nachholbar, so kann der V. heilbar sein (vgl. § 45 VwVfG). Dies ist z.B. nicht möglich, wenn ein Mitglied des Prüfungsausschusses oder der Versetzungskonferenz bei der Beratung abwesend ist und später erklärt, es sei mit der Nichtversetzung (→ Versetzung) einverstanden.

Hinsichtlich der Beseitigung von V. ist zu unterscheiden zwischen Fehlern bei der Ermittlung und Fehlern bei der Bewertung einer Leistung. Im ersten Fall ist das tatsächliche Leistungsbild verfälscht. Die Annahme (besserer) fiktiver Leistungen des Prüflings ist nicht möglich, so dass ein Bestehen der Prüfung nicht ohne tatsächlich erbrachte bessere Leistungen als bestanden erklärt werden kann. Daher ist eine Wiederholung der Prüfung notwendig (BVerwG, NJW 1980, 2208; BW VGH, Urt. v. 30. 6. 1980, SPE III F II, S. 71 und Beschl. v. 10. 4. 1979, SPE II F II, S. 201). Handelt es sich dagegen um eine fehlerhafte Bewertung einer tatsächlich erbrachten Leistung (z.B. sachfremde Erwägungen), so ist allein der Bewertungsvorgang (Beratung und Entscheidung) zu wiederholen (BVerwG, Urt. v. 20. 6. 1978, SPE III D I, S. 7; BW VGH, DÖV 1982, 164). Eine erneute Prüfung ist i.d.R. nicht notwendig, es sei denn, die erneute Bewertung ist z.B. wegen Zeitablaufs, ständiger Verhinderung eines Prüfers oder ähnlichem nicht möglich. Ein Bewertungsfehler liegt z.B. dann vor, wenn eine → Note im → Zeugnis entgegen geltenden Bestimmungen allein aus dem Ergebnis der schriftlichen Arbeiten gewonnen wurde, ohne dass die mündlichen Leistungen gewertet wurden (BW VGH, DVBl. 1983, 597) oder eine falsche Gewichtung zwischen schriftlichen und mündlichen Leistungen erfolgte (OVG Rh.-Pf., DVBl. 1986, 1116). Ein an die fehlerhaft ermittelte (schlechte) Note geknüpfter Ausschluss vom → Abitur muss ggf. durch Einräumung einer sonst nicht vorgesehenen Nachprüfungsmöglichkeit – auch als Einzelprüfung – rückgängig gemacht werden (BW VGH, DVBl. 1983, 597 m.w.N.).

Erkennt der Betroffene Fehler beim Prüfungsverfahren, die ihn benachteiligen, muss er sie i.d.R. unverzüglich rügen, sonst läuft er Gefahr, sich in einem Verwaltungsstreitverfahren hierauf nicht mehr mit Erfolg berufen zu können. Kriterium für die Rügepflicht ist die Frage, ob es zumutbar war, die Einwände ohne Gefahr sonstiger Nachteile schon imPrüfungsverfahren zu erheben (z.B. auf fehlende Hilfsmittel hinzuweisen, vgl. BW VGH, BW VBl. 1983, 215) und ob der Prüfling die Benachteiligung bewusst in

Kauf genommen hat. Dies ist z. B. der Fall, wenn er trotz Kenntnis seiner Krankheit nicht von der Möglichkeit eines Rücktritts von der Prüfung Gebrauch gemacht hat (BVerwG, BayVBl. 1985, 26). Liegen die Chancengleichheit erheblich beeinträchtigende Mängel in der Sphäre der prüfenden Behörde (z. B. hinsichtlich der äußeren Prüfungsbedingungen wie Hitze, Kälte, Lärm im Prüfungsraum), muss der Prüfling dies i. d. R. nicht rügen (HessVGH, U. v. 6. 4. 1984, SPE III F VII S. 71). Neben dem Verfahren muss die Prüfung sowohl hinsichtlich der Person der Prüfer bzw. Mitglieder eines Prüfungsgremiums (Prüfungsausschuss, Konferenz) als auch der genannten äußeren Prüfungsbedingungen (z. B. Lärm, Hitze, rauchende Mitprüflinge) wie der inhaltlichen Bewertung fehlerfrei sein. So muss der Prüfer die erforderliche Qualifikation aufweisen, darf nicht wegen → Befangenheit ausgeschlossen sein, der Stil der Prüfung muss den Geboten der Sachlichkeit und Fairness entsprechen (BVerwG, NVwZ 1985, 187) und die erbrachte Leistung muss korrekt bewertet werden. Korrekte Bewertung umfasst äußere Dinge wie angemessene Prüfungszeit und Zugrundelegung des vorgeschriebenen Prüfungsstoffes sowie Freiheit von Willkür. D. h. vor allem, dass keine offensichtlichen Denkfehler oder Verstöße gegen allgemein anerkannte Bewertungsgrundsätze vorliegen dürfen. Ferner darf die Bewertung nicht auf sachfremden Erwägungen beruhen und muss in erster Linie dem Gebot der Gleichbehandlung entsprechen (→ Leistungsbewertung).

Täuschungen im Prüfungsverfahren sind – auf Seiten des Prüflings – ebenfalls ein Verstoß gegen die Chancengleichheit (Vorteile gegenüber den Mitprüflingen). Handlungen mit Täuschungsabsicht während einer Prüfung (z. B. Benutzen unerlaubter Hilfsmittel) können rechtlich zulässig zum Nichtbestehen der Prüfung führen, wobei der Grundsatz der → Verhältnismäßigkeit für die Sanktion zu beachten ist. Einzelheiten hierzu enthalten alle Prüfungsordnungen. Wird eine Täuschung nachträglich erkannt, kann die Prüfungsentscheidung zurückgenommen werden (vgl. § 48 Abs. 1 und Abs. 2 S. 3 Nr. 4 VwVfG). Gesundheitsbeeinträchtigungen des Prüflings sind nur dann mit der Folge eines Anspruchs auf Aufhebung bzw. Wiederholung der Prüfung rechtlich relevant, wenn eine wesentliche Verminderung der allgemeinen Startchancen vorlag, d. h. i. d. R. nur bei akuter Krankheit. Allgemeiner Prüfungsstress und Prüfungsangst – unterhalb der Schwelle einer Erkrankung – gehören zum Risikobereich des Prüflings. Wer seine Krankheit kennt, dem ist der nach allen Prüfungsordnungen mögliche ordnungsgemäße Rücktritt von der Prüfung zumutbar; die Vorlage eines amtsärztlichen Attestes kann rechtlich zulässig vorgeschrieben werden. Bei Schülern mit einer körperlichen Behinderung, die mit der zu ermittelnden Fähigkeit nichts zu tun hat und die – im Falle dauernder Behinderung – in dem mit der Prüfung angestrebten weiteren Bildungsgang bzw. Beruf durch Hilfsmittel ausgeglichen werden kann, gebietet die Chancengleichheit einen sachgerechten Ausgleich durch Modifizierung der Prüfungsbedingungen (z. B. Arbeitszeitverlängerung bei Augenleiden oder gebrochenem Arm, besondere Hilfsmittel bei der Prüfung blinder Schüler).

Prüfer bzw. Mitglieder von Prüfungsgremien treffen höchstpersönliche, wertende Entscheidungen, die nur begrenzter Nachprüfung durch Rechtsbehelfe unterliegen (sog. Beurteilungsspielraum, → Leistungsbewertung, Rechtsschutz). Auch die Schulaufsichtsbehörden dürfen nur eingeschränkt in diese Entscheidungen eingreifen und sie abändern und zwar auch dann, wenn die maßgeblichen Rechtsvorschriften solche Eingriffe nicht ausdrücklich begrenzen → pädagogische Freiheit, Schulaufsicht. Liegt kein Bewertungsfehler vor, darf weder die Schulaufsicht noch z. B. eine Lehrerkonferenz die Bewertung des einzelnen Prüfers oder Lehrers abändern (z. B. bloß weil sie eine strengere oder weniger strengere Beurteilung für angemessener hält). Insofern genießen Prüfer bzw. Lehrer eine gewisse Unabhängigkeit; die begrenzten Kontrollbefugnisse der Schulaufsichtsbehörden beschränken sich auf das Vorliegen von Rechtsfehlern bei der Prüfung bzw. Leistungsbewertung. Prüfungsentscheidungen sind Verwaltungsakte, gegen die mit den hierfür vorgesehenen Rechtsbehelfen vorgegangen werden kann (→ Rechtsschutz, vorläufiger Rechtsschutz).

▶ **Verfassungsbeschwerde** → Rechtsschutz

▶ **Vergabe von Schulräumen** → Schulnutzung

▶ Verhältnismäßigkeit

Der Grundsatz der V. folgt aus dem im GG verankerten Rechtsstaatsprinzip (Art. 20 Abs. 3 GG) und enthält das verfassungsrechtliche Gebot, dass staatliche Maßnahmen nicht außer Verhältnis zu dem von ihnen verfolgten Zweck stehen dürfen. Im Schulbereich wird der Grundsatz der V. vor allem relevant bei schulischen → Ordnungsmaßnahmen. Ein Ausschluss vom Unterricht für mehrere Tage, die Androhung der Entlassung sowie der Ausspruch der Entlassung aus der Schule sind nur dann zulässig, wenn sie im konkreten Fall unter Berücksichtigung sowohl der Rechte des betroffenen Schülers als auch der schutzwürdigen Belange anderer unerlässlich sind. Dies wurde im Streit um das → Plakettentragen in der Schule vom BayVGH verneint, so dass die Ordnungsmaßnahmen der Schule als rechtswidrig anzusehen waren (BayVGH, NJW 1982, 1089). Der Grundsatz der V. kommt auch bei der → Leistungsbewertung im Rahmen von Prüfungen zum Tragen (BVerwG, Beschl. v. 19. 8. 1975, SPE III E I, S. 51; BW VGH, Beschl. vom 28. 3. 1979, SPE II B II, S. 31; OVG NRW, DÖV 1983, 299 – Überbewertung äußerer Formen und von Rechtschreib-, Grammatik- und Zeichenfehlern; → Rechtsschutz). Hinsichtlich des → Rauchens in der Schule dürfte ein ausnahmsloses Rauchverbot auch für → volljährige Schüler außerhalb des Unterrichts auf dem Schulhof gegen das Gebot der V. verstoßen.

▶ Verkehrssicherungspflicht → Haftung

▶ Verordnung → Schulrecht

▶ Verpflichtungsklage → Rechtsschutz

▶ Verrechtlichung der Schule

Mit dem Schlagwort von der V. d. S. wird eine zunehmende rechtliche Strukturierung des Schulwesens durch → Schulgesetze, Verwaltungsvorschriften und gerichtliche Entscheidungen behauptet. In Anlehnung an die Dreiteilung der Gewalten werden die verschiedenen Formen der Verrechtlichung als Vergesetzlichung (Parlamentarisierung), Bürokratisierung sowie Vergerichtlichung (Justizialisierung) bezeichnet. Vergesetzlichung meint die V. d. S. durch den Gesetzgeber, der in den letzten zehn Jahren zunehmend von den Gerichten aufgefordert wurde, die wesentlichen Entscheidungen im Schulwesen nicht länger der Schulverwaltung zu überlassen, sondern sie selbst in parlamentsgesetzlichen Leitentscheidungen zu regeln (→ Gesetzesvorbehalt). Die Landesgesetzgeber sind der Auffassung der Gerichte in unterschiedlichem Maße gefolgt. Von einer Überregelung in Form einer angeblichen „Gesetzesflut" kann trotz Durchsetzung des Gesetzesvorbehalts jedenfalls im Schulrecht keine Rede sein (vgl. dazu im einzelnen Staupe, Die „Verrechtlichung" der Schule – Erscheinungsformen, Ursachen und Folgen, in: Leviathan, Zeitschrift für Sozialwissenschaft, 1982, 273 ff.).

Auch die Justizialisierung des Schulwesens, d.h. die Anrufung der Gerichte gegen schulpolitische Entscheidungen sowie gegen schulische Einzelmaßnahmen, hat nicht in dem Maße zugenommen, wie es in anderen Bereichen der Verwaltungsgerichtsbarkeit zu beobachten ist. Gleichwohl ist festzustellen, dass die Anfechtung als ungerecht empfundener schulischer Entscheidungen (insbesondere hinsichtlich → Versetzungen, → Abschlüssen und → Schulorganisationsmaßnahmen) nichts Außergewöhnliches mehr ist.

Das Hauptproblem der V. der Schule, das besonders im Schulalltag spürbar wird, liegt in seiner enormen Bürokratisierung, die sich in den Ländern zwar in unterschiedlichem Umfang, im Prinzip aber überall in einer Fülle von Verwaltungsvorschriften (Erlassen, Richtlinien usw.) zeigt, die für Schulleiter, Lehrer, Schüler und Eltern kaum noch überschaubar sind (vgl. auch die Kritik in BVerfGE 58, 257, 271). Die „erlaßfreie Schule" ist trotz vorhandener Versuche, das Dickicht der Erlasse zu lichten, nur Wunschdenken geblieben.

▶ **Verschulden** → Haftung, → Ordnungsmaßnahmen, → Strafrecht und Schule

▶ Versetzung

Die Entscheidung über die V. erfordert die Feststellung, dass der Schüler das Ziel der Klasse erreicht hat, sowie die Prognose, dass der Schüler in der nächsthöheren Klasse voraussichtlich mit Erfolg mitarbeiten kann. Unter welchen Voraussetzungen im Einzelnen, in welchem Verfahren und durch wen die V. auszusprechen ist, ist zum Teil in den Schulgesetzen der Länder, zum Teil in ausführlicher Form in den Versetzungsordnungen geregelt (→ Schulrecht, Schulordnungen). Die Entscheidung über die (Nicht-)V. stellt einen Verwaltungsakt dar (so schon BVerwGE 8, 272; 18, 272; vgl. auch VGH B.-W., Beschl. v. 13. 6. 1985, NVwZ 1985, 593; a.A. VGH München, Beschl. v. 20. 12. 1985, NVwZ 1986, 398). Nach der Rspr. des BVerfG reicht es aus, wenn der Gesetzgeber sich darauf beschränkt, die Einrichtung der „Versetzung" im Gesetz vorzusehen, indem er diesen allgemeinen Begriff ohne weitere Präzisierung verwendet (BVerfGE 58, 257, 278; dazu krit. Bryde, DÖV 1982, 243 und 661 ff., 672; a.A. noch VG Hamburg, NJW 1976, 75). Das BVerwG hatte demgegenüber in einer früheren Entscheidung eine Regelung im Gesetz selbst verlangt, in der auch bestimmt werden sollte, nach welchen Grundsätzen die Eignung des Schülers für eine erfolgreiche Mitarbeit in der nächsthöheren Klasse festzustellen sei, z.B. welche Leistungen regelmäßig zu fordern seien, sowie verfahrensrechtlich, wer für die Versetzungsentscheidung zuständig sei (BVerwGE 56, 155, 159f.). Der strengeren Auffassung des BVerwG ist m.E. zuzustimmen, da die Nichtversetzung unter anderem tatbestandliche Voraussetzung für eine eventuelle spätere leistungsbedingte zwangsweise → Entlassung wegen zweimaliger Nichtversetzung sein kann (keine Entlassung jedoch, wenn erste → Wiederholung der Klasse freiwillig war, OVG NW, NVwZ 1986, 399) und allein schon deswegen eine intensiv grundrechtsrelevante Entscheidung darstellt (→ Gesetzesvorbehalt; vgl. Staupe, Parlamentsvorbehalt und Delegationsbefugnis, 1986, 371 ff.). Das BVerwG hat demgegenüber in einer weiteren Entscheidung geurteilt, dass der Gesetzgeber nicht gehalten ist, die Einzelheiten der → Leistungsbewertung in einem versetzungsrelevanten Fach selbst zu regeln. Danach genügt die allgemeine gesetzliche Festlegung, dass der Schüler den Anforderungen entsprechen müsse. Die Regelung, in welcher Weise die dafür relevanten Zeugnisnoten an den einzelnen schriftlichen und mündlichen Leistungen zu bilden sind (z.B. arithmetisch oder mit welchen Gewichtungen), kann daher dem Verordnungsgeber überlassen bleiben (BVerwG, NVwZ 1998, 859). Bei einer Nichtversetzung ohne ausreichende gesetzliche Grundlage hat das BVerwG (Beschl. v. 15. 11. 1979, SPE II C I, S. 71) die übergangsweise Fortgeltung der entsprechenden allgemeinen Verwaltungsvorschriften für zulässig erachtet (→ Schulrecht, Übergangsfristen). Ist die Klage gegen eine Nichtversetzung in der Hauptsache erledigt, wird mit der Fortsetzungsfeststellungsklage gemäß § 113 Abs. 1 S. 4 VwGO die Feststellung der Rechtswidrigkeit begehrt, so ist ein berechtigtes Interesse an der Feststellung der Rechtswidrigkeit für den betroffenen Schüler regelmäßig anzunehmen (→ Rechtsschutz), da sich die Entscheidung der Schule auf die weitere schulische oder berufliche Laufbahn des Schülers nachteilig auswirken und von erheblichem Einfluss auf die weitere Persönlichkeitsentwicklung des Schülers sein kann (BVerwG, DVBl. 1984, 272). Tritt die Pflicht zum Verlassen der Schule wegen wiederholter Nichtversetzung unmittelbar kraft Gesetzes ein, so kommt vorläufiger Rechtsschutz nur gem. § 123 VwGO in Betracht (OVG Rh.-Pf., Urt. v. 19. 1. 1983, 2 B 4/83; zum vorläufigen Rechtsschutz bei Nichtversetzung in den nächsthöheren Schuljahrgang OVG Lüneburg, B. v. 23. 11. 1999, NVwZ-RR 2001, 241). Welche Fächer versetzungserheblich sind und unter welchen Voraussetzungen eine sog. Nachversetzung in Betracht kommt, wird durch die Versetzungsordungen bestimmt (vgl. DJT-SchulGE § 56 Abs. 2). Auch die Note im → Religionsunterricht kann versetzungserheblich sein (BVerwG, NJW 1973, 1815 mit abl. Anm. Obermayer, zust. Anm. Scheuner, NJW 1973, 2315). S. auch → Rechtsschutz, vorläufiger Rechtsschutz. Zur – nicht einheitlich geregelten – Frage des Verbots der zweimaligen Wiederholung derselben Klasse und Ausnahmeregelungen hierzu vgl. VGH Kassel, NVwZ-RR 1989, 547 sowie Niehues, Schul- und Prüfungsrecht, Bd. 1, 3. Aufl. 2000, Rdn. 620.

▶ **Versicherung** → Unfallversicherung

▶ **Versuchsschulen** → Schulversuche

▶ **Vertrauenslehrer**

Einige Schulgesetze sehen vor, dass die Schüler zur Unterstützung ihrer Interessen V. wählen können. Der V. kann an allen Beratungen und → Konferenzen teilnehmen, zu denen Schüler zugelassen sind. Für V. gilt eine besondere → Schweigepflicht.

▶ **Vervielfältigung** → Fotokopieren, → Urheberrecht

▶ **Verwaltungsakt** → Rechtsschutz

▶ **Verwaltungsrechtsweg** → Rechtsschutz

▶ **Verwaltungsverfahren und Schule**

Unter V. versteht man vor allem die nach außen gerichtete Tätigkeit der (Schul-)Behörden, die auf die Prüfung der Voraussetzungen, die Vorbereitung und den Erlass eines Verwaltungsaktes (VA) gerichtet ist (§ 9 Verwaltungsverfahrensgesetz des Bundes – VwVfG, dem die für das Schulwesen der Länder maßgebenden Landesverwaltungsverfahrensgesetze – LVwVfG – inhaltlich weitestgehend entsprechen, weshalb auch in diesem Stichwort jeweils die §§ des Bundesgesetzes zitiert werden).

Die LVwVfG sind auf das Schulwesen nur dann anzuwenden, wenn zur Regelung von Schulangelegenheiten Maßnahmen ergehen sollen, die ein VA sind, z.B. die → Aufnahme in die Schule, → Prüfungen, → Versetzung, Ausschluss von der Schule (→ Ordnungsmaßnahmen). Für den überwiegenden Teil der eigentlichen Unterrichtstätigkeit sind die LVwVfG nicht relevant. Darüber hinaus ist ihre Anwendung speziell für die Schule noch in teilweise nur schwer überschaubarer Weise weiter eingeschränkt. Die eingeschränkte Anwendbarkeit hat ihren berechtigten Grund darin, dass Vorschriften des VwVfG nur begrenzt für das Schulehalten passen. So wäre z. B. unsinnig, einen Schüler gemäß § 28 VwVfG vor der Prüfungsentscheidung zu ihrem Inhalt anzuhören oder ihm etwa die Bestellung eines Vertreters oder Beistands für die Prüfungen zu ermöglichen. Die Verfahrensvorschriften sind daher nur anzuwenden, soweit nicht die Besonderheiten des Prüfungsverfahrens entgegenstehen. Andere Bestimmungen der LVwVfG, wie z. B. über die Entscheidungen von Ausschüssen und über förmliche V. sind durch die Regelungen der → Schulverfassung in den Ländern obsolet. Die volle Anwendung von § 23 VwVfG (Amtssprache ist deutsch) erscheint angesichts der vielen → ausländischen Schüler und Eltern im Hinblick auf ihre Informationsrechte im Schulwesen nicht recht angemessen (zu alledem Dittmann, Verwaltungsverfahrensgesetz und Schule, in: Kulturverwaltungsrecht im Wandel, 1981, S. 63 ff.).

Für schulische VA gelten auch im Bereich von Leistungsbewertungen die folgenden Vorschriften der LVwVfG über:
- Amtshilfe (§§ 4 bis 8);
- Verfahrensgrundsätze (§§ 9 bis 13, z. B. Vorschriften über die Handlungs- und Beteiligtenfähigkeit, 20 bis 27, 29, 30 wie z. B. die Vorschriften über die → Befangenheit, die aber in einigen Ländern für das Schulwesen eingeschränkt werden können sowie über die → Akteneinsicht und die Geheimhaltungspflicht, → Schweigepflicht), ausgenommen die Regelungen über die Bestellung von Vertretern, Bevollmächtigten und die Anhörung Beteiligter (diese Vorschriften sind bei schulischen Maßnahmen, die keine Leistungs- und Eignungsbeurteilung betreffen, aber voll anzuwenden);
- Fristen, Termine, Wiedereinsetzung (§§ 31, 32);
- amtliche Beglaubigung (§§ 33, 34);
- Zustandekommen, Bekanntgabe und Bestandskraft von VA, ausgenommen die Begründungspflicht (§§ 35 bis 38, 40 bis 52);
- Rechtsbehelfsverfahren (§§ 79, 80).

VA bleiben wirksam, soweit sie nicht zurückgenommen, widerrufen, anderweitig aufgehoben oder durch Zeitablauf oder auf andere Weise erledigt sind; nichtige VA sind unwirksam (§ 43). Nichtig ist ein VA bei besonders schwerwiegenden und offenkundigen Fehlern (§ 44 Abs. 1) sowie, wenn der VA z. B. von einer unzuständigen Behörde erlassen wurde, aus tatsächlichen Gründen von niemandem ausgeführt werden kann oder die Begehung einer rechtswidrigen Tat verlangt oder der VA schriftlich erlassen wurde, aber die erlassende Behörde nicht erkennen lässt (§ 44 Abs. 2). Leichtere Fehler machen den VA nicht nichtig, sondern können lediglich zur Rechtswidrigkeit führen (vgl. § 44 Abs. 3). Verfahrens- und Formfehler, die den VA nicht nichtig machen, können geheilt werden (§ 45), vor allem, indem eine unterbliebene Verfahrenshandlung oder ein unterbliebener Verfahrensteil nachgeholt wird. Eine Heilung ist auch im → Widerspruchsverfahren noch möglich (→ Rechtsschutz). Wegen der Einzelheiten → Verfahrensfehler. Schließlich können fehlerhafte VA unter bestimmten Voraussetzungen in einen rechtmäßigen umgedeutet werden, wenn dadurch der Betroffene nicht ungünstiger gestellt wird (§ 47). Rechtswidrige VA können, auch wenn sie schon unanfechtbar sind, von der Behörde innerhalb bestimmter Fristen zurückgenommen werden. Dies ist aber bei VA, die den Betroffenen begünstigen, im Wesentlichen nur möglich, wenn das Vertrauen des Begünstigten auf den Bestand des VA nicht schutzwürdig ist. Auf Vertrauensschutz kann sich der Begünstigte nicht berufen, wenn er den VA z. B. durch arglistige Täuschung (dann ist die Rücknahmemöglichkeit auch nicht befristet) oder durch falsche Angaben erwirkt hat oder die Rechtswidrigkeit kannte oder lediglich in Folge grober Fahrlässigkeit nicht kannte (§ 48). Ein sog. Widerruf rechtmäßiger belastender VA (z. B. Nichtversetzung, Ordnungsmaßnahme) ist immer, der Widerruf von rechtmäßigen begünstigenden VA (z. B. Versetzung) aber nur eingeschränkt möglich, vor allem dann, wenn der Betroffene eine mit dem VA verbundene Auflage nicht oder nicht in der dafür vorgesehenen Frist erfüllt (§ 49). Wegen der Einzelheiten wird auf die einschlägigen Kommentierungen zum VwVfG verwiesen.

▶ **Verwaltungsvorschrift** → Schulrecht, → Verrechtlichung

▶ **Verweis/Verweisung** → Ausschluss von der Schule, → Ordnungsmaßnahmen

▶ Volksschule

Die V. umfasste früher die Klassen 1 bis 8 bzw. 9 und entsprach daher weitgehend der heutigen → Grundschule und → Hauptschule. Obwohl das GG in Art. 7 Abs. 5 von (privaten) Volksschulen spricht (→ Privatschulen), ist damit keine verfassungsrechtliche Garantie dieser → Schulart verbunden (a.A. wohl VerfGH-NRW, NVwZ 1984, 781), der aus der Erwähnung der Hauptschule in der nrw. LV (vgl. dort Art. 8, Art. 12 Abs. 1, 2, 4 und 5) eine landesverfassungsrechtliche Garantie dieser Schulart ableitete. Die Bezeichnung V. ist durch die schulrechtliche Entwicklung der letzten Jahrzehnte weitgehend überholt.

▶ Volljährigkeit

Die V. tritt mit Vollendung des 18. Lebensjahres ein (§ 2 BGB). Bis dahin ist der Minderjährige bis zur Vollendung des 7. Lebensjahres geschäftsunfähig (§ 104 Nr. 1 BGB) und deliktsunfähig (§ 828 Abs. 1 BGB), danach in seiner Geschäftsfähigkeit (§§ 106 ff. BGB) sowie in der Deliktsfähigkeit (§ 828 Abs. 2 BGB) beschränkt (→ Haftung, zur Religionsmündigkeit s. → Religionsunterricht, → Strafrecht und Schule). Mit Eintritt der V. können darüber hinaus Beschränkungen der Rechte der Schüler durch das → Elternrecht fortfallen, z.B. hinsichtlich Wahlentscheidungen über die weitere schulische Laufbahn, Vertretung durch Eltern in schulischen Gremien, Informationsrechten über den Leistungsstand des Schülers sowie hinsichtlich der Prozessführungsbefugnis des bisherigen gesetzlichen Vertreters (BVerwG, Beschl. v. 19. 10. 1981 – 7 CB 72.80 – der volljährig Gewordene kann, auch stillschweigend, die Prozessführungsbefugnis der Eltern für das weitere Verfahren genehmigen; vgl. HessVGH, Urt. v. 2. 8. 1976, SPE II E VII, S. 1; zum Rechtsschutzinteresse der Eltern nach Eintritt der V. vgl. HessVGH, NVwZ 1984, 114).

▶ Vollzeitschulpflicht → Schulpflicht

▶ Vorbehalt des Gesetzes → Gesetzesvorbehalt

▶ **Vorklassen**

V. sind Einrichtungen des → Primarbereichs, welche → Grundschulen oder → Sonderschulen angegliedert sind und von Kindern besucht werden, die noch nicht schulpflichtig (→ Schulpflicht), jedoch schulfähig sind (umgekehrt bei den → Schulkindergärten). V. bereiten die Schüler auf das Lernen in der Grundschule vor. Der vorzeitige Besuch von V. ist nicht möglich, da diese vor allem noch nicht genügend entwickelten Kinder die Möglichkeit zur Entfaltung geben, nicht aber „frühreife" Kinder noch schneller an die Schule heranführen sollen (VG Braunschweig, Urt. v. 27. 8. 1986, 6 VG A 66/86). → Einschulung

▶ **Vorläufiger Rechtsschutz**

Verwaltungsgerichtliche Verfahren sind wegen des starken Anstiegs der Prozesse sowie wegen der Möglichkeit des Durchlaufens mehrerer Instanzen oft erst nach Jahren abgeschlossen. Daher kommt dem v. R. gegenüber schulischen Entscheidungen besondere Bedeutung zu. Allgemein kommt ein v. R. dann in Betracht, wenn das Abwarten einer Entscheidung im Hauptverfahren zu irreparablen Nachteilen führen würde (→ Rechtsschutz).

Die VwVO sieht für den v. R. zwei Verfahrensarten vor. V. R. nach § 80 VwGO ist gegeben, wenn es sich bei der angefochtenen Maßnahme um einen belastenden Verwaltungsakt (§ 35 VwVfG) handelt. Widerspruch und Anfechtungsklage gegen eine solche Maßnahme (z.B. Nichtversetzung, → Ordnungsmaßnahme, Zuweisung zu einer Schule) haben grundsätzlich aufschiebende Wirkung (a.W.), so dass die Maßnahme bis zu einer endgültigen Entscheidung suspendiert wird. Allein die Einlegung des Widerspruchs bzw. die Erhebung der Anfechtungsklage bewirken die a.W. unabhängig von der Begründetheit des Rechtsbehelfs. Die Behörde kann jedoch im öffentlichen Interesse oder im überwiegenden Interesse eines Beteiligten (z.B. bei besonderer Eilbedürftigkeit) die sofortige Vollziehung anordnen (§ 80 Abs. 2 Nr. 4 VwGO). Diese Anordnung ist schriftlich besonders zu begründen (§ 80 Abs. 3 VwGO – eine Vorschrift, die häufig nur unzureichend erfüllt wird). Gegen die Anordnung der sofortigen Vollziehbarkeit kann beim Gericht die Wiederherstellung der a. W. beantragt werden (§ 80 Abs. 5 VwGO). Soweit Maßnahmen als einfache Regelungen des laufenden Schulbetriebs nicht die Qualität eines Verwaltungsakts erreichen, kommt Widerspruch und Klage eine a. W. nicht zu. Auch gegenüber → Schulorganisationsmaßnahmen ist nach h. M. § 80 VwGO anwendbar (BVerwG, NJW 1978, 2211; OVG Hamburg, NJW 1980, 2146; DVBl. 1981, 51; OVG NRW, NJW 1979, 829; VG Gelsenkirchen, NJW 1982, 120; vgl. auch Petermann, V. R. nach § 80 Abs. 1 VwGO bei Schulorganisationsakten, DVBl. 1978, 94; Krebs, Probleme des v. R. gegen Schulorganisationsakte, VerwArch 69, 1978, 231). Die h. M. hat den Wortlaut des § 80 Abs. 1 VwGO für sich. Gleichwohl ist diese Auffassung problematisch, weil bei einer eine Vielzahl von Schülern und Eltern betreffenden Maßnahme Widerspruch oder Klage eines einzigen Schülers oder Elternpaares deren Individualinteressen zunächst durchzusetzen vermögen und zur vorläufigen Suspendierung der Maßnahme führen, ohne dass mögliche negative Auswirkungen der Suspendierung auf die anderen Betroffenen oder überwiegende öffentliche Interessen berücksichtigt werden können. Die Versuche, insbesondere des OVG NRW, aus diesen Gründen für den einstweiligen Rechtsschutz gegenüber Schulorganisationsakten § 123 VwGO anzuwenden (vgl. OVG NW, DVBl. 1976, 948; NJW 1978, 286; NJW 1979, 829), sind heute überholt; mit Beschl. vom 30. 1. 1979 (DVBl. 1979, 563) hat sich das OVG NRW der h. M. angeschlossen (vgl. zu alledem Niehues, Schul- und Prüfungsrecht, Bd. 1, 3. Aufl. 2000, Rdn. 668 ff.). Zum Teil wird bei Schulorganisationsmaßnahmen das Vorliegen eines Verwaltungsakts verneint und auf diesem Wege die Anwendbarkeit des § 123 VwGO begründet (vgl. OVG Lüneburg, DVBl. 1981, 54; HessVGH, NJW 1976, 1856). Das BVerfG hat die Verfassungsmäßigkeit eines v. R. nach § 123 VwGO grundsätzlich bejaht (BVerfGE 51, 268, 290).

In allen übrigen Fällen erfolgt der v. R. unstreitig in Anwendung des § 123 VwGO. Dies gilt insbesondere im Bereich des Prüfungsrechts, z. B. bei Versagung der → Versetzung (OVG Rh.-Pf., DÖV 1983, 866, LS; BayVGH, Beschl. v. 20. 12. 1985, DÖV 1985, 478;

VG Frankfurt, NVwZ-RR 1990, 248) und bei Nichtbestehen einer Prüfung (z. B. → Abitur). Die rechtliche wie praktische Problematik des v. R. nach § 123 VwGO liegt darin, dass bei einem effektiven v. R. weitgehend ein Vorgriff auf die Entscheidung im Hauptverfahren erfolgt. Eine solche Vorwegnahme der Entscheidung in der Hauptsache ist im Allgemeinen unzulässig (vgl. Redeker/von Oertzen, VwGO, 13. Aufl. 2000, § 123 Rdnr. 11 ff.; Kopp/Schenke, VwGO, 12. Aufl. 2000, § 123 Rdn. 13) und darf nur dann erfolgen, wenn ansonsten der Rechtsschutz leerlaufen würde und die Klage im Hauptsacheverfahren Erfolgsaussichten erkennen lässt (vgl. BayVGH, BayVBl. 1980, 536; BVerfG NJW 1997, 1844; zu alledem Niehues, Rdn. 669f. m. w. N.).

Mit den Mitteln des v. R. können i. d. R. nur vorläufige und keine endgültigen Entscheidungen erreicht werden; letztere sind dem Verfahren in der Hauptsache vorbehalten (sehr differenzierend hierzu VG Frankfurt, Beschl. v. 8. 9. 1989, NVwZ-RR 1990, 248). So wird nur ein vorläufiges Prüfungszeugnis erteilt. Geht es um die Versetzung in die nächsthöhere Klasse, so kann mit der einstweiligen Anordnung die Teilnahme am Unterricht der höheren Klasse (vorläufig) erreicht werden, weil i. d. R. die Eilbedürftigkeit und das Rechtsschutzinteresse daraus folgen, dass anderenfalls der Anschluss an die bisherige Klasse verloren ginge. Bei Klageabweisung in der Hauptsache ist der Schüler in die nächstniedrigere Klasse zurückzusetzen. Dauert das gerichtliche Verfahren über den nächsten Versetzungstermin hinaus und erreicht der Schüler das Ziel der Klasse, so ist er weiter zu versetzen und zwar ohne Vorbehalt einer eventuellen Rückversetzung, weil er den Leistungsstand der Klasse nachgewiesenermaßen erreicht hat. Die umstrittene vorherige Nichtversetzung ist damit prozessual erledigt; der Schüler kann aber im Wege der Fortsetzungsfeststellungsklage (§ 113 Abs. 1 S. 4 VwGO) die Feststellung beantragen, dass die frühere Nichtversetzung rechtswidrig gewesen sei.

Im Wege des v. R. können u. U. Schüler die Umsetzung eines sie betreuenden Lehrers an eine andere Schule rückgängig machen (vgl. VG Frankfurt, a. a. O.).

Gegen Maßnahmen des v. R. ist die Beschwerde zum Oberverwaltungsgericht möglich (vgl. § 146 VwGO).

▶ **Vorrücken** → Versetzung

▶ **Vorsatz** → Haftung

▶ **Vorschule**

Die V. gehört i.d.R. zusammen mit den Kindergärten und → Schulkindergärten zu den Einrichtungen vorschulischer Erziehung im → Elementarbereich. Soweit die V. bzw. Vorklassen einer schulischen Einrichtung zugeordnet sind, gehören sie zum → Primarbereich. In der V. werden Fünfjährige auf den Besuch der → Grundschule vorbereitet, um einen gleitenden Übergang in die Primarstufe zu gewährleisten. Von der V. in diesem Sinne ist die V. im Sinne des Art. 7 Abs. 6 GG zu unterscheiden, welcher besagt: „Vorschulen bleiben aufgehoben." Dieses verfassungsrechtliche Verbot der V. bezieht sich auf die früher vorhandenen Sondereinrichtungen, in denen Kinder, die später eine weiterführende Schule besuchen sollten (insbesondere das → Gymnasium), bereits während des Besuchs der Grundschule gesondert auf den Besuch der weiterführenden Schule vorbereitet wurden (vgl. DJT-SchulGE S. 181; Maunz-Dürig, GG Art. 7 Rdn. 92). Öffentliche V. dieser Art waren bereits mit Art. 145, 147 WRV nicht vereinbar und wurden daher durch das Reichsgrundschulgesetz (§ 2 des Gesetzes betreffend die Grundschulen und Aufhebung der Vorschulen vom 28. 4. 1920, RGBl. I, S. 851 und vom 4. 3. 1927, RGBl. I, S. 67) aufgehoben. Daher erklärt sich die etwas ungewöhnliche Formulierung des Art. 7 Abs. 6 GG. Private V. waren nach Art. 147 Abs. 3 WRV aufzuheben. Diesem Verfassungsgebot wurde bereits im Laufe der Weimarer Zeit in vollem Umfang Folge geleistet. Art. 7 Abs. 6 GG wäre nach alledem eigentlich entbehrlich gewesen.

▶ **Vorteilsannahme/Vorteilsgewährung** → Geschenke an Lehrer

▶ **Vorwarnung**

Nach zahlreichen Streitfällen, ob, wann und in welcher Weise ein Abfallen der Leistungen eines Schülers den Eltern mitzuteilen ist, sofern dadurch die → Versetzung gefährdet ist (sog. „blaue Briefe"), haben die Länder zumeist in den inzwischen erlassenen Versetzungsordnungen (→ Schulordnungen) im Einzelnen recht unterschiedliche Regelungen getroffen. I. d. R. ist vorgesehen, dass die → Erziehungsberechtigten über einen versetzungsgefährdenden Leistungsabfall des Schülers rechtzeitig zu informieren sind (vgl. BVerwG, B. v. 3. 1. 1992 – 6 B 20.91 –, BayVBl. 1992, 442; HessVGH, U. v. 12. 10. 1994, SPE 294 Nr. 5; VG Schleswig, U. v. 9. 12. 1998 – 9 A 208/98; → Informationsrecht). Ein allgemeiner Rechtsanspruch der Eltern auf besondere V. bei versetzungsgefährdenden Leistungen besteht nach Auffassung des BVerwG nicht (RdJB 1972, 53 und RdJB 1967, 275; ähnlich OVG Hamburg, B. v. 2. 9. 1997 – OVG Bs III 65/97 sowie HessVGH, B. v. 8. 2. 1993, SPE 330 Nr. 15; vgl. demgegenüber OVG NRW, RdJB 1967, 275; VG Düsseldorf, RdJB 1965, 45; für Informationspflicht aus Art. 6 Abs. 2 GG: Niehues, Schul- und Prüfungsrecht, Bd. 1, 3. Aufl. 2000, Rdn. 596 f.). Rechtlich problematisch ist vor allem der Fall, dass die Schule entgegen einer bestehenden Verpflichtung eine V. unterlassen hat und der Schüler nicht versetzt wird. In diesem Fall ist die Nichtversetzung rechtswidrig (vgl. Niehues, Rdn. 597). Ein Anspruch auf Versetzung folgt daraus aber nicht ohne weiteres. Voraussetzung für den positiven Ausspruch der Versetzung ist in jedem Fall die Prognose, dass der Schüler in der Lage ist, dem Unterricht in der nächsthöheren Klasse zu folgen und erfolgreich mitzuarbeiten (OVG Berlin, Beschl. v. 18. 8. 1981 – OVG 3 S 153.81; OVG NRW, Beschl. v. 27. 5. 1975 – XV A 415/74 und vom 19. 12. 1975 – XV B 1136/75; dazu auch VGH B.-W., B. v. 28. 9. 1992 – SPE 694 Nr. 22; HessVGH, B. v. 8. 2. 1993, SPE 330 Nr. 15). Ist eine gebotene V. unterblieben, so hat die Klassenkonferenz (Versetzungskonferenz) erneut unter Berücksichtigung der Tatsache zu entscheiden, dass z. B. durch einen rechtzeitigen Nachhilfeunterricht möglicherweise der Leistungsrückstand bis zur Versetzung hätte aufgeholt werden können. Auch wird zu berücksichtigen sein, ob ein zu Beginn des neuen Schuljahres parallel zum Unterricht in der nächsthöheren Klasse erfolgender Nachhilfeunterricht den Leistungsrückstand voraussichtlich würde beheben können. Die Schule ist in diesem Fall zu entsprechender Mithilfe verpflichtet. Gelangt die Klassenkonferenz trotz alledem zu einer negativen Prognose, so kommen für den betroffenen Schüler nur Schadensersatzansprüche in Betracht (→ Haftung). Diese setzen allerdings den Nachweis voraus, dass bei rechtzeitiger V. und unverzüglich einsetzendem Nachhilfeunterricht eine reelle Versetzungschance bestanden hätte.

▶ **Vorzeitige Einschulung** → Einschulung

W

▶ **Wahl der Schulart**

Ein Recht der Schüler und Eltern (→ Elternrecht) auf W. einer bestimmten Schule besteht grundsätzlich nicht. Das Wahlrecht bezieht sich vielmehr auf die W. zwischen den vom Staat angebotenen → Schularten (OVG NRW, NJW 1976, 725 = JZ 1976, 273 mit Anm. Evers; OVG NRW, NVwZ 1984, 804; OVG NRW NVwZ-RR 1996, 90; VGH Mannheim NVwZ 1996, 89; zu einem entsprechenden Bürgerbegehren vgl. OVG NRW, NVwZ 1997, 816; dazu Kingreen, NVwZ 1997, 756; Niehues, Schul- und Prüfungsrecht, Bd. 1, 3. Aufl. 2000, Rdn. 49; Avenarius/Jeand'Heur, Elternwille und staatliches Bestimmungsrecht bei der Wahl der Schullaufbahn, 1992). Das Wahlrecht stellt ein wesentliches Element des Elternrechts dar. Einschränkungen sind nur insoweit zulässig, als sie aus Gründen der Differenzierung nach dem Ausbildungsstand der Schüler (vgl. HessVGH, DÖV 1983, 858 – Einweisung in Schule für Praktisch-Bildbare) und ausnahmsweise der Schulkapazität (→ Zulassungsbeschränkungen; vgl. OVG Schleswig, NVwZ 1992, 81) oder aus schulorganisatorischen Gründen erforderlich sind (BVerfGE 34, 165 ff.; 45, 400, 416); trotz Kapazitätsengpass kann ein Anspruch auf Aufnahme in eine Schule – in einem anderen Bundesland – bestehen (BVerfG NVwZ 1997, 781). Danach ist es zulässig, die Aufnahme eines Kindes in eine bestimmte Schulart von Eignungsvoraussetzungen (z.B. Zulassungsprüfung) abhängig zu machen (vgl. Sächs. OVG, SächsVBl. 1994, 108; → Auslese) oder die Kinder durch Bildung von → Schulbezirken auf Schulen gleicher Art zu verteilen (BVerwG, Beschl. v. 23.1.1975, SPE II A I, S. 51; VG Berlin, Beschl. v. 12.8.1981, SPE I B IV, S. 11; die Schulaufsichtsbehörde ist zur Koordinierung der Aufnahmeentscheidungen befugt (VerfGH NW, DVBl. 1993, 1209). Die Möglichkeit, eine weiterführende Schule außerhalb des Schulbezirks oder eine → private Ersatzschule zu besuchen, darf dadurch jedoch nicht genommen werden

(BVerfGE 34, 165 ff.). Das Recht der Eltern, eine der vom Staat bereitgestellten Schulen auszuwählen, wird grundsätzlich durch Offenhalten entsprechender Wahlmöglichkeiten gewährleistet (→ Elternrecht). Der staatliche Gesetzgeber ist jedoch nicht gehindert, bestimmte Schularten abzuschaffen; auch das → Gymnasium ist in seinem Fortbestand nicht verfassungsrechtlich garantiert (BVerfGE 53, 185; BVerwG, Beschl. v. 22. 8. 1980, SPE I C I, S. 31; VGH Saarl., Urt. v. 14. 7. 1987, Lv 4/86; DJT-SchulGE S. 182; anders VGH Kassel, NVwZ 1991, 189, das von einem „Recht auf die Wahl eines gymnasialen Bildungswegs" spricht; ablehnend dazu Richter, NVwZ 1991, 138; vgl. → Gesamtschule). Das Wahlrecht der Eltern gilt nicht absolut und enthält insbesondere kein generelles Verbot der → Einheitsschule oder der → Gesamtschule. Ein auf Einrichtung oder Beibehaltung verschiedener Schularten gerichtetes Differenzierungsgebot für den Gesetzgeber folgt aus dem elterlichen Wahlrecht nicht. Das BVerfG hat im Förderstufenurteil lediglich entschieden, dem Staat sei es verwehrt, „die Kinder übermäßig lange in einer Schule mit undifferenziertem Unterricht festzuhalten" (BVerfGE 34, 165, 187). Im Oberstufenbeschluss hat das Gericht einen Anspruch der Eltern, dass der Staat eine bestimmte, an den Wünschen der Eltern orientierte Schulform zur Verfügung stellen muss, verneint, da dies bereits angesichts der Vielfalt elterlicher Bildungsvorstellungen nicht durchführbar wäre. Allerdings könne die Grenze des verfassungsrechtlich Zulässigen dort liegen, wo das Wahl- und Bestimmungsrecht der Eltern angesichts nur noch einer einzigen vorhandenen obligatorischen Schulform mit einem vom Staat einseitig festgelegten Bildungsziel obsolet wird und leerläuft (BVerfGE 45, 400, 415 f.). Auch diese Anforderungen schließen die generelle Einführung z. B. eines Gesamtschulsystems mit hinreichender innerer Differenzierung nicht aus (vgl. DJT-SchulGE S. 71, Fn. 9), soweit keine Regelungen der LV entgegenstehen.

Das Recht der Schüler auf freie W. der Ausbildungsstätte ist verfassungsrechtlich gewährleistet (Art. 12 Abs. 1 S. 1 GG). Bisher nicht abschließend entschieden ist, wieweit der Schutzbereich des Art. 12 Abs. 1 S. 1 GG auszudehnen ist. Unstreitig anzuwenden ist Art. 12 Abs. 1 S. 1 GG auf schulische Einrichtungen des

→ Zweiten Bildungswegs (BVerfGE 41, 251, 260f.) und auf die → gymnasiale Oberstufe (BVerfGE 58, 257, 272 ff.). Daraus kann die grundsätzliche Anwendbarkeit des Art. 12 Abs. 1 GG im Bereich der → Sekundarstufe II gefolgert werden. Ob sich das Grundrecht auf freie W. der Ausbildungsstätte auf alle weiterführenden Schulen erstreckt, hat die Rechtsprechung zwar bisher offen gelassen (BVerfGE 34, 165, 195; 41, 251, 260f.; 58, 257, 272 ff.; OVG NRW, NJW 1976, 725). Die Tendenz geht dabei aber wohl zur Anwendbarkeit von Art. 12 Abs. 1 S. 1 GG (siehe auch → Recht auf Bildung, Zulassungsbeschränkungen). Allein mit dem Argument, Schulen der → Sekundarstufe I vermittelten keine berufsspezifische Ausbildung und seien daher nicht als Ausbildungsstätten im Sinne des Art. 12 Abs. 1 GG anzusehen (vgl. BVerfGE 58, 257, 272), wird man dessen Anwendbarkeit nicht verneinen können, da der Unterricht an den Schulen der Sekundarstufe I eine Vorbedingung für den anschließenden Besuch berufsspezifischer Ausbildungsstätten sowie für die Wahl bestimmter Berufe darstellt. Folglich müssen auch Wahlentscheidungen im Bereich der Sekundarstufe I in den Schutzbereich des Art. 12 Abs. 1 S. 1 GG fallen. Auch wäre nicht einzusehen, dass das Recht der Schüler auf freie W. der Schulart schwächer ausgestaltet sein sollte als das elterliche Wahlrecht, das unstreitig bei der Wahl von Schulen der Sekundarstufe I zum Zuge kommt.

Zum Elternrecht auf Aufnahme des Kindes in eine → Bekenntnisschule des anderen Bekenntnisses vgl. OVG NRW, NJW 1979, 942; VG Gelsenkirchen, NJW 1982, 120.

▶ **Wahlfächer/Wahlpflichtfächer** → Pflichtfächer

▶ **Wahlschulen**

Als W. werden teilweise die Schulen bezeichnet, die nicht sog. → Pflichtschulen sind. Zu den W. gehören z.B. die Realschulen, Gymnasien und → beruflichen Schulen außer der → Berufsschule (alle sog. weiterbildenden Schulen, vgl. → Schulaufbau).

▶ **Waldorfschulen** → Privatschulen, → Privatschulfinanzierung

▶ **Wanderung** → Klassenfahrten

▶ **Weltanschauungsschulen**

W. im Sinne von Art. 7 Abs. 5 GG sind ein Unterfall der in Art. 7 Abs. 3 GG angesprochenen bekenntnisfreien Schule (nicht umgekehrt). Sie sind den → Bekenntnisschulen vergleichbare (seltene) Schulen, in denen eine Weltanschauung die Schule sowie ihren gesamten Unterricht prägt. Dabei wird eine Weltanschauung i. S. des Art. 4 Abs. 1 GG vorausgesetzt, also ein subjektiv verbindliches Gedankensystem, das sich mit Fragen nach dem Sinnganzen der Welt und insbesondere des Lebens der Menschen in dieser Welt befasst und das zu sinnentsprechenden Werturteilen führt. Überzeugungen zu einzelnen Teilaspekten des Lebens genügen nicht.

Eine Schule wird von einer Weltanschauung geprägt, wenn deren ganzheitliches Gedankensystem für die Gestaltung von Erziehung und Unterricht in den verschiedenen Fächern nicht nur methodisch, sondern auch inhaltlich – bei der Behandlung der jeweils berührten Sinn- und Wertfragen – grundlegend ist und wenn Elternschaft, Schüler und Lehrer – abgesehen von offenzulegenden Ausnahmen – eine gemeinsame weltanschauliche Überzeugung haben oder annehmen wollen; dies muss durch ein Minimum an Organisationsgrad der Weltanschauungsgemeinschaft gewährleistet sein.

W. werden zumeist von den Kindern der Angehörigen von bestimmten Weltanschauungsgemeinschaften besucht, nehmen aber auch Kinder anderer Weltanschauungen oder Bekenntnisse auf. Für Weltanschauungsgemeinschaften gelten die Bestimmungen für Religionsgemeinschaften entsprechend (vgl. Art. 140 GG i. V. m. Art. 137 Abs. 7 WRV). Die Einrichtung von öffentlichen Grund- und Hauptschulen als W. ist auf Antrag einer Mehrheit der Eltern möglich. Die Möglichkeit, private Volksschulen wegen ihrer weltanschaulichen oder religiösen Ausrichtung zuzulassen, besteht nur um der positiven Bekenntnisfreiheit willen und nicht zu dem Zweck, vor (vermeintlichen) Verstößen gegen das Neutralitätsgebot in der Praxis der öffentlichen Regelschule auszuweichen.

Wenn der Unterricht an öffentlichen Gemeinschaftsschulen das Neutralitätsgebot verletzt, ist dagegen durch Rechtsmittel Abhilfe zu suchen (vgl. zu alledem BVerwG, DVBl. 1992, 1033). Für private W. gelten die Bestimmungen für → Privatschulen. Nach Art. 7 Abs. 5 GG sind private Volksschulen (Grund- und Hauptschulen) auf Antrag von Erziehungsberechtigten dann zuzulassen, wenn sie als → Gemeinschafts-, Bekenntnis- oder Weltanschauungsschule errichtet werden sollen und eine entsprechende öffentliche Volksschule in der Gemeinde nicht vorhanden ist.

▶ **Werbung in der Schule** → Plakettentragen, → politische Werbung

▶ **Widerspruch** → Rechtsschutz, → vorläufiger Rechtsschutz

▶ **Wiederholung der Klasse (freiwillig)**

Ein Anspruch eines Schülers, der mit durchschnittlichen → Noten versetzt wurde, auf freiwillige W. d. K. mit dem Ziel der Leistungsverbesserung besteht nicht (OVG Berlin, RdJB 1977, 385, LS). Gleichwohl sehen einige landesrechtliche Bestimmungen die Möglichkeit einer freiwilligen W. d. K. vor. Die Regelung, nach der ein Schüler dieselbe Klasse oder Schulform i. d. R. nur einmal wiederholen kann, ist nicht anwendbar, wenn der Schüler mit Zustimmung der Versetzungskonferenz die vorhergegangene Klasse oder Jahrgangsstufe freiwillig wiederholt hat (OVG NW, NVwZ 1986, 399). → Überspringen einer Klasse

▶ **Wiederholung von Prüfungen**

Eine W. ist entweder nach ordnungsgemäßem Rücktritt von einer → Prüfung oder im Falle der Aufhebung einer fehlerhaften Prüfungsentscheidung oder – bei Nichtbestehen im ersten Versuch – als weiterer Prüfungsversuch möglich. Ein Rücktritt mit der Folge, dass die gesamte Prüfung oder einzelne Prüfungsabschnitte als Erstprüfung neu begonnen werden können, ist i. d. R. nur aus wichtigem Grund, vor allem bei Behinderung des Prüflings durch Krankheit zugelassen. Ein amtsärztliches Attest kann in solchen

Wiederholung von Prüfungen

Fällen verlangt werden. War eine Prüfungsentscheidung rechtsfehlerhaft, besteht nur dann Anspruch auf W., wenn der Fehler nicht lediglich in dem Bewertungsvorgang ordnungsgemäß erbrachter Leistungen lag – dann muss nämlich nur die Bewertung wiederholt werden, nicht aber die Prüfungsleistungen. Die einmalige W. nichtbestandener Prüfungen ist nach erneutem Schulbesuch durchweg zulässig. Ein Rechtsanspruch auf mehrfache W. besteht grundsätzlich nicht.

Z

▶ **Zensuren** → Noten, → Prüfungen, → Prüfungsleistungen

▶ **Zeugnisse**

Z. sind urkundliche Nachweise über die Erreichung eines bestimmten schulischen Bildungsziels sowie die damit jeweils verbundenen → Berechtigungen (z.B. zum Übergang in die nächste Klasse, zum Hochschulbesuch) und dienen der Information über den Leistungsstand. Abgangs-Z. werden bei Verlassen eines Bildungsgangs erteilt, wenn dessen Ziel nicht erreicht wurde, der Schüler die → Schulpflicht aber erfüllt hat.

Ob und in welchen Zeitpunkten innerhalb eines Bildungsgangs Z. erteilt werden, welche Leistungen bewertet werden sollen und in welcher Form dies geschieht (→ Noten, Punkte, schriftlicher Bericht), steht weitgehend in der Gestaltungsfreiheit der Landesgesetzgeber bzw. hinsichtlich der Einzelheiten der → Schulaufsicht. Dies gilt entsprechend für die Entscheidung, ob und wie das Verhalten des Schülers beurteilt werden soll. Die Beurteilung des Arbeits- und → Sozialverhaltens (dort weitere Nachweise) in Zeugnissen ist zulässig, ebenso wie z.B. der Verzicht auf → Leistungsbewertungen in Zeugnisform in den ersten Grundschulklassen. Eltern und Schüler haben keinen Anspruch darauf, dass in der 1. und 2. Grundschulklasse Z. mit Noten erteilt werden; den → Informationsrechten wird auch durch sog. verbalisierte Z. (BVerwG, NJW 1982, 250) oder durch ein persönliches Beratungsgespräch mit den Eltern genügt. Aus den grundrechtlich geschützten Informationsrechten der Eltern und Schüler sowie aus dem → Recht auf Bildung folgt ein verfassungsrechtlicher Anspruch auf Erteilung eines Z. jedenfalls in den Abschnitten eines Bildungsganges, wo dies für den weiteren Berufs- und Lebensweg des Schülers erforderlich ist (insbesondere: Berechtigungs- bzw. Abschlusszeugnisse). Die Vorschriften über die Zeugniserteilung haben die Länder in ihren Schulgesetzen und ergänzenden Schul-

und Prüfungsordnungen in Anlehnung auch an entsprechende Vereinbarungen der Länder untereinander geregelt (vgl. als Muster § 55 und S, 271 ff. DJT-SchulGE).

▶ **Züchtigung** → körperliche Züchtigung

▶ **Zulassungsbeschränkungen**

Z. aus Kapazitätsgründen für die → Aufnahme in eine Schule sind im Schulwesen der meisten Länder nur bei bestimmten, überwiegend beruflichen Schulen und i. d. R. nur für nicht mehr schulpflichtige Schüler zugelassen. Praktische Bedeutung haben Z. z. B. bei Schulen des Sozial- und Gesundheitswesens oder singulären Spezialschulen wie z. B. einer Berufsfachschule für Geigenbau.

Beschränkungen des aus Art. 12 Abs. 1 S. 1, Art. 2 Abs. 1 und Art. 3 Abs. 1 GG folgenden Rechts auf gleichen Zugang zu → öffentlichen Schulen sind nur ausnahmsweise zulässig (→ Recht auf Bildung, Wahl der Schulart, dort jeweils auch zur Geltung des Rechts auf freie Wahl der Ausbildungsstätte für allgemeine und berufliche Schulen der → Sekundarstufen). Jedenfalls im Bereich der → Schulpflicht sind Z. aus Kapazitätsgründen verfassungsrechtlich unzulässig (sog. absolutes Teilhaberecht der Schüler, → Recht auf Bildung). Z. bedürfen ausdrücklicher gesetzlicher Grundlage einschließlich präziser Festlegung der Auswahlkriterien bei Kapazitätsmangel (→ Gesetzesvorbehalt; vgl. OVG Bremen, DVBl. 1989, 1271). Zulässige Auswahlkriterien sind Eignung und Leistung, Wartezeit, Sonderquoten für bestimmte Gruppen wie Härtefälle oder etwa ausländische Schüler. Die Geeignetheit dieser Kriterien ist mit der gleichen Problematik wie beim Numerus Clausus im Hochschulbereich belastet. Von Z. zu unterscheiden und rechtlich zulässig sind Regelungen der örtlichen Zuständigkeit von Schulen des gleichen Typs (→ Schulbezirke) sowie die – kapazitätsunabhängige – Festlegung von Eignungs-, Leistungs- und Alterskriterien für die Aufnahme in öffentliche Schulen. Der Zugang zu → Privatschulen kann von diesen begrenzt werden; die o. g. verfassungsrechtlichen Bindungen für öffentliche Schulen gelten dort nicht.

▶ **Zurückstellung vom Schulbesuch** → Bildungsunfähigkeit, → Einschulung, → Untersuchungen

▶ **Zusammenlegung von Klassen und Schulen** → Schulorganisationsmaßnahmen

▶ **Zuständige Schule** → Schulbezirk

▶ **Zuständigkeit der Länder** → Kulturhoheit der Länder

▶ **Zuweisung zu einer Schule** → Schulbezirk, → Überweisungen, → Wahl der Schulart

▶ **Zweitausbildung**

Die Eltern sind als → Erziehungsberechtigte verpflichtet, ihrem Kind eine angemessene Berufsausbildung zu gewähren. Sind sie dieser Verpflichtung nachgekommen, so sind sie im Allgemeinen nicht verpflichtet, die Kosten für eine weitere Ausbildung zu tragen (BGHZ 69, 190; OLG Frankfurt, Urt. v. 6. 4. 1984, 1 UF 244/83). Auch wenn dies im Einzelfall sogar einmal bei volljährigen Kindern (→ Volljährigkeit) der Fall sein kann, sind dem Unterhaltsanspruch des erwachsenen und bereits ausgebildeten Kindes im Hinblick auf dessen gesteigerte Eigenverantwortlichkeit und seine eigenen Erwerbsmöglichkeiten (auch durch Nebenverdienst) enge Grenzen gezogen (BGH, NJW 1985, 806). So endet die Unterhaltspflicht der Eltern von Kindern mit → Haupt- oder → Realschulabschluss in der Regel mit der danach berufsqualifizierend abgeschlossenen Ausbildung; eine Hochschulausbildung wird von der Unterhaltspflicht grundsätzlich nicht mehr umfasst (VGH München, NJW 1990, 2576). Unerheblich ist, ob die Eltern überhaupt finanziell zur Erstausbildung beigetragen haben (BGH FamRZ 1981, 437). Entscheidend ist allein, ob die Erstausbildung angemessen war, d.h. der Begabung und den Fähigkeiten des Kindes, seinem Leistungswillen und beachtenswerten Neigungen entsprach. Ist dies der Fall, so besteht keine Verpflichtung der Eltern zur Finanzierung einer Z. → Ausbildungsförderung

▶ Zweiter Bildungsweg

Der Begriff ZBW hat sich als Sammelbezeichnung für schulische Einrichtungen herausgebildet, in denen außerhalb des üblichen Bildungswegs meist schon erwachsenen Personen mit beruflicher Erfahrung die Möglichkeit geboten wird, schulische Abschlüsse nachzuholen. Zu den Einrichtungen des ZBW zählen die → Abendgymnasien, → Abendrealschulen, → Abendhauptschulen, die → Berufsaufbauschulen sowie die → Kollegs. Rechtliche Grundlagen des ZBW finden sich im → Hamburger Abkommen vom 28. 1. 1964 und in verschiedenen Vereinbarungen der → Kultusministerkonferenz (Vereinbarung über die Neugestaltung der Abendgymnasien i. d. F. vom 16. 6. 2000, KMK-BeschlS. 240.2/1; Vereinbarung über die Neugestaltung der Kollegs i. d. F. vom 16. 6. 2000, KMK-BeschlS. 248.1/1) sowie in den Schulgesetzen und Rechtsverordnungen der Länder. Im Hinblick auf den → Gesetzesvorbehalt erscheint eine gesetzliche Regelung der Einrichtungen des ZBW verfassungsrechtlich geboten (vgl. DJT-SchulGE §§ 29 bis 32, S. 79 ff., 194 f., 215 ff.; Staupe, Parlamentsvorbehalt und Delegationsbefugnis, 1986, 344 f.). Nach § 2 Abs. 1 Nr. 2 BAföG in der ab 1. 4. 2001 geltenden Fassung (vgl. Art. 1 des Gesetzes zur Reform und Verbesserung der Ausbildungsförderung – Ausbildungsförderungsreformgesetz (AföRG) v. 19. 3. 2001, BGBl. I S. 390) wird → Ausbildungsförderung u. a. geleistet für den Besuch von Abendhauptschulen, Berufsaufbauschulen, Abendrealschulen, Abendgymnasien und Kollegs. § 11 Abs. 3 Nr. 1 BAföG sieht für Abendgymnasien und Kollegs eine elternunabhängige Förderung vor.

Anhang

I. Hinweise zum allgemeinen Schulrecht 304
   A) Sammlungen von Textquellen (Textsammlungen) 304
   B) Rechtsprechung 304
   C) Anschriften 304
      1. Länderübergreifende Institutionen 304
      2. Kultusministerien der Länder 304

II. Hinweise zum Landesschulrecht 306
   A) Baden-Württemberg 306
   B) Bayern 307
   C) Berlin 308
   D) Brandenburg 309
   E) Bremen 311
   F) Hamburg 312
   G) Hessen 312
   H) Mecklenburg-Vorpommern 313
   I) Niedersachsen 314
   K) Nordrhein-Westfalen 315
   L) Rheinland-Pfalz 317
   M) Saarland 318
   N) Sachsen 319
   O) Sachsen-Anhalt 321
   P) Schleswig-Holstein 322
   Q) Thüringen 323

III. Landesrechtliche Regelungen zur Mitbestimmung 325
   Tabelle 1: Elternmitbestimmung auf Schulebene 326
   Tabelle 2: Elternmitbestimmung im überschulischen Bereich 337
   Tabelle 3: Schülermitbestimmung auf Schulebene und im überschulischen Bereich 347

IV. Grundstruktur des Bildungswesens in der Bundesrepublik Deutschland (Schulaufbau) 362

I. Hinweise zum allgemeinen Schulrecht

A. Sammlungen von Rechtsquellen (Textsammlungen)

Schulrecht. Ergänzbare Sammlung der Vorschriften für Schule und Schulverwaltung in Landesausgaben (Hinw.: außer Brem., Hamb.), Loseblattsammlungen.

v. Campenhausen/Lerche, Deutsches Schulrecht, Loseblattsammlung in 4 Bänden.

Sammlung der Beschlüsse der Ständigen Konferenz der Kultusminister der Länder in der Bundesrepublik Deutschland (Hrsg.), Loseblattsammlung.

B. Rechtsprechung

Knudsen (Hrsg.), Sammlung schul- und prüfungsrechtlicher Entscheidungen (SPE), Loseblattsammlung, 3. Folge, Grundwerk 2000 ff.

Im Übrigen wird auf die amtlichen Entscheidungssammlungen der Gerichte und die Entscheidungsabdrucke in juristischen und einigen pädagogischen Zeitschriften verwiesen.

C. Anschriften

1. Länderübergreifende Institutionen

Bundesministerium für Bildung und Forschung, Heinemannstr. 2, 53170 Bonn

Bund-Länder-Kommission für Bildungsplanung und Forschungsförderung (BLK), Friedrich-Ebert-Allee 39, 53113 Bonn

Ständige Konferenz der Kultusminister der Länder in der Bundesrepublik Deutschland (KMK), Nassestr. 8, 53113 Bonn

2. Kultusministerien der Länder

Baden-Württemberg
 Minister für Kultus, Jugend und Sport, Schlossplatz 4, 70173 Stuttgart
Bayern
 Bayerisches Staatsministerium für Unterricht und Kultus, Salvatorplatz 2, 80333 München
Berlin
 Der Senator für Schule, Jugend und Sport, Beuthstr. 6–8, 10117 Berlin

Brandenburg
  Ministerium für Bildung, Jugend und Sport, Steinstr. 104–106, 14480 Potsdam
Bremen
  Der Senator für Bildung und Wissenschaft, Rembertiring 8–12, 28195 Bremen
Hamburg
  Behörde für Schule, Jugend und Berufsbildung, Hamburger Str. 31, 22083 Hamburg
Hessen
  Hessisches Kultusministerium, Luisenplatz 10, 65185 Wiesbaden
Mecklenburg-Vorpommern
  Ministerium für Bildung, Wissenschaft und Kultur Mecklenburg-Vorpommern, Werderstr. 124, 19055 Schwerin
Niedersachsen
  Niedersächsisches Kultusministerium, Am Schiffgraben 12, 30159 Hannover
Nordrhein-Westfalen
  Ministerium für Schule und Weiterbildung, Wissenschaft und Forschung des Landes Nordrhein-Westfalen, Völklinger Str. 49, 40221 Düsseldorf
Rheinland-Pfalz
  Ministerium Kultur, Jugend, Familie und Frauen Rheinland-Pfalz, Mittlere Bleiche 61, 55116 Mainz
Saarland
  Ministerium für Bildung, Kultur und Wissenschaft, Hohenzollernstr. 60, 66117 Saarbrücken
Sachsen
  Sächsisches Staatsministerium für Kultus, Carolaplatz 1, 01097 Dresden
Sachsen-Anhalt
  Kultusministerium des Landes Sachsen-Anhalt, Turmschanzenstr. 32, 39114 Magdeburg
Schleswig-Holstein
  Ministerium für Bildung, Wissenschaft, Forschung und Kultur, Brunswiker Str. 16–22, 24105 Kiel
Thüringen
  Thüringer Kultusministerium, Werner-Seelenbinder-Str. 1, 99096 Erfurt

II. Hinweise zum Landesschulrecht

A. Baden-Württemberg

1. Wichtige Rechtsgrundlagen

Verfassung des Landes Baden-Württemberg vom 11. 11. 1953 (GesBl. S. 173), zul. g. d. G. v. 15. 2. 1995 (GesBl. S. 269), Art. 11–19, 21
Schulgesetz (SchG) für Baden-Württemberg i.d.F. v. 1. 8. 1983 (GesBl. S. 397), zul. g. d. G. v. 25. 7. 2000 (GesBl. S. 533)
Gesetz für die Schulen in freier Trägerschaft (Privatschulgesetz – PSchG) i.d.F. d. Bek. d. Neufassung v. 28. 2. 1990 (GesBl. S. 105), zul. g. d. G. v. 25. 7. 2000 (GBl. S. 534)
Gesetz zur Ausführung des Bundesausbildungsförderungsgesetzes (AGBAföG) i.d.F. v. 15. 5. 1985, zul. g. d. G. v. 16. 11. 1998 (GBl. S. 615)

2. Textsammlungen

Schulrecht Baden-Württemberg: Ergänzbare Sammlung der Vorschriften für Schule und Schulverwaltung, begründet von P. Seipp und H. Hochstetter, verantwortlich für den Inhalt: H. Hochstetter, H. Knudsen, E. Muser
Dürig, Gesetze des Landes Baden-Württemberg, Gliederungsnummer 168 bis 171

3. Literaturhinweise

Feuchte (Hrsg.), Die Verfassung des Landes B.-W., 1987
Braun, Kommentar zur Verfassung des Landes B.-W., 1984
Elser, Entwicklung des Schulrechts in B.-W.
  1976–1981, RdJB 1981, 426; 1981–1983, RdJB 1984, 67; 1984–1987, RdJB 1987, 494; 1988–1993, RdJB 1995, 82
Lambert, Die Entwicklung des Schulrechts in B.-W. von 1993 bis 1998, RdJB 1998, 384
Lambert, Das Schulrecht in B.-W., Kommentar zum Schulgesetz, zu schulrechtlichen Vorschriften und zum Lehrerdienstrecht, 1998 ff.
Elser/Kramer, Grundriss des Schulrechts in B.-W., 3. Aufl. 1992
Holfelder/Bosse, Schulgesetz für B.-W., 12. Aufl. 1998
Pöndl/Prändl, Schulrecht in B.-W. Ein Handbuch für den Vorbereitungsdienst, 2. Aufl. 1982

Hochstetter/Muser, Schulgesetz für B.-W. Mit den wichtigsten Nebenbestimmungen. Erläuterte Textausgabe. 18. Aufl. 1992
v. Pollern, Schulreform in B.-W. in: VBl. B.-W., 1997

B. Bayern

1. Wichtige Rechtsgrundlagen

Verfassung des Freistaates Bayern v. 2. 12. 1946 (BayRS 100–1–S), zul. g. d. G. v. 20. 2. 1998 (GVBl. S. 42), Art. 126–137
Bayerisches Gesetz über das Erziehungs- und Unterrichtswesen (Bay EUG) v. 10. 9. 1982 (BayRS 2230–1–1–K) i.d.F. d. Bek. v. 31. 5. 2000 (GVBl. S. 414, BayRS 2230–1–1–UK).
Schulpflichtgesetz (SchPG) i.d.F. d. Bek. v. 3. 9. 1982 (BayRS 2230–8–1–UK), zul. g. d. Ges. v. 21. 4. 1988 (GVBl. S. 103)
Schulfinanzierungsgesetz (SchFG) i.d.F. d. Bek. v. 31. 5. 2000 (GVBl. S. 455, BayRS 2230–7–1–UK)
Verordnung zur Ausführung des Bayerischen Schulfinanzierungsgesetzes (AVBaySchFG) v. 23. 1. 1997 (GVBl. S. 11), zul. g.d. VO v. 2. 3. 1999 (GVBl. S. 94)
Gesetz über die Kostenfreiheit des Schulwegs i.d.F. d. Bek. v. 31. 5. 2000 (GVBl. S. 452, BayRS 2230–5–1–UK)
Verordnung über die Schülerbeförderung (Schülerbeförderungsverordnung – SchBefV) i.d.F. d. Bek. v. 8. 9. 1994 (GVBl. S. 953, BayRS 2230–5–1–1–K)
Verordnung über die Zulassung von Lernmitteln v. 12. 8. 1994 (GVBl. S. 917), zul. g. d. VO v. 5. 3. 1998 (GVBl. S. 135)
Gesetz zur Ausführung des Bundesgesetzes über individuelle Förderung der Ausbildung (Bay. Ausführungsgesetz zum Bundesausbildungsförderungsgesetz – BayAGBAföG) i.d.F. d. Bek. v. 27. 6. 1980 (BayRS 2230–2–1–UK)
Bayerisches Ausbildungsförderungsgesetz (BayAföG) i.d.F. d. Bek. v. 28. 9. 1982 (BayRS 2230–2–2–UK), g. d. G. v. 21. 7. 1983 (GVBl. S. 508, 512)
Bayerisches Begabtenförderungsgesetz (BayBFG) i. d. Neufassung vom 29. 11. 1983 (GVBl. S. 1109)
Verordnung zur Durchführung des Bay. Begabtenförderungsgesetzes (DVBayBFG) i. d. Neufassung v. 12. 9. 1988 (GVBl. S. 316)

2. Textsammlungen

Schulrecht Bayern: Ergänzbare Sammlung der Vorschriften für Schule und Schulverwaltung, begründet von P. Seipp und E. Kessler, verantwortlich für den Inhalt: J. Hoderlein und H. Knudsen.
Novak, Schul- und Bildungsfinanzierung mit Schulverwaltung, Loseblatts.
Ziegler-Tremel, Verwaltungsgesetze des Freistaates Bayern, Gliederungsnummer 670 bis 689

3. Literaturhinweise

Meder, Die Verfassung des Freistaates Bayern. Handkommentar, 3. Aufl. 1985
Nawiasky/Schweiger/Knöpfle, Die Verfassung des Freistaates Bayern. Kommentar in Loseblatt-Form
Falckenberg, Neuere schulrechtliche Entwicklungen in Bayern, RdJB 1981, 427; 1982–1983, RdJB 1983, 474; 1984 und 1985, RdJB 1985, 504
Amberg, Die Entwicklung des Schulrechts in Bayern seit 1985, RdJB 1995, 85; 1995 bis 1997, RdJB 1998, 115
Falckenberg, Grundriss des Schulrechts in Bayern, 2. Aufl. 1995

C. Berlin

1. Wichtige Rechtsgrundlagen

Schulgesetz für Berlin (SchulG) i. d. F. v. 20. 8. 1980 (GVBl. S. 2103), zul. g. d. G. v. 20. 4. 2000 (GVBl. S. 286)
Gesetz über die Schulverfassung (SchulVerfG) für die Schulen des Landes Berlin v. 5. 2. 1979 (GVBl. S. 398), zul. g. d. G. v. 26. 1. 1995 (GVBl. S. 26)
Gesetz über die Privatschulen und den Privatunterricht (Privatschulgesetz) i. d. F. d. Bek. v. 13. 10. 1987 (GVBl. S. 2458), zul. g. d. G. v. 22. 6. 1998 (GVBl. S. 148)
Verordnung über die gymnasiale Oberstufe (VO-GO) v. 26. 4. 1984 (GVBl. S. 723), zul. g. d. VO v. 15. 2. 1999 (GVBl. S. 84)
Verordnung über Kollegs und Abendgymnasien (VO-KA) v. 23. 4. 1987 (GVBl. S. 1637), zul. g. d. VO v. 17. 5. 1999 (GVBl. S. 178)
Gesetz über die John-F.-Kennedy-Schule (Deutsch-Amerikanische Gemeinschaftsschule) v. 3. 11. 1987 (GVBl. S. 2574), g. d. G. v. 12. 10. 1995 (GVBl. S. 664)

Hinweise zum Landesschulrecht – Brandenburg

Gesetz über die individuelle Förderung der Ausbildung von Schülern im Land Berlin (Landesausbildungsförderungsgesetz Berlin – LaföGBln –) v. 26. 10. 1983 (GVBl. S. 1356), zul. g. d. G. v. 25. 6. 1993 (GVBl. S. 277)

Verordnung über die Verarbeitung personenbezogener Daten nach § 5a des Schulgesetzes für Berlin (Schuldatenverordnung – SchuldatenVO) v. 13. 10. 1994 (GVBl. S. 435), g. d. VO v. 22. 12. 1998 (GVBl. 1999, S. 62)

2. Textsammlungen

Schulrecht Berlin: Ergänzbare Sammlung der Vorschriften für Schule und Schulverwaltung, begründet von P. Seipp und C. A. Werner, verantwortlich für den Inhalt: G. Eiselt und H. Knudsen

Krzyweck/Teiche, Das Schulrecht in Berlin. SchulVerfG mit Kommentar, SchulG, Schulordnungen, Ausführungs- und Übergangsvorschriften, Dienstrecht. Loseblatt-Sammlung mit Erläuterungen und Fallbeispielen

3. Literaturhinweise

Krzyweck, Die Entwicklung des Schulrechts in Berlin, 1979–80, RdJB 1981, 153; 1981–1982, RdJB 1983, 340; 1983 und 1984, RdJB 1985, 395; 1985 bis 1987, RdJB 1988, 369; RdJB 1991, 290 ff.

Meyer, Die Entwicklung des Schulrechts in Berlin von 1989 bis 1997, RdJB 1997, 312

Eiselt/Heinrich, Grundriss des Schulrechts in Berlin, 3. Aufl. 1990

Krzyweck/Teiche (Hrsg.), Das Schulrecht in Berlin, 1995

D. Brandenburg

1. Wichtige Rechtsgrundlagen

Verfassung des Landes Brandenburg v. 20. 8. 1992 (GVBl. I S. 298), zul. g. d. G. v. 24. 6. 1997 (GVBl. S. 68), Art. 28–30

Gesetz über die Schulen im Land Brandenburg (Brandenburgisches Schulgesetz – BgbSchulG) v. 12. 4. 1996 (GVBl. I S. 102), zul. g. d. G. v. 1. 6. 2001 (GVBl. I S. 62)

Verordnung über Schulversuche, Versuchsschulen und abweichende Organisationsformen und Schulen mit besonderer Prägung (Schulversuchsverordnung – SchVersuchV) v. 23. 4. 1997 (GVBl. II S. 261)

Verordnung über Konfliktschlichtung, Erziehungs- und Ordnungsmaßnahmen (Erziehungs- und Ordnungsmaßnahmen Verordnung – EOMV) v. 12. 10. 1999 (GVBl. II S. 611)

Verordnung über den Bildungsgang der Grundschule (Grundschulverordnung – GV) v. 16. 6. 1997 (GVBl. II S. 473), zul. g. d. VO v. 27. 4. 2000 (GVBl. II S. 128)

Verordnung über die Bildungsgänge in der Sekundarstufe I (Sekundarstufe I-Verordnung – SekI-V) v. 5. 5. 1997 (GVBl. II S. 374), g. d. VO v. 21. 7. 1999 (GVBl. II S. 440)

Verordnung über die Genehmigungen von Ersatzschulen (Ersatzschulgenehmigungsverordnung – ESGV) vom 30. 6. 1997 (GVBl. II Nr. 22 S. 608)

Verordnung über die Ausbildung und Prüfung in der gymnasialen Oberstufe (Gymnasiale Oberstufen-Verordnung – GOSTV) v. 30. 6. 1997 (GVBl. II S. 658), zul. g. d. VO v. 15. 3. 1999 (GVBl. II S. 255)

Verordnung über die Aufnahme in die Sekundarstufe I der weiterführenden allgemeinbildenden Schulen (Aufnahmeverordnung SekI – AufSekI-V) v. 9. 12. 1996 (GVBl. II S. 14)

Berufsschulverordnung (BSV) v. 28. 4. 1997 (GVBl. II S. 473)

Verordnung über die Zulassung von Lernmitteln (Lernmittelverordnung – LernMV) vom 14. 2. 1997 (GVBl. II S. 88, g. d. VO v. 9. 11. 1998, GVBl. II S. 621)

Verordnung über die Ausbildung und die Prüfungen in Einrichtungen des Zweiten Bildungsweges (Ausbildungs- und Prüfungsordnung Zweiter Bildungsweg – APO-ZBW) vom 1. November 1993 (GVBl. II S. 700), zul. g. d. VO v. 8. 1. 1995 (GVBl. II S. 214)

2. Textsammlung

Knöll, Gesetze des Landes Brandenburg, Gliederungsnummer 735–772

3. Literaturhinweise

Simon/Franke/Sachs, Handbuch der Verfassung des Landes Brandenburg, 1994

Benstz/Franke, Schulische Bildung, Jugend und Sport. In: Handbuch der Verfassung des Landes Brandenburg, 1994, 109 ff.

Hanßen, Zur Entwicklung der Schulgesetzgebung in den neuen Bundesländern: Brandenburg, RdJB 1991, 280 ff.; 1995 bis 2000, RdJB 2000, 340

Krzyweck (Hrsg.), Schulrecht Brandenburg: Einführung in die rechtliche Ordnung an Schulen; Schwerpunkte mit praktischen Beispielen, 1996

Hanßen/Glöde, Brandenburgisches Schulgesetz. Kommentar, 1997

E. Bremen

1. Wichtige Rechtsgrundlagen

Landesverfassung der Freien Hansestadt Bremen v. 21. 10. 1947 (GBl. S. 251), zul. g. d. G. v. 3. 3. 1998 (GBl. S. 85), Art. 23, 26–33

Bremisches Schulgesetz (BremSchulG) v. 20. 12. 1994 (GBl. S. 327, ber. GBl. 1995, S. 129)

Bremisches Schulverwaltungsgesetz (BremSchulVwG) v. 20. 12. 1994 (GBl. S. 342, ber. GBl. 1995 S. 129), zul. g. d. G. v. 4. 8. 1998 (GBl. S. 221)

Gesetz zur Einführung der 10-jährigen allgemeinbildenden Schulpflicht v. 23. 5. 1989 (GBl. S. 209)

Gesetz über das Privatschulwesen und den Privatunterricht (Privatschulgesetz) v. 3. 7. 1956 (GBl. S. 77), zul. g. d. G. v. 13. 12. 1992 (GBl. S. 607)

Gesetz zum Art. 31 Abs. 2 der Landesverfassung über die Unentgeltlichkeit des Schulunterrichts i. d. F. d. Bek. v. 25. 7. 1958 (GBl. S. 75), zul. g. d. G. v. 20. 12. 1994 (GBl. S. 327)

Verordnung über das Verfahren beim Erlass von Ordnungsmaßnahmen in der Schule (Ordnungsmaßnahmenverordnung) v. 12. 5. 1998 (BremGBl. S. 151)

2. Textsammlung

Bremer Schulblatt, Amtsblatt des Senators für Bildung, Wissenschaft, Kunst und Sport für die öffentlichen Schulen, hrsg. vom Senator für Bildung und Wissenschaft, Loseblattsammlung

3. Literaturhinweise

Spitta, Kommentar zur Bremischen Verfassung

Kaschner, Die Entwicklung des Schulrechts in Bremen, 1975–1980, RdJB 1981, 155; 1981–1982, RdJB 1983, 164; 1983 und 1984, RdJB 1985, 303

Füssel, Erziehung und Unterricht in: Kröning/Pottschmidt/Preuß/Rinken (Hrsg.), Handbuch der Bremischen Verfassung, 1991, 185 ff.

F. Hamburg

1. Wichtige Rechtsgrundlagen

Hamburgisches Schulgesetz (HbgSchlG) v. 16. 4. 1997 (GVBl. S. 97)

Ordnung der Zeugnisse, der Versetzung, der Übergänge und der Abschlüsse für die Klassen 1 bis 10 der allgemeinbildenden Schulen (Zeugnis- und Versetzungsordnung – ZVO) v. 21. 7. 1998 (GVBl. S. 161)
Verordnung über die Aufnahme von Kindern in Integrationsklassen an Grundschulen (IntegrationsklassenVO v. 20. 1. 1998 (GVBl. S. 20)
Privatschulgesetz der Freien und Hansestadt Hamburg v. 12. 12. 1977 (GVBl. 1977, S. 389) i. d. F. v. 4. 12. 1990 (GVBl. S. 245), zul. g. d. G. v. 23. 12. 1996 (GVBl. S. 362)

2. Textsammlung

Verwaltungshandbuch für Schulen, hrsg. von der Behörde für Schule und Berufsausbildung, Amt für Verwaltung, Loseblattsammlung in 2 Bänden

3. Literaturhinweise

Franck, Die Entwicklung des Schulrechts in Hamburg, 1977–1980, RdJB, 1981, 158
Rellstab, Die Entwicklung des Schulrechts in Hamburg, 1981–1982, RdJB 1983, 341; 1983–1985, RdJB 1985, 500
Rickert, Die Entwicklung des Schulrechts in Hamburg von 1986 bis 1997, RdJB 1997, 441

G. Hessen

1. Wichtige Rechtsgrundlagen

Verfassung des Landes Hessen v. 1. 12. 1946 (GVBl. S. 229), zul. g. d. G. v. 20. 3. 1991 (GVBl. S. 101, 102), Art. 55–59, 61
Hessisches Schulgesetz v. 17. 6. 1992 (GVBl. I S. 233), zul. g. d. G. v. 30. 6. 1999 (GVBl. I S. 354)
Verordnung zur Festsetzung der Gastschulbeiträge v. 4. 4. 1995 (ABl. S. 262)
Verordnung über die Schülervertretungen an den öffentlichen Schulen v. 3. 8. 1970 (GVBl. I S. 536), zul. g. d. G. v. 28. 8. 1986 (GVBl. I S. 253)
Gesetz über die Finanzierung von Ersatzschulen (Ersatzschulfinanzierungsgesetz – ESchFG –) v. 6. 12. 1972 (GVBl. I S. 389), zul. g. d. G. v. 15. 5. 1997 (GVBl. I S. 143, ber. S. 204)
Verordnung zur Ausführung des § 3 des Ersatzschulfinanzierungsgesetzes v. 12. 12. 1978 (GVBl. S. 702) i. d. F. v. 4. 3. 1982 (GVBl. S. 72)

Verordnung über die Verarbeitung personenbezogener Daten in Schulen v. 30. 11. 1993 (ABl. 1994, S. 114, ber. S. 206)
Hessisches Ausführungsgesetz zum BAföG v. 23. 5. 1973 (GVBl. I S. 173), zul. g. d. G. v. 26. 10. 1993 (GVBl. I S. 485)

2. Textsammlung

Schulrecht Hessen: Ergänzbare Sammlung der Vorschriften für Schule und Schulverwaltung, begründet von P. Seipp und H. Bach, verantwortlich für den Inhalt: W. Sewerin und H. Knudsen

Viesel/Spreng/Haase, Hessisches Schulgesetz, Textausgabe mit Einführung und Erläuterungen, 1993

3. Literaturhinweise

Zinn/Stein, Verfassung des Landes Hessen (Loseblattsammlung)
Köller, Die Entwicklung des Schulrechts in Hessen seit 1978, RdJB 1983, 87; 1983–1984, RdJB 1985, 139; 1986 und 1987, RdJB 1987, 495; 1988–1993, RdJB 1994, 280; 1994 und 1995, RdJB 1996, 277
Köller, Hessisches Schulgesetz, 1997

H. Mecklenburg-Vorpommern

1. Wichtige Rechtsgrundlagen

Verfassung für das Land Mecklenburg-Vorpommern v. 23. 5. 1993 (GVBl. S. 372), Art. 15

Schulgesetz für das Land Mecklenburg-Vorpommern (Schulgesetz – SchulG M-V) v. 15. 5. 1996 (GVOBl. S. 205), zul. g. d. G. v. 21. 12. 1999 (GVOBl. S. 644)

Vorläufige Verordnung über Zeugnisse und Noten an den öffentlichen Schulen im Lande Mecklenburg-Vorpommern (Zeugnisverordnung – ZVO) v. 9. 7. 1991 (GVOBl. S. 295), zul. g. d. VO v. 18. 8. 1995 (GVOBl. S. 405)

Verordnung über die sachliche und örtliche Zuständigkeit der Schulaufsichtsbehörden (Schulaufsichtsverordnung – SchAVO M-V) v. 8. 8. 1996 (GVOBl. S. 593), g. d. VO v. 11. 6. 1998 (GVOBl. 1999, S. 351)

Verordnung über die Verfahren zur näheren Ausgestaltung der Schulpflicht an allgemeinbildenden Schulen (Schulpflichtverordnung – SchPflVO M-V) v. 23. 12. 1996 (GVOBl. 1997, S. 168)

Verordnung über die Wahl, die Organisation und das Verfahren der Vertretungen der Schüler und Erziehungsberechtigten im Bereich

der Schulen in Mecklenburg-Vorpommern (Schulmitwirkungsverordnung – SchMWVO M-V) v. 29. 6. 1998 (GVOBl. 1999, S. 356)
Verordnung für Schulen in freier Trägerschaft (Privatschulverordnung – PSchVO M-V) v. 22. 5. 1997 (GVOBl. S. 469)
Verordnung über den Erwerb von Abschlüssen des Sekundarbereichs I an Freien Waldorfschulen v. 7. 5. 2001 (GVOBl. S. 164)
Gesetz zur Ausführung des Bundesausbildungsförderungsgesetzes (AGBAföG) vom 15. Dezember 1993 (GVOBl. 1994 S. 15)

2. Textsammlung

Knöll, Gesetze des Landes Mecklenburg-Vorpommern, Gliederungsnummer 735 bis 771

3. Literaturhinweise

Lorentzen, Die Entwicklung des Schulrechts in MV, RdJB 1991, 285 ff.; 1992, 111 ff.
Axnick, Schulrechtsreport Meckenburg-Vorpommern, RdJB 1997, 194

I. Niedersachsen

1. Wichtige Rechtsgrundlagen

Niedersächsische Verfassung vom 19. 5. 1993 (GVBl. S. 107), zul. g. d. G. v. 21. 11. 1997 (GVBl. S. 480), Art. 4
Niedersächsisches Schulgesetz (NSchG) i. d. F. v. 3. 3. 1998 (GVBl. S. 137), zul. g. d. G. v. 17. 12. 1999 (GVBl. S. 430)
Verordnung über die Erweiterung des Anwendungsbereichs des Niedersächsischen Schulgesetzes vom 19. 8. 1993 (GVBl. S. 299)
Niedersächsisches Gesetz über Lernmittelfreiheit (NLFrG) v. 24. 4. 1991 (GVBl. S. 174), zul. g. d. G. v. 21. 1. 1999 (GVBl. S. 10)
Verordnung zur Durchführung des Niedersächsischen Gesetzes über Lernmittelfreiheit (NLFrVO) v. 28. 3. 1995 (GVBl. S. 85, zul. g. d. VO v. 21. 1. 1999, GVBl. S. 10)
Verordnung über Berufsbildende Schulen (BbS-VO) v. 24. 7. 2000 (GVBl. S. 178)

2. Textsammlung

Schulrecht Niedersachsen: Ergänzbare Sammlung der Vorschriften für Schule und Schulverwaltung, begründet von P. Seipp und L. Wernecke, verantwortlich für den Inhalt: L. Wernecke und H. Knudsen
März, Niedersächsische Gesetze, Gliederungsnummer 363 bis 363-4

3. Literaturhinweise

Hagebölling, Niedersächsische Verfassung, Kommentar, 1996
Berlit, Die neue Niedersächsische Verfassung, NVwZ 1994, 11 ff.
Klügel, Entwicklung des Schulrechts in Niedersachsen, 1978–1980, RdJB 1981, 330; 1981 bis Anfang 1983, RdJB 1983, 406
Bischoff, Entwicklung des Schulrechts in Niedersachsen (1983–1985), RdJB 1986, 491; 1986 bis Mitte 1988, RdJB 1988, 480
Radtke, Die Entwicklung des Schulrechts in Niedersachsen von 1988–1994, RdJB 1995, 90; 1995 bis 1998, RdJB 1999, 120
Barth, Grundriss des Schulrechts in Niedersachsen, 5. Aufl. 1997
Woltering/Bräth, Niedersächsisches Schulgesetz (NSchG). Handkommentar, 4. neubearb. Aufl. 1998

K. Nordrhein-Westfalen

1. Wichtige Rechtsgrundlagen

Verfassung für das Land Nordrhein-Westfalen v. 28. 6. 1950 (GV. NW. S. 127), zul. g. d. G. v. 24. 11. 1992 (GV. NW. S. 448), Art. 6–15, 89
Erstes Gesetz zur Ordnung des Schulwesens im Lande Nordrhein-Westfalen (SchOG) v. 8. 4. 1952 (GS. NW. S. 430), zul. g. d. G. v. 9. 5. 2000 (GV. NW. S. 469); dazu: 4. VO zur Ausführung des SchOG (betreffend die Antrags- und Bestimmungsrechte der Erziehungsberechtigten zur Errichtung von Gemeinschafts-, Bekenntnis- und Weltanschauungsschulen) v. 8. 3. 1968 (GV. NW. S. 44/62), zul. g. d. VO v. 7. 5. 1984 (GV. NW. S. 300) sowie VO über die Ersatzschulen (ESch-VO) v. 27. 9. 1994 (GV. NW. S. 953)
Verordnung über schulrechtliche Zuständigkeiten (ZustVOSchulR) v. 30. 3. 1985 (GVNW S. 324), g. d. VO v. 5. 5. 1997 (GV. NW. S. 106)
Gesetz über die Schulpflicht im Lande Nordrhein-Westfalen (Schulpflichtgesetz – SchpflG –) i. d. F. d. Bek. v. 2. 2. 1980 (GV. NW. S. 164), zul. g. d. G. v. 15. 6. 1999 (GV. NW. S. 408)
Schulverwaltungsgesetz (SchVG) i. d. F. d. Bek. v. 18. 1. 1985 (GV. NW. S. 155 ber. S. 447, zul. g. d. G. v. 9. 5. 2000 (GV. NW. S. 468)
Verordnung über die Zusammenarbeit von Schulen (Kooperationsverordnung – KVO) v. 24. 3. 1995 (GV. NW. S. 360)
Verordnung über die zur Verarbeitung zugelassenen Daten von Schülerinnen/Schülern und Erziehungsberechtigten (VO-DV I) v. 24. 3. 1995 (GV NW S. 356)

Anhang II

Schulmitwirkungsgesetz (SchMG) v. 13. 12. 1977 (GV. NW. S. 448), zul. g. d. G. v. 19. 6. 1994 (GV. NW. S. 343)
Schulfinanzgesetz – SchFG – i. d. F. d. Bek. v. 17. 4. 1970 (GV. NW. S. 288), zul. g. d. G. v. 12. 5. 1998 (GV. NW. S. 385)
Ersatzschulfinanzgesetz – EFG – v. 27. 6. 1961 (GV. NW. S. 230), zul. g. d. G. v. 17. 12. 1998 (GV. NW. S. 750, 756)
Lernmittelfreiheitsgesetz (LFG) i. d. F. d. Bek. v. 24. 3. 1982 (GV. NW. S. 165)
Ausführungsgesetz zum Bundesausbildungsförderungsgesetz – AG-BAföG-NW – v. 30. 1. 1973 (GV. NW. S. 57), zul. g. d. G. v. 14. 12. 1993 (GV. NW. S. 992)
Allgemeine Schulordnung (ASchO) v. 8. 11. 1978 (GV. NW. S. 552), zul. g. d. VO v. 9. 5. 2000 (GV. NW. S. 469)

2. Textsammlungen

Schulrecht Nordrhein-Westfalen: Ergänzbare Sammlung der Vorschriften für Schule und Schulverwaltung, begründet von P. Seipp und W. Haugg, verantwortlich für den Inhalt: W. Haugg und H. Knudsen
Bereinigte Amtliche Sammlung der Schulvorschriften des Landes NRW
v. Hippel/Rehborn, Gesetze des Landes Nordrhein-Westfalen, Gliederungsnummer 75 bis 80 d

3. Literaturhinweise

Geller/Kleinrahm/Dickersbach, Die Verfassung des Landes NRW, 3. Aufl. 1977 ff. (Loseblattsammlung)
Jülich, Die Entwicklung des Schulrechts in Nordrhein-Westfalen 1977 – 1980, RdJB 1981, 74; 1981–1982, RdJB 1983, 90; 1983–1984, RdJB 1985, 142; 1987–1989, RdJB 1989, 473
Baldus, Die Entwicklung des Schulrechts in Nordrhein-Westfalen 1985– 1986, RdJB 1987, 239
Hövel, Die Entwicklung des Schulrechts in Nordrhein-Westfalen von 1990–1994, RdJB 1995, 96
Packwitz, Die Entwicklung des Schulrechts in Nordrhein-Westfalen von März 1995 bis August 1998, RdJB 1998, 496
Jülich, Grundriss des Schulrechts in NRW, 2. Aufl. 1998
Oeynhausen, Rechtshandbuch Schule NRW, 1994
Margies/Roeser, Schulverwaltungsgesetz. Kommentar 3. Aufl. 1995
Margies/Gampe/Gelsing/Rieger, Allgemeine Schulordnung für NRW, Kommentar, 4. Aufl. 1998

Petermann, Gesetz über die Mitwirkung im Schulwesen. Kommentar, 12. Aufl. 1994

L. Rheinland-Pfalz

1. Wichtige Rechtsgrundlagen

Verfassung für Rheinland-Pfalz v. 18. 5. 1947 (VBl. S. 209), zul. g. d. G. v. 12. 10. 1995 (GVBl. S. 405), Art. 25, 38

Landesgesetz über die Schulen in Rheinland-Pfalz v. 6. 11. 1974 (GVBl. S. 487), zul. g. d. G. v. 26. 9. 2000 (GVBl. S. 415)

Landesgesetz über die Errichtung und Finanzierung von Schulen in freier Trägerschaft (Privatschulgesetz – PrivSchG –) i. d. F. v. 4. 9. 1970 (GVBl. S. 372), zul. g. d. G. v. 12. 10. 1999 (GVBl. S. 325, 349)

Landesverordnung zur Durchführung des Privatschulgesetzes (PrivSchGDVO) v. 9. 11. 1987 (GVBl. S. 362), zul. g. d. VO v. 15. 2. 2000 (GVBl. S. 103)

Schulordnung für die öffentlichen Hauptschulen, Regionalen Schulen, Realschulen, Gymnasien, Integrierten Gesamtschulen und Kollegs (Übergreifende Schulordnung) v. 14. 5. 1989 (GVBl. S. 129), zul. g. d. VO v. 23. 11. 1999 (GVBl. S. 430)

Landesverordnung über die gymnasische Oberstufe (Mainzer Studienstufe) v. 1. 7. 1999 (GVBl. S. 158)

Landesverordnung über die Integrierten Gesamtschulen v. 14. 7. 1987 (GVBl. S. 201), zul. g. d. VO v. 2. 4. 1998 (GVBl. S. 130)

Berufsschulverordnung v. 13. 8. 1997 (GVBl. S. 23)

Landesverordnung über die Lernmittelfreiheit vom 14. 3. 1994 (GVBl. S. 225), g. d. VO v. 23. 12. 1999 (GVBl. 2000, S. 11)

2. Textsammlungen

Schulrecht Rheinland-Pfalz: Ergänzbare Sammlung der Vorschriften für Schule und Schulverwaltung, begründet von P. Seipp und E. Schäck, verantwortlich für den Inhalt: E. Schäck und H. Knudsen

Sammlung des bereinigten Landesrechts Rheinland-Pfalz, Sachgebiete 223-1 bis 223-7-3

3. Literaturhinweise

Süsterhenn/Schäfer, Kommentar der Verfassung für Rheinland-Pfalz

Hennecke, in: Grimm/Caesar, Verfassung für Rheinland-Pfalz. Kommentar, 1. Aufl. 2001, S. 208 ff.

Fernis/Schneider/Hennecke, Landesgesetz über die Schulen in Rheinland-Pfalz (Schulgesetz – SchulG). Kommentar mit Ausführungsbestimmungen. 3. Aufl. 2000

Grumbach, Entwicklung des Schulrechts in Rheinland-Pfalz 1950–1981, RdJB 1981, 332; 1982–1983, RdJB 1984, 250; 1984–1986, RdJB 1987, 242, 1991–1995, RdJB 1996, 282

M. Saarland

1. Wichtige Rechtsgrundlagen

Verfassung des Saarlandes v. 15. 12. 1947 (ABl. S. 1077), zul. g. d. G. v. 27. 3. 1996 (ABl. S. 422), Art. 24–30

Gesetz zur Ordnung des Schulwesens im Saarland (SchoG) i. d. F. d. Bek. v. 21. 8. 1996 (ABl. S. 846), zul. g. d. G. v. 7. 6. 2000 (ABl. S. 1018)

Gesetz über die Mitbestimmung und Mitwirkung im Schulwesen – Schulmitbestimmungsgesetz (SchumG) i. d. F. d. Bek. v. 21. 8. 1996 (ABl. S. 869), zul. g. d. G. v. 7. 6. 2000 (ABl. S. 1018)

Gesetz über die Schulpflicht im Saarland (SchulpflichtG) i. d. F. d. Bek. v. 21. 8. 1996 (ABl. S. 846), zul. g. d. G. v. 7. 6. 2000 (ABl. S. 1018)

Verordnung zur Durchführung des Gesetzes über die Schulpflicht im Saarland (Schulpflichtgesetz) v. 30. 10. 1978 (ABl. S. 1013), zul. g. d. VO v. 26. 1. 1994 (ABl. S. 509)

Privatschulgesetz (PrivSchG) i. d. F. d. Bek. v. 22. 5. 1985 (ABl. S. 610), zul. g. d. G. v. 7. 6. 2000 (ABl. S. 1018)

Schülerförderungsgesetz v. 20. 6. 1984 (ABl. S. 661), zul. g. d. VO v. 6. 8. 1998 (ABl. S. 825)

Verordnung über die Ausführung des Schülerförderungsgesetzes v. 10. 7. 1984 (ABl. S. 693), zul. g. d. VO v. 8. 6. 2000 (ABl. S. 958)

Allgemeine Schulordnung (ASchO) v. 10. 11. 1975 (ABl. S. 1239), zul. g. d. VO v. 1. 11. 1997 (ABl. S. 1110).

Verordnung – Schulordnung – über den Bildungsgang und die Abschlüsse der Gesamtschule (GesVO) v. 8. 8. 1986 (ABl. S. 736), zul. g. d. VO v. 12. 7. 2000 (ABl. S. 1113)

Gesetz über die Einführung und Durchführung der Lernmittelfreiheit im Saarland v. 5. 6. 1974 (ABl. S. 578), zul. g. d. G. v. 4. 7. 1979 (ABl. S. 664)

Verordnung über die Zulassung, Einführung, Anschaffung und Verwendung von Schulbüchern (Schulbuch-Verordnung) v. 5. 4. 1982 (ABl. S. 321), zul. g. d. VO v. 28. 1. 1998 (ABl. S. 135)

2. Textsammlungen

Schulrecht Saarland: Ergänzbare Sammlung der Vorschriften für Schule und Schulverwaltung. Verantwortlich für den Inhalt: H. Lang und H. Knudsen
Hümmerich-Kopp, Saarländische Gesetze, Gliederungsnummer 570 bis 597

3. Literaturhinweise

Schranil, Verfassung des Saarlandes mit Kommentar
Lang, Die Entwicklung des Schulrechts im Saarland 1974–1982, RdJB 1983, 161; 1983–1985, RdJB 1985, 220; 1985–1996, RdJB 1996, 383
Mohr, Die Entwicklung des Schulrechts im Saarland von 1996 bis 2000, RdJB 2000, 449

N. Sachsen

1. Wichtige Rechtsgrundlagen

Verfassung des Freistaates Sachsen v. 27. 5. 1992 (GVBl. S. 243), Art. 9, 22, 29, 101–106
Schulgesetz für den Freistaat Sachsen v. 3. 7. 1991 (GVBl. S. 213, zul. g. d. G. v. 14. 12. 2000, GVBl. S. 513)
Verordnung des Sächsischen Staatsministeriums für Kultus über die Mitwirkung der Eltern in den Schulen im Freistaat Sachsen (EMVO) vom 10. September 1992 (GVBl. S. 420)
Verordnung des Sächsischen Staatsministeriums für Kultus über die Mitwirkung der Schüler in den Schulen im Freistaat Sachsen (SMVO) vom 10. September 1992 (GVBl. S. 424), g. d. VO v. 14. 3. 1997 (GVBl. S. 369)
Gesetz über Schulen in freier Trägerschaft (SächsFrTrSchulG) vom 4. Februar 1992 (GVBl. S. 37), zul. g. d. G. v. 14. 12. 2000 (GVBl. S. 513)
Verordnung des Sächsischen Staatsministeriums für Kultus über Mittelschulen im Freistaat Sachsen (Schulordnung Mittelschulen – SOMI) vom 10. September 1993 (GVBl. S. 879), i. d. F. d. Bek. d. Neufassung v. 17. 5. 2001 (GVBl. S. 190), 1. 9. 2000 (GVBl. S. 417)

Anhang II

Verordnung des Sächsischen Staatsministeriums für Kultus über die gymnasiale Oberstufe und die Abiturprüfung an allgemeinbildenden Gymnasien im Freistaat Sachsen (Oberstufen- und Abiturprüfungsverordnung – OAVO) vom 15. 1. 1996 (GVBl. S. 26), zul. g. d. VO v. 6. 7. 1999 (GVBl. S. 403)

Verordnung des Sächsischen Staatsministeriums für Kultus über Grundschulen im Freistaat Sachsen (Schulordnung Grundschulen – SOGS) vom 2. Mai 1994 (GVBl. S. 1117), zul. g. d. VO v. 1. 9. 2000 (GVBl. S. 417)

Verordnung des Sächsischen Staatsministeriums für Kultus über allgemeinbildende Gymnasien im Freistaat Sachsen (Schulordnung Gymnasien – SOGY) vom 15. Dezember 1993 (GVBl. S. 220) i. d. F. d. Bek. d. Neufassung v. 17. 5. 2001 (GVBl. S. 196)

Verordnung des Sächsischen Staatsministeriums für Kultus über das Aufnahmeverfahren an Gymnasien (AufnGyVO) vom 29. 5. 1998 (GVBl. S. 244)

Verordnung des Sächsischen Staatsministeriums für Kultus über die Berufsschule im Freistaat Sachsen (Schulordnung Berufsschule – BSO) i. d. F. d. Bek. v. 23. 4. 1998 (GVBl. S. 224)

Verordnung der Sächsischen Staatsregierung über die Gewährung von Zuschüssen für Schulen in freier Trägerschaft vom 16. 12. 1997 (GVBl. S. 682), g. d. G. v. 14. 12. 2000 (GVBl. S. 513)

Verordnung des Sächsischen Staatsministerium für Kultus über berufliche Gymnasien im Freistaat Sachsen (Schulordnung berufliche Gymnasien – BGySO) i. d. F. d. Bek. v. 10. 11. 1998 (GVBl. S. 16, ber. GVBl. 1999, S. 130)

2. Textsammlung

Knöll/Stober, Gesetze des Freistaates Sachsen, Gliederungsnummer 735 bis 757

Sächsisches Staatsministerium der Justiz (Hrsg.), Sammlung des bereinigten Landesrechts des Freistaates Sachsen – BS –, Bd. 2, Sachg. 223-1 bis 223-2-5

3. Literaturhinweise

Holfelder/Bosse/Benda/Runck, Sächsisches Schulgesetz. Handkommentar mit Sonderteil Lehrerdienstrecht, 4. Aufl. 1995

Niebes/Becher/Pollmann, Schulgesetz und Schulordnungen im Freistaat Sachsen, Praxiskommentar, 3. Aufl. 2001

Friedrich/Anders, Zur Entwicklung der Schulgesetzgebung in den neuen Bundesländern: Sachsen, RdJB 1992, 251 ff.

Niebes, Die Entwicklung des Schulrechts im Freistaat Sachsen von 1994 bis 1998, RdJB 1998, 390

O. Sachsen-Anhalt

1. Wichtige Rechtsgrundlagen

Verfassung des Landes Sachsen-Anhalt v. 16. 7. 1992 (GVBl. S. 600), Art. 11, 25–30, 32
Schulgesetz des Landes Sachsen-Anhalt i. d. F. d. Bek. v. 27. 8. 1996 (GVBl. S. 281), g. d. G. v. 18. 1. 2000 (GVBl. S. 112)
Verordnung über die Schulpflicht (Schulpfl-VO) v. 27. 11. 1995 (GVBl. S. 352), g. d. VO v. 9. 9. 1998 (GVBl. S. 376)
Ersatzschulverordnung (ESch-VO) v. 18. 1. 1995 (GVBl. S. 23), zul. g. d. VO v. 9. 2. 1999 (GVBl. S. 66)
Verordnung über Erziehungs- und Ordnungsmaßnahmen in der Schule (ErzOVO) vom 4. Juli 1994 (GVBl. S. 782)
Verordnung über die Abschlüsse und die Abschlussprüfungen im Sekundarbereich I (Abschlussverordnung – AbschlussVO) vom 20. September 1993 (GVBl. S. 553), zul. g. d. VO v. 13. 12. 1995 (GVBl. S. 395)
Verordnung über die gymnasiale Oberstufe (Oberstufenverordnung) vom 26. 2. 1999 (GVBl. S. 76)
Versetzungsverordnung (VersetzungsVO) vom 17. 6. 1999 (GVBl. S. 172)
Verordnung über die Übergänge zwischen Schulformen und Bildungsgängen (Übergangsverordnung – ÜbergangsVO) vom 20. 9. 1993 (GVBl. S. 560), zul. g. d. VO v. 25. 7. 1996 (GVBl. S. 235)
Verordnung über Berufsbildende Schulen (BbS-VO) vom 22. 8. 1997 (GVBl. S. 784), zul. g. d. VO v. 14. 9. 1999 (GVBl. S. 290)
Verordnung zur Mittelfristigen Schulentwicklungsplanung (SchEP VO) vom 17. 11. 1999 (GVBl. S. 356)

2. Textsammlung

Knöll/Brachmann, Gesetze des Landes Sachsen-Anhalt, Gliederungsnummer 735–761

3. Literaturhinweise

Mahnke, Die Verfassung des Landes Sachsen-Anhalt. Textausgabe mit Erläuterungen. 1993

Reich, Verfassung des Landes Sachsen-Anhalt. Kommentar. 1994
Kramer, Die Entwicklung des Schulrechts in Sachsen-Anhalt, RdJB 1996, 125; 1994 bis 1998, RdJB 1999, 498
Reich, Schulgesetz Sachsen-Anhalt. Kommentar, 1997

P. Schleswig-Holstein

1. Wichtige Rechtsgrundlagen

Verfassung des Landes Schleswig-Holstein v. 13. 6. 1990 (GVOBl. S. 391), zul. g. d. G. v. 27. 9. 1998 (GVOBl. S. 280), Art. 6
Schleswig-Holsteinisches Schulgesetz (SchulG) v. 2. 8. 1978 (GVOBl. S. 255), i. d. F. d. Bek. v. 2. 8. 1990 (GVOBl. S. 451), zul. g. d. G. v. 21. 9. 1999 (GVOBl. S. 263)
Landesverordnung über die Abiturprüfung für die gymnasiale Oberstufe (APVO) v. 15. 3. 1996 (NBl. MWFK/MFBWS. Schl.-H. S. 137)
Landesverordnung über die Zulassung von Schulbüchern (Schulbuchordnung – SchulbO) v. 10. 8. 1983 (NBl. KM Schl.-H. S. 168)

2. Textsammlung

Schulrecht Schleswig-Holstein: Ergänzbare Sammlung der Vorschriften für Schule und Schulverwaltung, begründet von P. Seipp, H. Sellschopp und Gerhard Jaron, verantwortlich für den Inhalt: U. Lorentzen und H. Knudsen, 2. Aufl. 1983 ff.

3. Literaturhinweise

Barschel/Gebel, Landessatzung für Schleswig-Holstein
Lorentzen, Die Entwicklung des Schulrechts in Schleswig-Holstein seit 1979, RdJB 1981, 492; Mai 1981 – Mitte 1983, RdJB 1983, 476; Mitte 1983 – Mitte 1985, RdJB 1985, 503; bis Ende 1987, RdJB 1989, 472
Pfautsch, Die Entwicklung des Schulrechts in S.-H. (1988–1991), RdJB 1992, 421; 1995 bis 1998, RdJB 1999, 255
Pfautsch/Lorentzen, Grundriss des Schulrechts in Schleswig-Holstein, 2. Aufl. 1997
Staak/Sturm, Schulrechtliche Vorschriften Schleswig-Holstein, Textsammlung mit erläut. Einführung, 6. Aufl. 1990

Q. Thüringen

1. Wichtige Rechtsgrundlagen

Verfassung des Freistaats Thüringen v. 25. 10. 1993 (GVBl. S. 625), g. d. G. v. 12. 12. 1997 (GVBl. S. 525), Art. 18–26
Thüringer Schulgesetz (ThürSchulG) vom 6. August 1993 (GVBl. S. 445), g. d. G. v. 16. 12. 1996 (GVBl. S. 315)
Thüringer Gesetz über die Schulaufsicht (ThürSchAG) vom 29. Juli 1993 (GVBl. S. 397), zul. g. d. G. v. 15. 12. 1998 (GVBl. S. 421)
Thüringer Kollegordnung (ThürKollegO) v. 16. 7. 1997 (GVBl. S. 27)
Thüringer Verordnung über die Mitwirkung der Landesschülersprecher, Landeselternsprecher und des Landesschulbeirats (Thüringer Mitwirkungsverordnung – ThürMitVO –) vom 14. 11. 1996 (GVBl. S. 303)
Thüringer Gesetz über Schulen in freier Trägerschaft (ThürSchfTG) vom 23. März 1994 (GVBl. S. 323), zul. g. d. G. v. 13. 6. 1997 (GVBl. S. 223)
Thüringer Verordnung über die Genehmigung und Zulassung von Lehr- und Lernmitteln sowie die Einführung und Bereitstellung von Lernmitteln (Thüringer Lehr- und Lernmittelverordnung – ThürLLVO –) v. 19. 2. 1997 (GVBl. S. 92)
Thüringer Schulordnung für die Grundschule, die Regelschule, das Gymnasium und die Gesamtschule (Thüringer Schulordnung – ThürSchulO –) vom 20. Januar 1994 (GVBl. S. 185), zul. g. d. VO v. 17. 8. 1999 (GVBl. S. 555)
Gesetz über die Förderschulen in Thüringen (Förderschulgesetz – FSG) vom 21. Juli 1992 (GVBl. S. 356), zul. g. d. G. v. 15. 12. 1998 (GVBl. S. 421)
Thüringer Förderschulordnung (ThürFöSchulO) v. 4. 10. 1994 (GVBl. S. 1152)
Thüringer Gesetz über die Finanzierung der staatlichen Schulen (ThürSchFG) vom 21. Juli 1992 (GVBl. S. 366), zul. g. d. G. v. 15. 12. 1998 (GVBl. S. 421)
Thüringer Ausführungsgesetz zum Bundesausbildungsförderungsgesetz (AGBAföG) vom 7. August 1991 (GVBl. S. 327)

2. Textsammlung

Knöll, Gesetze des Freistaats Thüringen, Gliederungsnummer 735–771

3. Literaturhinweise

Linck/Jutzi/Hopfe, Die Verfassung des Freistaates Thüringen, 1994

Schütz, Zur Entwicklung der Schulgesetzgebung in den neuen Bundesländern: Thüringen, RdJB 1992, 253 ff.
Duchêne, Entwicklung des Schulrechts in Thüringen, RdJB 1997, 200
Ströbel, Das Thüringer Schulgesetz vom 6. August 1993, in: Thüringer Verwaltungsblätter 1994, 73 ff.
Assmann, Thüringer Schulrecht. Schulgesetz mit Erläuterungen und schulrechtlichen Nebenbestimmungen. 1995

III. Landesrechtliche Regelungen zur Mitbestimmung

Tabelle 1: Elternmitbestimmung auf Schulebene (S. 326 ff.)
Tabelle 2: Elternmitbestimmung im überschulischen Bereich (S. 337 ff.)
Tabelle 3: Schülermitbestimmung auf Schulebene und im überschulischen Bereich (S. 347 ff.). Wegen gemeinsamer Gremien von Schülern, Eltern und Lehrern siehe Tabellen 1 u. 2.

Die Tabellen sind vereinfacht.

Erläuterung:
Beratung = Informations- und Meinungsaustausch;
Mitwirkung = z. B. Anhörungs-, Vorschlags-, Auskunftsrechte, Stellungnahmen
Mitbestimmung = Zustimmungserfordernis; *Entscheidung* = Sachentscheidungskompetenz

Anhang III

1. Elternmitbestimmung auf Schulebene

	Baden-Württemberg	Bayern	Berlin	Brandenburg
1. Klasse/Jahrgangsstufe				
a) Elterngremien	a) kein eig. Gremium, Versammlungen mögl.: Wahl der Klassenelternvertreter	a) *Klassenelternversammlung* (obligat. nur in jew. 1. Jahrgangsstufe der Schulart, sonst fak.); *Funktion:* allenfalls Beratungsgremium, Wahl des Sprechers; *Klassenelternsprecher* (nur an Volks- u. Sondersch.); *Funktion:* Verbindung Schule/Eltern	a) *Klassen-/Kerngruppenelternversammlung Teiln.:* Lehrer, sonstige Gäste, Eltern Volljähriger; *Funktion:* Beratungs- u. Mitwirkungsgrem.; Wahl der Elternsprecher, sie wählen die Jahrgangselternsprecher	a) *Elternversammlung Funktion:* Information, Meinungsaustausch *Teilnehmer:* Eltern der Klasse bzw. Jahrgangsstufe *Elternsprecher Funktion:* 3× jährlich Einladung zur Elternversammlung
b) Gemeinsame Gremien (Lehrer, Schüler, Eltern	b) *Klassenpflegschaft* (Eltern u. Lehrer); *Teiln.:* Schülervertr., Elternbeiratsvors., Schulleiter; *Funktion:* Beratung, Mitwirkung (schwach)	b) nein	b) nein	b) nein
c) Beteiligung an Lehrerkonferenz (Klassenkonferenz usw.)	c) Elternvertreter können im Einzelfall beigezogen werden	c) nein	c) Elternsprecher beratend, außer bei Beratungen von Beurteilungen entspr. bei Jahrgangskonf. und -ausschüssen (nur beratend)	c) Elternsprecher sind zu Sitzungen der Klassenkonferenz einzuladen

1. Elternmitbestimmung auf Schulebene

	Baden-Württemberg	Bayern	Berlin	Brandenburg
2. Stufen/Abteilungen/mehrere Klassen/Jahrgänge				
a) Elterngruppen	a) nein	a) *Elternversammlungen* mögl.; *Funktion:* Beratung	a) *Teilelternvertretungen* für Sek. I u. II, gymn. Oberstufe; *Funktion:* Beratung, Wahl von Elternvertretern *Teilelternversammlungen* mögl.	a) nein
b) Gemeinsame Gremien	b) nein	b) nein	b) nein	b) nein
c) Beteiligung an Lehrerkonferenz	c) s. o. 1c)	b) nein	c) Teilkonf. und Oberstufenausschüsse: 2 Elternvertr. (beratend) außer bei Beratung von Noten	c) s. o. 1c)
3. Schule				
a) Elterngremien	a) *Elternbeirat* *Mitgl.:* alle Klassenelternsprecher; *Teiln.:* sonst. Pers. können beigezogen werden; *Funktion:* Beratungsgremium, Wahl von Vorsitzendem und Vertr. für Schulkonf. und Schulbeirat	a) *Elternbeirat* *Mitgl.:* 5-12 Elternvertreter, gewählt aus Mitte der Klassenelternsprecher (bei Volks- u. Sondersch.), ansonst. von den Eltern der Schule; *Teiln.:* Hinzuziehung sonst. Schulbeteiligter mögl.; *Funktion:* allenfalls Beratungsgrem., Wahl von	a) *Gesamtelternvertretung* *Mitgl.:* alle Elternsprecher; *Teiln.:* Schulleiter, Vertr. der Gkonf. u. der Gesamtschülervertr. (alle fak.); *Funktion:* Beratungsgrem., Wahl v. Vorsitzendem u. Vertr. f. Schulkonf. u. Bezirkselternausschuss;	a) *Elternkonferenz* *Mitgl.:* alle Sprecher/innen der Elternversammlungen; *Teiln.:* je 2 Vertreter Schülerkonferenz u. Lehrerkonferenz sowie Schulleiter; *Funktion:* Interessenvertretung der Eltern, Empfehlungen gegenüber den anderen Konferenzen

Anhang III

	Baden-Württemberg	Bayern	Berlin	Brandenburg
b) Gemeinsame Gremien (Lehrer, Schüler, Eltern)	b) *Schulkonferenz* *Mitgl.*: i. d. R. Lehrer, Schüler, Eltern, 7:3:3. *Funktion*: Beratungs- und Mitwirkungsgremium	Vorsitzendem; *Elternversammlungen* mögl. b) *Schulforum* *Mitgl.*: Lehrer, Schüler, Eltern, 3:3:3. *Funktion*: Beratungsgremium, schwache Mitwirkungsbefugnisse	*Gesamtelternversammlungen* mögl. b) *Schulkonferenz* *Mitgl.*: Lehrer, Schüler, Eltern, 4:4:4. *Funktion*: Beratungs- u. Mitwirkungsgrem., schwache Entscheidungsbefugnisse	b) *Schulkonferenz* *Mitgl.*: Schulleiter, Lehrer, Schüler, Eltern (4:5:5); *Funktion*: Beratung, Vermittlung, Auskunftsrecht, Empfehlungen gegenüber anderen Konferenzen, Entscheidungsrechte, Anhörungsrechte
c) Beteiligung an Lehrerkonferenzen	c) s. o. 1c	c) Elternvertreter können zu einzelnen Punkten beigezogen werden	c) 2 Vertr. Der Gesamtelternvertr. In der Gesamtkonf. (beratend) sowie Vertr. in ständ. Ausschuss der Gesamtkonf.	c) Teilnahme an Lehrerkonferenz und Fachkonferenzen mögl. (2 Vertreter)
	Bremen	Hamburg	Hessen	Mecklenburg-Vorpommern
1. *Klasse/Jahrgangsstufe* a) Elterngremien	a) *Klassenelternversammlung* *Funktion*: Beratungsgremium, Wahl der	a) *Elternabend* *Teiln.*: Klassenlehrer muss, übrige Lehrer sollen auf Anford.: *Funk-*	a) *Klassenelternschaft* *Teiln.*: Klassenlehrer, sonstige Lehrer, Eltern Volljähriger, Gäste fak.	a) *Klassenelternvertretungen* *Funktion*: Wahrnehmung der Elternrechte,

1. Elternmitbestimmung auf Schulebene

	Bremen	Hamburg	Hessen	Mecklenburg-Vorpommern
	Sprecher *Klassenelternsprecher Funktion:* Bindeglied Eltern/Schule	*tion:* Beratungsgremium, Wahl der Elternvertreter; *Elternvertreter Funktion:* Bindeglied Eltern/Schule	*Funktion:* Beratungsgrem., Wahl des Klassenelternbeirats	Förderung des Zusammenwirkens; *Mitgl.:* 3–7 gewählte Vertreter d. Klassenelternversammlung
b) Gemeinsame Gremien (Lehrer, Schüler, Eltern)	b) *Klassenversammlung* (Eltern, Schüler, Lehrer); *Funktion:* Beratungsgremium	b) nein	b) nein	b) *Klassenkonferenz Mitgl.:* Lehrer und Erzieher (stimmber.), 2 Elternvertreter (beratend)
c) Beteiligung an Lehrerkonferenz (Klassenkonferenz usw.)	c) Elternsprecher beratend	c) ausdrücklich nicht, Dritte können aber eingeladen werden	c) bis 3 Vertreter des Schulelternbeirats (beratend)	c) s. o. 1 b

2. Stufen/Abteilungen/mehrere Klassen/Jahrgänge

	Bremen	Hamburg	Hessen	Mecklenburg-Vorpommern
a) Elterngremien	a) *Elternversammlungen* mögl.	a) nein	a) nein	a) nein
b) Gemeinsame Gremien	b) nein	b) nein	b) nein	b) nein
c) Beteiligung an Lehrerkonferenzen	c) nein	c) s. o. 1 c)	c) Teilkonferenzen: s. o. 1 c)	c) nein

3. Schule

	Bremen	Hamburg	Hessen	Mecklenburg-Vorpommern
a) Elterngremien	a) *Elternbeirat Mitgl.:* Klassen-/Jahrgangselternsprecher,	a) *Elternrat Mitgl.:* gewählt von Versamml. der Eltern-	a) *Schulelternbeirat Mitgl.:* alle Klassen-/Jahrgangselternbeir.;	a) *Gesamtelternvertretung Mitgl.:* Vorsitzende der

Anhang III

	Bremen	Hamburg	Hessen	Mecklenburg-Vorpommern
	Teiln.: ausnahmsw. weitere Personen; *Funktion*: Beratungs- u. Mitwirkungsgrem., Wahl von Vorsitzenden u. Abteilungssprechern sowie Vertr. f. Schulkonf.; *Elternversammlungen* mögl.	vertr, Anzahl je nach Schulgröße, mind. 9; *Teiln.*: Schulleiter, Elternvertr. u. sonst. Personen auf Beschluss; *Funktion*: ratungsgrem., schwache Mitwirk., Wahl von Vorsitzendem u. Vertr. für Kreiselternrat; *Elternversammlungen* mögl.	*Teiln.*: Schulleiter, sonst. Lehrer (fak.), Schülervertr. („soll" bei geeigneten Gegenständen); *Funktion*: Beratung u. Mitwirkung, Mitbestimmung (stark)	Klassenelternvertretungen und der Elternrat; *Funktion*: s. o. 1 a) *Elternrat* *Mitgl.*: von der Elternversammlung gewählte Vertreter; *Funktion*: Vertretung in der Schulkonferenz
b) Gemeinsame Gremien (Lehrer, Schüler, Eltern)	b) *Schulkonferenz* *Mitgl.*: Lehrer, Schüler, Eltern, Sonstige, 2:2:2:2. *Funktion*: Beratungs- u. Mitwirkungsgrem., Entscheidungsbefugnisse; *erweiterte Schulkonferenz*: Mitwirkung bei Schulleiterbestellung	b) *Schulkonferenz* *Mitgl.*: Lehrer, Schüler, Eltern je nach Schulgröße: 5(7):3(5):3(5). *Funktion*: Beratungs- u. Mitwirkungsgrem., Entscheidungsbefugn.; *erweiterte Schulkonf.*: Mitwirkung bei Schulleiterbestellung	b) *Schulgemeinde* *Mitgl.*: alle Schüler, Eltern, Lehrer, *Funktion*: unklar, „Zusammenwirken der Schulbeteiligten"	b) *Schulkonferenz* *Mitgl.*: Vertreter der Pädagogen, Eltern und Schüler (2:1:1), 1 Vertreter des kommunalen Schulträgers; *Funktion*: Förderung des Zusammenwirkens, Beratung gemeinsamer Angelegenheiten und Unterbreitung von Vorschlägen dazu
c) Beteiligung an Lehrerkonferenz	c) nein	c) s. o. 1c)	c) s. o. 1c)	c) nein

1. Elternmitbestimmung auf Schulebene

	Niedersachsen	Nordrhein-Westfalen	Rheinland-Pfalz	Saarland
1. Klasse/Jahrgangsstufe				
a) Elterngremien	a) *Klassenelternschaft Funktion:* Beratungs- u. Mitwirkungsgremium, Wahl des Vorsitzenden u. Vertretern in Klassenkonferenz	a) *Klassen-/Jahrgangsstufenpflegschaft Mitgl.:* Eltern; beratend: Klassenlehrer, ab 7. Kl. Klassenspr. u. Vertr., vollj. Schüler; *Funktion:* Beratungs- u. Mitwirkungsgremium, Wahl d. Vorsitzenden, ggf. weit. Vertr.	a) *Klassenelternversammlung Teiln.:* Klassenleiter (muss), andere Lehrer nur auf Einladung (muss), Schulleiter, Schulelternspr. (fak.); *Funktion:* Beratungsgrem., Wahl des Elternsprechers	a) *Klassen-/Gruppenelternvers. Teiln.:* Klassenlehrer (muss); sonst. Lehrer u. Schülervertr. fak.; *Funktion:* Beratungs- u. Mitwirkungsgrem., Wahl der Elternsprecher
b) Gemeinsame Gremien (Lehrer, Schüler, Eltern)	b) nein	b) nein	b) nein	b) nein
c) Beteiligung an Lehrerkonferenz (Klassenkonferenz usw.)	c) mind. 3 Elternvertreter (beratend, Ausschluss bei Leistungsbewertungsentscheidungen mit ³/₄-Lehrer-Mehrheit möglich)	c) je 2 Elternvertreter (beratend)	c) in Sek. II Elternvertreter, außer bei Noten-/Versetzungskonferenz (beratend)	c) 2 Klassenelternsprecher, außer bei Noten-/Versetzungskonf. usw., entspr. in Jahrgangskonf. und -ausschüssen (beratend)
2. Stufen/Abteilungen/mehrere Klassen/Jahrgänge				
a) Elterngremien	a) *Bereichselternrat Mitgl.:* Vorsitzende der jew. Klassenelternschaften	a) nein	a) nein	a) *Teilelternvertretungen Mitgl.:* Elternsprecher d. Klassen/Gruppen d. jew. Stufe/Schulzweiges; *Funktion:* Beratung

Anhang III

	Niedersachsen	Nordrhein-Westfalen	Rheinland-Pfalz	Saarland
b) Gemeinsame Gremien	b) nein	b) nein	b) nein	b) nein
c) Beteiligung an Lehrerkonferenzen	c) in Teilkonf. S. o. 1c)	c) s. o. 1c)	c) nein	c) Stufenkonf.: 2 Elternvertreter (beratend)

3. Schule

	Niedersachsen	Nordrhein-Westfalen	Rheinland-Pfalz	Saarland
a) Elterngremien	a) *Schulelternrat* *Mitgl.:* Vorsitzende der Klassenelternschaften; *Funktion:* Beratung u. Mitwirkung (schwach), Wahl von Vorsitzendem u. Vertr. f. Gesamtkonf., Lehrer-, Schüler-Ausschüsse u. Teilkonf.	a) *Schulpflegschaft* *Mitgl.:* Vorsitzende der Klassen-/Jahrgangsstufenpflegsch.; *Teiln.:* Schulleiter (soll), stellvertr. Vorsitzende; *Funktion:* Beratungsgrem., Wahl v. Vorsitzendem u. Vertretern f. die Schulkonf. u. Fachkonf.; *Elternversammlungen mögl.*	a) *Schulelternbeirat* *Mitgl.:* 3–20 von Eltern der Schule gewählt; *Teiln.:* Schulleiter, Schulbehörde (fak.), sonst. Lehrer, Schülervertr. und Sonstige auf Einlad.; *Funktion:* Beratung u. Mitwirkung (schwach), Wahl von Schulelternspr. u. Vertr. im Schulausschuss	a) *Elternvertretung der Schule* *Mitgl.:* alle Elternsprecher; *Teiln.:* Schulleiter, je 2 Vertr. der Lehrer u. der Schülervertr. (alle fak.); *Funktion:* Beratung und Mitwirkung (schwach), Wahl von Vorsitzendem u. Vertr. für Schulkonferenz *Schulelternversamml. mögl.*
b) Gemeinsame Gremien (Lehrer, Schüler, Eltern)	b) nein. An der Gesamtkonf. der Lehrer je 2–5 Schüler- u. Elternvertr. m. Stimmrecht beteiligt	b) *Schulkonferenz* *Mitgl.:* 6–36 je nach Schulgröße, unterschiedl. Zusammensetz. Je Schulstufe; *Vors.:* Schulleiter; weit. Teiln.: Schulleiter, Verbindungslehrer (kann); *Funktion:* Beratungs- u. Mitwirkungsgremium.	b) *Schulausschuss* *Mitgl.:* Lehrer, Schüler, Eltern 1:1:1. *Funktion:* unklar, "Zusammenwirken der Gruppen", *Schulbezog. schulbuchausschüsse:* *Mitgl.:* je 3 Lehrer, Schüler- (außer Grundsch.), Elternvertr.;	b) *Schulkonferenz* *Mitgl.:* Lehrer, Schüler, Eltern 5:3:3. *Funktion:* Beratungs- u. Mitwirkungsgrem., schwache Entscheidungsbefugnisse

1. Elternmitbestimmung auf Schulebene

	Niedersachsen	Nordrhein-Westfalen	Rheinland-Pfalz	Saarland
		Entscheidungsbefugnisse	*Funktion:* Entscheidung über Einführung genehm. Schulbücher an Schule; Erprobungsanträge	
c) Beteiligung an Lehrerkonferenzen	c) Beteiligung an Lehrerkonferenzen	c) 2 Elternvertreter in Fachkonferenz (beratend)	c) nein	c) Eingeschränkte Mitgliedschaft von 1–3 Elternvertr. in Gesamtkonf. (Stimmrecht); *Fachkonf.:* fak. 1 Elternvertr. beratend

	Sachsen	Sachsen-Anhalt	Schleswig-Holstein	Thüringen

1. *Klasse/Jahrgangsstufe*

	Sachsen	Sachsen-Anhalt	Schleswig-Holstein	Thüringen
a) Elterngremien	a) *Klassenelternversammlung Mitgl.:* Eltern der Schüler einer Klasse; *Funktion:* Information und Meinungsaustausch, Vermittlung *Jahrgangselternsprecher* für 25 noch nicht volljährige Schüler eines Jahrganges, sofern kein Unterricht im Klassenverband	a) *Klassenelternschaft Mitgl.:* alle Erziehungsberechtigten der Schüler einer Klasse; *Funktion:* Information, Beratung, Vorschläge, Anregungen, Öffentlichkeitsarbeit, Wahl der Klassenelternvertretung	a) *Elternversammlung Teiln.:* Lehrer (auf Einlad.); *Funktion:* Beratungsgrem., Wahl des Klassen-/Jahrgangselternbeirats	a) *Klassenelternvertretung Mitgl.:* alle Erziehungsberechtigten der Schüler einer Klasse; *Funktion:* Informationsrecht gegenüber Schulleiter, Anhörungs- und Initiativrechte

Anhang III

	Sachsen	Sachsen-Anhalt	Schleswig-Holstein	Thüringen
	Klassenelternsprecher von den Klassenelternversammlungen gewählte Vertreter für den Elternrat			
b) Gemeinsame Gremien (Lehrer, Schüler, Eltern)	b) nein; Lehrer d. Klasse sind verpflichtet, an Klassenelternversammlung teilzunehmen, falls erforderlich	b) *Klassenkonferenz Mitgl.:* alle Lehrer (stimmber.), Eltern- und Schülervertreter (3:3); *Funktion:* Entscheidungen für Klasse oder einzelne Schüler im Rahmen d. Beschl. der Gesamtkonferenz	b) nein	b) nein
c) Beteiligung an Lehrerkonferenz (Klassenkonferenz usw.)	c) nach Gesetz nein, a-ber durch VO nach § 44 III möglich, s. EMV Anh. II, N	c) nein	c) Klassenelternbeiratsvorsitzender (beratend)	c) Hinzuziehung von Vertretern der Eltern zur Beratung einzelner Themen auf Beschluss der Klassenkonferenz möglich
2. Stufen/Abteilungen/mehrere Klassen/Jahrgänge				
a) Elterngremien	a) nein	a) nein	a) nein	a) Elternvertretung für die Stammkurse *Mitgl.:* alle Erziehungsberechtigten der Schüler eines Stammkurses; *Funktion:* s.o. 1 a)

1. Elternmitbestimmung auf Schulebene

	Sachsen	Sachsen-Anhalt	Schleswig-Holstein	Thüringen
b) Gemeinsame Gremien	b) nein	b) nein	b) nein	b) nein
c) Beteiligung an Lehrerkonferenzen	c) nein	c) nein	c) nein	b) s.o. 1c)
3. Schule				
a) Elterngremien	a) *Elternrat. Mitgl.:* Klassenelternsprecher aller Klassen sowie Jahrgangselternsprecher; *Funktion:* Auskunftsrecht gegenüber Schulleiter, Recht zur Stellungnahme vor Beschlüssen der Lehrerkonferenzen	a) *Schulelternrat. Mitgl.:* Vorsitzende der Klassenelternschaften; *Funktion:* Anträge an Gesamtkonferenz, Anhörung vor grundsätzlichen Entscheidungen, Auskunftsrecht	a) *Schulelternbeirat Mitgl.:* Vorsitzende der Klassen-/Jahrgangselternbeiräte; *Teiln.:* wohl Schulleiter (fak.); *Funktion:* Beratungs- u. Mitwirkungsgrem., einige Mitbestimmungsrechte, Wahl v. Vorstand u. Vertr. f. Schulkonf u. Schulleiterwahlaus-schuss	a) *Schulelternvertretung Mitgl.:* gewählte Vertreter der Klassen und Stammkurse; *Funktion:* s.o. 1 a)
b) Gemeinsame Gremien (Lehrer, Schüler, Eltern)	b) *Schulkonferenz Mitgl.:* Schulleiter, Lehrer, Eltern- und Schülersprecher (1:6:3:3); *Funktion:* Beschlüsse	b) – *Gesamtkonferenz Mitgl.:* Schulleiter, alle Lehrer, Eltern- und Schülervertreter (stimmend.), Sonstige (beratend); *Funktion:* Gestaltung und Koordination d. Unterrichts, Beratung und Beschlussfassung über wesentliche Angelegen-	b) *Schulkonferenz Mitgl.:* Lehrer, Schüler, Eltern, ca. Halbparität m. Lehrerübergew., Anzahl nach Schulgröße; *Funktion:* Beratungs- u. Mitwirkungsgrem., Entscheidungsbefugnisse; *Schulleiterwahlausschuss Mitgl.:* Vertreter von	b) *Schulkonferenz Mitgl.:* Verteter d. Lehrer, Eltern und Schüler (i.d.R. 3:3:3), Abweichungen je nach Schulart; *Funktion:* Beratung, Empfehlungen, Stellungnahme vor bestimmten Entscheidungen, Vermittlung, Entscheidung bestimmter Fragen

335

	Sachsen	Sachsen-Anhalt	Schleswig-Holstein	Thüringen
	heiten – *Fachkonferenzen* *Mitgl.:* alle Lehrer des Fachs (stimmberechtigt), Eltern und Schülervertreter (3:3) (beratend)	Schulträger, Eltern u. Lehrern, Halbparität; *Funktion:* Vorschlag von Schulleiter	
c) Beteiligung an Lehrerkonferenzen	c) nein (durch Rechtsverordnungen möglich)	c) nein	c) nein	c) Hinzuziehung von Vertretern der Eltern zur Beratung einzelner Themen auf Beschluss der Lehrer- bzw. der Fachkonferenz möglich

2. Elternmitbestimmung im überschulischen Bereich

	Baden-Württemberg	Bayern	Berlin	Brandenburg
1. *Schulträger bzw. Gemeinde/Kreis/Bezirk*				
a) Elterngremien	a) *Gesamtelternbeirat Mitgl.:* alle Elternbeiratsvorsitzenden im Bereich des Schulträgers (überörtl. Arbeitskr. der Elternvertret. Mögl.); *Funktion:* Beratung, Mitwirkung (schwach)	a) *Gemeinsamer Elternbeirat* der Volkssch. im Schulträgerbereich *Mitgl.:* Elternbeiratsvorsitzende; *Funktion:* unklar	a) *Bezirkselternausschuss Mitgl.:* alle Schulelternvertr. im Bezirk; *Funktion:* allenfalls Beratung, Wahl von Vertretern für Bezirksschulbeirat und Landeselternausschuss	a) *Kreiselternräte Mitgl.:* Vertreter der Elternkonferenzen; *Funktion:* Interessenwahrnehmung im Kreis; Koordinierung d. Arbeit im Kreisschulbeirat
b) Gemeinsame Gremien	b) *Schulbeirat Mitgl.:* Vertreter der Schularten (Lehrer/Schulleiter), der Eltern jed. Schulart, des Schulträ., der Kirchen, berufsbild. Bereichs; Elternvertr. v. Elternbeiräten gewählt; *Funktion:* Beratung/Mitwirkung beim Schulträger	b) nein	b) *Bezirksschulbeirat Mitgl.:* je 12 Vertreter von Lehrern, Schülern u. Eltern; *Funktion:* Beratung/Mitwirkung (schwach) beim Bezirksamt	b) *Kreisschulbeirat Mitgl.:* Sprecher der Kreiselternräte; *Funktion:* Beratung, Informationsaustausch, Auskunfts-, Vorschlags- und Anhörungsrechte

Anhang III

	Baden-Württemberg	Bayern	Berlin	Brandenburg
2. Land				
a) Elterngremien	a) *Landeselternbeirat Mitgl.*: über Wahlmänner gewählte Eltern jed. Schulart; *Funktion*: Beratung des KuMi, Mitwirkung (schwach)	a) *Landeselternrat* fak. im Rahmen des Landesschulbeirats mögl. *Mitgl.*: Elterngruppe im Landesschulbeirat; *Funktion*: Beratung, Mitwirkung (schwach)	a) *Landeselternausschuss Mitgl.*: je 2 Vertreter der Bezirkselternausschüsse; *Funktion*: allenfalls Beratung	a) *Landeselternräte Mitgl.*: Sprecher d. Kreiselternräte; *Funktion*: Interessenwahrnehmung; Koord. d. Arbeit im Landesschulbeirat
b) Gemeinsame Gremien	b) *Landesschulbeirat Mitgl.*: vom KuMi berufene Vertr. der Lehrer, Eltern, Schüler aller Schulart., berufsbild. Bereich, Kommunen, Kirchen etc.; Landeselternbeirat hat Vorschlagsrecht für Eltern; *Funktion*: Beratung des KuMi, Mitwirkung (schwach)	b) *Landesschulbeirat Mitgl.*: 43 vom KuMi berufene Vertret., davon: auf Verbandsvorschlag 7 Eltern u. 8 Lehrer; 8 Schülersprecher (jew. aller Schularten); 13 Vertreter von Kirchen, Verbänden, Gewerksch., Kammern, Privatschulen, Hochschulen; 5 Sonstige; *Funktion*: Beratung des KuMi, Mitwirkung (schwach)	b) *Landesschulbeirat Mitgl.*: je 12 Lehrer, Schüler, Elternvertreter; Vertr. von Verbänden, Gewerkschaften, Kammern, Kirchen, Elternvertr. gewählt von s. o. 1 a); *Funktion*: Beratung des Senats, Mitwirkung (schwach)	b) *Landesschulbeirat Mitgl.*: u. a. Sprecher der Landeselternräte; *Funktion*: Beratung grundsätzl. Fragen mit oberster Schulaufsichtsbehörde, Informationsaustausch, Anhörungsrecht

2. Elternmitbestimmung im überschulischen Bereich

	Bremen	Hamburg	Hessen	Mecklenburg-Vorpommern
1. Schulträger bzw. Gemeinde/Kreis/Bezirk				
a) Elterngremien	a) *Gesamtvertretungen* der Eltern in Bremen/Bremerhaven *Mitgl.:* alle Schul-/Abteilungselternsprecher; *Funktion:* Beratung u. Mitwirkung (schwach); Wahl von Vorstand (Zentralelternbeirat), nimmt die Rechte der Gesamtvertr. wahr	a) *Kreiselternrat Mitgl.:* Vertreter der Elternräte des Schulkreises u. die Vertreter des Schulkreises in Elternkammer; *Funktion:* Beratung/Mitwirkung (schwach)	a) *Kreis/Stadtelternbeirat Mitgl.:* von den Schulelternbeiräten gewählte Vertreter aller Schularten; *Funktion:* Beratung/Mitwirkung	a) nein
b) Gemeinsame Gremien	b) nein	b) nein	b) *Schulkommissionen* der Gemeinden/Landkreise, denen Lehrer-, Eltern-, Kirchen- usw.-vertreter, Schülervertreter angehören; Schülervertreter können beigezogen werden; *Funktion:* Hilfsorgan von Gemeinde/Kreis; Beratung/Entscheidung	b) *Kreisschulkonferenz Mitgl.:* gewählte Vertreter der Lehrer-, Eltern- und Schülerräte (2:1:1), bestellte Vertreter von Schulträger und Schuldirektoren, Schulaufsicht; *Funktion:* Beratung des Kreisschulrats, Informations- und Erfahrungsaustausch, Vorschlagsrecht *Kreisschulbeiräte* Beratung der Kreisschulräte

	Bremen	Hamburg	Hessen	Mecklenburg-Vorpommern
2. Land				
a) Elterngremien	a) nein	a) *Elternkammer* *Mitgl.*: i. d. R. 2 Mitgl. der Kreiselternräte; *Funktion*: Beratung/ Mitwirkung	a) *Landeselternbeirat* *Mitgl.*: 17 von Delegierten der Kreis- u. Stadtelternbeiräte gewählte Eltern aller Schularten (Gruppenwahl, Einspruchsrecht der Schulartenvertreter in Fachfragen, dagegen $2/3$-Mehrheit erforderl.); *Funktion*: Beratung/ Mitwirkung, starke Mitbestimmungsrechte	a) nein
b) Gemeinsame Gremien	b) nein	b) *Landesschulbeirat* *Mitgl.*: jew. Vorsitzender u. 2 gewählte Mitglieder der Eltern-, Schüler- u. Lehrerkammern, Vertr. sonst. Kammern, Gewerkschaften, Univ., Kirchen; *Funktion*: Beratung der Schulbehörde	b) *Landesschulbeirat*; *Mitgl.*: 21 vom KuMi auf Vorschlag berufene Vertreter der Kirchen, Landeselternbeirat (5), Landesschülerrat (2), Lehrer, Landesausschuss f. Berufsbildung (4), Hochschulen usw. *Teiln.*: Je 1 Mitgl. LT-Fraktionen als Gast	b) *Landesschulkonferenz* *Mitgl.*: gewählte Vertreter der Kreislehrer-, Kreiseltern- und Kreisschulräte (2:1:1), bestellte Kreisschulräte, Schuldirektoren und sonstige erfahrene Personen; *Funktion*: Beratung des Landesschulrats, Stellungnahme zu Entwürfen von Rechts-

2. Elternmitbestimmung im überschulischen Bereich

Bremen	Hamburg	Hessen	Mecklenburg-Vorpommern
			und Verwaltungsvorschriften, Informations- und Erfahrungsaustausch *Landesschulbehörde* Beratung der Landesschulräte

Niedersachsen	Nordrhein-Westfalen	Rheinland-Pfalz	Saarland

1. Schulträger bzw. Gemeinde/Kreis/Bezirk

a) Elterngremien

Niedersachsen	Nordrhein-Westfalen	Rheinland-Pfalz	Saarland
a) *Gemeinde-/Stadt-/Kreiselternrat* Mitgl.: je Schule 1 von Schulelternräten gewählter Elternvertreter; *Funktion:* Beratungsgremium, Wahl des Vorstands	a) nein	a) *Arbeitsgemeinschaften der Schulelternbeiräte in Gemeinden/Städten/Kreisen* (fak.) *Bezirkselternbeirat* Mitgl.: aus der Mitte der Schulelternbeir. durch Bezirkswahlvers. (Wahlmänner der Grund- und Hauptsch. Jedes Trägers u. Schulelternspr. der sonst. Schulen) gewählte Eltern; *Funktion:* Beratungsgremium, Wahl der Bezirkselternsprecher	a) nein

Anhang III

	Niedersachsen	Nordrhein-Westfalen	Rheinland-Pfalz	Saarland
b) Gemeinsame Gremien	b) *Schulausschüsse* der Schulträger *Mitgl.:* Ang. der Vertretungskörperschaften, mind. je 1 Lehrer-, Eltern-, Schülervertret., Schulträger beruft aufgr. von Vorschlägen dieser Gruppen und bestimmt Zusammensetzung; *Funktion:* Hilfsorgan der Schulträger	b) Mitwirkung der Schule (Schulkonferenz) beim Schulträger in Schulorganisationsfragen etc., Bildung von *Schulausschüssen* nach Kommunalverfassungsrecht. *Mitgl.:* Kirchenvertreter obligat., Lehrervertr. fak.	b) *Schulträgerausschuss* Lehrer und Eltern jeder Schulart sollen ihm angehören; Schülervertr. können beigezogen werden; *Funktion:* Mitwirk. beim Schulträger; regionale *Schulbuchausschüsse*; *Mitgl.:* je 2 Lehrer-, Schüler-, Elternvertr. der beteiligten Schularten; *Funktion:* Entscheidung über Einführung genehm. Schulbücher; Erprobungsanträge	b) *Schulregionkonferenz* *Mitgl.:* je 1 Lehrer-, Schüler-, Elternvertr. aller Schularten, gewählt v. Wahlmännern der Schulen, Vertret. der Schulträger; *Geschäftsführender Ausschuss*; *Beratender Aussch. für Schulentwicklungsplanung; Funktion:* Beratung u. Mitwirk. bei den Aufg. der Schulregion; Lehrer, Schüler, Eltern wählen ihre Wahlmänner f. Wahl ihrer Vertr. in Landesschulkonferenz
2. Land a) Elterngremien	a) *Landeselternrat* *Mitgl.:* 40 aus den Gemeinde-/Stadt-/Kreiselternräten gewählte Vertr. öffentl. u. privater Schulen (Gruppenwahl); *Funktion:* Beratung/Mitwirkung;	a) nein	a) *Landeselternbeirat* *Mitgl.:* 28 Elternvertr. in Bezirkswahlversamml. gewählt. s. o. 1 a); *Funktion:* Beratung des KuMi, Mitwirkung	a) *Landeselternvertretungen* für die einzeln. Schularten; *Mitgl.:* jew. die Vorsitzenden der Schulelternvertr. sowie der Elternvertr. dieser Schulart in der Schulregionkonf.; *Funktion:*

2. Elternmitbestimmung im überschulischen Bereich

	Niedersachsen	Nordrhein-Westfalen	Rheinland-Pfalz	Saarland
	teilweise Mitbestimmungsrechte; Wahl der Vertreter für Landesschulbeirat			Beratung, Mitwirk. (schwach). *Gesamtlandeselternvertretung* möglich. *Mitgl.*: die Vorsitzenden der Landeselternvertretungen. *Funktion*: Erörterung von Angelegenheiten v. grundsätzlicher und schulformübergreifender Bedeutung
b) Gemeinsame Gremien	b) *Landesschulbeirat Mitgl.*: je 6 Lehrer-, Schüler-, Elternvertreter, sonst: Privatschulen, Hochschullehrer, Arbeitn., Arbeitg., Kirchen, Schulträger; *Funktion*: Beratung des KuMi	b) *Beteiligung* von u. a. größeren privaten *Elternverbänden*, Schülerzusammenschlüssen, Gewerkschafts- u. Berufsverbandsvertretern, Vertr. der Kammern u. kommunalen Spitzenverbände; *Funktion*: Beratung/Mitwirkung beim KuMi	b) nein; Kommission „Anwalt des Kindes" zu erwähnen	b) *Landesschulkonferenz Mitgl.*: je 7 Lehrer-, Schüler-, Elternvertr. (Wahl s. o. 1 b); Vertreter von Land, Kreis, Stadt, Gemeinden usw., Vertr. der Kammern u. Kirchen; mind. 30, max. 33 Mitgl.; *Beratender Aussch. für Schulentwicklungsplanung; Funktion*: Beratung/Mitwirkung beim KuMi

Anhang III

	Sachsen	Sachsen-Anhalt	Schleswig-Holstein	Thüringen
1. *Schulträger bzw. Gemeinde/Kreis/Bezirk*				
a) Elterngremien	a) *Kreiselternrat Mitgl.:* Vorsitzende der Elternräte aller Schulen des Landkreises; *Funktion:* Auskunftsrecht gegenüber Schulaufsichtsbehörden, Anhörungsrecht	a) *Gemeinde-, Stadt- bzw. Kreiselternrat Mitgl.:* gewählte Vertreter der Schulelternräte; *Funktion:* Beratung, Auskunftsrecht gegenüber Schulträger und Schulbehörden, Gelegenheit zu Stellungnahme und Vorschlägen	a) *Kreiselternbeiräte* für die einzelnen Schularten (Grund-, Haupt- u. SoSch./ Realsch./Gym.); *Mitgl.:* bei Grund-, Haupt- u. SoSch. von Delegierten der Schulelternbeiräte gewählte Elternvertr.; sonst. Schulen: je 1 Vertr. der Schulelternbeiräte; *Funktion:* Beratung u. teilweise Mitwirk., Wahl der Vertr. für Landeselternbeirat	a) *Kreiselternvertretung* auf Ebene der Schulämter; *Mitgl.:* gewählte Vertreter der Eltern der Schulen; *Funktion:* Interessenvertretung gegenüber Schulämtern und Schulträgern
b) Gemeinsame Gremien	b) nein	b) nein	b) *Schulpflegschaften* können von den Schulträgern eingerichtet werden (fak.); *Mitgl.:* Lehrervertr. (mind. 1 Schulleiter), Schülervertr., an berufl. Schulen Vertr. der Wirtschaftsorganisationen (Mindestvorschr. f. die Zusammensetz.); Berufung durch	b) nein

344

2. Elternmitbestimmung im überschulischen Bereich

	Sachsen	Sachsen-Anhalt	Schleswig-Holstein	Thüringen
2. Land				
a) Elterngremien	a) *Landeselternrat* *Mitgl.*: 20 gewählte Vertreter der Kreiselternräte und jeweils 1 Vertreter der verschiedenen Schularten; *Funktion*: Vertreter der schulischen Interessen der Eltern aller Schulen, Beratungs- und Informationsrecht gegenüber SMK, Vorschläge und Anregungen	a) *Landeselternrat* *Mitgl.*: gewählte Vertreter d. Erziehungsberechtigten, Zahl nach Schularten differ.; *Funktion*: Mitwirkung in allen wichtigen Fragen, u. a. betr. Gesetz- und Verordnungsentwürfe, Auskunftsrecht	a) *Landeselternbeiräte* für die einzelnen Schularten; *Mitgl.*: je 1 Vertr. der Kreiselternbeiräte; *Funktion*: Beratung des KuMi, Wahl von je 1 Vertr. für Landesschulbeirat	a) *Landeselternvertretung* *Mitgl.*: gewählte Vertreter d. Eltern der Schulen; *Funktion*: Interessenvertretung gegenüber KuMi
b) Gemeinsame Gremien	b) *Landesbildungsrat* *Mitgl.*: vom SMK berufene Vertreter der Lehrer, Eltern, Schüler, Hochschullehrer, Gewerkschaften, Kirchen, Kommunen, Sorben, Privatschulen; *Funktion*: Beratung des	b) *Landesschulbeirat* *Mitgl.*: Lehrer, Eltern, Schüler (6:6:6), Vertr. d. Privatschulen, Hochschulen, Kirchen, Schulträger, Verbände; *Funktion*: Mitwirkung bei Fragen von grundsätzl. Bedeutung, Auskunfts-	b) *Landesschulbeirat* *Mitgl.*: je 1 Eltern-, Lehrer-, Schülervertr. der Schulart; Vors. Der betr. LT-Ausschüsse; u. a. Vertr. Von Hochsch., Kammern, Kirchen, Gewerksch., Jugendverbänden,	b) *Landesschulbeirat* *Mitgl.*: Vertreter der Eltern, Lehrer, Erzieher, Schüler usw.; *Funktion*: Beratung d. KuMi
			Schulträger aufgr. von Vorschlägen der Gruppen; *Funktion*: Beratung des Schulträgers	

Sachsen	Sachsen-Anhalt	Schleswig-Holstein	Thüringen
SMK, Beteiligung vor Erlass von Gesetzen und Rechtsverordnungen, Recht auf Anregungen und Vorschläge	recht, Recht auf Vorschläge und Anregungen, Stellungnahme zu Gesetz- und Verordnungsentwürfen	kommunalen Landesverb.; *Funktion:* Beratung/Mitwirkung beim KuMi	

3. Schülermitbestimmung auf Schulebene und im überschulischen Bereich

	Baden-Württemberg	Bayern	Berlin	Brandenburg
1. Klasse/Jahrgangsstufe				
a) Schülergremien	a) *Klassenschülerversammlung*/Leistungskursschülervers. (Kl. 12/13). *Funktion*: Beratung, Wahl der Schülervertreter ab Kl. 5 (Klassensprecher, Kl. 12/13: Kurssprecher)	a) nein, ab Kl. 5 Wahl von Klassensprecher, Kl. 12/13 Jahrgangsstufen-, Kurssprecher. *Funktion*: Beratung, Mitwirkung (schwach)	a) nein, ab Kl. 5 Wahl von Klassenschülersprecher bzw. Schülersprecher bei Kerngruppen in der Oberschule. *Funktion*: Beratung, Mitwirkung, Wahl von Jahrgangsschülersprecher für die Mitarbeit in Jahrgangskonf. der Lehrer	a) nein, ab Kl. 4 Wahl von 2 *Klassensprechern* (bzw. 2 Jahrgangssprecher pro 20 Schüler). *Funktion*: Vertretung der Schüler
b) Beteiligung an Lehrerkonferenzen (Klassenkonf. usw.)	b) Schülervertreter können beigezogen werden	b) nein	b) 2 Schülervertreter beratend in Klassenkonferenz (außer bei Notenberatung) sowie in Fach-, Teil- und Gesamtkonferenzen	b) Teilnahme von 2 Vertretern der Schülerkonferenz an Klassenkonferenzen
2. Stufen/Abteilungen/mehrere Klassen/Jahrgänge				
a) Schülergremien	a) nein	a) *Stufenversammlungen* der Klassensprecher an Gymnasien mögl. *Funktion*: Beratung	a) *Teilschülerversammlungen* mögl. *Funktion*: Beratung *Teilschülervertretungen* mögl. für die Sekundarstufen, gymn.	a) nein

Anhang III

	Baden-Württemberg	Bayern	Berlin	Brandenburg
			stufe, gemeinsame Belange mehrerer Klassenstufen, Abteilungsschülervertr. an Oberstufenzentren, Tagesschülervertr. an Berufsschulen *Mitgl.:* jeweilige Schülersprecher *Funktion:* Mitwirkung	
b) Beteiligung an Lehrerkonferenzen	b) s. 1 b)	b) nein	b) s. 1b)	b) nein
3. Schule				
a) Schülergremien	a) *Schülerrat. Mitgl.:* alle Klassensprecher u. Vertreter, an berufl. Schulen nur Klassenspr. *Funktion:* Beratung, Erlass der Schülermitverantwortungs(SMV)-Satzung, Wahl des Schülersprechers als Vorsitzendem. *Interessenvertretung aller Schüler*	a) *Klassensprecherversammlung Funktion:* Mitwirkung (schwach), Wahl von 3 Schülersprechern, die den *Schülerausschuss* bilden	a) *Gesamtschülervertretung. Mitgl.:* alle Schülersprecher. *Funktion:* Beratung, Mitwirkung, Wahl des Schülersprechers der Schule *Schülerversammlungen* mögl.	a) *Schülerkonferenz* (nur Schulen der Sek. I und II). *Mitgl.:* alle Sprecher der Klassen und Jahrgangsstufen; *Funktion:* Interessenvertretung, Einrichtung v. Arbeitskreisen, Veranstaltungen, Empfehlungen

3. Schülermitbestimmung

	Baden-Württemberg	Bayern	Berlin	Brandenburg
b) Beteiligung an Lehrerkonferenzen	b) s. 1b)	b) Klassen- u. Schülersprecher können zu einzelnen Punkten beigezogen werden	b) s. 1b)	b) Teilnahme von 2 Vertretern der Schülerkonferenz an Lehrerkonferenz und Fachkonferenzen
4. Schulträger bzw. Gemeinde/Kreis/Bezirk	*Arbeitskreise* mehrerer Schulen im Rahmen der SMV mögl.	nein. Gemeinsame Veranstaltungen/Erfahrungsaustausch der Schülervertreter von Realschulen u. Gymn. möglich; Zusammenkunft der Schülervertreter im Schulaufsichtsbezirk unter Leitung von Ministerialbeauftragtem; Wahl von Bezirksschülersprecher (nur Gymn.). *Funktion:* Mitwirkung (schwach)	*Bezirksschülerausschuss Mitgl.:* Schülersprecher aller Schulen im Bezirk. *Funktion:* Beratung, Wahl der Vertreter für im Landesschülerausschuss	– *Kreisschülerräte Mitgl.:* Vertreter der Schülerkonferenzen; *Funktion:* Interessenwahrnehmung im Kreis; Koordinierung der Arbeit im Kreisschulbeirat – *Kreisschulbeirat Mitgl.:* Sprecher der Kreisschülerräte; *Funktion:* Beratung, Informationsaustausch, Auskunfts-, Vorschlags- und Anhörungsrechte
5. Land	nein	nein. *Landesarbeitsgemeinschaft Schülermitverantwortung* (nur Gymn.). *Mitgl.:* Bezirksschülersprecher, gleiche Zahl Lehrer. *Funktion:* Beratung	*Landesschülerausschuss Mitgl.:* 2 Vertreter jedes Bezirksschülerausschusses. *Funktion:* Beratung, Vorbereitung der Mitarbeit im Landesschulbeirat	*Landesschülerräte Mitgl.:* Sprecher der Kreisschülerräte; *Funktion:* Interessenwahrnehmung, Koordinierung der Arbeit im Landesschulbeirat; Wahl von 8 Mitgliedern für den Landesschulbeirat

Anhang III

	Bremen	Hamburg	Hessen	Mecklenburg-Vorpommern
1. *Klasse/Jahrgangsstufe*				
a) Schülergremien	a) nein, ab Kl. 5 Wahl von Klassen/Jahrgangsschülersprecher	a) nein, ab Kl. 5 Wahl von Klassen-/Stufensprecher (soweit kein Klassenverband)	a) nein, ab Kl. 5 Wahl von Klassen- bzw. Stufensprecher; *Stufenversammlung*	a) *Schülervertretung* und *Schülersprecher* ab Kl. 5; *Funktion*: Vorschläge zur Gestaltung des Unterrichts und sonstiger Schulangelegenheiten, Beitrag zur Ausgestaltung der Schule
b) Beteiligung an Lehrerkonferenzen (Klassenkonf. usw.)	b) Klassen/Jahrgangsschülersprecher beratend	b) ausdrücklich nicht; Dritte können von Konferenz beigezogen werden	b) Klassen-/Stufensprecher u. ihre Vertreter sollen an Klassenkonf. (außer Zeugnis- u. Versetzungskonf.) teilnehmen. Zu sonstigen Konferenzen sind bis zu 3 Beauftragte der Schülervertretung beizuziehen. Vorschlags- u. Antragsrecht	b) Teiln. von 2 Schülervertretern (beratend) ab Kl. 7 an Klassenkonferenz
2. *Stufen/Abteilungen/mehrere Klassen/Jahrgänge*				
a) Schülergremien	a) *Schülerversammlungen* mögl. *Funktion*: Beratung	a) nein. Schulstufensprecher, soweit kein Klassenverband	a) *Schülerrat* (*Stufenvertretung I*). *Mitgl.*: Klassensprecher der Kl. 5-10 *Schülerrat* (*Stufenver-*	a) nein

3. Schülermitbestimmung

	Bremen	Hamburg	Hessen	Mecklenburg-Vorpommern
			tretung II). *Mitgl.*: Klassensprecher ab Kl. 11 u. gleiche Zahl gesondert gewählter Schüler der Schule. Gilt entspr. für Schulen mit überwiegend volljähr. Schülern (sog. *Stufenvertretung III*). Bei Zusammenfassung mehrerer Schulformen nur gemeinsame Schülervertretung. *Funktion:* Beratung, Mitwirkung, Mitbestimmung, Wahl des Schulsprechers	
b) Beteiligung an Lehrerkonferenzen	b) nein (Beiziehung im Einzelfall mögl.)	b) s. 1 b)	b) s. 1 b)	b) nein
3. Schule				
a) Schülergremien	a) *Schülerbeirat. Mitgl.*: alle Klassen/Jahrgangsschülersprecher. *Funktion*: Beratung, Mitwirkung *Schülerversammlungen* mögl.	a) *Schülerrat. Mitgl.*: Klassen/Schulstufensprecher. *Funktion*: Beratung, Mitwirkung. Schulsprecher, gewählt aus der Mitte aller Schüler ab Kl. 5, Vor-	a) *Schülerversammlungen/Teilversammlungen* mögl. *Funktion*: Beratung. *Ausschuss für Zusammenarbeit* an Schulen mit Stufenvertretung	a) nein

Anhang III

Bremen	Hamburg	Hessen	Mecklenburg-Vorpommern
	sitzender des Schülerrats.	II oder III. *Mitgl.*: Von Gesamtkonf. Gewählte Lehrer u. von Stufenvertretung gewählte Schüler in gleicher Zahl. *Funktion*: Beratung *Vermittlungsausschuss. Migl.*: je 2 Lehrer, Schüler (gewählt von Gesamtkonf. bzw. Schülerrat), idR 1 Elternvertreter (gew. von Schulelternbeirat). *Funktion*: Vermittlung, insbes. bei Mitbestimmungsangelegenheiten des Schülerrats gegenüber Konferenzen. Ablehnung von Vermittlungsvorschlag durch Konferenz oder Schülerrat nur mit $^2/_3$-Mehrheit; dann kann Entscheidung der Schulaufsicht herbeigeführt werden. Vorläufige Entscheidung	

3. Schülermitbestimmung

	Bremen	Hamburg	Hessen	Mecklenburg-Vorpommern
b) Beteiligung an Lehrerkonferenzen	b) s. 2 b)	b) s. 1 b)	des Schulleiters ausnahmsweise möglich. b) Schul- u. Stufensprecher, ihre Vertreter u. 3 weitere Mitgl. der Schülervertretung beratend in Gesamtkonf, weitere Schülervertreter können von Gesamtkonf. beigezogen werden	b) nein; aber Vertreter in der Schulkonferenz; *Mitgl.*: Vertreter der Pädagogen, Eltern und Schülern (2:1:1), 1 Vertreter des kommunalen Schulträgers; *Funktion*: Förderung des Zusammenwirkens, Beratung gemeinsamer Angelegenheiten und Unterbreitung von Vorschlägen
4. Schulträger bzw. Gemeinde/Kreis/Bezirk	*Gesamtschülervertretungen* in Bremen und Bremerhaven. *Mitgl.*: Delegierte aller Schulen. *Funktion*: Beratung, Mitwirkung	nein	*Stadt/Kreisschülerrat* *Mitgl.*: Schul- u. Stufensprecher aller Schulen der Stadt/des Kreises. *Funktion*: Beratung, Wahl von Stadt/Kreisschülersprecher. *Örtliche u. überörtliche Zusammenschlüsse* von Schülervertretern zulässig.	*Kreisschulkonferenz* *Mitgl.*: gewählte Vertreter der Lehrer-, Eltern- und Schülerräte (2:1:1), bestellte Schuldirektoren, Vertreter von Schulträger und Schulaufsicht; *Funktion*: Beratung des Kreisschulrats, Informations- und Erfahrungsaustausch, Vorschlagsrecht

	Bremen	Hamburg	Hessen	Mecklenburg-Vorpommern
5. *Land*	nein	Schulartbezogene *Landesausschüsse*, *Mitgl.*: je 1 gewählter Vertreter der Schülerräte der Schulart; bei Volks- u. Realschulen je 3 Schülerratsvertreter pro Schulaufsichtsbezirk. *Funktion:* Beratung, Wahl der Vertreter für Schülerkammer. *Schülerkammer. Mitgl.*: je 10 Landesausschussvertreter der Volks- u. Realschulen, Gymnasien u. berufl. Schulen; je 3 Landesausschussvertreter der Gesamt- u. der Sonderschulen. *Funktion:* Beratung, Mitwirkung, Wahl von Vertreter für Landesschulbeirat	*Landesschülerrat. Mitgl.*: alle Stadt- u. Kreisschülersprecher, Optierung bis zu 8 weiterer Schüler möglich. *Funktion:* Beratung, Wahl von Landesschulsprecher u. 2 Vertretern (= Landesvorstand, *Funktion:* Beratung, Mitwirkung). *Landesbeirat der Schülervertretung. Mitgl.* mind. 5 i.d.R. Verbindungslehrer. *Funktion:* Beratung des Landesvorstands. *Örtl. u. überörtliche* Zusammenschlüsse von Schülervertretern zulässig.	– *Landesschulkonferenz Mitgl.*: gewählte Vertreter der Kreislehrer-, Kreiseltern- und Kreisschülerräte (2:1:1), bestellte Kreisschulräte, Schuldirektoren und sonstige erfahrene Personen; *Funktion:* Beratung des Landesschulrats, Stellungnahme zu Entwürfen von Rechts- und Verwaltungsvorschriften, Informations- und Erfahrungsaustausch – *Landesschulbeiräte* Beratung der Landesschulräte

3. Schülermitbestimmung

	Niedersachsen	Nordrhein-Westfalen	Rheinland-Pfalz	Saarland
1. Klasse/Jahrgangsstufe				
a) Schülergremien	a) *Klassenschülerschaft Funktion:* Beratung, Mitwirkung, ab Kl. 5 Wahl von Klassensprecher u. Schülervertretern für Klassenkonferenz u. Lehrer-Schüler-Ausschuss	a) nein, ab Kl. 5 Wahl von Klassen-/Jahrgangsstufensprecher	a) *Klassenversammlung. Funktion:* Beratung. Wahl von Klassensprecher ab Kl. 5	a) Jede Klasse/Gruppe wählt Schüler- bzw. Jahrgangsschülersprecher
b) Beteiligung an Lehrerkonferenzen (Klassenkonf. usw.)	b) mind. 3 Schülervertreter beratend in Klassen-, Fach- u. sonstigen Teilkonferenzen; Lehrkonferenzen; Lehrer können Schüler mit ³/₄-Stimmenmehrheit von Beratung . und Beschlussfassung bei Leistungsbewertungs- u. ähnl. Entscheidungen ausschließen. Beteiligung an Lehrer-Schüler-Ausschüssen der Konferenzen	b) Ab 7. Kl. 2 Schülervertreter beratend in Klassenkonf. außer bei Leistungsbewertungs- u. ähnl. Entscheidungen	b) Beratende Teilnahme des Klassensprechers an Klassenkonf. möglich, ab Sekundarstufe II Teilnahmeanspruch, jeweils außer Zeugnis- u. Versetzungskonferenzen	b) ab 8. Kl. 2 Klassenschülersprecher beratend außer bei Leistungsbewertungs- u. ähnl. Entscheidungen
2. Stufen/Abteilungen/mehrere Klassen/Jahrgänge				
a) Schülergremien	a) *Bereichsschülerräte Mitgl.:* alle Klassensprecher des Bereichs,	a) *Schülerversammlungen* möglich (auch Teilver-	a) nein. Sonstige *Schülervertretungen* können bei Bedarf ge-	a) *Teilschülervertretung* möglich. *Mitgl.:* Schülersprecher der Stufe/des

Anhang III

	Niedersachsen	Nordrhein-Westfalen	Rheinland-Pfalz	Saarland
	Funktion wie 3 a)	samml. u. Ausschüsse möglich)	bildet werden *Schülerversammlungen* möglich	Schulzweigs. *Funktion:* s. 3 a) *Schülerversammlungen* der Stufen an großen Schulen möglich. *Funktion:* Beratung
b) Beteiligung an Lehrerkonferenzen	b) Für sonstige Teilkonferenzen s. 1 b), Beteiligung an Lehrer-Schülerausschüssen der Teilkonferenzen	b) s. 1 b)	b) s.1b)	b) ab 8. Kl. 3 Schülervertreter beratend bei Stufenkonferenzen
3. Schule				
a) Schülergremien	a) *Schülerrat. Mitgl.:* Klassensprecher der Schule. *Funktion:* Beratung, Mitwirkung; Wahl von Schülersprecher u. Schülervertretern für Gesamt- u. Teilkonferenzen (außer 2 b), Lehrer-Schüler-Ausschüsse und Gemeinde-/Stadt/Kreisschülerrat. *Schülerversammlungen* möglich	a) *Schülerrat. Mitgl.:* Sprecher der Klassen- u. Jahrgangsstufen. *Funktion:* Beratung, Wahl von Schülersprecher, Vertretern für Schul-, Teil- und Fachkonferenzen u. Verbindungslehrer. *Schülerversammlungen* möglich.	a) *Klassensprecherversammlung. Funktion:* Beratung, Mitwirkung (schwach), Wahl des Schülersprechers *Schülerversammlung. Funktion:* Beratung	a) *Schülervertretung Mitgl.:* alle Schülersprecher (abw. an Berufsschulen mögl.). *Funktion:* Beratung, Mitwirkung, Wahl des Schülersprechers aus ihrer oder der Mitte aller Schüler, Entsendung von Vertretern in Fach-, Stufen- und Gesamtkonf. *Schülerversammlungen* der Sekundarstufe mögl.

3. Schülermitbestimmung

	Niedersachsen	Nordrhein-Westfalen	Rheinland-Pfalz	Saarland
b) Beteiligung an Lehrerkonferenzen	b) 2–5 Schülervertreter in Gesamtkonf. (Stimmrecht). Beteiligung in Lehrer-Schüler-Ausschuss der Gesamtkonf.	b) 2 Schülervertreter beratend in Fachkonferenzen	b) nein	b) ab 8. Kl. 1–3 st. Vertreter der Schülervertretung in Gesamtkonferenz (teils mit Stimmrecht, teils beratend, teils ausgeschlossen). 1 Schülervertreter beratend in Fachkonferenzen.
4. Schulträger bzw. Gemeinde/Kreis/Bezirk	*Gemeinde/Stadt/Kreis schülerrat.* *Mitgl.:* 1 Vertreter jedes Schülerrats. *Funktion:* Beratung, Mitwirkung, Wahl von Schülervertretern getrennt nach Schularten für Landesschülerrat	nein	Schulartbezogene *regionale Arbeitskreise.* *Mitgl.:* Schülersprecher der jew. Schulart. *Funktion:* Beratung	nein
5. Land	*Landesschülerrat,* *Mitgl.:* 32 aus den Gemeinde/Stadt/Kreisschülerräten gewählte Schüler aller öffentlichen Schularten (außer Grundschulen) und privaten Ersatzschulen (Gruppenwahl). *Funktion:* Beratung, Mitwir-	nein. Beteiligung landesweiter privater Zusammenschlüsse der Schülervertretungen von erheblicher Bedeutung beim KuMi (Landesschülervertretung)	Schulartbezogene *Landesschülerbeiräte* für die Sek. II möglich. *Mitgl.:* je 15 von den Schülersprechern der jew. Schulen im Regierungsbezirk gewählte Schüler. *Funktion:* Beratung, Mitwirkung (schwach), Wahl von	Schulartbezogene *Landesschülervertretungen* möglich. *Mitgl.:* Schulsprecher der jew. Schulart u. Vertreter dieser Schulen in den Schulregionkonferenzen. *Funktion:* Mitwirkung Beratung, von *Gesamtlandesschüler-*

Anhang III

	Niedersachsen	Nordrhein-Westfalen	Rheinland-Pfalz	Saarland
	kung, teilweise Mitbestimmungsrechte, Wahl der Schülervertreter für Landesschulbeirat		Landesschülersprecher der Schulart	*vertretung* möglich. *Mitgl.:* die Vorsitzenden der Landesschülervertretungen. *Funktion:* Erörterung von Angelegenheiten von grundsätzlicher und schulformübergreifender Bedeutung

	Sachsen	Sachsen-Anhalt	Schleswig-Holstein	Thüringen
1. Klasse/Jahrgangsstufe				
a) Schülergremien	a) nein, ab Kl. 5 Wahl von *Klassenschülersprechern; Funktion:* Interessenvertreter *Jahrgangsstufensprecher* für je 25 Schüler einer Jahrgangsstufe, sofern kein Unterricht im Klassenverband	a) nein, ab Kl. 5 Wahl eines *Klassensprechers* durch die Schüler jeder Klasse (Klassenverband)	a) Wahl von Klassen- bzw. Jahrgangssprechern	a) *Klassen- oder Kurssprecher Funktion:* Interessenwahrnehmung, Vermittlung, Anhörungs-, Auskunfts- und Initiativrechte
b) Beteiligung an Lehrerkonferenzen (Klassenkonferenz usw.)	b) nein	b) nein	b) Soweit erforderlich Klassen-/Jahrgangssprecher ab Kl. 8 in Klassen-/Jahrgangskon-	b) Hinzuziehung von Vertretern der Schüler zur Beratung einzelner Themen auf Beschluss

3. Schülermitbestimmung

	Sachsen	Sachsen-Anhalt	Schleswig-Holstein	Thüringen
a) nein b) Beteiligung an Lehrerkonferenzen			ferenzen außer Zeugnis- u. Versetzungskonferenzen	der Lehrerkonferenz möglich

2. Stufen/Abteilungen/mehrere Klassen/Jahrgänge

	Sachsen	Sachsen-Anhalt	Schleswig-Holstein	Thüringen
a) nein b) Beteiligung an Lehrerkonferenzen	a) nein b) nein	a) nein b) nein	a) nein b) nein	a) nein b) nein

3. Schule

	Sachsen	Sachsen-Anhalt	Schleswig-Holstein	Thüringen
Schülergremien	a) *Schülerrat Mitgl.:* alle Klassenschüler- und Jahrgangsstufensprecher einer Schule; *Funktion:* Interessenvertretung, Auskunfts- und Beschwerderecht, Wahl des *Schülersprechers*	a) *Schülerrat Mitgl.:* alle Klassensprecher; *Funktion:* Erörterung aller schulischen Fragen, Anhörung von grundsätzlichen Entscheidungen, Anträge an Gesamtkonferenz, Auskunftsrecht	a) *Klassensprecherversammlung. Funktion:* Beratung. z. T. Mitwirkung *Schülerversammlungen* möglich.	a) *Schülersprecher, Klassensprecherversammlung; Schülerversammlung; Funktion:* Interessenwahrnehmung, Vermittlung, Anhörungs-, Auskunfts- und Initiativrechte
b) Beteiligung an Lehrerkonferenzen	b) nein, vor grundsätzlichen Konferenzbeschlüssen Gelegenheit zur Stellungnahme	b) Schülervertreter in der Gesamtkonferenz	b) nein	b) Hinzuziehung von Vertretern der Schüler zur Beratung einzelner Themen auf Beschluss der Lehrer- oder Fachkonferenz möglich

Anhang III

	Sachsen	Sachsen-Anhalt	Schleswig-Holstein	Thüringen
4. Schulträger bzw. Gemeinde/Kreis/Bezirk				
a)	*Kreisschülerrat Mitgl.*: Schülersprecher aller Schulen im Gebiet des Landkreises/kreisfreier Stadt; *Funktion*: Interessenvertretung, Koordination der Arbeit der Schülerräte	*Gemeinde-, Stadt- bzw. Kreisschülerrat Mitgl.*: gewählte Vertreter der Schülerräte; *Funktion*: Beratung, Auskunftsrecht gegenüber Schulträger und Schulbehörde, Gelegenheit zu Stellungnahme und Vorschlägen	Schulartbezogene *Kreisschülervertretungen* (für Haupt-, Real-, Sonderschulen, Gymn.) möglich. *Mitgl.*: Vertreter der Schülervertretungen der jew. Schulart. *Funktion*: Beratung, Wahl von Kreisschülersprecher. Gremium gilt als aufgelöst, wenn ihm weniger als 1/3 der jew. Schülervertretungen angehören. *Schulartübergreifende Arbeitsgemeinschaften* der Kreisschülervertretungen möglich.	*Kreisschülersprecher* gewählte Vertreter für jede Schulart auf der Ebene des zust. Schulamtes; *Funktion*: s. o. 3 a)
5. Land	*Landesschülerrat Mitgl.*: gewählte Vertreter der Kreisschülerräte (1 oder 2, je nach Schulart); *Funktion*: Interessenvertretung,	*Landesschülerrat Mitgl.*: gewählte Vertreter der versch. Schularten; *Funktion*: Mitwirkung in wichtigen allg. Fragen, soweit	Schulartbezogene *Landesschülervertretungen* für Haupt-, Real-, Sonder-, berufliche Schulen u. Gymnasien möglich (obligatorisch bei Be-	*Landesschülersprecher* gewählte Vertreter für jede Schulart auf der Ebene des Landes; *Funktion*: s. o. 3 a)

3. Schülermitbestimmung

Sachsen	Sachsen-Anhalt	Schleswig-Holstein	Thüringen
Vorschläge und Anregungen	Schülerbelange berührt	schluss von mehr als der Hälfte, mind. Aber 3 der vorhandenen Kreisschülervertretungen). *Mitgl.*: bei Realsch. u. Gymn. je 1 Vertreter aller Schulen; bei Haupt- u. Sondersch. je 3 Vertreter der Kreisschülervertretungen; bei berufl. Schulen je 2 Vertreter aller Schulen. *Funktion:* Beratung, Wahl von Landesschülersprecher der Schulart, Gremienauflösung wie 4. *Schulartübergreifende Arbeitsgemeinschaften* der Landesschülervertretungen möglich	

Erläuterung:
Beratung = Informations- und Meinungsaustausch
Mitwirkung = z. B. Anhörungs-, Vorschlags-, Auskunftsrechte, Stellungnahmen
<u>*Mitbestimmung*</u> = Zustimmungserfordernis

IV. Grundstruktur des Bildungswesens in der Bundesrepublik Deutschland (Schulaufbau)

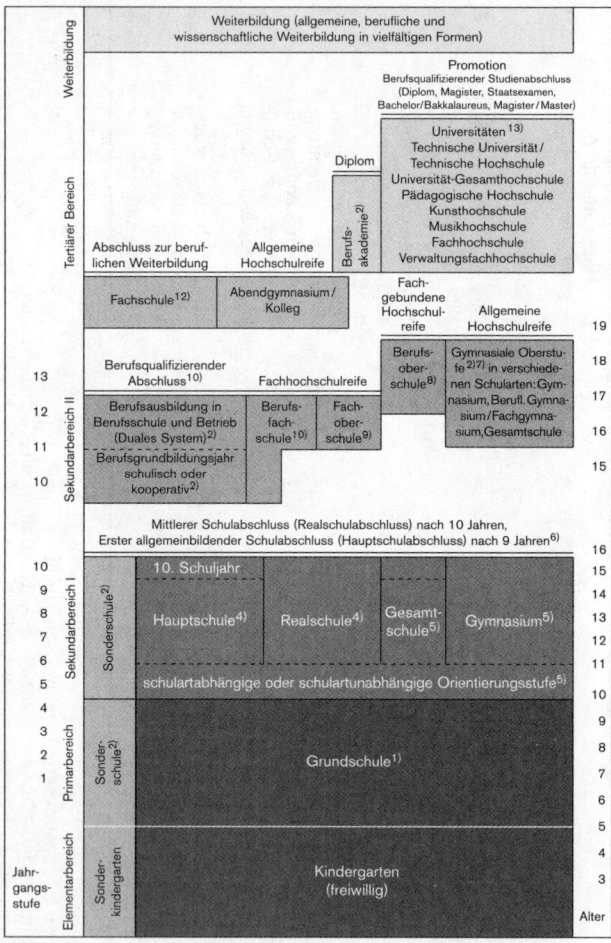

Quelle: Bundesministerium für Bildung und Forschung (Hrsg.), Zahlenbarometer 1999/2000, S. 8 u. 9

Schulaufbau

Anmerkungen

Schematisierte Darstellung des Bildungswesens. Die Abbildung des Sekundarbereichs I orientiert sich an der Verteilung der Schülerzahlen 1998 im Bundesdurchschnitt: Hauptschule 22,8%, Realschule 26,3%, Gymnasium 29,0%, integrierte Gesamtschule 9,3%.

Die Durchlässigkeit zwischen den Schularten und die Anerkennung der Schulabschlüsse ist bei Erfüllung der zwischen den Ländern vereinbarten Voraussetzungen grundsätzlich gewährleistet. Die Dauer der Vollzeitschulpflicht (allgemeine Schulpflicht) beträgt 9 Jahre, in 4 Ländern 10 Jahre, und die anschließende Teilzeitschulpflicht (Berufsschulpflicht) 3 Jahre.

1. In einigen Ländern bestehen besondere Formen des Übergangs vom Kindergarten in die Grundschule (Vorklassen, Schulkindergärten). In Berlin und Brandenburg umfasst die Grundschule 6 Jahrgangsstufen.
2. Beschulung von Behinderten entsprechen den Behinderungsarten in Sonderformen der allgemein bildenden und beruflichen Schulen, teilweise auch integrativ zusammen mit Nichtbehinderten. Schulbezeichnung nach Landesrecht unterschiedlich (Sonderschule/ Schule für Behinderte/ Förderschule).
3. Die Jahrgangsstufen 5 und 6 bilden unabhängig von ihrer organisatorischen Zuordnung eine Phase besonderer Förderung, Beobachtung und Orientierung über den weiteren Bildungsgang mit seinen fachlichen Schwerpunkten. In einigen Ländern ist die Orientierungsstufe oder Förderstufe als eigenständige Schulart eingerichtet.
4. Die Bildungsgänge der Hauptschule und der Realschule werden auch an Schularten mit mehreren Bildungsgängen mit nach Ländern unterschiedlichen Bezeichnungen angeboten. Hierzu zählen die Mittelschule (Sachsen), Regelschule (Thüringen), Sekundarschule (Sachsen-Anhalt), Erweitere Realschule (Saarland), Integrierte Haupt- und Realschule (Hamburg), Verbundene Haupt- und Realschule (Hessen, Mecklenburg-Vorpommern) und Regionale Schule (Rheinland-Pfalz) sowie die Gesamtschule.
5. Der Bildungsgang des Gymnasiums wird auch an Gesamtschulen angeboten. In der kooperativen Gesamtschule und im Schulzentrum (Bremen) sind drei Bildungsgänge (Bildungsgänge der Hauptschule, Realschule und des Gymnasiums) pädagogisch und organisatorisch zusammengefasst, in der integrierten Gesamtschule bilden sie eine pädagogische und organisatorische Einheit. Die Einrichtung von Gesamtschulen ist nach dem Schulrecht der Länder unterschiedlich geregelt.
6. Die allgemeinbildenden Schulabschlüsse nach Jahrgangsstufe 9 und 10 tragen in einzelnen Ländern besondere Bezeichnungen. Nachträglicher Erwerb dieser Abschlüsse an Abendschulen möglich.
7. Zugangsvoraussetzungen ist die formelle Berechtigung zum Besuch der Gymnasialen Oberstufe, die in der Regel nach Jahrgangsstufe 10 erworben wird. Der Erwerb der Allgemeinen Hochschulreife erfolgt in der Regel nach 13 aufsteigenden Schuljahren. In Sachsen und Thüringen wird die Allgemeine Hochschulreife nach 12 Jahren erworben, in anderen ist der Erwerb nach 12 Jahren im Rahmen von Schulversuchen möglich.
8. Die Berufsoberschule/Erweiterte Fachhochschule besteht bisher nur in einigen Ländern und bietet Absolventen mit Realschulabschluss und abgeschlossener Berufsausbildung bzw. fünfjähriger Berufstätigkeit die Möglichkeit zum Erwerb der Fachgebundenen Hochschulreife. Bei Nachweis von

Kenntnissen in einer zweiten Fremdsprache ist der Erwerb der allgemeinen Hochschulreife möglich.
9. Die Fachhochschule ist eine 2-jährige Schulart, die aufbauend auf dem Realschulabschluss mit Jahrgangsstufe 11 und 12 zur Fachhochschulreife führt. Für Absolventen mit Realschulabschluss und einer beruflichen Erstausbildung ist der unmittelbare Eintritt in Jahrgangsstufe 12 der Fachhochschule möglich.
10. Berufsfachschulen sind berufliche Vollzeitschulen verschiedener Ausprägung im Hinblick auf Zugangsvoraussetzungen, Dauer und Abschlüsse. Besondere Form der 2-jährigen Berufsfachschule mit Zugangsvoraussetzung Realschulabschluss, die zum Abschluss „staatlich geprüfter Assistent" führt, sowie die ein- oder zweijährige Berufsfachschule zur Vermittlung einer beruflichen Grundbildung. In Verbindung mit dem Abschluss eines mindestens zweijährigen Bildungsgangs kann unter bestimmten Voraussetzungen die Fachhochschulreife erworben werden.
11. Zusätzlich zum berufsqualifizierenden Abschluss ggf. Erwerb des Hauptschulabschlusses oder des Mittleren Schulabschlusses.
12. Fachschulen dienen der beruflichen Weiterbildung (Dauer 1–3 Jahre) und setzen grundsätzlich den Abschluss einer einschlägigen Berufsausbildung in einem anerkannten Ausbildungsberuf und eine entsprechende Berufstätigkeit voraus. Unter bestimmten Voraussetzungen ist zusätzlich der Erwerb der Fachhochschulreife möglich. Im Rahmen der Internationalen Standardklassifikation des Bildungswesens (ISCED97) werden die Fachschulen dem tertiären Bereich zugeordnet.
13. Einschließlich Hochschulen mit einzelnen universitären Studiengängen (z. B. Theologie, Philosophie, Medizin, Verwaltungswissenschaften, Sport).
14. Die Berufsakademie ist eine Einrichtung des tertiären Bereichs in sieben Ländern, die eine fachwissenschaftliche Ausbildung an einer Studienakademie mit einer praktischen Berufsausbildung in einem Betrieb im Sinne eines dauernden Systems verbindet.

Buchanzeigen

Von der Jugend bis ins Alter

RECHT IN ALLEN LEBENSLAGEN

Jugend und Recht

JugR · Jugendrecht

SGB VIII – Kinder- und Jugendhilfe, AdoptionsvermittlungsG, Regelbetrag-Verordnung, UnterhaltsvorschußG, Gesetz zum Schutze der Jugend in der Öffentlichkeit, JugendarbeitsschutzG, BAföG u.a.

Textausgabe.
23.A.1999. 515 S.
DM 12,90. dtv 5008

Stauner/Schelter
Jugendrecht von A–Z

Arbeitsschutz, Elterliche Sorge, Heimerziehung, Jugendhilfe, Jugendschutz, Jugendstrafe, Kindschaftssachen, Pflegekinder, Volljährigkeit, Zivildienst.

4.A. 2002. Rd. 250 S.
Ca. DM 15,50. dtv 5265

In Vorbereitung für Frühjahr 2002

Terpitz/Terpitz
Rechte der Jugendlichen von A–Z

Ein Rechtslexikon für junge Leute zwischen 14 und 18 Jahren, die über ihre Rechte und Pflichten informiert sein wollen.

3.A. 2000. 217 S.
DM 18,50. dtv 5249

Weyel
Hilfe statt Knast?

Jugend vor Kriminalität schützen.
Der Ratgeber gibt Auskunft zu allen wichtigen Fragen und Themen rund um das Jugendstrafverfahren.

1.A.1999. 224 S.
DM 18,90. dtv 5668

Schule und Hochschule

Staupe
Schulrecht von A–Z

Ein Leitfaden für Schule, Lehrer und Schüler. Schüler- und Elternrechte, Noten, Zeugnisse, Versetzung, Schulpflicht, Schüler-BAföG, Umwelterziehung, Schulaufsicht, Konferenzen, Privatschulen, Aids und Schule, Rechtsschutz.

5.A. 2001. 391 S.
DM 19,50. dtv 5232

In Vorbereitung für November 2001

Das Buch zur ZDF-Serie „Wie würden Sie entscheiden?"

Brenner/Töpper
Meine Rechte in der Schule

Der Band informiert leicht verständlich Schüler, ihre Eltern und Lehrer über ihre Rechte und Pflichten. Mit Originalfällen aus der ZDF-Rechtsserie.

1.A.1997. 167 S.
DM 14,90. dtv 5665

Schule und Hochschule

BAföG
Bildungsförderung
in Bund und Ländern
mit neuen Freibeträgen
ab 1.4.2001 sowie 1.10.2002
BerufsbildungsG
Meister-BAföG

26. Auflage
2001

Beck-Texte im dtv

BAföG · Bildungsförderung

BundesausbildungsförderungsG mit Durchführungsverordnungen und Ausbildungsförderungsgesetzen der Länder, BerufsbildungsG, BerufsbildungsförderungsG und SGB III (Auszug) mit Anordnungen der Bundesanstalt für Arbeit.
Textausgabe.
26.A. 2001. 275 S.
DM 16,50. dtv 5033

Ramsauer/Stallbaum
Mein Recht auf BAföG

Förderung von Auszubildenden an Schulen und Hochschulen, Darlehensbedingungen und Darlehensrückzahlung, ergänzende Sozialhilfe und Wohngeld.
3.A. 1997. 549 S.
DM 17,90. dtv 5283

Lange/Böwer/Boguszynski
Rechte und Pflichten der Studierenden

Ein Rechtsberater für Studierende aller Studiengänge zu Themen wie Studienfinanzierung, BAföG, ArbeitsR, MietR, PrüfungsR und zum Thema Studium und Wehr- bzw. Zivildienst.
2.A. 1998. 288 S.
DM 16,90. dtv 5285

Theisen
ABC des wissenschaftlichen Arbeitens

Erfolgreich in Schule, Studium und Beruf.
2.A. 1995. 241 S.
DM 12,90. dtv 5631

Gramm
Jura erfolgreich studieren

Das Buch liefert detaillierte Informationen und Tipps zum Jurastudium.
Ein Eignungstest für junge Juristen am Ende des Bandes bietet eine wichtige Entscheidungshilfe.
Studienführer.
2.A. 1997. 226 S.
DM 16,90. dtv 41000

Genosko
Volkswirtschaftslehre erfolgreich studieren

Ein Überblick über das volkswirtschaftliche Studium, seinen Ablauf, Inhalte, Strukturen des Grundstudiums im Vergleich.
Studienführer.
1.A. 1998. 176 S.
DM 14,90. dtv 41002

Ehe und Familie

FamR
Familienrecht
Ehe, Scheidung
Unterhalt
Versorgungsausgleich
Lebenspartnerschaft
Düsseldorfer Tabelle

6. Auflage
2001

Beck-Texte im dtv

FamR · Familienrecht

mit allen im Familienrecht relevanten Gesetzen und Verordnungen.
Vorschriften für die neuen Bundesländer. Im Anhang die aktuellen Unterhaltstabellen und das neue Lebenspartnerschaftsgesetz.
Stand: 1. Juni 2001
Textausgabe.
6.A. 2001. 538 S.
DM 17,50. dtv 5577

von Münch
Ehe- und Familienrecht von A–Z

Annahme als Kind, Betreuung, Ehe, Elterliche Sorge, Güterstand, Kindschaftssachen, Nichtehelichkeit, Scheidungsverfahren, Unterhalt, Zugewinnausgleich.
14.A. 1999. 328 S.
DM 14,90. dtv 5042

Grziwotz
Wichtige Rechtsfragen zur Ehe

Alles, was ich wissen muß zu Eheschließung, Rechten und Pflichten in der Ehe, ehelichem Güterrecht und Eheverträgen.

2.A.1996. 157 S.
DM 9,90. dtv 50611

Jerschke
Mein und Dein in der Ehe

Ratschläge zur Vermögensgestaltung in der Zugewinngemeinschaft.

8.A. 2002. Rd. 330 S.
Ca. DM 16,50. dtv 5217

In Vorbereitung für Frühjahr 2002

von Münch
Die Scheidung nach neuem Recht

Voraussetzungen – Verfahren – Folgen.
Mit dem neuen Kindschafts- und Unterhaltsrecht. Stand: 1. Juli 1998 (Gesetzgebung, Leitlinien)/1.März 1998 (Rechtsprechung).

10.A.1998. 374 S.
DM 10,90. dtv 5209

Langenfeld
Der Ehevertrag

Gerechter Interessenausgleich durch Ehevertrag, Scheidungsvereinbarung und Erbvertrag. Güterstandsregelungen, Vereinbarungen über den Versorgungsausgleich, Unterhaltsvereinbarungen, Eheverträge mit Ausländern, Erbverträge von Ehegatten, Vertragsmuster.

9.A. 2001. 212 S.
DM 15,90. dtv 5226

von Münch
Zusammenleben ohne Trauschein

Lebensgemeinschaften von verschieden- und gleichgeschlechtlichen Paaren.
Gemeinsame Wohnung, Unterhaltsansprüche, gemeinsame Kinder, Steuern, Erbrecht, Ausländer, Folgen der Trennung, Partnerverträge.

7.A. 2001. 192 S.
DM 15,90. dtv 5224

Das Buch zur ZDF-Serie „Wie würden Sie entscheiden?"

Schwab/Töpper
Meine Rechte bei Trennung und Scheidung

Ratgeber zu allen Rechtsfragen bei Trennung und Scheidung. Zusätzlich mit Fällen aus der ZDF-Serie „Wie würden Sie entscheiden?"

3.A.1999. 253 S.
DM 15,90. dtv 5647

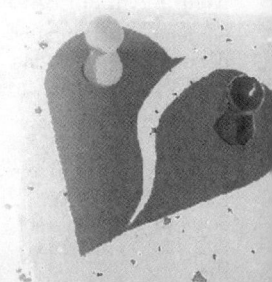

Grziwotz
Trennung und Scheidung

Wichtige Rechtsfragen zu Getrenntleben, Scheidungsvoraussetzungen, Vermögensauseinandersetzung und Unterhalt. Mit dem Muster einer Scheidungsvereinbarung sowie Gesetzestexten, den aktuellen Unterhaltstabellen und der Regelbetrag-Verordnung im Anhang.

5.A. 2001. 199 S.
DM 11,50. dtv 50612

Oberloskamp
Ich erziehe mein Kind allein

Rechtsstellung des Kindes, Name, elterliche Sorge, Unterhalt, Erbrecht, erzieherische, finanzielle und sonstige staatliche Hilfen, steuerliche Besonderheiten für Alleinerziehende.
Mit dem neuen Kindschaftsrecht.

4.A. 1999. 377 S.
DM 19,90. dtv 5245

Heiß/Heiß
Die Höhe des Unterhalts von A–Z

Lexikon für Unterhaltsberechtigte, Unterhaltsverpflichtete und Juristen. Mit dem neuen Kindesunterhaltsrecht und allen neuen Unterhaltstabellen.

8.A. 2002. Rd. 800 S.
Ca. DM 26,50. dtv 5059
In Vorbereitung für Frühjahr 2002

Schulte
Eltern und Kinder

Elterliche Sorge – Umgangsrecht – Unterhalt. Rechte und Pflichten gegenüber Partnern und Kindern, Jugendämter, Familiengerichte, Unterhaltsvorschuß und Sozialhilfe, Namensrecht, erbrechtliche Stellung, Vaterschaftsfeststellung u.v.a.m.

1.A. 2000. 258 S.
DM 21,50. dtv 5648

Raack/Doffing/Raack
Recht der religiösen Kindererziehung

Unser Kind und seine Religion.
Dieser praxisnahe Rechtsberater gibt Antworten auf alle Fragen, die die religiöse Zugehörigkeit von Kindern und die Folgen für Kindergarten, Schule, Teilnahme an Festen und Ritualen betreffen, insbesondere bei gemischtreligiösen, getrennt lebenden und geschiedenen Eltern oder bei Familien- und Adoptivpflege.

1.A. 2002. Rd. 200 S.
Ca. DM 18,50. dtv 5676
In Vorbereitung für Sommer 2002

Oberloskamp
Wir werden Adoptiv- oder Pflegeeltern

Rechtliche Erfordernisse – Folgen – Vermittlungsverfahren.

4.A. 2000. 374 S.
DM 22,50. dtv 5215

Von der Jugend bis ins Alter: Recht in allen Lebenslagen

Bergdolt/Högel
Tagesmütter, Haushaltshilfen, Au-pairs
Kinder und Beruf vereinbaren.
Rechtlicher Rat und praktische Tipps.
1.A. 2001. 232 S.
DM 17,50. dtv 5673

Behindertenrecht

**SchwbG · BVG
Schwerbehindertengesetz · Bundesversorgungsgesetz**
Durchführungsverordnungen zum SchwerbehindertenG, OpferentschädigungsG, SGB III, SGB VI, SozialgerichtsG, GdB/MdE-Tabelle, Steuervergünstigungen für Behinderte.
Textausgabe.
22.A. 2001. 382 S.
DM 14,90. dtv 5035

SGB IX · Rehabilitation und Teilhabe behinderter Menschen
WahlO SchwerbehindertenV
WerkstättenVO
Werkstätten-MitwirkungsVO
SGB I, III, V–XI
BundesversorgungsG
GdB/MdE-Tabelle
1. Auflage 2001
Beck-Texte im dtv

SGB IX · Rehabilitation und Teilhabe behinderter Menschen
Seit 1.7.2001 ist das Arbeits- und Sozialrecht behinderter Menschen im neuen Sozialgesetzbuch IX zusammengefasst. Inhalt u.a.: SGB IX mit allen Schwerbehindertenverordnungen, Auszüge aus anderen Sozialgesetzbüchern, einschlägige Steuervorschriften sowie das Bundesversorgungsgesetz.
Textausgabe.
1.A. 2002. Rd. 400 S.
Ca. DM 19,50. dtv 5755
In Vorbereitung für Dezember 2001

**SchwbG
SchwerbehindertenG
BundesversorgungsG**
DVOen SchwbG
Sozialgesetzbuch III, VI
SozialgerichtsG
GdB/MdE-Tabelle
22. Auflage 2001
Beck-Texte im dtv

Majerski-Pahlen/Pahlen
Mein Recht als Schwerbehinderter
Erwerbstätigkeit, VersorgungsR, SteuerR, Erleichterungen, Sozialversicherung, Pflegeversicherung, neue Bundesländer.
5.A. 2000. 303 S.
DM 21,50. dtv 5252

Betreuung und Alter

BtR · Betreuungsrecht
BetreuungsG, BetreuungsbehördenG, BerufsvormünderbvergütungsG.
Stand: 1. Januar 2001
Textausgabe.
5.A. 2001. 114 S.
DM 9,90. dtv 5570

Zimmermann
Ratgeber Betreuungsrecht
Dieses Buch gibt Antwort auf alle wesentlichen Fragen zum Betreuungsrecht. Ausführlich dargestellt ist das seit 1.1.1999 geltende BetreuungsrechtsänderungsG.
5.A. 2001. 287 S.
DM 15,90. dtv 5604

Von der Jugend bis ins Alter: Recht in allen Lebenslagen

Zimmermann
Betreuungsrecht von A–Z
Rund 480 Stichwörter zum aktuellen Recht.

2.A. 2001. 346 S.
DM 21,50. dtv 5630

In Vorbereitung für November 2001

Brühl/Christmann
Alt - Krank - Behindert
Das Recht in der Pflege für Betroffene, Angehörige und Pflegekräfte.

2.A. 2000. 435 S.
DM 25,50. dtv 5616

Jürgens
Mein Recht bei Pflegebedürftigkeit
Praxisleitfaden zur Pflegeversicherung.

2.A. 2000. 467 S.
DM 24,50. dtv 5650

Zimmermann
Rechtsfragen bei einem Todesfall
Erbrecht, Testament, Steuern, Versorgung, Bestattung.

3.A. 2000. 264 S.
DM 19,50. dtv 5632

Erben und Vererben

Winkler
Erbrecht von A–Z
Über 220 Stichworterläuterungen zur aktuellen Rechtslage.
Errichtung, Inhalt, Widerruf und Anfechtung von Testamenten und Erbverträgen · gesetzliche Erbfolge und Pflichtteilsrecht · Haftung und Haftungsbeschränkung des Erben und der Erbengemeinschaft · Vor- und Nacherbschaft · Erbschein und Erbschaftsteuer · Testamentsvollstreckung und Vollmacht · Erbrecht in der ehemaligen DDR und in den neuen Bundesländern.

8.A. 2000. 307 S.
DM 17,50. dtv 5061   →

Das Buch zur ZDF-Serie „Wie würden Sie entscheiden?"

Ubert/Töpper
Guter Rat zu Testament und Erbfall

Ratgeber zu allen Rechtsfragen rund um Testament und Erbfall. Zusätzlich mit Fällen aus der ZDF-Serie „Wie würden Sie entscheiden?"

1.A. 2000. 247 S.
DM 18,90. dtv 50622